领导力大观

贺善侃 著

东华大学出版社
·上海·

图书在版编目(CIP)数据

领导力大观 / 贺善侃 著. —上海:东华大学出版社，2021.3
ISBN 978-7-5669-1872-7

Ⅰ.①领… Ⅱ.①贺… Ⅲ.①领导学—研究 Ⅳ.①C933

中国版本图书馆CIP数据核字(2021)第036611号

领导力大观

贺善侃 著

责任编辑　周德红
封面设计　魏依东

出版发行　东华大学出版社（上海市延安西路1882号　邮政编码:200051）
联系电话　编辑部　021-62373708
营销中心　021-62193056　62373056
天猫旗舰店　http://dhdx.tmall.com
出版社网址　http://dhupress.dhu.edu.cn
出版社邮箱　dhupress@dhu.edu.cn

印　　刷　上海龙腾印务有限公司
开　　本　710mm×1000mm　1/16　印张　20　字数　450千字
版　　次　2021年3月第1版　印次　2021年3月第1次印刷

书号：ISBN 978-7-5669-1872-7　　定价：78.00元

卷首絮言

本书所说的"领导力"是一个广义的大概念。它涵盖多层次、多构成要素，内涵极多，外延极广。鉴于此，我们对"领导力"的考察，也应该着眼于多层次、多构成要素，确立"大领导力观"。本书书名《领导力大观》的含义正在于此。

首先，领导力是多层次的。它既包含观念层面，也包含行为层面，是思想、理论与行为、实践的统一。

就观念层面而言，领导力内含领导观的丰富内涵。

所谓领导观，即领导理念，是领导行为的指导思想。在领导活动中起着统摄作用。

领导观作为一个观念体系，也具有多层次结构。最高的构成层面是理论，包括专业理论和哲学理论。这里所说的专业理论主要指包括领导学理论在内的管理学理论，而哲学理论是最具有实质性的理论，它是领导观的核心。第二个层面是观念，包括各种领导活动中形成的观念，如人才观、群众观、政绩观、权力观等。第三个层面是思想方法，这一层面是领导者思维方式的体现，如大局思维、创新思维、系统思维、发展思维、谋略思维等。

这三个层面既有区别，又有联系。作为理论层面的领导观，是最成熟、处于最高层次的成体系的领导观。它是借助一系列概念、判断、推理表达出来的关于事物本质及其规律性的知识体系，是系统化了的理性认识，以原理、学说等形式表现出来。而观念则泛指人们的感官直接受客观事物的刺激而形成的认识，泛指人们对客观事物的看法、认识。观念往往是理论的表现，但比理论更宽泛，理论则比观念更深刻。作为第三层次的思想方法则是领导方法的思想层面，是直接指引领导活动的方法论原则。领导观是这三个层面的综合统一体。任何领导观的形成，都是这三个层次相互作用的结果。

就行为层面而言，领导力则贯穿领导活动各个环节，如决策、用人等，即：领导者素养、领导作风等彰显出来的领导能力与影响力。

其次,领导力有多种构成要素。对于领导力的构成要素,可从领导的本质和职能两方面加以考察。从领导的本质方面考察,领导力是权力、能力和影响力的统一。从领导的职能方面考察,领导力是思考力、决策力和执行力的统一。领导力的构成要素表现为两个"三力"。

就领导的本质而言,权力、能力和影响力都是领导者在其领导活动中不可缺少的力量,但其含义和性质各有不同:权力是由领导者的职务决定的,具有强制性和法定性质,受法律保护,随职务的开始和终止而开始和终止;能力是由领导者的素质决定的,职务只能为其施展提供条件或机会,而不能决定能力的大小,也不具备有任何强制性的法定性质,也无所谓法律保护;影响力是由领导者的威信,即领导者个人的品质、道德、学识、才能等方面的修养在其下属心目中所形成的形象与地位所决定的。影响力没有强制性,更没有任何法定性质,因而不受法律保护。

权力、能力和影响力之"三力"的相互关系是:权力来自职务,职务来自威信(影响力),威信来自能力与修养。即:权威＝权力＋威信(影响力)。

就领导的职能而言,思考力、决策力和执行力本身就涵盖了领导力的观念与行为两个层面。

"思考即财富",这是林语堂先生说过的一句话。对于领导者来说,思考力的提高是做好领导工作的前提。成熟的思考力才能产生行之有效的领导力。这是因为,从某种意义上说,思考是一种新型的生产力,正是在思考中才能形成卓越的"金点子"。当有人问及比尔·盖茨:"你成为当今全美首富,能告诉我们你成功的主要经验是什么?"盖茨十分明确地回答说:"一是勤奋工作;二是刻苦思考。"我国古人云:"行成于思,毁于随。"思考是智慧之花开放的前夜。一次深思熟虑,胜过百次草率行动。一天思考周到,胜过百天徒劳。一个善于思考的人,才是力大无比的人。爱因斯坦说得好:"要善于思考、思考、再思考,我就是靠这个学习方法成为科学家的。"有人提议,你的一天有 1440 分钟,将它的 1%——仅仅 14 分钟——用于思考、学习和计划,你的领导力将会是惊人的。思考力体现着领导者的认知能力。从这个意义上说,领导者对事物的认知力也是一种领导力。

决策力是领导者应该具备的基本素质,决策力的强弱体现了领导者综合素质的高低。据美国兰德公司统计,世界上破产倒闭的大企业,85%是因企业家决策失误造成的。可见,领导者决策力的高低直接关系到事业的成败。西蒙说过:"管理即决策"。领导者的决策力表现为谋划力、决断力、反应力、适应力等。

如果说决策是眼睛的话,那么执行就是双腿。杰出的决策必须加上杰出的执行才能奏效。否则,再完美的决策也只能是"纸上谈兵"而已。决策是为执行服务的。执行是决策的归宿。因此,在思考力、决策力和执行力这"三力"中,执行力是体现领导力行为能力的一个重要因素。

"大领导力"就是涵盖如上所述的方方面面内涵、要素的一个大概念。"领导力大观"就是要从如上所述方方面面内涵、要素去考察、研究领导力的"大观念"。

鉴于考察"大领导力"的"领导力大观",本书分为四篇,分别为:"领导力新视野""'互联网+'与领导力创新""领导者、领导过程与领导力""领导艺术与领导力"。

"领导力新视野"主要从观念层面考察21世纪以来随着现代领导活动的进展而新涌现出来的新领导理念,如柔性领导力、跨界领导力以及中国共产党领导力的新发展。

"'互联网+'与领导力创新"主要从观念与行为两个层面的统一上着重考察基于互联网视野下中国共产党工作领导力与社会工作领导力的创新。如:基于互联网视野下的党建工作、统战工作、人才工作、问责制与反腐倡廉以及基于互联网视野下的群众路线、协商民主、社会治理等。其中,既有领导观念的创新,又有领导工作实践的创新。

"领导者、领导过程与领导力"主要从行为层面探讨领导过程中各个环节是如何彰显领导力的,如:领导原则、职能与领导力;决策与领导力;用人与领导力;领导者、领导作风与领导力等。

"领导艺术与领导力"是"领导者、领导过程与领导力"的某个侧面的深入展开,主要从领导艺术这个角度探讨领导力是如何在战略艺术、处事艺术、待人艺术、沟通艺术以及超脱艺术中得以彰显的。

由此可见,本书探讨的领导力是全方位、大视野的。本书为读者展示的是一种"领导力大观"。本书的宗旨在于引导读者确立"大领导力观"。

从本书写作体裁而言,第一篇"领导力新视野"主要为议论形式的理论研究,阐述新时代领导力新拓展,探究领导力理论创新,注重学术性。第二篇"'互联网+'与领导力创新"主要为记叙形式的实践研究,揭示基于互联网视野下的领导实践创新,概括总结互联网时代领导工作的新经验、新形式、新方法,注重实践性。第三篇"领导者、领导过程与领导力"和第四篇"领导艺术与领导力"主要为通过经典案例说明基本原理的形式,有所选择地介绍领导力基本理论,注重通俗性。

本书作者长期从事领导科学的理论研究与教学，本书系作者多年在领导力方面的研究成果、教学心得汇总。

通过阅读本书，不同层次的读者都可从中有所启迪。理论研究者可以从中吸取学术养分；实践工作者可以从中借鉴新鲜经验；普通读者可以从中得到领导科学知识的普及。本书既是理论研究学术成果，也可以作为领导科学的教学参考书以及领导科学知识的普及读物。

诚然，本书并非完整系统地阐述领导力的理论与实践。更确切地说，本书的安排系"偶感"形式，或说"纵横谈"形式。对于领导力的理论与实践，必然难以面面俱到，还望读者多多包涵，并恳请不吝批评指正。

贺善侃
2020年12月于东华大学

目 录

卷首絮言 ·· 001

第一篇　领导力新视野

第一章　柔性领导力 ·· 003
一、现代管理呼唤柔性领导力 ·· 003
二、从文化领导力看柔性领导力的实质 ·· 007
三、从平民领导力看柔性领导力实施的根本途径 ··························· 011
四、从简约领导力看实施柔性领导力的组织依托 ··························· 016

第二章　跨界领导力 ·· 021
一、跨界领导力：引领领导力发展新趋势 ····································· 021
二、释义"跨界领导力" ·· 024
三、跨界与创新 ·· 028
四、跨界领导力的开发 ··· 033

第三章　中国共产党领导力 ·· 038
一、中国共产党领导力之"魂" ··· 038
二、高瞻远瞩的战略思维 ·· 045
三、引领事物发展的创新思维 ·· 050
四、洞察事物发展规律的辩证思维 ·· 055
五、治国安邦的法治思维 ·· 059
六、有备无患的底线思维 ·· 063
七、领袖领导力的重要地位与战略意义
　　——兼论陈云领袖领导力及其当代价值 ································· 069
八、从抗击新冠疫情看中国共产党的卓越领导力 ··························· 078

第二篇 "互联网+"与领导力创新

第一章 "互联网+"与党的工作领导力创新 ………………… 085
　　一、基于互联网视野的党建工作 ………………………… 085
　　二、基于互联网视野的统战工作 ………………………… 089
　　三、基于互联网视野的人才工作 ………………………… 097
　　四、基于互联网视野的领导干部问责制 ………………… 102
　　五、基于互联网视野的反腐倡廉 ………………………… 105

第二章 "互联网+"与社会工作领导力创新 ………………… 110
　　一、基于互联网视野的跨界领导力 ……………………… 110
　　二、基于互联网视野的社会治理 ………………………… 114
　　三、基于互联网视野的群众路线 ………………………… 118
　　四、基于互联网视野的协商民主 ………………………… 123

第三篇 领导者、领导过程与领导力

第一章 领导原则、职能与领导力 ……………………………… 131
　　一、马掌钉掉落该谁负责
　　　　——"行政长官不宜过问琐事" ……………………… 131
　　二、宋太祖赏赐全军将士的意义何在
　　　　——谈领导社会属性的主导性 ……………………… 133
　　三、摩托罗拉公司董事会为什么不集体辞职
　　　　——谈集体领导和个人分工负责相结合原则 ……… 135
　　四、值得记取的经验与教训
　　　　——谈"还他们自由"的分权精神 …………………… 137
　　五、诸葛亮"出师未捷身先死"的警示
　　　　——谈领导分层原则 ………………………………… 139
　　六、司马懿的通权达变
　　　　——谈领导权变原则 ………………………………… 141
　　七、卢卡斯的失败与巴顿的成功说明什么
　　　　——谈领导者的指挥风格 …………………………… 143
　　八、罗斯福的"炉边讲话"
　　　　——谈领导的教育职能 ……………………………… 145

九、同样的激励政策为何产生不同效果
　　——谈"一把钥匙开一把锁" ······ 147

十、查利斯·施瓦布是如何让下属停止吸烟的
　　——谈思想工作的基本方针：疏导 ······ 149

第二章　决策与领导力 ······ 151

一、丰田汽车何以能打入美国市场
　　——谈决策目标的挑战性 ······ 151

二、要避免"霍布森选择"
　　——谈决策备选方案的评估与选优 ······ 153

三、葛洲坝工程决策的成功之处
　　——谈集体决策原则 ······ 155

四、王永庆台塑的成功说明了什么
　　——谈领导者风险决策能力 ······ 157

五、"布里丹小驴"的犹豫不决
　　——领导者面对"模糊事件"态度不能含糊 ······ 159

六、英国史上煤电普惠大众的决策何以受阻
　　——谈避免决策失误与决策低效 ······ 161

七、从"人类命运共同体"外交谋略谈起
　　——谈克敌制胜的谋略思维艺术 ······ 163

八、唐太宗的"三利三益"
　　——谈领导思维的辩证法 ······ 165

九、刘邦成功的秘诀
　　——谈处理好领导者与智囊人员的关系 ······ 166

十、从兰德公司否决委托方的结论说起
　　——谈现代智囊团的自主性 ······ 169

十一、扭转被动局面的绝招
　　——谈领导执行力 ······ 171

第三章　用人与领导力 ······ 174

一、从伯乐"相马术"谈起
　　——谈领导"知人"智慧 ······ 174

二、林肯的用人肚量值得称道
　　——谈广开进贤之路 ······ 176

三、从尼克松重用基辛格谈起
　　——谈"五湖四海"原则 ·· 178

四、齐高士鲁仲连劝说孟尝君的深意
　　——谈"视能用才"原则 ·· 180

五、赞魏文侯的用人气魄
　　——谈"用人不疑，疑人不用"的用人原则 ···················· 182

六、卫慎公何以恍然大悟
　　——把握好选人用人的"长"与"短"辩证法 ···················· 184

七、李秉哲创办三星综合研修院值得称道
　　——谈领导的育人之方 ·· 186

八、唐太宗的"四德""二十七最"考功制
　　——谈"官德"考核的制度化 ···································· 188

九、对疫情防控不力者的诘问
　　——谈领导干部"问责制"的落地 ······························· 190

十、"先天下之忧而忧，后天下之乐而乐"
　　——谈领导干部的担当意识 ···································· 192

第四章　领导者、领导作风与领导力 ································ 195

一、长征胜利的启示
　　——谈领导干部的理想信念 ···································· 195

二、陈毅元帅的"忙里偷闲，抽空学习"
　　——谈领导干部的知识素养 ···································· 197

三、华西村治村之道的启示
　　——谈领导的权威性与服务性 ·································· 200

四、村支书郑九万为何受到村民拥戴
　　——谈领导者"影响力"的重要性 ······························· 202

五、"民无信不立"
　　——谈提升诚信领导力 ·· 204

六、从狄仁杰如何对待受陷害谈起
　　——谈领导者心理素养 ·· 206

七、搭配决定"天堂"或"地狱"
　　——谈领导集团的整体搭配 ···································· 208

八、"N次方文件"是如何炮制出来的
　　——谈领导作风 ·· 210

九、"恶竹应须斩万竿"
　　——谈领导廉政文化建设 ……………………………………… 212
十、沈阳"慕马"腐败大案说明什么
　　——谈领导体制对领导者素质的影响 ………………………… 214
十一、美国福特公司几上几下的历史说明什么
　　——谈现代化领导体制发展趋势 ……………………………… 216

第四篇　领导艺术与领导力

第一章　战略艺术与领导力 ………………………………………… 221
一、战略目标:领导战略决策的灵魂 ……………………………… 221
二、胆略与勇气:领导战略决策的前提 …………………………… 225
三、整体推进和重点突破:领导战略决策的谋略 ………………… 229

第二章　处事艺术与领导力 ………………………………………… 234
一、应对危机的领导艺术 …………………………………………… 234
二、处置突发事件的谋略 …………………………………………… 239
三、危机与契机 ……………………………………………………… 243
四、驾驭"模糊":一种高超的领导艺术 ………………………… 247
五、谈谈模糊思维艺术 ……………………………………………… 250
六、模糊决策艺术探微 ……………………………………………… 254

第三章　待人艺术与领导力 ………………………………………… 259
一、激励:领导待人之道的关键之举 ……………………………… 259
二、提高激励领导艺术的策略 ……………………………………… 262

第四章　沟通艺术与领导力 ………………………………………… 268
一、团队有效沟通与良好人际关系 ………………………………… 268
二、建立良好人际关系的重要因素 ………………………………… 273
三、团体行为基础与调适人际关系 ………………………………… 277
四、建构组织中人际关系的原则 …………………………………… 282

第五章　超脱艺术与领导力 ………………………………………… 288
一、领导超脱艺术与领导效益 ……………………………………… 288
二、授权:超脱艺术的最佳途径 …………………………………… 291
三、"无为而治":超脱艺术的最高境界 ………………………… 296

附录:贺善侃关于领导力主要研究成果 …………………………… 301
后　记 …………………………………………………………………… 305

第一篇

领导力新视野

领导力研究有着悠久的历史。领导学家巴斯(Bass)1990年指出:"对领导力的研究与人类文明出现的时间几乎是同步的,领导者们对文明的影响程度不亚于文明对领导者们的影响程度。历史研究,从其幼年时代开始就是对领导者的研究——对领导者所作所为和原由的研究。"① 这就是说,对领导力的研究必须与社会发展、时代进步相关联。随着社会的发展,领导力的特质与表现也会发生变化。特定社会历史阶段的领导力无不打上鲜明的时代烙印。

---

① [美]约翰·安东纳基斯等编《领导力的本质》,柏学翥、刘宁、吴宝金译,上海人民出版社,2007,第3页。

第一章

柔性领导力

一、现代管理呼唤柔性领导力

随着中国社会利益结构日益多元化,在社会管理的方式中,柔性领导力显得越来越重要,它的重要性在于其在现代管理中具有不可替代的作用。

(一) 实现人性管理需要柔性领导力

柔性领导力是相对于刚性领导力而言的。刚性领导力主要是依据职权、规章制度和科层体制发挥效用,而柔性领导力则主要依靠非职务性的影响力发挥效用。据此,可把柔性领导力定义为:以非强制性方式,唤起被领导者的心理响应,将领导者的意图和组织目标变为被领导者的自觉行为的领导力。柔性领导力的最大特点在于,其效用的发挥不是依靠职务权力,也不是靠行政命令、规章制度和科层组织,而是依靠人的心理过程,依赖于调动下属主动性、激发下属潜力和创造精神,它具有明显的内在驱动性。

柔性领导力与刚性领导力最大的不同点在于:方式上的人性化、方法上的互动性、效用上的持久性以及境界上的高远性。

首先,刚性领导依靠规章制度和科层组织,规定过于死板,而实际情况错综复杂,成文的规章制度难以全面覆盖。在具体的领导实践活动中,往往有许多规章制度难以解决的"尴尬"事件,对此,刚性的领导方式完全不管用,而柔性领导方式就显现其优越性。正因为柔性领导不依赖于规章制度,尊重下属的心理感受,注重激发下属的主动性和创造性,在具体领导活动中不会发生非此即彼的极端倾向,不会把问题公式化。柔性领导力求人性化管理、个性化管理,在不违反大原则的前提下,寻求解决问题的最佳方案。

其次,柔性领导的一个基本原则是通过沟通、协调、激励等方法来实现下属内心的服从和认同。遵循这一原则,领导者不以刚性的领导方法以权压人、以势压人;而是以柔性的领导方法来调动人、启发人、引导人。柔性领导也就是互动式领导,是建立在彼此平等、相互理解、相互尊重基础之上的心灵互动,然后才是观念互动、行为互动。柔性领导的互动性体现了领导活动中主客体的高度融合和统一。这种融合和统一说明,柔性领导方法下的被领导者已经不是单纯的被领导者。当柔性领导者把自觉自愿的种子植根于每一位下属心中时,当被领导者的积极性和主动性被充分调动起来时,被领导者也就不是被动地服从领导了,这一成效是刚性领导方法所达不到的。

再次,刚性领导的着眼点往往在于领导意图和领导目标的及时生效。在刚性领导方式下,法规、制度或命令一经颁布、生效,就要不折不扣地执行,虽然领导者也希望大家能在理解的基础上自觉遵守法规、服从命令,但其最终不以理解为前提,即使暂时不理解,也必须立即贯彻执行,刚性领导的直接目的是维护统一秩序,即时达到统一步调。柔性领导则不然,它要求被领导者对领导意图要理解、行为要自愿、对任务的执行要自觉。柔性领导的前提是把外在的规定和目标转化为内心的服从和认同。尽管这种转化需要时间,不过一旦实现,将产生刚性领导力所不能及的持久性。

另外,刚性领导更接近于交易性领导,利用职权和规章制度指挥下属,给模范遵守规章制度的部下提供报酬、晋升、荣誉等,直接的目的在于以下属服从领导命令、完成任务等作为回报,以实现领导目标。而柔性领导的目的不仅仅是在短期内取得实际效益,而是着眼于长远,着眼于塑造优秀部属和良好的工作环境。柔性领导一是注重魅力或理想化影响,包括榜样、认同、仿效、使命感;二是注重鼓舞干劲,包括高期望值、激励和团队精神;三是注重智力激发,包括创造、革新、质疑;四是注重个性化管理,包括支持性氛围、个别需求和个体发展。在领导境界上,柔性领导力比刚性领导力更高远。

柔性领导力的基本特征表明,它具有比刚性领导力优越之处,可以弥补刚性领导力的不足。在现实的领导实践活动中,刚性领导力和柔性领导力往往相得益彰,珠联璧合。领导者根据不同的领导对象和领导环境,刚柔相济,以人为本,可以事半功倍,提高效益和效率。

(二)凸显民主精神需要柔性领导力

领导力的实质在于影响力。有无影响力,是衡量领导力是否真正存在的根本标准,而影响力不是单向的,领导者的影响力是存在于被领导者心中的,是被领导者对领导者的一种认可程度。

被称为领导力大师的美国学者约翰·加德纳在《论领导力》一书中明确指出:"下属们如果不信任领导者,那么领导者也就无法维持自己的权力。在某种意义上说,领导者的权力是由下属授予的。"①从这句话可以看出,领导者的权威不是来自上级授予,而是来自下级的认可。

领导力并不仅仅属于领导者。在现代社会中,随着社会民主程度的提高,民众政治参与性的提高,领导力越来越分散化。社会事务已越来越不是少数精英所能左右的。约翰·加德纳在《论领导力》一书中还指出:"除了那些在不同层次被称作领导的人外,在每个重要组织或社团中都有许许多多的成员,他们为了团体利益,本能地承担着领导者的职责。实际上,被领导力研究领域忽视了的这些人,对其领导者和团体是至关重要的。"②

这一重要思想体现了现代领导理论的一个重要发展趋势:越来越重视团队领导力。就像约翰·加德纳所指出的:"领导力只是实现团队目标的一个因素,团队目标的实现不仅取决于卓有成效的领导者,同时也取决于改革者、开拓者和思考者,取决于可利用的资源、民心所向和社会合力等因素。"③应该看到,"领导力是领导者个人(或领导团队)为实现领导者自己及其追随者的共同目标,而通过说服或榜样作用激励某个群体的过程。"④由此可见,领导与被领导的相互影响是领导力的核心。大量领导实践证明,领导力不是单方面存在于领导者身上,对领导力的开发不能单纯着眼于领导者。要重视被领导者对构建领导力的作用,在领导者与被领导者的相互影响中构建领导力。因此,为提升领导力,必须注重构建良好的上下级关系。领导者应该随时注意从下属对领导活动的反馈中获得信息,关注下属对领导活动的评价,架起上下级之间平等沟通的桥梁,及时根据下属的意见调整领导目标、步骤和方法。从某种意义上说,什么样的下属产生什么样的领导。领导力是领导者与被领导者共同造就的,是领导与被领导的合力。

正由于领导行为越来越多地体现在团队层级中,团队领导力越来越受到重视。领导者面临的挑战之一,就是如何改变领导方式,变独裁领导方式为团队领导方式。团队领导不是天生造成的,而是学习的成果。团队领导必须学会一些技能,如与他人分享信息的能力,信任别人,放下架子,懂得沟通,调解矛盾,评价群体或个体的绩效等。这种团队领导力无疑就是柔性领导力。团队领导力的开发必须以柔性领导力的开发为基础,必须凸显民主精神。重视开发柔性领导力是现代领导理论发展的一个重要趋势。

(三) 构建和谐社会需要柔性领导力

和谐社会的领导力应是一种影响力(软权力),而不是单纯的职务权力(硬权

---

① [美]约翰·加德纳:《论领导力》,李养龙译,中信出版社,2007,第29页。
② 同上书,第XⅧ页。
③ 同上书,第XⅥ页。
④ 同上书,第3页。

力)。现代社会许多问题的解决靠硬性权力行不通。软性权力或许更能奏效,即靠领导者的人格魅力、道德素养、智力能力、业务专长和领导艺术赢得下级的信任、拥护,才能建立起一种和谐的关系。和谐社会对领导力构建的这一要求,提出了强化柔性领导力的要求。

从关心效率到关心和谐,是当今社会发展的一个不可抗拒的趋势。就中国而言,改革开放伊始,全国上下以经济发展为中心,尤为关注经济增长率、社会生产力的发展。"效率优先,兼顾公平"是当时的社会发展原则。经过40多年改革,社会公平、社会和谐的问题日益凸显,中国经济结构处于快速变动的时期,也是各种社会矛盾凸显期。此时,社会和谐的要求更为迫切,柔性领导力的提升就显得非常重要。

柔性领导力的提升所引起的领导方式的转换,正适应了从关心效率到关心和谐的转变。柔性领导力下的领导方式呈现出以下几种转换特点:

一是服务领导理念的强化。刚性领导力突出职务权力和规章制度,领导方式以自上而下的行政命令为主,"官本位""权本位"的理念往往占统治地位。而柔性领导力突出领导者的影响力,强调领导者与被领导者之间的平等沟通,要求领导者改变居高临下的领导方式,确立"以人为本"的领导理念,突出责任和服务的领导理念。

二是协调领导理念的强化。刚性领导力主要依靠科层体制,单纯刚性领导力下的领导方式以控制为主要途径,以统一的刚性体制为基础,缺乏沟通和协调。而柔性领导力更注重沟通,更关注领导活动中的多方利益,更强调协调的领导职能,以协调求发展,以协调求稳定。

三是权力平等领导理念的强化。刚性领导更适合于权力资源集中、垄断的社会。随着社会民主化程度的提高,尤其是知识经济和信息化的发展,人们获得知识和信息资源的机会越来越多。领导者在权力资源上的优势日益丧失,权力崇拜的根基动摇了,支撑领导权力的资源趋于平等化。柔性领导正是基于权力资源平等化的有效领导方式。

四是个性化领导方法的强化。刚性领导力依赖于规章制度,强调统一的行为规范,必然是组织成员的趋同化。在刚性领导方式下,领导方法往往千篇一律,甚至满足于一般号召,极易生搬硬套。在多元化时代,单纯的刚性领导已不合时宜,柔性领导的个性化特征恰是顺应这个时代有效的领导方式。

五是集体领导方式的强化。柔性领导比刚性领导更强调系统管理、民主管理和团队精神,在柔性领导方式下,领导力并不是集中在某个人的身上,整个组织也不是集中控制在某个人的手中,而是依靠团队的力量,依靠大家的努力,领导者只是一个引路人、教练及啦啦队长。柔性领导力是存在于整个团队中,是团队的一个要素。因此,柔性领导必然是一种集体领导。强化柔性领导力是构建和谐社会的需要,也是现代民主发展的必然趋势。

二、从文化领导力看柔性领导力的实质

为深入探讨柔性领导力的实质,很有必要引入"文化领导力"这一概念,从柔性领导力与文化领导力的内在联系对柔性领导力做深入理解。

(一) 文化领导力与柔性领导力的内在一致性

文化领导力即文化层面的领导力,表现为:其一,领导者的文化视野、领导活动的文化内涵以及内含于领导力的文化影响力;其二,领导者的一般认知能力(cognitive capacities)、一般智能(general intelligence)和创造性思维能力(creative thinking capacities)。文化领导力一般通过领导观和领导思考力表现出来。

文化领导力与柔性领导力在本质内涵和基本特征上是完全一致的。两者同是一种非职务权力影响力,同是一种软实力。从某种意义上说,"柔性领导力"的柔性力量即是文化的力量;同样,文化的力量也即柔性的力量。柔性力量与文化力量的共性,在于都是一种隐性的、潜在的、或说潜移默化的力量。

柔性领导力实质上是一种非职务权力的影响力。文化领导力作为体现在领导力中的文化影响力,起着文化的导向、制约、示范作用,这种作用,不同于决策、用人等显性的职务权力作用,同样是无形的非职务权力的影响力。在文化领导力的特征中充分体现了柔性领导力的实质。

首先,柔性领导力与文化领导力同是领导者价值观念、道德品质、人格魅力、知识素养、精神风貌的体现。

文化领导力是一个体系。从领导个体的层面,可将文化领导力分为领导意识形态、领导精神、领导价值观、领导心理、领导形象、领导魅力等。领导意识形态是指特定的社会和国家中的领导阶级或领导阶层关于领导活动、领导制度、领导关系,包括领导主客体以及特定领导角色在整个领导体系和领导过程中的地位、作用及其相互关系的基本观点的总和,一般表现为领导哲学、领导思想、领导道德、领导方略等;领导精神是领导个体对单位整体特征、价值、形象的理解和认识,是领导文化的内在结晶,具有时代性、渗透性、制约性;领导价值观是领导者对领导活动中的价值物、价值关系及其结果的直接反映,以及由此而形成的较为明确和稳定的关于领导活动的目的与意义的基本观点和看法,主要由领导价值取向、领导价值标准和领导价值评价等因素所构成;领导心理是领导主体在内心深处对领导活动的关注、

体验的基础上做出的直观认识状态,包括领导动机、领导情感、领导态度、领导信念等;领导形象是领导文化的综合反映和外部表现,是领导者在公众眼中形成的总体印象和评价;领导者魅力是鲜明而独特的个人素质表现,诸如真诚坦率、风度、自信、幽默、信任等。

文化领导力的构成因素决定了文化领导力即是领导者的价值观念、道德品质、人格魅力、精神风貌等所表现出来的柔性的文化力量。这种柔性的力量正是我们所说的柔性领导力。

其次,柔性领导力与文化领导力同是领导者认知能力的体现。

众多研究表明,领导者的一般认知能力、一般智能和创造性思维能力,诸如创造性推理能力、解决复杂问题能力、综合认知能力、认知复杂性和多元认知技能等,对领导力指数和领导效率关系极大。有些领导力研究者的研究还涉及情感智能(emotional intelligence),包括情感识别,即识别和评判自己情感以及别人情感的技能;情感使用,即在决策和解决问题、重要事件处理上使用情感的技能;情感理解,即理解、沟通情感的技能;情感管理,即保持情感清醒的技能。他们把这些因素与领导力相关联,提出情感智能对工作业绩、工作满意度、组织归属感等问题的影响。类似的研究还涉及领导者的潜藏知识(tacit knowledge)、动机和需求(motives and needs)(包括权力需求、支配需求、归属需求、责任需求等)、社交智能(social intelligence)与领导力的关系。甚至可以把社交智能视为卓越领导力的核心。[1] 笔者认为,所有这些因素都可归为领导认知力层面的文化领导力。

在领导力研究中,越来越多的学者注意到领导者认知能力对于领导力的独特贡献,认为它远胜于其他品质。领导认知力虽然是无形的,但却是领导力中的重要构成因素,对于领导力的发挥起着关键作用。领导认知力的强弱,直接关系到总体领导力的强弱。有什么样的认知模式,就会有什么样的领导行为。诸如,变革型领导者的认知模式是对下属自我独立和创新的期望;交易型领导者的认知模式是把追求补偿以及明晰角色作为下属行为的驱动力。领导者的认知模式是领导者行为风格的基础,即领导力的基础。认知模式的变化往往会导致领导行为风格的变化。可以说,领导认知力是一种起决定性作用的隐性领导力(或"无形领导力")。领导认知力也是一种文化领导力。相对于通过职务权力表现出来的显性领导力,作为领导认知力的文化领导力也是一种柔性的力量,即柔性领导力。

再次,柔性领导力与文化领导力同是领导者的文化视野,同样展现着领导活动的文化内涵。

---

[1] 贺善侃:《文化领导力:领导力的核心和灵魂》,《中国浦东干部学院学报》2009年第4期,第31页。

领导者的文化视野、领导活动的文化内涵和文化影响力表现为一种领导文化。它是领导力的核心要素。从文化的创造主体看,领导文化不仅指领导者所接受的教育程度和具备的文化知识,更重要的是指领导成员在领导活动中产生并通过后天学习、自我修炼和社会传承形成的反映领导实践的观念意识,是客观领导过程在领导成员心理反应上的积累和积淀,是领导成员普遍认可的、规定领导运作的、具有时代特征的领导价值观点、领导思想、领导理论、领导职业道德和领导文化传统等,还包括领导成员普遍认可,共同信守的行为模式和广泛流传的态度作风。从文化的载体看,领导文化是受领导活动与外界文化因素所影响的、由组织员工创造的物质财富、精神产品、内部组织结构和规章制度等表现为物质形态和观念形态特质的成果,以及由运载这些成果的实体、设施、组织活动形式等构成的复合体。从这个意义上说,领导文化可视为是领导者从事领导事业所依据的社会文化环境、一切与领导活动相关的文化现象。而领导者的文化视野、领导活动的文化内涵和文化影响力正是柔性领导力的核心与灵魂。

(二) 文化领导力与柔性领导力的共同性特征

从文化领导力与柔性领导力的基本特征看,两者有许多共同点:

首先,两者都注重人性化领导,注重调动人的内在潜力。文化领导力的功能,在于营造一种健康和谐的组织文化氛围,培育组织成员对组织的文化认同感、情感归属感和心灵愉悦感,从而自觉融入组织系统,形成合力。领导方式的人性化,既是文化领导力的基本特征之一,也是柔性领导力的基本特征之一。柔性领导力作为一种凝聚力,旨在营造出一个同心协力、奋斗向上、民主团结的氛围;作为一种感召力,旨在用爱心、尊重和榜样的力量去感化人;作为一种向心力,旨在用积极进取的精神去影响人,通过提供舞台和机会去吸引人,并以此最大限度地激发全体组织成员的潜能和积极性。以人为本是柔性化领导的核心内容。柔性领导力的最大特点在于,尊重下属的心理,注重激发下属的主动性和创造性,注重以人为本,力求人性化管理、个性化管理。

其次,两者都注重通过人际沟通实施领导目标。"柔性领导的一个基本原则就是通过沟通、协调、激励等方式求得下属内心的服从和认同,从而使其在自觉自愿的状态下主动发挥自己潜在的积极性。"柔性领导反对以权压人、以势压人,而主张互动式领导,倡导"建立在领导者与被领导者之间彼此平等、相互理解、相互尊重基础之上的心灵互动、观念互动和行为互动。柔性领导的互动性体现了领导活动中主客体的高度融合和统一。"[①]文化领导力同样注重通过人际沟通来实施领导目

---

① 贺善侃:《解读和谐社会领导力》,上海人民出版社,2009,第164页。

标。诸如,通过领导者与被领导者的文化交流来影响和塑造员工的精神风貌,进而影响员工的日常行为;通过塑造一种自然轻松、愉悦开放的健康文化氛围来促进领导者与被领导者之间的心灵沟通,以形成和谐、民主、融洽的气氛。

再次,两者都注重领导成效的持久性。领导效用上的持久性是柔性领导力区别于刚性领导力的一个重要特征。刚性领导的着眼点往往在于领导意图和领导目标的及时生效。"柔性领导则不然,它要求被领导者对领导意图要理解、行为要自觉,对任务的执行要自觉自愿。柔性领导的前提是把外在的规定和目标转化为内心的服从和认同。"[1]尽管这种转化需要时间,但一旦实现,将产生刚性领导力所不能及的持久效用。柔性领导力的这一重要特征同样为文化领导力所具有。这是因为,文化领导力强调用文化的潜移默化来塑造员工,深层次地激发员工的工作动机与热情,增强员工的主人翁责任感,使其自觉地挖掘其工作潜能,发挥他们的天赋,做出超常的工作业绩和成就。文化领导力与柔性领导力一样,都旨在充分发挥被领导者的聪明才智,施展其抱负,实现自己的人生价值。一旦实现这一目标,就能达到领导效用的持久性。

(三) 以文化领导力彰显柔性领导力

基于文化领导力与柔性领导力的内在联系,提升文化领导力无疑是强化柔性领导力的一条根本途径。

在全面建成小康社会的历史过程中和深化改革开放、加快转变经济发展方式的攻坚时期,"文化越来越成为民族凝聚力和创造力的重要源泉、越来越成为综合国力竞争的重要因素、越来越成为经济社会发展的重要支撑,丰富精神文化生活越来越成为我国人民的热切愿望。"[2]从国际看,文化在综合国力中的地位和作用更为突显,从国内看,社会发展越来越离不开文化建设。在这样的背景下,领导者的文化视野越来越重要,领导活动的文化内涵更为突显,文化领导力在综合领导力中的地位和作用同样更为突显。

然而,从目前的领导实践来看,领导者对文化领导力的认识还很不够。文化领导力的现状与领导活动对文化的需求还很不适应。为改变这种状况,要培养广大干部群众尤其是领导者的文化自觉和文化自信,提高全民族的文明素质,为柔性领导力的施展夯实深厚的根基。

文化自觉与文化自信是提升文化领导力、强化柔性领导力的重要基础和前提。所谓文化自觉,是指生活在一定文化历史圈子的人对其文化有自知之明,并对其发

---

[1] 贺善侃:《解读和谐社会领导力》,上海人民出版社,2009,第164页。
[2] 胡锦涛:《坚定不移走中国特色社会主义文化发展道路　努力建设社会主义文化强国》,《求是》2012年第1期,第4页。

展历程和未来有充分的认识。换言之,是文化的自我觉醒、自我反省、自我创建。具体表现为三方面:一是对文化价值认知的深刻性,对文化决定经济目标的正确性,决定生产力发展的方向性的功能的自觉把握;二是对文化发展规律把握的自觉性,能始终不渝地按规律进行顶层设计和规划,科学组织实施文化建设,避免盲目性和主观随意性;三是对文化建设历史责任担当的主动性,有强烈的文化担当,能高举马克思主义的文化旗帜,弘扬中国特色社会主义文化理想,主动担当起推进文化发展繁荣的历史责任。这是领导者理想追求和精神面貌的体现,也是一个领导班子政治上成熟的重要标志。

文化自觉是文化自信的必要前提。所谓文化自信,则是指一个国家、一个民族、一个政党对自己的理想、信念、学说以及优秀文化传统有一种发自内心的尊敬、信任和珍惜,也就是对自身文化内涵和价值充分肯定。

显然,领导者只有有了这种文化自觉和文化自信,才能充分体现出"精神建设"这一文化的最本质特征,真正做到在领导活动中"以文化人""以文育人",用先进文化、优秀文化铸塑人格,培育人们的精神家园,丰富人们的思想灵魂,提升人们的精神境界;而广大群众也只有有了这种文化自觉和文化自信,才能自觉献身文化建设,做到文化的自我觉醒、自我反省、自我创建。而凡此种种,正是柔性领导力的真谛所在。

三、从平民领导力看柔性领导力实施的根本途径

柔性领导力的实施离不开平民领导力的支撑。平民领导力是实施柔性领导力的根本途径。从本质上看,平民领导力具有柔性领导力的基本特征,柔性领导力的实施离不开平民领导力的践履。践履平民领导力的过程同时就是实施柔性领导力的过程。

(一) 眼睛向下:平民领导力的根本

所谓平民领导力即扎根于人民群众中的领导力,其实质是眼睛向下,即着眼于被领导者,尊重广大民众。实现好、维护好、发展好最广大人民群众的根本利益,做到"忠实执行党的群众路线,坚持权为民所用、情为民所系、利为民所谋",始终是中国共产党一切决策、举措的中心。也就是说,为夯实我党的执政基础,必须构建好平民化的领导力,也即从人民群众中吸取强化领导力的源泉。

领导学理论的发展,经历了一个由英雄领导观向平民领导观转化的过程。这是同由传统社会向现代社会转型的社会发展趋势相一致的。传统社会是英雄辈出的社会,现代社会则是一个属于平民的社会。社会现代化程度越高,其重心越下沉,普通民众就越受到关注。与之相适应,领导的平民化趋势越来越明显。进入

21世纪的领导力应是平民领导力。

从英雄主义领导到平民化领导,领导观念发生了如下几方面的转换:

第一,从集权领导向分权领导的转换。英雄领导观把领导权力和责任集中在少数人手中,认为只有少数人才有资格执掌领导权,发号施令,发挥领导作用,大多数人只有俯首听命的份儿。而平民领导观则把领导权力分散化,把领导责任分散化,把领导机会分散化,把领导的作用分散化。平民领导观认为,领导的实质是一种积极作用、一种影响力,而这种积极作用和影响力并非只有少数人能垄断得了的。领导者可以发挥领导作用,被领导者也可发挥领导作用,每一个人都可对组织发挥或强或弱的积极作用和影响力从而成为实质上的领导者。平民领导观把注意力放在大多数人身上,一个领导者,应该把自己看作组织中的普通一员,应该认识到,自己所从事的并非别人不能做;一个被领导者,则应该认识到,尽管自己也许目前还不是领导者,但他仍然可以在组织中、在社会上发挥真正的领导作用。

第二,从有界领导向无界领导转换。在传统的领导活动中,领导者就是领导者,被领导者就是被领导者,二者界限分明,不可逾越。平民领导观打破了领导者和被领导者的界限,领导者和被领导者的角色都变得模糊化了。之所以这样认为,主要鉴于这样两点:一是依据平民领导观,领导作用不再集中在少数人手中,人人都可发挥领导作用,既然如此,领导者与被领导者之间,也就没有不可逾越的鸿沟,两者之间的相互转化是极其平常的事;二是依据领导替代理论和自我领导、超级领导理论,现代社会的成员主体性增强,他们完全有能力实行自我领导、自我激励,在组织实施组织目标时,完全可能形成以被领导者为主导的"颠倒的金字塔",即以被领导者为主体,领导者仅是一个追随者、鼓动者、"啦啦队长",或为被领导者服务的公仆。

第三,从无限领导向有限领导转换。英雄领导观脱离领导情景、领导对象,孤立地看待领导的作用,因而把领导看作万能的,即无限的领导,甚至把领导者奉为不同于凡人的"神"。平民领导观则在领导的情景中,在领导者与被领导者的互动中看待领导者的作用,因而把领导者的作用植根于广大被领导者中,认为一旦脱离被领导者,脱离一定的社会条件,再高明的领导者也只能一事无成。因此,在平民领导观看来,没有无限的领导,只有有限的领导。领导者应把更多的空间、更多的机会、更多的权力、更多的责任留给被领导者,而不能大权独揽,充当孤胆英雄。

(二)平民领导力何以有助于柔性领导力实施

践履平民领导力是实施柔性领导力的根本途径。这是由平民领导力与柔性领导力特征的一致性和实施柔性领导力的途径所共同决定的。

第一，平民领导力具有柔性领导力的基本特征。

首先，平民领导力是一种隐性化的领导力，即不张扬的领导力。平民领导力不是高高在上，不是脱离群众，尤其不是处于与被领导者相对立状态的领导力；而是扎根于群众之中，谋求与被领导者和谐相处，谋求领导者与被领导者的共同利益的领导力。平民领导力来自于领导者和被领导者的互动，本质上存在于被领导者之中，就是说，平民领导力不是外在的、强加于被领导者头上的领导力，而是置身于广大被领导者之中，被广大被领导者自觉接受的领导力。要培育平民领导力，就要充分激发人民群众的主动性，更多地让被领导者自己领导自己，自己管理自己。作为领导者则要改变惯于发号施令的作风，改变"一呼百应"的形象，成为被领导者的贴心人、引路人、带头人。

其次，平民领导力是一种影响力，而非单纯的职务权力。在这点上，与同是非职务权力影响力的柔性领导力是完全一致的。有两种不同性质的领导：强制性领导和凝聚性领导。强制性领导凭借组织体系维系，与被领导者无感情分享和行动的联结，领导者和被领导者之间存在一道巨大的鸿沟，领导者的权威来自群体之外且凌驾于群体之上，往往得不到下属的响应和支持，人们接受领导者的支配，不是出于自觉，而是根源于对遭受惩罚的惧怕。凝聚性领导则不然，其领导力的实施依靠的是群体成员的自发认同和对群体过程的奉献，以群体成员的参与为基础，领导者和被领导者是一体的互动关系，领导力建立在充分开发和运用感情资源的基础上，领导者的权威来自组织成员的自发接受，人们对领导的接受根源于他们对领导者自身价值的认可及其需求的满足。凝聚性领导是一种柔性化的领导。平民领导力正是这种凝聚性领导力。

第二，柔性领导力的实施离不开平民领导力的践履。

柔性领导力的实施具有二个重要环节，一是率先垂范；二是共启愿景。所谓率先垂范，即是身先士卒，保持领先。美国组织行为学专家道格拉斯·K.史密斯（Douglas K. Smith）认为，在21世纪的组织中，如果要在领导方面取得成功，所有的领导者必须学会一种新的技能，那就是追随——追随我们的想象力和目标，追随我们为迈向目标而制定的管理原则，追随所有那些将使组织理想实现的人们。他认为，追随，正是一种"保持领先"的方式。在传统的组织中，领导者和追随者是截然分开的，领导意味着制定决策和确定发展方向，而追随意味着服从；而在一个作为和谐整体的新的组织中，每一个人都必须学会领导和追随，"在一个有效组织中，人们必须既是思考者又是行动者，既要管理他人又要管理自己，既要在思想上做出决策又要在实际中做出具体的工作。"①优秀的领导者应该懂得,组织目标的实现靠的是一个和谐的整体,而不是单个人,无所不知的领导者已经成为过去,领导者应该学会追随他人,向他人学习,追随团队,带领整体前进。一个和谐整体的个人之间是一种相互追随、相互领导的关系。而这里所说的追随,即置身于被领导者之中,亦即平民领导力的践履。

所谓共启愿景,即齐心协力,朝向一方,共同奔向目标。美国人力资源管理专家戴维鄂里奇(Dave Ulrich)指出:"有效领导的结果是很简单的,它一定要将理想付诸行动中。理想表现为许多形式:战略、目标、使命、眼光、预见和计划。不管过程如何,领导者总能激发起人们对于未来的渴望。"②领导者的任务不是去想象,而是去行动,而且不是单打独斗,而是善于将理想的意图化为团队的实践。为此,要实现三个转变:一是从高高在上转向领导共享,包括目标共享、利益共享、困难共享、成功喜悦共享;二是从追求"个人冠军"到旨在团队获胜,置身于团队中,而不是凌驾于众人之上;三是从居高临下解决问题转向敢为人先,大胆创新,勇做先锋,与大家一起共同开创美好的前景。这三条再清楚不过地印证了柔性领导力的实施离不开平民领导力的践履。

通过这两条途径实施的柔性领导力完全是一种"不知有之"的无形领导,在通过这两条途径实施的领导活动中占主导地位的是被领导者而不是领导者。领导者仅仅是提供服务、提供支持、提供情景、提供条件;被领导者在感觉不到被管理、被引导、被带领、被影响的情况下,领导作用却已施加到了自己身上。隐性领导的作用好比"磁场"的作用,无形而有吸引力、感召力。这也正体现了平民领导力的真谛。由上所述,柔性领导力的实施与平民领导力的践履实质上是同一个过程。

(三)平民领导力如何有助于柔性领导力实施

践履平民领导力的根本条件和途径是深入被领导者群体,从群众中吸取强化领导力的源泉。无疑,这个过程同时也就是发挥柔性领导力影响作用的过程。其间,对于领导者来说,以下诸方面是极为重要的。

其一,要确立服务意识、公仆意识。要牢固确立"执政为民"的权力意识,切实加强党的领导作风的建设。坚持领导就是服务的意识,坚持做人民的公仆,牢固确立群众观念,树立执政为民的正确权力观,真正代表人民掌好权、用好权,殚精竭虑,一心为民。决不能把权力当作个人飞黄腾达、光宗耀祖的途径;或把权力当儿戏,敷衍塞责,得过且过,"当一天和尚撞一天钟",甚至胡作非为,草菅人命,损害人民的利益。如若把手中的权力作为谋取私利的工具,只能"以己为本",是决不能构

---

① [美]F·赫塞尔本等:《未来的领导》,四川人民出版社,吕一凡、胡武凯等译,1998,第229页。
② 同上书,第237页。

建出平民化的领导力并实施柔性领导力的。

其二,要确立科学的政绩观。平民领导力的构建需要正确的政绩观为前提。有的地方把干部政绩与群众上访相对立,似乎群众意见少,政府政绩才高;一旦群众意见多,势必影响对政府政绩的评价。这是一种不正确的观点。持这种观点必然会站到群众的对立面,从而影响平民领导力的构建和柔性领导力的实施。践履平民领导力的前提在于密切干群关系,认真听取群众的建言献策。领导工作的好坏,不在于群众意见的多少,而在于领导能否虚心听取群众意见,能否尊重群众,及时改进工作。政绩观的核心在于群众,群众的满意度、参与度是衡量领导工作的最高标准。可以说,尊重群众的意见是践履平民领导力,强化柔性领导力的根本条件。

其三,要建设有序民主的途径。有序民主即有具体制度和法律保障的民主。践履平民领导力需要形成一套合理、科学、健全的跟踪汇总、处置反馈、联系群众的制度,在领导与群众之间建立起一条畅通的渠道,从制度上保证群众与领导经常联系,并从制度上保证领导对群众意见和建议能及时处理,从制度上制约对群众意见的推诿、躲避等错误做法。只有这样,人民大众才能依据法定的民主渠道,有序地行使自己的民主权利。反之,如果领导对群众的诉求没有回应力,人民群众对政府和领导的意见无处诉求、渠道不通,难免会对政府和领导产生不满情绪,并日渐严重。有序民主难以实施,社会稳定也难以保障。广大人民群众是通情达理的,只要正常途径畅通,他们是不会无视法规,采取极端举措的。从这个意义上说,构建平民领导力,不仅关系到柔性领导力的有效实施,而且关系到民主的法制化,关系到依法治国方略的落实。

其四,要从领导体制上加以保证。要通过体制创新和改革,逐步建立一套结构合理、配置科学、程序严密、相互制约的有利于干群沟通、保证领导密切联系群众的政治民主化运行机制和体制。要重视建立和健全对政府领导干部和公务员的监督制度,更要重视来自群众的监督。为确保各级领导干部真正能成为人民群众的代表,正确权力意识的自我培育自然不可少,然而,正确权力意识的强化也少不了外来因素(如体制机制等)。完善的制度和严格的监督有利于领导干部和公务员工作效率的提高,有利于确保对群众诉求的及时回应,有利于建设一个高效廉洁、公开透明、回应力强的政府,有利于践履平民领导力和实施柔性领导力。

其五,要实现领导观和领导手段的转换,从眼睛向上到眼睛向下地转换;从关注精英向关注大众转换,从集权向分权转换,从自上而下向自下而上转换,从命令式向示范式转换,从手把手式管理向群众自我管理转换等。

最后,践履平民领导力,强化柔性领导力的最根本条件在于确立群众观念、贯彻群众路线,保持党同人民群众的血肉联系。只有认真对待来自人民群众的意见,及时为群众排忧解难,及时发现政府工作的缺点错误和不足之处,并及时解决问题、改进工作,才能真正落实"情为民所系,利为民所谋,想群众所想,急群众所急",从而有效践履平民领导力、强化柔性领导力。

在长期的执政过程中,领导工作难免出差错,领导与群众之间难免会产生矛盾。这种矛盾的产生有多方面的原因,或是领导者的素质不高;或是群众对领导的期望值过高;或是双方缺乏沟通,产生误解……无论哪种情况,如果领导能及时地、满腔热情地向人民群众予以解释、宣传、疏导;及时地沟通情况,就能缓和、化解矛盾,有效践履平民领导力,有效实施柔性领导力。

时任总书记胡锦涛在纪念党的十一届三中全会召开30周年大会的讲话中强调,要坚持问政于民、问需于民、问计于民。这"三问",正是体现了平民领导力的根本——眼睛向下、心系群众。"三问"要问出成效,必须有心系群众的真诚,有求知若渴的谦恭;必须有"甘当小学生"的谦虚心态,放下架子,和群众融情通心,水乳交融;必须既善于问,又能及时回应群众的诉求。

时任国家总理温家宝在2009年2月28日与网友在线交流时说:"我曾经多次引用过这样一句话,'知政失者在草野,知屋漏者在宇下'。最能了解政府的是群众,最有资格评价政府的也是群众。群众信任你,你才能坐在这里,你坐在这里就要为群众服务,我将本着这个信念为群众服务到底。"这句话道出了平民领导力的真谛——领导的真正力量来自民众。心中装着民众是构建平民领导力的根本。

党的十八大强调:"精神懈怠危险、能力不足危险、脱离群众危险、消极腐败危险更加尖锐地摆在全党面前。"[1]并指出:"任何时候都要把人民利益放在第一位,始终与人民心连心、同呼吸、共命运,始终依靠人民推动历史前进。"[2]可见,践履平民领导力,强化柔性领导力,保持党的领导干部与人民群众的血肉联系,是关系到我党先进性、纯洁性的重大问题。

四、从简约领导力看实施柔性领导力的组织依托

柔性领导力的实施同样需要刚性的制度力量、刚性的体制依托。但柔性领导力需要的不是传统的科层组织体制和规章制度,而是简约化的新型制度和体制。在现代社会中,领导的简约化是一个必然趋势。与领导简约化趋势相适应的简约

---

[1] 胡锦涛:《坚定不移沿着中国特色社会主义道路前进 为全面建成小康社会而奋斗》,人民出版社,2012,第49页。
[2] 同上书,第51页。

领导力为柔性领导力的实施提供了组织依托的保障。

(一) 简约领导力与柔性领导力的一致性

简约领导力是在柔性领导力基础上发展起来的一种新型领导力,也可视为柔性领导力的一种具体表现。所谓简约领导力,即以灵活力、适应力、创新力为领导行为主旨,以权力下放、领导者与被领导者平等参与、上下级之间充分互动为特点而实现领导职能的领导力。简约领导力的最大特点在于,领导效用的发挥不是仅仅依靠职务权力,不是靠单纯的行政命令、繁杂的规章制度和等级森严的科层组织,而是依靠人的心理过程,依赖于调动下属主动性、激发下属潜力和创造精神。显然,简约领导力与柔性领导力完全是一致的。

首先,在实质上,两者都强调眼睛向下、还权于民。

前文说过,柔性领导力比刚性领导力更注重人性化,更尊重下属的心理,力求人性化管理、个性化管理,注意人与事的巧妙结合。柔性领导力的实施,更有利于以人为本、执政为民;有利于承担以遵循公民意志、服务公民为宗旨的社会责任感;倡导以公共利益、公民权利为重的"公民满意"原则。而这正体现了支撑简约领导力的简约领导观的基本精神。

支撑简约领导力的一个重要理念是公共领导观。公共领导观突破了单纯行政领导自上而下的领导方式,实现了领导重心自上而下的转变。

一是领导主体的转变。传统的行政领导主体是单纯的政府及政府各部门,而公共领导的主体更为宽泛,既可以是政府部门,也可以是非政府组织,或者是社会中介机构,更为重要的是要注重公民的参与,把公众作为强化领导力的重要力量。

二是领导职责的转变。传统的行政领导职能强调自上而下的控制、管理、行政命令,以服从权威为主要特点;而公共领导在发挥传统的领导职能的同时,更强调为公民提供公共服务、公共产品,从事公共事务。公共领导把公共事务放在首位,而不是把单纯的管理放在首位。

三是领导权力性质的转变。传统的行政领导权力是行政领导者的专权,难以受到公民的限制和监督;而公共领导的权力是公共权力,更强调"权力民授"的理念。公共权力为公民所有,受公民监督,公共领导必须承担公共责任,必须对公众负责。"权为民用"正体现了公共领导力的实质。

四是领导性质的转变。传统的行政领导重在效率,重在执行,而公共领导则重在服务。正因为提供公共服务是公共领导的基本职能,所以,公共领导的性质也随之发生变化。公共领导应让公众选择服务内容,判定服务质量,实行"公共选择"。

显然,实现了以上四方面转变的领导必然是简约领导。而这四方面的转变归根结底即是简化上面的领导职能,减少领导机关的工作量,把更多的权力下移、分散,还权于民。

其次，在实施途径上，两者都强调上下互动、平等沟通。

前文说过，通过沟通、协调、激励等方式来实现下属内心的服从和认同是柔性领导的一个基本原则。柔性领导力在领导方法上强调互动式领导，强调建立在彼此平等、相互理解、相互尊重基础之上的心灵互动、思想互动（交融）和行为互动。柔性领导力旨在倡导一种不是高高在上、凌驾于被领导者的外在的、强制的领导力，而是得到被领导者真心拥护的、发自被领导者内心的领导力。而简约领导力通过简化领导者的职能、转换领导方式、转变领导作风，把领导工作的重心转向下属，体现对被领导者的信任，目的正是在于实现领导者与被领导者之间的高度信任，从而实现领导活动的高效能。

支撑简约领导力的是作为公共领导理念的服务理念，其基本原则是："领导就是服务"。这里所谓"服务"，即是要求领导者要超脱一些，不要事事管、时时管，大权独揽，包办一切，而是"举重若轻"，分权授权，调动下属的积极性，领导者只是为大家提供便利、提供条件，如制定政策保障、资源保障等。领导者把服务工作做好了，被领导者就能大显身手、大展宏图。服务理念的核心是"领导者退到边缘去，被领导者进到中心来"。为此，就要调动被领导者的自主性、积极性，减化领导者职能，减少领导者工作，把不该管的事情还权给下属；要求领导以高超的领导艺术、巧妙的领导方法、更高的领导效率，在被领导者感觉不到的情况下，发挥领导效能。显然，简约领导必然同时也是柔性领导。

简约领导力与柔性领导力不仅在所倡导的领导理念上完全一致，更为重要的是，支撑简约领导力的简约领导观把柔性领导力所倡导的柔性领导观更为具体化了，以简化领导者职能、转换领导方式、转变领导作风等理念具体化为人性化、个性化的柔性领导理念。

（二）简约领导力提出了领导体制改革的基本原则

简约领导力不仅在领导理念上把柔性领导力的原则具体化，而且在领导体制上规定了实施柔性领导力的基本原则。

简约领导力的实施，离不开一个能适应简约领导力的领导体制。从领导行为的角度分析，简约领导力是组织结构维度、成员认知维度和上下关系维度这三者的统一体。其中，组织结构维度是基础。

组织结构维度关注的是以权力维系为中心的组织内成员相互衔接的状态和组织成员在组织中的地位。依据简约领导力的要求，组织内部的权力会相对分散，领导者不再是唯一的权力中心，每一个成员都是权力节点。与传统权力分布状态，即传统科层组织中以权力中心为特色的权力结构系统相比，简约领导力要求形成一种新型的权力分布状态即权力结构状态，即平等交换和协同的权力模式。这就是说，简约领导力摒弃传统的以领导者个人为中心、发布命令式的领导方式，取而代之的是以平等参与、授权为主导的领导行为;要求组织互动中以协商代替命令、平等沟通代替层级指示。这种转变势必导致组织结构向更加扁平化、中间层级更加简化的方向发展,从而使信息交流更加通畅。这充分说明,以扁平化组织结构为特点的领导体制是实施简约领导力的内在要求,"简约化"是简约领导力所体现的领导体制改革基本原则。

组织结构之所以成为实施简约领导力的基础,这是由领导体制和领导活动的密切关系所决定的。

领导体制是领导者为保证领导活动正常进行并实现领导职能而建立的组织机构形式和有关规章制度的有机统一体。它既为各级各类机构的设置与领导者职能权限的划分提供合法合理的依据,同时又为一切领导活动的展开与进行提供了一个必不可少的载体与运作平台,在一定程度上决定着领导主体的行为特点、作用方式以及绩效,因而在很大程度上决定着领导力的发挥层次和水平。简约领导力的实施当然需要一种利于平等参与、上下级之间充分互动的领导体制。没有这种领导体制做平台,简约领导力的实施只能是一句空话。

特定的领导体制还制约着特定的领导手段。传统的科层组织结构和金字塔式的领导体制不是简约领导力所需要的。简约领导力的实施需要一种利于领导者与被领导者相互沟通和相互信任的领导手段,而这样的新型领导手段必须以不同于传统科层组织结构的新型领导体制为基础。从某种意义上说,简约领导力的"简约"二字正是体现了新型领导体制的基本原则。

以"简约化"为基本原则的新型领导体制正是实施柔性领导力的组织依托。

首先,不同于传统科层组织结构的新型领导体制从根本上改变了组织内部领导者与被领导者之间的关系,有利于增强组织成员间的相互信任,形成组织成员共享的价值观和共同愿景,为以人性化、互动式的柔性领导提供有利条件。

其次,领导体制对于领导者素质的培养具有十分重要的影响作用。一个好的领导体制,不仅可以充分调动领导者的积极性、创造性,而且可以监督、制约领导者实施领导过程中可能出现的不良倾向,从而促成领导者民主素质的形成、提高。反之,领导体制不好,非但不利于领导者个人民主素质的形成、提高,反而可能促使其走向反面。如邓小平同志在《党和国家领导制度的改革》一文中所指出的:"我们过去发生的各种错误,固然与某些领导人的思想、作风有关,但是组织制度、工作制度方面的问题更重要。这些方面的制度好可以使坏人无法任意横行,制度不好可以使好人无法充分做好事,甚至走向反面。"[1]

柔性领导力的实施不仅需要一个好的领导体制平台,而且需要一批高素质的

---

[1] 邓小平:《邓小平文选》第2卷,人民出版社,1994,第333页。

领导干部。而适应简约领导力的,以扁平化组织结构为特点的领导体制必然不仅为激发领导者的积极性,而且为激发被领导者的积极性提供必要的组织保证。在符合简约领导力要求的特定的领导体制下,组织成员(包括领导者和被领导者双方)的参与意识、工作效能感和成就感、自主意识和平等意识有望得到充分发挥。而这正是实施柔性领导力的根本保证。这是因为,柔性领导力的实施,不仅需要领导者各司其职、各显其能、和谐合作,具有高涨的工作热情和创造性;而且需要广大被领导者得到充分尊重,有充分发挥其潜能的空间和条件。凡此种种,没有一种新型的领导体制是难以实现的。

再次,好的领导体制可以创造一种好的领导环境。所谓领导环境,即围绕在领导主体周围的所有能直接或间接影响领导行为或领导过程的有效因素的总和。领导环境是领导主体赖以生存、发展和发挥作用的综合性基础和客观条件,是领导成功决策和对整个领导过程的自觉把握的重要保证。它作为领导活动的一个基本要素,是对领导者、被领导者和组织目标的一个有效补充,是影响领导行为模式的政治、经济、文化和自然要素等综合而成的社会氛围。领导体制是领导环境的一个重要组成部分。依据简约领导观建立起来的新型领导体制可以营造一种新型的领导文化,这种领导文化可以有效地冲击"官本位"的领导理念和官僚主义的不良领导作风,从而为实施柔性领导力提供切实的保障。

最后,我国在长时期形成的权力过于集中的领导体制虽经改革开放后的政治体制改革而有所改善,但还存在许多问题。机构臃肿、重叠和残缺不全;缺少自上而下的行政法规和负责制,以至无章可循,难于独立负责;缺少干部正常的分类、考核、录用、奖惩、退休等法规;干部能进不能出,能上不能下,层次多、副职多、闲职多,缺乏应有的竞争机制等弊端虽有很大改观,但许多方面还未根除。而凡此种种领导体制方面所存在的弊端,都是与我们所倡导的简约领导力格格不入的。这些问题不解决,柔性领导力的实施就失去应有的组织依托,再加上"官本位"意识、家长制作风在某些干部头脑中的作祟,柔性领导力的实施更是难上加难。

可见,简约领导力的倡导,无疑将成为实施柔性领导力的关键。也就是说,实施柔性领导力的切入口将是领导体制的改革和干部领导作风的改善。如习近平总书记所指出:"工作作风上的问题绝对不是小事","要以踏石留印、抓铁有痕的劲头"抓好工作作风的改善和领导体制的改革,"善始善终、善做善成"。以简约领导力的落实为抓手,实施柔性领导力也需要这样一抓到底的劲头。

第二章

跨界领导力

一、跨界领导力：引领领导力发展新趋势

近年来，多元发展、跨界投资日益成为中国企业转型的突破口。诸如：中国饮料业巨头娃哈哈集团曾斥巨资跨界投资高端百货业和白酒业"淘金"。在这一发展趋势下，参与和调动各个领域力量的管理人才的"跨界领导者"一批批涌现。"跨界领导力（Cross Boundary Leadership）"，也成为近年来新流行的一个重要概念。

所谓"跨界领导力"，即基于发现自我，转化行为，发展影响力，建立新共识，再造新界限的能力。"跨界"，即跨越不同领域的界别限制，通过沟通、影响、共赢，来重新建立共识与认同感，为组织发展打造一个"平坦"的世界。"界限"表现为多个方面，如：上下级之间的界限、部门之间的界限、不同民族国家、地理位置的界限等。跨界应该是全方位的，故称：360度跨界领导力。

跨界领导力同时辐射组织内、组织间和组织外。在组织内部，领导者需要跨越办公室的物理隔阂、不同阶层之间的权力隔阂以及不同背景带来的文化隔阂；在组织之间，领导者要能够在客户、竞争者、合作伙伴、供应商之间成功跨界；在组织外部，领导者则要在政府和各种社会组织中进行跨界。

未来领导者需要具备突破各种界限的能力。跨界领导力是一种21世纪必须具备的管理新能力。跨界（或跨域）领导能力的日趋重要是国际领导力发展的重要趋势之一。

跨界领导力正成为引领当代领导力发展的一种新趋势。

首先，跨界领导力引领创新领导力新趋势。

跨界领导力是21世纪领导人再造组织创新与进化的关键能力。据21世纪初的一份调查显示，十大社会趋势中排在前三位的分别是：(1)驱动创新，占92%；

(2)加入伙伴、联盟、合作,占79%;(3)增加员工多元化背景,占77%。① 这三条都要求发展跨界领导力。而"创新驱动"是"跨界领导力"的首要目的。可以说,跨界领导力首先是一种创新力。跨界,也正是创新的必要途径。

创新力即人们在实践活动中表现出来的新颖而独特地解决问题的心理、思维以及技术的能力。而在此所说的"新颖而独特地解决问题的"能力,就是一种跨界的能力。跨越性即跨界性是创新力的重要特征之一。跨越性(跨界性),即越出常规,超越一般的逻辑推导规则和通常的实践进程,另辟蹊径,走出新的路子;或跨越时间进度,省略思维步骤,加大思维的前进性;或跨越转换角度,省略一事物转化为他事物的思维步骤,加大思维的跳跃性、灵活性。囿于固定界限之内的单一、刻板、狭隘的思维是不能创新的。

作为创新力的前提是创新思维。创新思维的形成仰仗于大量信息的轰击,集思广益的"群体激智"。而跨界碰撞(Cross Boundary Impact),正是一种"信息轰击"和"群体激智"。跨界碰撞带来无限的想象空间。如创意迭出的斯坦福大学设计学院,本身就是一个设计风格多元的地方:墙是100多年以前的,钢梁却是20年前盖的。在这跨界的空间,再加上来自世界各国的设计人员聚在一起,跨界将会在不同思想的碰撞中使人们想象力迸发、新点子发散、新产品层出不穷。同样,"跨界"领导活动将成为领导力创新的有效途径。

其次,跨界领导力引领战略领导力新趋势。

跨界领导力又是一种战略思考力。战略思考力的重要特征在于全局性和长远性。着眼全局,必须研究构成全局的各局部的系统结构,兼顾各个局部之间的相互关系及全局与局部之间的关系,要有跨越局部的眼界,不能"一叶障目,不见泰山"或"只见树木,不见森林",被局部利益牵着鼻子跑。可以说,全局性是对局部性的跨界。要有长远眼光,要面向未来,关注长远目标和长远利益,就不能只顾眼前,被眼前利益所限。长远的战略眼光是对眼前利益的跨界。从某种意义上说,"跨界领导力"就是一种战略领导力。战略眼光就是一种"跨界"的眼光。只有具备了"跨界"的视野,才能高瞻远瞩,统筹全局,运筹帷幄。

随着社会现代化程度的提高,战略领导力日显重要,跨界眼界和能力也日显重要。如当代中国为全面深化改革进行的顶层设计就迫切需要这种"跨界"的战略能力。顶层设计体现改革的全局观,其优越性在于对全面深化改革的统筹考虑、全面论证、科学决策;在于跨越各个领域、各个局部以整体谋划,加强各项改革的关联性、系统性、可行性。"不谋全局者,不足谋一域。"各领域改革紧密联系、相互交融,

---

① 贺善侃:《跨界领导力》,《决策》2014年第2期,第86页。

任何一个领域的改革都会牵动其他领域,同时也需要其他领域改革密切配合。如果各领域改革不能"跨界"、不相互配套,全面深化改革就很难推进下去,即使勉强推进,效果也会大打折扣。

再次,跨界领导力引领自我领导力新趋势。

跨界领导力还是一种不断超越自我的动力。"自我成长—教练他人—领导组织"是培育跨界领导力的三个步骤,其中,"自我成长"是起点。所谓"自我成长",即"自己领导自己",依据卓越领导者的特质、风格与行为效能锤炼自己,不断挖掘自我的潜力,不断提升自己、超越自己。

跨界领导力的这一特征与作为当代领导理论最新发展成果之一的"自我领导理论"和"超级领导理论"精神完全吻合。所谓"自我领导",即自己领导自己,亦即注重发挥自我影响力的想法和行为的策略集合,包括自定目标、自我提示、自我检查、自我排练(即自行制定周密计划、安排任务,自行实施奖励和惩罚等)。[1] 所谓"超级领导",就是在下属成熟度提高和自我独立意识增强的背景下,领导者要注意引领、指导、帮助、服务,带领下属自己领导自己。[2] 跨界领导力作为一种不断超越自我的动力,正体现了发展"自我领导力"的新趋势。当今我们正处在改革创新的年代,世界在转变,社会在变革,企业在转型。身处于改革潮流之中的我们每一个人,只有不断超越自我,才能领导他人,即领导团队与学习型组织;才能引导组织变革与高效创新。

此外,跨界领导力还将引领全方位沟通能力的新趋势。

打造跨界人际网络的能力是跨界领导力所要求的重要能力之一。人际网络即一个人的人脉关系,它对于跨界从业者尤为重要,也是跨界领导力的前提和基础。只有通过各界人士的有效沟通、情感交流,跨界才能实现。人际网络越广泛,跨界的范围就越大。一个在界外没有人际网络的人是很难跨界的。一位美国高管的经历说明了这点。他的履历极其丰富:从州政府到国会、财政部、内政部、国家动物园、美国野生动物基金会,到后来担任联邦政府人事部门的主管。但他在回忆自己的职业轨迹时说:"只有第一份工作是我自己找的。带领我走上之后职业的人似乎是注定会出现。他们认识我、信任我,或之前和我共事过,一起解决过某些问题"。可见,跨界领导力还将引领跨界全面沟通的领导能力。而如上所述,这种促成"加入伙伴、联盟、合作"的沟通能力,是仅次于创新驱动力的未来领导者必须具备的重要能力。

总之,跨界领导力引领当代领导力发展新趋势。当今的组织、企业与个人要想不被淘汰,就必须学习、提升跨界、整合能力。当今的领导者尤其需要提升"跨界领导力"。

---

[1] 朱成言:《行政领导学》,中国人民大学出版社,2002,第114页。
[2] 同上。

二、释义"跨界领导力"

对"跨界领导力"的研究始于对其内涵的把握;而要准确把握其内涵,首先要搞清楚"界"的含义,还要搞清楚怎么"跨",理解"跨"的含义和程度。

(一) 何为"界"?

对"界"可以从广义和狭义上去理解。

从广义上理解,"界"即一事物区别于他事物的界限。唯物辩证法认为,世界上的事物千差万别而又相互联系,一事物与他事物总既有不同点又有相同点,我们可以把具有相同属性的事物归为一个"类"。区分不同类事物不同普遍属性的界限,正是我们在此所说的"界"。

我们所面临的客观世界,广义上的"界"无处不在、无时不有。诸如:不同领域的界、不同行业的界、不同产业的界、不同学科的界、不同艺术形式的界、不同专业的界、不同民族的界、不同国家的界、不同社会制度的界,如此等等。因此,广义的"跨界"也是极为宽泛的,泛指不同元素,包括不同学科、专业、组织、行业、领域、界别和文化的交叉、跨越、重组与融合。

从广义上说,为了生存,为了发展,我们时时刻刻在"跨界"。马克思曾经指出:"人靠自然界生活。自然界是人为了不致死亡而必须与之处于持续不断的交互作用过程的、人的身体。所谓人的肉体生活和精神生活同自然界相联系,不外是说自然界同自身相联系,因为人是自然界的一部分。"[1]。这说明,人类的一切活动都同自然界相联系。而人与自然界恰恰是不同类的事物,人与自然界打交道,无疑是一种"跨界"。

客观世界无边无垠,客观事物的"界"也无穷无尽。我们虽无法把各种"界"一网打尽,但至少可以对广义的"界"做如下大致概括:

首先是人际的界,即人与人之间的界。可以根据性别、种族、年龄、教育程度或思想意识等对人群作出分类。可以是个体之间的界,也可以是群体之间的界。在群体之间的界中,以民族之间的界最为重要。

其次是文化的界。人是文化的动物,人与人之间的界必然会通过文化的界表现出来,如不同民族的文化、不同城市的文化之间的界等。学科、专业的差异也属于文化的界。

再次是地域的界,即物理空间的界。如全球与本地、东与西、南与北、本省与外

---

[1] 马克思:《1844 年经济学哲学手稿》,人民出版社,2000,第 56 - 57 页。

省等皆存在着隔界的差异。

最后是时间的界,即过去、现在和将来之间的界限。我们通常所说的从战略的眼光看问题就是要跨越当今、面向未来,这是一种时间的跨界,回顾以往也是跨界。

对应于上述广义的"界","跨界领导力"之"界"应是狭义的"界"。"跨界领导力"之"界"的最大特点是与领导活动具有相关性,是领导者在领导活动实践中碰到的、具有挑战性的、关系到领导活动成效的"界"。

(二) 何为"跨"?

顾名思义,"跨界"之"跨"是对界限的突破、跨越。在事物的运动变化尤其是发展的过程中,不同事物、现象、要素之间的界限势必被突破、跨越。发展的实质是新东西的产生、旧东西的灭亡,是新陈代谢,而从"旧东西"到"新东西",不正是一种"跨界"吗?

根据唯物辩证法,事物的发展是运动与静止的统一,运动是"跨界"的结果,静止是界限的不变。运动是绝对的,静止是相对的。因此,事物界限的"跨"与"不跨"也是辩证的统一,"跨"是绝对的、永恒的,"不跨"是相对的、暂时的。

现实生活中的"跨界"具有多样性、层次性。笔者认为,按"跨"的不同层次,有不同层次的"跨界"。概括起来,按由低到高的次序,"跨界"可分为五个层次,分别是:

其一,借鉴。即在立足本界的同时,眼睛面向"界"外,注意了解界外的情况,借鉴他界的好经验,吸取他界的长处,以弥补本界的不足,有利于本界的发展。

其二,交往。交往即沟通。在交往过程中,不同界别的人群通过互动而相互沟通。其间,不同群体的边界暂时消失。从借鉴到交往,跨界的水平有了提升。在交往阶段,跨界是本界与别界的互动,交往的宗旨在于双赢。从借鉴到交往,跨界实现了从单向到双向的转变。

其三,交织。即在不同界别人群的交往中寻找交集即共同点。在交织层次上,各界别的边界相互交叉、重叠,尽管各界别的界限依然存在,并未消除,但不同界别之间却找到了共同点,为各界别的融合奠定了基础。交织比一般的交往更进了一步。在交织实践中,各界别的群体不仅相互沟通,互通有无,而且旨在寻找不同界别的共同方向,力求重组资源,从各异的角度提高整体效益。

其四,渗透。即把本界之外的有益的东西如新观念、新经验等渗透到"我"这里来,与本界的元素(包括思想、观念、工作经验等)有机融合,创建新元素。渗透与交织的主要区别在于,交织仅仅停留在各界共同点的探寻,而渗透的侧重点则在于各界的融合,实现各界融合基础上的创新。因此,渗透是比交织更高水平的跨界。与各界原先的元素相比,通过渗透形成的东西已经实现了质的飞越。

其五，转换。即不同界别的角色转换。这不仅是思想上的跨界，而且是人员的跨界。

(三) 何为"跨界领导力"？

"跨界领导力"，应该是"跨界"与"领导力"双要素的结合。也就是说，当我们把上述各个层次的"跨"之行为与领导活动中以组织为核心的"界"相结合起来时，这种发生在领导活动中的互相沟通、形成共识、突破界别、转换行为、再造新界限的能力即跨界领导力。

在理解跨界领导力时，必须强调以下两点：

第一，跨界领导力之"界"应该是和组织有关的、以组织为核心的"界"。包括组织内的"界"和组织外的"界"。

就组织内的"界"而言，大致可以分为垂直边界和水平边界两大类。垂直边界，即按等级和权限来区分组织内各层次群体而形成的界，是介于组织的"地板"和"天花板"之间的"隔板"。现有的等级制度即是把这种垂直边界固化，形成金字塔式的垂直层级的制度。但当今的平坦世界正在改变垂直边界，使上下之间产生更深程度的交互即"跨界"。水平边界，即在组织的单位、部门，以及不同组织之间的划界，可视为横亘在组织、部门和单位之间的"墙"。水平"跨界"即破除组织、部门和单位之间的隔阂，打破组织、部门和单位的本位，消除关门主义，确立全局观念。

就组织外的"界"而言，主要指各行业间的边界。组织外的跨界，即破除行业壁垒，打破思维上的条条框框，在更广阔的领域找到发展的机遇。

实现组织外的跨界，即破除行业壁垒，是当今所说的培育、强化"跨界领导力"的主要目的所在。亦即，"跨界领导力"之"界"，虽然泛指组织内外的各类"界"，但从提出这一概念的初衷而言，是力求跨越行业之界。

据《哈佛商业评论》报道，10多年前，可口可乐公司在南印度曾遭遇重大危机。[1] 公司每生产一升可乐需要耗水三升，地方政府和 NGO（非政府组织）以环境保护为由取缔其生产资格。为解决这一危机，可口可乐公司建立"环境与水资源"新部门，由杰夫·希伯来特担任领导。这位领导者熟知政府与 NGO 的工作规则。他知道环境部门的要求是什么、可口可乐的底线是什么、NGO 可持续发展的任务是什么。他身处不同情境，综合各方利益，调动各方解决问题。公司高层通过了"到 2020 年不增加水资源负担"的项目预算，将每升可乐的生产耗水降至两升。从此，可口可乐成为 NGO 组织和国际政府公认的行业领袖。杰夫在企业、政府和 NGO 中成功跨界，攻克公司发展的"拦路虎"。这里谈到的杰夫·希伯来特所具备

---

[1] Harvard Business Review. https://hbr.org/2013/09/triple-strength-leadership.

的领导力是一种跨越政府、企业和非营利组织三种不同领域(行业)的领导力,《哈佛商业评论》称之为"Triple-Strength Leadership"[①](直译是"三种力量领导力"),指具备跨越三个领域能力的复合型领导力。我们现今所说的"跨界领导力"正源于此。

当然,组织内外的各种"界"也会和刚才所说的人际、文化、地域、学科等等有联系。例如,人际的界在组织内外就无处不在。因为组织内上下级、各部门以及组织外与社会其他行业、领域的关系说到底即是人群之间的关系。组织内外的人际边界主要由利益引起,可称作"利益相关者边界",它是组织的"门窗"。诸如:组织与股东、供应商、客户、政府等大量利益相关团体的联系。当组织在不考虑甚至牺牲外部伙伴的前提下只顾寻求自己的利益时,利益相关者边界就有可能引发分歧。因而,组织外的"跨界"也直接关系到组织自身的生存和发展。

跨界领导力之"界"一定和人际、文化、地域等相关。但并非所有的人际、文化、地域之间的界都属跨界领导力范畴,否则就太宽泛,难以把握了。

第二,跨界领导力的研究主要涉及与组织相关、与领导活动相关的"跨界"。

当借鉴、交往、交织、渗透、转换等各个层次的"跨界"行为发生在围绕组织管理的领导活动时,体现出领导者的领导影响力时,就成了跨界领导力。从这个意义上说,跨界领导力也有五个不同层次。这五个不同层次紧密相连,有严密的逻辑递进关系。

首先,借鉴是观念跨界的起点,确立跨界观念从借鉴开始。无论组织内各部门、单位之间和上下级之间,还是组织外与社会各领域、各行业之间,各种"界"都是相对的、互相联系和制约的,每一界的工作成效无不与其他界的工作休戚与共,因此,各个"界"内的领导者要做好本界的工作,必须在立足本单位、本部门的同时,眼睛向外,随时关注其他单位和部门的情况,注意吸取其先进经验,以利本单位、本部门工作。

其次,交往是人员跨界的起点,各界人员互动是实现人员跨界的前提。跨界不能仅仅停留在思想观念上,必须体现在实际行动上。不同界别的人员的交往正是跨界行为的开始。为此,一些组织的领导有意安排有利于破除组织边界的情景,如在位于加州山景城的谷歌总部大楼里,楼层里的设施可以组合成灵活的类社区空间,方便人们见面、会谈、交流。员工在一个开放餐厅免费吃饭,其中还竖立着一个巨大的白板,能随时捕捉午餐闲谈中可能产生的创意。这种跨界交流正体现了"交往"的基本特征。

再次,交织和渗透是交往深入发展的结果。组织内外不同界别的人员在交往

---

① https://hbr.org/2013/09/triple-strength-leadership.

中通过不同界别的异同的比较,形成共识,确立具有跨界性质的共同目标,是跨界领导力的一个重要功能。"儿童权利与你"(Child Rights and You,简称CRY)是印度的一个提倡保护贫困儿童权利的组织。CRY跨越印度17个邦,这些邦在语言、种族、宗教和种姓地位等方面存在着巨大的区域差异。该组织的首席执行官斯里纳思(Ingrid Srinath)请CRY的人把"差异带进房间",组织代表不同区域或职能群体的人相互沟通,并参与有关组织未来方向的开放式深度对话,开诚布公地讨论差异,在差异中寻求共同点,运用交织技巧实现组织发展战略目标的设计。[①] 这是交织层次上成功"跨界"的一个很好的范例。当组织内外不同界别通过交往,不仅找出共识,而且融合不同要素,并相互渗透,推进思想和组织建设,实现领导创新或组织创新。跨界领导力就又提升到了一个新的高度。

最后,转换是跨界的最高境界。如企业界的领导转到金融界、政界,或相反。与前几个层次的跨界相比较,转换的要求更高。作为一个合格的跨界人员,尤其是跨界领导者需要熟知不同界别的知识、具有驾驭不同界别的技能以及纵横不同界别的眼界。如跨越企业界和金融界的领导者就需要既有企业界知识又有金融界的知识以及驾驭企业界和金融界的视野和技能。

由此可见,跨界领导力也有广义和狭义之分。狭义的跨界领导力专指能成功跨越不同行业的领导力;广义的跨界领导力则广泛渗透于五个层次的领导力中。

三、跨界与创新

跨界与创新有着必然联系。发展跨界能力的最终目的在于开发创新能力,而创新能力的提升又离不开跨界。跨界领导力引领创新领导力发展的新趋势。

(一) 创新:成功跨界的宗旨

成功跨界的宗旨在于进行创新。对此,我们可从以下几方面理解:

首先,从现代管理的发展趋势看,重视跨界的趋势与强化创新的趋势同步。

我们前面提到,据有关方面调查,十大社会发展趋势中排在前三位的分别是:(1)驱动创新,占92%;(2)加入伙伴、联盟、合作,占79%;(3)增加员工多元化背景,占77%。这三条都要求发展跨界的管理与领导能力。而其中,创新能力不仅居于首位,而且广泛渗透于"伙伴、联盟、合作"以及"多元化"这两大因素之中。《哈佛商业评论》曾有一篇标题为"锻造跨界领导力,建立以客户为中心的全整合企业"的文章谈到,当今的企业与个人要想不被淘汰,就必须提升跨界、整合能力。跨界、

---

① 分析集团中的跨界领导艺术,www.cecomline/leadership/ma/8800061469101.

整合的能力被称为一种 21 世纪必须具备的管理与领导的新能力。

其次,从思维特征看,开发跨界思维与开发创新思维同步。

跨界思维是一种由多种思维形态综合而成的复合思维形态。跨界思维的核心是"跨界",即敢于、善于全面跨越各种事物界限的视野和思维能力。而"跨越性(即跨界性)"和"多种思维形态综合性"正是创新思维的基本特征之一。

创新思维,是指人类在探索未知领域的过程中,充分发挥认识的能动作用,突破固定的逻辑通道,以灵活、新颖的方式和多维的角度探求事物运动内部机理的思维活动。创新思维的跨越性表现为:或越出常规,超越一般的逻辑推导规则和通常的实践进程,另辟蹊径,走出新的路子;或跨越时间进度,省略思维步骤,加大思维的前进性;或跨越转换角度,省略一事物转化为他事物的思维步骤,加大思维的跳跃性、灵活性。创新思维的综合性表现为统摄前人成果、统摄多种思维形式和方法、智慧杂交的性质。创新思维不是一种简单的平面思维,而是一种复杂的立体思维。创新思维形成于大量概念、事实和观察材料的综合;形成于前人智慧的巧妙结合;形成于多种思维形式和方法的交替、融合。创新思维与跨界思维一样,都是一种具有综合、统摄性的高级思维形态。正是创新思维与跨界思维的特征一致性决定了开发创新思维与开发跨界思维的同步性。

再次,从行为特征看,成功的跨界行为与成功的创新行为同步。

我们说过,可按由低到高的层次把跨界行为分成借鉴、交往、交织、渗透和转换五个层次。从低层次向高层次的递进,体现着跨界行为力度的增大。前三个层次的跨界行为的主要特征还在于与界外沟通、复制界外对自身有用的东西、寻找自身与界外的共同点;只是到了第四层次即渗透层次,跨界行为才从一般的沟通、学习跃迁到创新。渗透的侧重点在于各界的融合,实现各界融合基础上的创新。跨界行为的最高层次,即不同界别的角色转换更是处处体现着创新的元素。在最高层次的跨界行为中,需要职业目标的创新、职业技能的创新、知识结构的创新、行为模式的创新以及人际网络的创新等。这就是说,以提升跨界行为层次为特点的跨界行为开发实质上也就是创新行为的开发。跨界行为和创新行为的开发不仅是同一个过程,而且,创新行为因素出现在高层次跨界行为中这一特点足以说明,成功跨界行为的归宿必然是创新行为的产生。

(二) 跨界:促成创新的途径

跨界何以是创新的途径?我们可以从形成创新思维的动因和途径两方面加以说明。

一是从形成创新思维的动因看跨界何以是创新的途径。

创新思维形成的内外系统性决定了创新思维的形成有内外两方面动因。就创新思维的内在动因而言,包括开发智力的整合原理、流动原理和调节原理。所谓整合原理,即创新思维产生于多种思维方式长期综合交融的原理。所谓流动原理,即创新思维产生于合理的、不停顿思维流动过程中的原理。所谓调节原理,即创新思维往往产生于适当的目标调节的原理。① 而无论是思维的整合、流动还是调节,从某种意义上说,都包含着跨界的元素。这是因为,整合、流动和调节都不可能局限于某固定领域、界限,都必然是跨界的,或是在不同类对象之间的跨界,或是在对象事物不同属性之间的跨界,或是在不同学科之间的跨界,或是不同思维方式和思维方法之间的跨界……正是这些跨界促成了创新思维。

就形成创新思维的外在动因而言,则有形成良好创新环境的信息轰击原理、群体激智原理和压力原理。② 凡此种种,无不是推进思维在整合、流动和调节中自觉跨界的外在动力。首先,创新思维的形成仰仗于大量信息的轰击。只有增加信息量,提高信息质,加速信息的交流、传递速度,让创新者置身于广阔的信息交流场中,多看、多听、多写、多想、多记,接受大量高质量信息,跨界的机遇才会增大。其次,创新思维的形成又依赖于"群体激智"。一般说来,创新思维是群体激智的产物。只有依靠群体的力量,才能通过启迪思维而扩展思路,强化思维而向纵深开掘,灵活思维而在多维中纵横。

跨界碰撞(Cross Boundary Impact),正是一种"信息轰击"和"群体激智"。跨界碰撞带来无限的想象空间。如前文说过,创意迭出的斯坦福大学设计学院,本身就是一个设计风格多元的地方:墙是100多年以前的,钢梁却是20年前盖的。在这跨界的空间,再加上来自世界各国的设计人员聚在一起,跨界将会在不同思想的碰撞中使人们想象力迸发、新点子发散、新产品层出不穷。③

再次,创新思维的形成还少不了环境的压力。压力能驱散怠惰,能增长求知欲,能培养永不枯竭的探求精神。压力作为一种势能,能在一定条件下转变为动能。正确使用压力,正确把握压力的"度",能使之成为跨界的强大动力。

二是从形成创新思维的基本途径看跨界何以是创新的途径。

创新思维形成于思维视角的拓展:或是把视野置于不同事物的广阔背景下,纵横于不同事物之间,从而发现在单一视角下不能发现的事物性质;或是用不寻常的视角去观察寻常的事物,从而使事物显示出某些不寻常的性质。这种视角的转换正是我们所说的跨界。诸如:

其一,在由"自我"向"非我"的跨界中拓展视角。我们观察和思考问题,往往习

---

① 贺善侃:《创新思维概论》,东华大学出版社,2011,第24-27页。
② 同上书,第27-28页。
③ 贺善侃:《跨界领导力》,《决策》2014年第2期,第87页。

惯于以自我为中心,用"我"的目的、"我"的需要、"我"的态度、"我"的价值观念、感情偏好、审美情趣等作为标准或尺度去衡量外界事物。也就是说,每一个人都处于"自我"的围墙内,透过"自我"围墙的窗户了解外部世界。他往往把"自我"摆在世界的中心位置,以"自我"的独特经验、感情和价值观念去观察、理解、判定别人乃至整个世界。长此以往,"自我"的围墙就禁锢了头脑,框定了思路,一切似乎"驾轻就熟"、习以为常。要有所创新,就要突破"自我"的思维框架,由"自我"向"非我"跨界。由"自我"向"非我"的跨界体现了空间上的跨界。

其二,在"今日—往日—来日"的流变中拓展思维视角。创新思维离不开发展的眼光。在"今日—往日—来日"的流变中拓展思维视角,正是这种发展眼光的具体体现。要在"今日—往日—来日"的流变中拓展思维视角,就要求我们突破只看到事物现状的静止视角,强化"往日视角"和"来日视角"。所谓"往日视角",即注意把握事物和观念的起源、历史和发展根据;在事物发展的历史中探寻事物发展的规律。所谓来日视角,即思索事物和观念的未来发展,预测其发展方向和趋势,以实现思维创新。在"今日—往日—来日"的流变中的跨界体现了时间上的跨界。

时空的跨界正是形成创新思维的主要途径。

(三) 跨界领导力引领创新领导力

跨界与创新的密切联系决定了跨界领导力和创新领导力的密切联系。近期来跨界领导力研究热潮的兴起,无疑将引领创新领导力发展的新趋势。

创新领导力是推进领导力创新的动力,由领导思维创新、领导战略创新和领导体制创新等诸方面构成。而每一个方面都离不开跨界领导力的推动作用。

跨界领导力对创新领导力的推动作用,主要可以从跨界领导思维力和跨界领导行为执行力两方面进行考察。

跨界领导思维力对创新领导力的推动作用主要表现为:

首先,跨界领导思维力推动领导思维创新。领导思维是领导活动的起点,领导思维创新是领导活动创新的起点,思维创新的能力直接影响着领导创新活动的活力与水平。而跨界领导思维力在领导思维创新中起着重要作用。其一,跨界领导思维力能推进领导者破除各种思维定势,包括从众定势、权威定势、经验定势和书本定势;把创新由外驱动的自发转化为内驱动的自觉,将创新意识内化为实施领导活动的创新、实现领导目标的创新,并贯穿于领导活动的整体过程。其二,跨界领导思维力能扩展思维视角,赋予领导者宽广的视野与敏锐的眼力和丰富的发散思维想象力。其三,跨界领导思维力能帮助领导者确立审视自我、否定自我的问题意识与忧患意识;确立站高一层、望远一步的超越意识与前瞻意识;确立善于吸纳、勇于变革的包容意识与开拓意识以及统筹全局、变而能稳的大局意识与驾驭能力。

从而通过领导思维的创新来推进创新领导力的发展。

其次,跨界领导思维力推动领导战略创新。由于领导决策主要是战略决策,因而战略创新能力就成为领导创新能力的核心所在。战略创新能力首先体现为战略目标的创新,即战略意图和战略定位的创新;其次是战略规划的创新,包括战略方针、战略步骤、战略重点和战略计划的创新;再次是战略对策的创新,诸如全球战略对策、国家战略对策、地区战略对策和组织(如企业)战略对策的创新等。所有这些战略创新都源于领导者对事物发展趋势、周围环境及组织各种关系的新思考、新认识。无疑,跨界领导思维力是促成这些新思考、新认识的重要推动力。

再次,跨界领导思维力推动领导体制创新。体制创新的前提,是理论创新和人的观念更新。制度是在一定理论的指导下由人制定的,在一种新的制度建立之前,必须先有孕育这种新制度的新理论,制定这种新制度的人必须首先接受这种新理论。制度制定后,又要人去贯彻、实施,因而制度贯彻、实施的首要条件是要有确立了新观念的人,一旦人的观念没有更新,不接受这种新制度,制度的创新得不到推广,就会流产。因此,制度创新的关键归根到底是人的观念的更新。而跨界领导思维力在人的观念更新上起着非常重要的作用。

创新领导力最终要落实到领导实践活动中,促成领导活动的创新。在落实创新领导力诸要素的过程中,跨界领导行为执行力对创新领导力的推动作用将贯穿始终。创新领导力通过组织的愿景沟通、组织文化以及管理制度构建等领导活动的创新最终转化为组织行为的创新。

落实创新领导力的首要环节是把创新意图融入组织的愿景与使命中,通过组织战略目标的创新为组织的持续成长提供新动力。在这一环节中,跨界领导行为执行力主要表现为新的战略目标的落实,即在纵横广阔的战略视野中把新的战略目标落实到本组织的发展具体蓝图和规划中。

落实创新领导力的第二个环节是营造鼓励创新的文化及相应制度。要从理念到发展战略,从组织结构到市场意识,从管理体制到激励机制等各个方面营造组织创新的氛围和环境。在这一环节中,跨界领导行为执行力主要表现为组织创新的执行力。

"创造性组织理论"的提出者、美国创造心理学家阿玛拜尔认为,有利于组织创造性发挥的因素主要有:个性的自由、良好的目标管理、充足的资源、激励、恰当的组织结构特征、认可、足够的时间投入、工作的挑战性、竞争压力。[①]另一位"创造性组织理论"的倡导者坎特提出了容易激发创造观念的理想组织的六大特征:(1)统

---

① 张庆林主编《创造性研究手册》,四川教育出版社,2002,第387页。

一的组织;(2)强调多样性;(3)有多种外部和内部的联系渠道;(4)交叉的知识领域;(5)成员有强烈的集体自豪感和自信心;(6)强调合作和工作团队精神。①

美国通用电气(GE)董事长兼 CEO 杰克·韦尔奇(Jack Welch)曾把公司比喻成一幢楼房,地板好比组织的层级,房屋的墙壁则如同各职能部门之间的障碍。他认为,公司为了获得最佳的经营效果,就必须将这些地板和墙壁拆除,建构一个"开放的空间",以使"各种各样的想法都能自由流动,而不受任何等级或职能的限制。"他指出:"旧组织建立在控制之上,新组织必须添加自由的成分","不同事业部之间无界限的交换意见应该是很正常的事情"。显然,跨界,是其核心的领导理念。正是在这种领导理念的引导下,在短短 20 年间,这位商界传奇人物使 GE 的市场资本增长 30 多倍,达到了 4500 亿美元。②

四、跨界领导力的开发

开发跨界领导力不仅是培养跨界领导者的根本途径之一,而且是提升干部队伍整体素质的重要措施。笔者认为,跨界领导力的开发途径具有如下三方面基本特征。

(一) 跨界思维与跨界行为开发的综合

从结构层面分析,领导力可分为观念和行为两个层面。观念层面的领导力为领导认知力,行为层面的领导力为领导执行力。任何领导力都是观念和行为的综合。因此,领导力的开发也是观念和行为的综合开发。

观念层面的领导力作为领导观,虽然是无形的,但却是领导力中的重要构成要素,对领导力作用的发挥具有独特价值。有什么样的领导观,就会有什么样的领导行为。而在由多层次因素构成的领导观复杂系统中,作为领导认知力的领导思维起着关键作用,它集中体现了领导方法和领导的价值取向,并决定了领导行为的效益。就跨界领导力而言,跨界行为的产生需要跨界思维的引导,没有跨界思维的推动,就不会有落到实处的跨界领导力。所以,跨界领导力的开发,首先应该是跨界思维的开发。

那么,何为跨界思维呢?顾名思义,跨界思维的核心是"跨界",即敢于、善于全面跨越各种事物界限的视野和思维能力。跨界思维应该具备三个要素:(1)突破原有边界的视野;(2)打造不同边界共识的视野和能力;(3)发现、创建新界限的能力。具体说来,由这三大要素构成的跨界思维即是一种能打破不同领域的界别限制,通

---

① 张庆林主编《创造性研究手册》,四川教育出版社,2002,第 388 页。
② http://baike.sogou.com/v837635.htm? fromTitle=杰克·韦尔奇。

过沟通、合作、影响、共赢,重新建立共识与认同感,为组织、企业的发展打造一个新的坦途的特殊的领导思维境界和能力。

笔者认为,跨界思维虽然有其特殊的规定性,但它并不是一种独立存在的思维形态,而是一种由多种思维形态综合而成的复合思维形态。

从认识活动的机制分析,跨界思维形成于大量概念、事实和观察材料的综合;形成于前人智慧的巧妙结合;形成于多种思维形式和方法的交替、融合。在跨界思维活动中,既有归纳、演绎、分析、综合等逻辑思维,又有超越经验材料的科学遐想;既有长期的积累和经久的沉思,又有短时间的突破和一时的顿悟;既有正向、逆向的线性思维和纵向、横向的平面思维,也有多维开阔的立体、空间思维和交叉、整体思维。一言以蔽之,跨界思维是一种具有综合、统摄性的高级思维形态,具有高度概括性,是建立在各种思维基础上的整体,是人类多方面智慧的体现;又具有极其深刻性,是各种思维的最后升华,是突破性的质的飞跃。从这个意义上说,跨界思维既达到了"会当凌绝顶,一览众山小"的思维高度,又达到了"白日依山尽,黄河入海流"的思维广度,是人类思维的最美花朵。

全局思维和超前思维是跨界思维的两个最重要的思维品格。前者体现了横向的跨界维度,后者则体现了纵向的跨界维度。它们同是以"高瞻远瞩"为特点的战略思维的体现。

"高瞻"即总揽和驾驭全局,站在全局的高度多侧面、多角度、多层次地全面地观察和处理问题,统筹兼顾,善于顶层设计、整体思考,避免"一叶障目,不见泰山",切忌"顾此失彼,挂一漏万"。

"远瞩"即立足当前、放眼未来、运筹帷幄,善于从事物的过去、现在而预见发展趋势。"凡事预则立,不预则废"。从思维的矛盾运动来看,"远瞩"的战略思维正是通过事物(认识对象)错综复杂的现象联系,揭示事物赖以存在和发展的内在根据,从事物的基本关系出发,深入分析、综合把握事物发展过程,然后,在事物内在矛盾充分展开的基础上,结合事物的外在环境,推出事物发展的必然趋势。

无论"高瞻"还是"远瞩",都是辩证思维的基本要求,都是以事物的客观辩证法为基础的。"高瞻"的客观基础是事物整体与部分的辩证法,即事物的多关系性、多层次性、多系列性,所谓"一着不慎,满盘皆输";"远瞩"的客观基础是事物发展的客观规律性,所谓"前古有一成之迹,后今有必开之先"。可见,跨界思维的实质是辩证思维。

诚然,跨界思维是一种战略思维、辩证思维,但不能说战略思维、辩证思维就是跨界思维,只有涉及领导活动意义上的"跨界",才称为跨界思维。不过,就跨界思维与战略思维、辩证思维的关系而言,战略思维、辩证思维更为基础。因而,开发跨界思维的一条根本途径就在于培育战略思维、辩证思维。

一个领导者,不仅需要正确的认知力,还需要有付诸实施的能力即执行力。落实跨界领导力的关键也在于跨界行为的落实,即跨界领导力的执行、实施。因而,跨界思维的开发仅是跨界领导力开发的第一步。光有跨界思维而无跨界实际行动,跨界领导力还是一句空话。在实际工作中,全世界企业中有近九成的高管都认为跨界很重要,但真正有能力落实管理跨界议题的不到一成。可见,在现实的领导活动中,跨界并非一帆风顺。跨界领导行为的开发也理所当然地成为跨界领导力开发的更为重要的步骤。而作为跨界领导行为的系列由基础行为与核心行为两部分组成,所以,跨界领导行为的开发应该是跨界基础行为素养与核心行为素养开发的综合。

(二)跨界基础行为素养与核心行为素养开发的综合

笔者曾提及,按"跨"的不同层次,有不同层次的"跨界"。概括起来,按由低到高的次序,领导活动中的"跨界"可分为借鉴、交往、交织、渗透、转换五个层次。借鉴是观念跨界的起点,确立跨界观念从借鉴开始;交往是人员跨界的起点,各界人员互动是实现人员跨界的前提;交织和渗透是交往深入发展的结果;转换是跨界的最高境界。

成功的转换最终造就成功的跨界领导者。然而,跨界领导者的培养却离不开前四个层次的跨界。如果说,实现成功的转换所需的素养为跨界行为的核心素养,那么,前四个层次的跨界行为所需的素养则是跨界行为的基本素养。

跨界行为的核心素养即是成功跨越不同界别的必备素养。主要有:(1)纵横不同界别的眼界和直面新挑战的勇气;(2)熟知不同界别的知识,擅长实践不同界别工作的方法和技能;(3)擅长于平衡不同的,甚至互相对立、互相矛盾的职业适应能力,即在不同的职业目标互相对立,甚至冲突的时候能通过有效地权衡、比较,揭示出隐藏在各种职业目标背后的"公共价值",在不同职业目标间"游刃有余",驾驭自如,从而成功地实现转换职业目标的能力。显然,跨界行为所需的核心素养是当今开发跨界领导力的最高层次。

跨界行为核心素养的养成需要诸多支撑跨界行为的基本素养,主要有:

第一,比较、鉴别发展情景的能力,很多企业和政府的智库将这种能力称为"情景智力"。"情景智力"即能准确判断不同界别情景的异同,善于在不同界别之间找寻共性、形成共识,并能打破原有界别,创建新的界别的能力。

第二,储备必备知识的能力。跨界需要必备的知识,尤其是跨越本专业领域的邻近专业领域的知识,以及渗透于各领域的或各界都需具备的知识。只有具备了必备的知识,才能满足跨界的不时之需,才能在一旦需要离开熟悉的职业路径时,迎接相应的经验和能力考验,承担相应的风险。

第三,扩展知识脉络的能力。成功的跨界领导者应长期关注某个问题或议题,并围绕这个主题逐渐积累相关的专业知识;并能触类旁通,举一反三,具备突破单一领域的知识障碍,在新的高度上解决新的问题。有人把扩展知识脉络的能力称作"锻造思维脑图"的能力。这种能力使得一些仅仅在某个领域工作的领导者在面对不同领域的复杂问题的时候,能具备迅速理解和明晰不同领域的基本原则,并且能够超越来自不同领域的制约。

第四,打造跨界人际网络的能力。人际网络即一个人的人脉关系。人际网络对任何职业者都重要,但对于跨界从业者尤为重要。它是跨界领导力的前提和基础。只有通过各界人士的有效沟通、情感交流,跨界才能实现。人际网络越广泛,跨界的范围就越大。一个在界外没有人际网络的人是很难跨界的。笔者前文提到过的,一位美国高管的经历说明了这点。他的履历极其丰富:从州政府到国会、财政部、内政部、国家动物园、美国野生动物基金会,到后来担任联邦政府人事部门的主管。但他在回忆自己的职业轨迹时说:"只有第一份工作是我自己找的。带领我走上之后职业的人似乎是注定会出现。他们认识我,信任我,或之前和我共事过,一起解决过某些问题"。这位高管的成功正是他平时注重打造跨界人际网络的结果。

由上所述的跨界领导行为核心及基本素养统称为"跨界领导力DNA"。不仅跨行业的跨界领导者必须具备,即使不转换行业的一般领导者也需要不同程度地具备。广义上的跨界行为素养,即直面新挑战,适应新环境,跨领域高效工作的能力是每一位领导者都需要具备的。这是因为,在全球化时代,一方面,世界是平的,因为全球化拉近了距离;但全球化并未抹杀各国各民族的差异,因此地球又不是平的。人们要生存,就要适应不同环境,就需要具备跨界工作的能力,尤其是领导者,要扮演很多角色,有些难免是跨界的角色。

据《哈佛商业评论》"*Triple-Strength Leadership*"描述,有两种类型的"跨界领导者",一是"不断在政府、企业和非营利组织之间迁移",即跨行业的跨界领导者;二是虽然"保持专一领域","但是会协同其他人士进行合作来解决跨界问题"的跨界领导者。笔者认为,第一种是狭义的跨界领导者;第二种是广义的跨界领导者,严格地说,第二种是指有跨界思维、跨界视野,具备跨界基本素养的领导者。而此处所论及的跨界领导力开发,既指狭义的、高层次的跨界领导力开发,更指广义的跨界领导力开发。从某种意义上说,面大量广的广义的跨界领导力开发对提升当代领导者的素质更有意义。

实践证明,许多跨界领导者的出现都是基于一些偶然的机会。而机遇总是垂青于有准备的头脑。只有广大领导者具备了跨界领导者的必备素养（包括基本素养和核心素养），一旦事业需要，职业目标的转换、行业的跨越，也就会顺理成章了。

（三）跨界素养提升与跨界领导环境塑造的综合

领导力是一个包含着多方面内涵的综合统一体。相应地，领导力开发也具有多方面内涵，需经多方面途径。全方位性是领导力开发的基本特征，当然也是跨界领导力开发的基本特征。大致来说，领导力的开发途径包括领导者（含潜在领导者）个体和制约领导力的外在因素两方面。从这个意义上说，跨界领导力的开发是跨界素养提升与跨界领导环境塑造的综合。

跨界素养的提升侧重的是领导者（含潜在领导者）的个体方面。跨界环境的塑造侧重的是领导力的制约因素。领导力的开发是一个系统，领导者的领导活动必然受到外在环境因素的影响和制约。就外在环境因素而言，领导力的开发应把重点放在破除领导力的制约因素上。应针对当今制约领导力提升的因素，采取有针对性的措施。如针对权力错位、体制不健全、思想文化等制约因素，通过改革和完善领导体制、加强官德和政德建设、树立现代政治文明理念、营造良好的文化氛围等途径开发领导力。

由此可见，跨界领导力的开发除了上面所述的跨界思维和跨界行为素养的培育和提升外，破除制约跨界的外在因素，塑造良好的跨界领导环境，也同样至关重要。

笔者曾讲到，就组织内的"界"而言，大致可以分为垂直边界和水平边界两大类。固化垂直边界的主要是科层化的等级制度。因此，要破除跨越组织内垂直边界障碍的关键，是破除传统的科层化等级制度，实现组织的扁平化。水平边界，即在组织的单位、部门，以及不同组织之间的划界，可视为横亘在组织、部门和单位之间的"墙"。水平"跨界"即破除组织、部门和单位之间的隔阂，打破组织、部门和单位的本位。为了达此目的，除了在观念上要消除封闭、关门意识外，还需要在领导体制上塑造一种有利于打破组织内各部门的边界，有利于突破组织边界，对外开放的领导环境。存在决定意识，环境往往锻造思维。一个鼓励跨界的良好环境的形成，往往具有决定性意义。

第三章

中国共产党领导力

一、中国共产党领导力之"魂"

中国共产党领导力的丰富内涵构成一个多层次的体系。在中国共产党领导力的多层次体系中,党的政治领导力和思想引领力是核心和灵魂。党的领导力的其他要素,均受制于党的政治领导力和党的思想引领力。提升党的政治领导力和党的思想引领力是提升党的领导力的关键。

(一) 中国共产党领导力的内涵、构成

作为马克思主义执政党的中国共产党的领导力是带领中国人民进行伟大斗争、深入推进党的建设新的伟大工程、推进中国特色社会主义伟大事业、实现中华民族复兴伟大梦想的核心力量。

党的十九大报告指出:"以党的政治建设为统领,以坚定理想信念宗旨为根基,以调动全党积极性、主动性、创造性为着力点,全面推进党的政治建设、思想建设、组织建设、作风建设、纪律建设,把制度建设贯穿其中,深入推进反腐败斗争,不断提高党的建设质量,把党建设成为始终走在时代前列、人民衷心拥护、勇于自我革命、经得起各种风浪考验、朝气蓬勃的马克思主义执政党。"[①]

新时代中国共产党领导力的内涵应围绕党的建设总体布局,即"全面推进党的政治建设、思想建设、组织建设、作风建设、纪律建设,把制度建设贯穿其中";并结合领导科学关于领导力的构成加以理解。

领导科学认为,领导力是认知力即思考力、决策力和执行力的统一。中国共产党领导力也应该是这三方面的统一。

作为党的领导力的领导认知力即意识形态力量(理论力量),或称是思想引领

---

① 习近平:《决胜全面建成小康社会 夺取新时代中国特色社会主义伟大胜利》,人民出版社,2017,第62页。

力;作为党的领导力的决策力即党的决策力量,或称党的决策力;作为党的领导力的执行力即党的行动力量,或称党的执行力、群众组织力。政党具有鲜明的政治性,是一种政治力量,因此政治领导力是中国共产党的最高领导力,统帅着所有其他表现形式的党的领导力。

在中国共产党领导力系统中,党的政治领导力、思想引领力作为党的政治方向、指导思想,决定着党的方向、道路和价值取向,是党的领导力之魂;全面推进党的政治建设和思想建设的根本目的就是要全面提升党的政治领导力和思想引领力。

贯穿于党的实际行动和作风之中的党的群众组织力、执行力,直接影响到它在人民群众中的公信力、社会号召力,是保障执政党执政合法性之根。当今,提升党的执行力的根本途径在于加强党的执政能力建设,全面提升全党的服务力。全面推进党的组织建设、作风建设和纪律建设的根本目的就是要通过加强基层党组织建设,转变党的作风,全面提升党的执行力。

党的决策力是党的政治力、文化(思想引领)力和执行力的综合体现。由于创新已成为当今引领发展第一引擎,因此,新时代党的决策力主要体现为创新力、改革力。党的创新力是赋予现代化执政党强大生命的活力之源。在当今中国,社会主义改革是中国共产党创新力的集中体现。改革力是创新力的主要体现;改革的力度直接体现了创新的力度。

而无论党的组织力、执行力,还是党的决策力,都决定于、受制于党的政治领导力和党的思想引领力。这是因为,党的政治领导力和思想引领力决定着党的决策的政治方向和价值取向。党的指导思想和政治方向正确了,党的路线、方针和政策才正确,党的领导力其他要素才能正确、充分地发挥作用。在党的领导力各种要素中,党的政治领导力和思想引领力是决定一切的。

(二) 党的政治领导力、思想引领力何以成为党的领导力之魂

党的政治领导力和思想引领力之所以成为党的领导力之魂,这是由党的政治建设在党的建设中的首要地位和党的指导思想的重要性所决定的。

第一,重视和加强党的政治建设,是我们党的鲜明特点和独特优势,也是党的十八大以来全面从严治党的成功经验。我们党从最初只有50多人的党,发展成为今天拥有9000多万名党员、领导14亿人口国家的大党,取得了举世瞩目的成就,成为影响人类发展的重要力量。这样一个大党,在这样的大国执政,承载中华民族伟大复兴的千秋伟业,靠的就是我们党始终旗帜鲜明讲政治,始终保持坚定的政治理想、政治方向、政治立场、政治定力,使我们党在风云多变、错综复杂的国际国内环境中始终立于不败之地。

党的十九大报告首次把政治建设纳入党的建设总体布局,摆在统领地位和首要位置,揭示了我们党作为马克思主义执政党的政治属性,十九大报告指出:"把党的政治建设摆在首位。旗帜鲜明讲政治是我们党作为马克思主义政党的根本要求。党的政治建设是党的根本性建设,决定党的建设方向和效果。"[①]

加强党的政治建设,一是要坚定执行党的政治路线,严格遵守政治纪律和政治规矩,在政治立场、政治方向、政治原则、政治道路上同党中央保持高度一致。二是要尊崇党章,严格执行新形势下党内政治生活若干准则,增强党内政治生活的政治性、时代性、原则性、战斗性,自觉抵制商品交换原则对党内生活的侵蚀,营造风清气正的良好政治生态。三是全党同志特别是高级干部要加强党性锻炼,不断提高政治觉悟和政治能力,把对党忠诚、为党分忧、为党尽职、为民造福作为根本政治担当,永葆共产党人政治本色。

党的政治领导力正是从这三方面表现出来的。其一,党的政治领导力应该表现为坚定政治立场、坚守政治原则的政治定力;辨明政治方向、政治道路的政治观察力和政治鉴别力。其二,党的政治领导力应该表现为保持党内良好政治生态的政治治理力。其三,党的政治领导力应该表现为党的领导干部以身作则的良好政治品格魅力。

凡此种种,无不在党的领导力体系中占据着首要地位。其中政治方向、政治立场是首要的,政治方向正确,政治立场坚定,党的领导力才能发挥好整体优势。

从近年来查处的严重违纪违法案件可以看出,领导干部出问题,往往首先是政治上出问题。党的十八大后,在反腐败特别是高级干部腐败问题中,几乎无一例外地查到有政治问题,诸如:拉票贿选、拉帮结派,有的甚至想要篡党夺权,说什么"生要进中南海,死要进八宝山"。这与有些地方不同程度地存在着忽视政治、淡化政治、削弱政治的现象有极大关系。诸如:有些领导干部学习中央精神不自觉、不认真,甚至不传达文件内容而只是读一读中央的通知就敷衍了事;一些基层党组织的领导履行政治责任不到位,主责主业不突出,甚至把政治和业务割裂开来;有的企事业单位、社会组织政治意识淡薄,长期不抓干部队伍的政治建设,重业务轻政治、重经济效益轻政治效益,有的甚至用"业务事情多,抽不出时间抓政治"来推责;有的地方政治工作薄弱,听不到党的声音,感受不到党的存在;导致有些领导干部"四个意识"不强,党的观念淡漠,组织涣散,纪律松弛;有些领导干部严重违反政治纪律,口无遮拦,公开妄议党中央;有些地方的领导班子长期政治生态不正常乃至恶化……

---

① 《习近平谈治国理政》第3卷,外文出版社,2020,第48页。

2014年10月23日,在党的十八届四中全会上,习近平同志郑重指出:"我们党作为马克思主义政党,讲政治是突出的特点和优势。没有强有力的政治保证,党的团结统一就是一句空话。"①党的十八大以来,针对党内存在的突出矛盾和问题,习近平同志站在党和国家发展的战略高度和长远角度,多次强调全党都要讲政治,指出:"政治问题任何时候都是根本性的大问题"。我们就是要理直气壮地讲政治。总结以往经验,成功的原因在于讲政治;挫折、失败的原因在于不讲政治。政治建设是干部队伍建设的"纲"和"本",决定着干部队伍建设的方向和效果,对干部队伍的其他建设起着纲举目张的作用;也是党的领导力建设的"纲"和"本",决定着党的领导力建设的方向和效果,对党的领导力的其他要素起着纲举目张的作用。抓住了政治建设,就抓住了党的领导力建设的根本。离开了政治建设,党的领导力的其他要素建设就会迷失方向,成为无源之水、无本之木。

习近平同志严正指出:"干部在政治上出问题,对党的危害不亚于腐败问题,有的甚至比腐败问题更严重。在政治问题上,任何人同样不能越过红线,越过了就要严肃追究其政治责任。"②干部的政治方向、政治立场、政治原则等问题对于党的政治领导力至关重要。

第二,重视和加强党的思想建设,也是我们党的鲜明特点和独特优势。中国共产党之所以能在革命、建设和改革的过程中取得辉煌成就,就是因为中国共产党确立了正确的指导思想——马克思主义。

习总书记在纪念马克思诞辰200周年大会上指出:"马克思主义的命运早已同中国共产党的命运、中国人民的命运、中华民族的命运紧紧连在一起,它的科学性和真理性在中国得到了充分检验,它的人民性和实践性在中国得到了充分贯彻,它的开放性和时代性在中国得到了充分彰显!"③

坚持马克思主义的思想引领作用,关键在于坚守马克思主义理想信念。"不忘初心,牢记使命"的根本是坚守理想信念。"本理则国固,本乱则国危。"这里的"本",即根本、本心,就是"初心"和"使命";本根不摇,才能汲取营养,枝繁叶茂。为政者,既要"固本",即坚定理想信念;又要"培元","元"就是灵魂、元气;元气充足,才能抵御邪气,"培元"即修身养性,培育浩然正气。

理想信念不是与生俱来的,需要在不断的学习中掌握科学理论知识。正如列宁曾经说过:"只有了解人类创造的一切财富以丰富自己的头脑,才能成为共产主

---

① 中共中央纪律检查委员会、中共中央文献研究室编《习近平关于严明党的纪律和规矩论述摘编》,中央文献出版社,2016,第23页。
② 同上。
③ 习近平:《在纪念马克思诞辰200周年大会上的讲话》,《十九大以来重要文献选编(上)》,中央文献出版社,2019,第427页。

义者。"①这就是说,理想信念的坚定,来自思想理论的坚定。认识真理,掌握真理,信仰真理,捍卫真理,是坚定理想信念的精神前提。中国共产党人的理想信念,建立在马克思主义科学真理的基础之上,建立在马克思主义揭示的人类社会发展规律的基础之上,建立在为最广大人民谋利益的崇高价值的基础之上。

如习近平总书记所说:"马克思主义理论素养是领导干部素质的核心和灵魂,掌握马克思主义理论是领导干部的基本功,没有这项基本功,坚守共产党人的信仰,共筑精神家园我看也就无从谈起。"②同样,马克思主义理论素养是党的思想引领的核心和灵魂,离开掌握马克思主义理论这项基本功,提升中国共产党领导力也就无从谈起。

(三)强化党的领导力之魂的根本途径

当今,对于中国共产党来说,提升党的政治领导力的根本途径是强化"四个意识";提升党的思想引领力的根本途径在于提升全党的学习力。

第一,强化"四个意识""两个维护",提升党的政治领导力。

要提升党的政治领导力,必须增强"四个意识"。习近平总书记在庆祝中国共产党成立95周年大会上的讲话强调,全党同志要增强政治意识、大局意识、核心意识、看齐意识,切实做到对党忠诚、为党分忧、为党担责、为党尽责。

政治意识,主要是指政治思想、政治观点,以及对于政治现象的态度和评价。党员干部要保持清醒的政治头脑,保持敏锐的政治观察力和鉴别力,坚定正确的政治立场,始终坚守对马克思主义的信仰、对中国特色社会主义和共产主义的信念、对党和人民的绝对忠诚。

大局意识,主要指自觉站在党和国家大局上想问题、看问题,坚决贯彻落实中央决策部署,确保中央政令畅通。

核心意识,就是要坚持中国共产党的领导,坚决听从党中央的决策部署。

看齐意识,就是要经常主动全面地向党中央看齐,向党的理论和路线方针政策看齐,向党的十八大和十九大精神及十九届三中、四中、五中全会精神看齐,向党中央改革发展稳定、内政外交国防、治党治国治军各项决策部署看齐,确保党和国家的事业沿着正确方向前进。

"四个意识"体现了党的优良传统和政治优势。就拿"看齐意识"来说,早在1945年,毛泽东同志在党的七大预备会议上说过,要知道,一个队伍经常是不大整齐的,所以就要常常喊看齐,向左看齐,向右看齐,向中间看齐。我们要向中央基准

---

① 《列宁选集》第4卷,人民出版社,1995,第285页。
② 习近平:《在中央党校进修班暨专题研讨班开学典礼上的讲话》《人民日报》2009-5-14。

看齐,向大会基准看齐。看齐是原则,有偏差是实际生活,有了偏差,就喊看齐。今天我们面临的形势和任务,与几十年前有着根本的不同,但毛泽东同志这个论述,依然有着重要的启示意义和指导意义。

习总书记说,看齐是原则,有偏差是实际生活。这是很深刻的道理。就像军队一样,再训练有素的部队也经常要喊看齐,而且要天天喊、时时喊。习总书记把"经常喊看齐"上升为党的建设的根本经验,强调增强"看齐意识"的必要性、经常性,形象地阐明了同党中央保持高度一致的必要性、常态性。

当前,党的领导弱化、组织涣散、纪律松弛的挑战客观存在。少数党员干部在原则问题和大是大非面前立场摇摆,有的对涉及党的理论路线方针政策等重大政治问题公开发表反对意见;有的甚至对中央政策和重大决策部署阳奉阴违。这就是毛泽东同志说的"一个队伍经常是不大整齐的",这些"不大整齐"的问题如果不认真对待和解决,就会影响党的团结统一,影响改革发展稳定大局。总之,无论是树立信心,还是统一步伐;无论是统筹全局,还是重点突破,都需要党员干部特别是领导干部有更加积极的"看齐意识"。整齐,反映了一种面貌;看齐,体现了一种精神,是党的政治领导力的重要体现。

总之,增强"四个意识""两个维护",提升政治领导力,就必须坚定理想信念,自觉做政治上的明白人;就必须树立全局观念,自觉在大局下思考和行动;就必须遵规守纪,严守政治纪律和政治规矩;就必须坚决维护党中央权威,不折不扣贯彻执行中央的路线方针政策和重大工作部署,确保中央政令畅通。

第二,大兴学习之风,确立理论自信,提升党的思想引领力。

十九大一致同意,在党章中把习近平新时代中国特色社会主义思想同马克思列宁主义、毛泽东思想、邓小平理论、"三个代表"重要思想、科学发展观一道确立为党的行动指南。大会要求全党以习近平新时代中国特色社会主义思想统一思想和行动,增强学习贯彻的自觉性和坚定性,把习近平新时代中国特色社会主义思想贯彻到社会主义现代化建设全过程、体现到党的建设各方面。

因而当今提升党的思想力的根本途径在于大兴学习习近平新时代中国特色社会主义思想之风,确立理论自信。

十九大报告指出:"用新时代中国特色社会主义思想武装全党。思想建设是党的基础性建设。革命理想高于天。共产主义远大理想和中国特色社会主义共同理想,是中国共产党人的精神支柱和政治灵魂,也是保持党的团结统一的思想基础。"[1]

---

[1] 《习近平谈治国理政》第3卷,外文出版社,2020,第49页。

因此，加强全党对当代中国的马克思主义——习近平新时代中国特色社会主义思想的学习，大兴学习之风，是提高中国特色社会主义理论自觉，并进而加强中国特色社会主义理论自信的根本。可以说，提升全党学习力，旨在确保我党以马克思主义为指导思想的领导力之魂。

"新时代，中国共产党人仍然要学习马克思，学习和实践马克思主义，不断从中汲取科学智慧和理论力量。"[①]在纪念马克思诞辰200周年大会上，习近平总书记要求全党同志特别是各级领导干部要更加自觉、更加刻苦地学习马克思列宁主义，学习毛泽东思想、邓小平理论、"三个代表"重要思想、科学发展观，学习习近平新时代中国特色社会主义思想。

其一，要读原著、品经典、悟原理。马克思主义经典著作是原汁原味的马克思主义，不仅要认真读，而且要"品"，要"悟"，体会出字面上读不到的东西。只有原原本本学，熟读精思、学深悟透，才能熟练掌握马克思主义立场、观点、方法，不断提高马克思主义理论素养。焦裕禄曾说过一句话："嚼别人尝过的馍没有味道。"这句话用在学习马克思主义理论上同样适用。读原著有难度，要下真功夫；读原著不在多和泛，而在于精、深、透。如习近平在讲话中所说："共产党人要把读马克思主义经典、悟马克思主义原理当作一种生活习惯、当作一种精神追求，用经典涵养正气、淬炼思想、升华境界、指导实践。"[②]

其二，要建设好学习型马克思主义执政党。中国共产党是用马克思主义武装起来的政党，马克思主义是中国共产党人理想信念的灵魂。历史与实践充分证明，中国共产党虽历经艰难困苦而不断发展壮大，一个重要原因就是始终重视思想建党、理论强党。新时代，中国共产党人要把读马克思主义经典、悟马克思主义原理当作一种生活习惯、精神追求，用经典涵养正气、淬炼思想、升华境界、指导实践。

其三，要做到坚持不懈、常学常新。马克思主义思想理论博大精深、常学常新。新时代我们学习马克思主义，要像习近平总书记所要求的，学习和实践马克思主义关于人类社会发展规律的思想、关于坚守人民立场的思想、关于生产力和生产关系的思想、关于人民民主的思想、关于文化建设的思想、关于社会建设的思想、关于人与自然关系的思想、关于世界历史的思想、关于马克思主义政党建设的思想。坚持系统地而不是零碎地、实际地而不是空洞地学，以更宽广的视野、更长远的眼光来思考把握未来发展面临的一系列重大问题，我们就一定能更有定力、更有自信、更有智慧地坚持和发展新时代中国特色社会主义，确保中华民族伟大复兴的巨轮始终沿着正确航向破浪前行。

---

① 习近平：《在纪念马克思诞辰200周年大会上的讲话》，《十九大以来重要文献选编》，第428页。
② 同上书，第434页。

其四,要着重领会马克思主义的实践观。实践的观点、生活的观点是马克思主义认识论的基本观点,实践性是马克思主义理论区别于其他理论的显著特征。要坚持学以致用、用以促学。

其五,要有问题意识。"要深入学、持久学、刻苦学,带着问题学、联系实际学,更好把科学思想理论转化为认识世界、改造世界的强大物质力量。"问题是事物矛盾的表现形式,只有不断强化问题意识、坚持问题导向,聚焦我国改革开放和社会主义现代化建设面临的重大现实问题、全局性战略问题、人民群众关心关注的热点难点问题,自觉运用马克思主义深入分析现实问题,我们才能为解决问题提供新理念、新思路、新办法。

"中国共产党人依靠学习走到今天,也必然要依靠学习走向未来。"[①]不断汲取马克思主义的科学智慧和理论力量,不断提高全党运用马克思主义基本原理解决当代中国实际问题的能力和水平,进行伟大斗争、建设伟大工程、推进伟大事业、实现伟大梦想,我们将谱写新时代坚持和发展中国特色社会主义新篇章。

"我们要坚持用马克思主义观察时代、解读时代、引领时代,用鲜活丰富的当代中国实践来推动马克思主义发展,用宽广视野吸收人类创造的一切优秀文明成果,坚持在改革中守正出新、不断超越自己,在开放中博采众长、不断完善自己,不断深化对共产党执政规律、社会主义建设规律、人类社会发展规律的认识,不断开辟当代中国马克思主义、21世纪马克思主义新境界!"[②]

二、高瞻远瞩的战略思维

党的十九大报告在"坚定不移全面从严治党,不断提高党的执政能力和领导水平"部分谈到"全面增强执政本领"时指出:"增强政治领导本领,坚持战略思维、创新思维、辩证思维、法治思维、底线思维,科学制定和坚决执行党的路线方针政策,把党总揽全局、协调各方落到实处。"[③]明确把领导思维艺术作为"执政能力和领导水平",作为党的政治领导本领。

战略思维对"总揽全局、协调各方"领导本领的提升,对创新思维、辩证思维、法治思维、底线思维素质的提升都具有首要意义。因而,本系列将首先谈一谈战略思维的基础理论和实践意义。

---

① 《习近平谈治国理政》,外文出版社,2014,第407页。
② 《习近平谈治国理政》第3卷,外文出版社,2020,第77页。
③ 同上书,第53页。

(一) 战略思维的内涵和基本特点

战略思维,即一种着眼于全局和长远来观察、思考和处理问题的科学思维方式和领导艺术,是每个领导者必须具备的能力。2000年6月,江泽民在全国党校工作会议上指出:"要大力培养中青年领导干部的战略思维能力。"之后,历代中央领导同志一再强调提高领导干部的战略思维能力问题。

为了准确把握"战略思维"的内涵,首先应准确理解"战略"的内涵。

"战略"一词起源于军事科学,是相对于"战役""战术"而言的概念。"战略"的本意是指牵动战争全局的,根据战争的性质,敌我双方的经济、政治、军事、历史、地理、科教、外交和国际环境诸因素而制定的决策方案和总计划。"战术"则是指军队进行战斗的原则和方法。德国军事战略家克劳塞维茨在《战争论》一书中指出:"战术是战斗中使用军队的学问,战略是为了战争的目的运用战斗的学问。"[①]西方军事家利德尔·哈特则把战略理解为"统帅艺术",也就是对武装力量的领导。毛泽东同志也指出:"战略问题是研究战争全局的规律的东西。"[②]这里所说的战略都是军事战略,是军事统帅对战争全局的策划和指导。

以后,"战略"一词逐渐被运用于科技、教育、政治、外交和社会等领域,其涵义也随着应用领域的扩展而越来越具有普遍性。从广义上理解,战略是重大的、带全局性的或决定全局的谋划。战略思维即关于战略的思考。

(二) 战略思维的基本特点

战略思维的基本特点取决于战略的基本特点。

任何战略,无论是军事战略、政治战略、经济战略,还是文化战略和教育战略,都具有如下四个基本特征:

一是全局性。从大处着眼,统帅全局,是战略的质的规定性,也是战略决策的本质要求。毛泽东同志指出:"研究带全局性的战争指导规律,是战略学的任务。研究带局部性的战争指导规律,是战役学和战术学的任务。"[③]领导在制定战略时,必须区分全局和局部,着力研究、把握全局,而不能"一叶障目,不见泰山"或"只见树木,不见森林",被局部利益牵着鼻子跑。为树立全局观念,必须正确认识全局与局部的辩证关系。首先,全局是根本性的东西,局部隶属全局,全局制约局部;只有懂得了全局性的东西,才能更好地运用局部性的东西。其次,全局又由局部构成,全局的规律只能存在于各个局部之间的相互作用中,每一个局部又都会对全局产生一定的影响,甚至会产生决定性影响。因此,着眼全局,必须研究构成全局的各

---

① [德]克劳塞维茨:《战争论》第1卷,商务印书馆,1982,第175页。
② 《毛泽东选集》第1卷,人民出版社,1991,第175页。
③ 同上。

局部的系统结构,兼顾各个局部之间的相互关系及全局与局部之间的关系;在此基础上,才能制定出充分体现全局性的领导战略。

二是长远性。战略的着眼点不是事物的短期发展,不是当前,而是中长期的发展,是对未来的谋划和设计。这就要求领导者要有长远眼光,要面向未来,关注长远目标和长远利益,不能只顾眼前而不顾长远;那种为追求眼前利益而损害长远利益的急功近利行为,如现实生活中的"滥砍滥伐""竭泽而渔"等现象,都是与战略要求相违背的。当然,长期利益与当前利益又是不可截然分开的,因此,有战略眼光的领导者又需要正确处理好眼前与长远的关系,尽可能把长远目标与近期目标相结合,求得两者的有机统一。

三是层次性。全局与局部的区分是相对的。构成一个全局的任何一个局部,相对于构成这一局部的局部,又成了全局。因而,在领导系统中,处于某层次的领导工作(最高或最低层次除外)往往既是全局的又是局部的;相对于上一层次的领导工作而言,它是局部;而相对于下一个层次的领导工作而言,它又是全局。因而,在进行战略决策时,一要准确把握自身的层次性,依据自身所处的层次作出相应的领导战略,例如,中央有中央的领导战略,地方有地方的领导战略,各部门有各部门的领导战略,不能混淆层次;二要正确处理上下层次间的关系,其基本原则是:(1)低层次的战略要受制于高层次的战略;(2)高层次战略的制定,要给低层次战略的制定留有一定余地,以利于发挥低层次领导的主动性。

四是稳定性。战略的全局性和长远性决定了战略的稳定性。不论何种战略,在其预定目标还未达到的进行过程中,不能随意改动;"朝令夕改"的主观随意性是战略实施所忌讳的。当然,战略的稳定性不是固定不变性。在实际工作中,调整和修正战略目标的情形也是有的,这是因为,第一,任何战略都是大致的、粗线条的、有弹性的,不可能将一切细节囊括无遗;第二,客观实际情况的可变性是绝对的;第三,战略的局部性乃至全局性错误也不是不可能。不过,对战略目标的调整必须慎重。战略的稳定性体现出战略定力。

以上战略的基本特点决定了战略思维的基本特点:

其一,总揽和驾驭全局性。

(1)高瞻远瞩的战略眼光。我们说过,"高瞻"即站在全局的高度多侧面、多角度、多层次地全面观察和处理问题,善于顶层设计、整体思考,避免"一叶障目,不见泰山",切忌"顾此失彼,挂一漏万"。"远瞩"即立足当前、放眼未来、运筹帷幄,善于从事物的过去、现在来预见发展趋势。"凡事预则立,不预则废"。从思维的矛盾运动来看,"远瞩"的战略思维正是通过事物(认识对象)错综复杂的现象联系,揭示事物赖以存在和发展的内在根据,从事物的基本关系出发,深入分析、综合把握事物发展过程,然后,在事物内在矛盾充分展开的基础上,结合事物的外在环境,推出事物发展的必然趋势。

(2) 统筹兼顾的战略智慧。"统筹兼顾"是战略思维的重要原则。毛泽东同志指出,战争指挥员要抓住战略重点,同时也要关注非战略重点。因为非战略重点虽然对全局不起决定作用,但也起重要作用。更何况战略重点和非重点的界限本来就不是固定不变的,而是随着时间、地点、条件的变化而变化的。党的十八大以来,以习近平同志为核心的党中央统筹推进"五位一体"总体布局,协调推进"四个全面"战略布局,贯彻五大发展理念,有力推动我国发展不断朝着更高质量、更有效率、更加公平、更可持续的方向前进,充分体现了统筹兼顾的战略智慧。

(3) 一针见血的问题意识。领导工作中的"问题导向"源于问题意识。这里的"问题",一是全局中的中心问题、重点问题。要总揽和驾驭全局,必须紧紧抓住全局工作的主要矛盾和中心任务。这是战略思维的根本方法。从一定意义上说,抓住了中心问题和主要矛盾就是抓住了全局,丢掉了重点就是丢掉了全局。"一着不慎,满盘皆输。"这一着,即是对全局具有决定意义的、关键的"一着"。二是全局中薄弱环节、主要不足。在事物发展的全局中,各方面工作的开展是不平衡的。善于抓住薄弱环节并切实加以解决,常常成为推动全局发展的一个必要条件。这就是管理学中的"木桶原理"。无论哪种"问题",都需因时因地而异的,都需要根据具体情况做具体分析而作出战略性选择。

其二,科学预见性。

科学预见是战略运筹的前导。战略具有相对稳定性,指导一定历史时期的实践。既然战略要管一个较长的历史时期,因而战略决策者必须具有明确的未来意识,必须具有远见。"事未至而预图,则处处常有余;事既至而后计,则应之常不足。"急功近利、鼠目寸光,是干不出大事的。美国通用电气公司的董事长威尔逊说过:"我整天没做几件事,但有一项做不完的工作,那就是计划未来。"美国未来学家约翰·奈斯比特说过:"能预测对方棋子动向的下棋人、具有长远观点的经理人员以及在读一本书之前先扫一眼目录的学生,都比别人略高一等。"因此,战略预测在现代战略研究中具有重要意义。这正是人们所说的"凡事预则立,不预则废"之道理。战略预测是战略运筹的前导,又是战略决策成败的关键。

其三,强烈的机遇意识。

机遇意识是战略思维的重要内容。现代科学和实践都证明,机遇在事物发展中有着重要的作用,机遇不仅影响到事物发展速度,而且影响到事物在可能性空间中的发展方向和结局。抓住了机遇,战略思维就能成为现实。抓不住机遇,再好的发展战略都无法实现。毛泽东同志在实施"积极防御"战略方针的时候,十分重视选择战略退却的时机问题。邓小平同志也十分重视机遇的问题,邓小平战略思想的一个很突出很鲜明的特点,就是把大局观念同抓住机遇这两者紧密结合起来,把能否抓住机遇看作事关我国实现现代化、跻身世界强国行列的重大战略问题。他说不争论是他的一大发明,就是怕丧失机遇。邓小平指出:"抓住机会(即机遇——引者注),发展自己……我就担心丧失机会。不抓呀,看到的机会就丢掉了,时间一晃就过去了。"①江泽民同志把抓住机遇的问题提到了战略的高度,指出:要抓住机遇,必须"从思想上、理论上牢固地确立这些基本的东西(即:党的基本路线、基本纲领、基本方针等——引者注),从而在处理纷繁复杂的问题时有一个主心骨","有了这个主心骨,我们就能'任凭风浪起,稳坐钓鱼台',真正做到抓住机遇而不丧失机遇,开拓进取而不因循守旧。"②

在我国现代化建设中,一些地方由于机遇把握得好,因势利导借风行船,因此发展较快;一些地方错过了当时难得的机遇,在发展中则会很不顺当。实践证明,抓不住机遇,再好的发展思路、发展战略都无法实施。习近平同志谈到,新时代中国经济发展"新常态"将给中国带来四个新的发展机遇:(1)中国经济增速虽然放缓,实际增量依然可观;(2)中国经济增长更趋平稳,增长动力更为多元;(3)中国经济结构优化升级,发展前景更加稳定;中国政府大力简政放权,市场活力进一步释放。③"这是中华民族的一个重要历史机遇,我们必须牢牢抓住,决不能同这样的历史机遇失之交臂。"④

(三) 提升战略思维,增强战略定力

十九大报告指出:全面增强执政本领,要"增强驾驭风险本领,健全各方面风险防控机制,善于处理各种复杂矛盾,勇于战胜前进道路上的各种艰难险阻,牢牢把握工作主动权。"⑤这里所说的是"战略定力"问题。保持战略定力,就要保持发展道路定力,坚持中国特色社会主义道路不动摇;就要保持大国治理战略目标、策略的稳定性、连续性,坚持冷静观察、谨慎从事、谋定后动;就要在复杂多变的国际局势中沉着镇定,做到"不管风吹浪打,胜似闲庭信步"。而提升战略思维正是增强战略定力的保证。

其一,着力事物发展趋势性的总体把握。

把握事物发展大趋势是增强战略定力的根本前提。如果只是被动地跟着大趋

---

① 《邓小平文选》第3卷,人民出版社,1993,第375页。
② 《江泽民文选》第3卷,人民出版社,2006,第45页。
③ 《2014年11月9日习近平在2014年亚太经合组织(APEC)工商领导人峰会上的主旨演讲》,中国日报中国网,2016-2-25。
④ 《习近平"4.19"讲话三周年:牢牢抓住红药历史机遇》,中国青年网,2019-4-19。
⑤ 《习近平谈治国理政》第3卷,外文出版社,2020,第54页。

势走,对事物发展大趋势缺乏深刻洞察力,就必然看不清未来,认不清态势,一旦遇到风吹草动,就往往迷失方向,动摇立场。这样,战略定力当然无从谈起。历史经验表明,凡是对事物的发展有深刻洞察力的领导者都是有战略定力的。回想一下,"文化大革命"结束以后,在中国面临着向何处去的历史时刻,改革开放的总设计师邓小平同志正确把握世界和中国发展的大势,作出了全党工作重点从以阶级斗争为纲到以经济建设为中心的战略转移这一重要决策,同时实行改革开放,使我们抓住了20世纪最后20多年这个世界大转折的历史性机遇,迅速发展了起来。党的十八大以后,在国内发展方式伴生着巨大的风险与挑战、全球治理困局凸显、世界正面临百年不遇的大变局的大背景下,以习近平同志为核心的党中央紧紧抓住国际国内两个大局,统筹推进"五位一体"总体布局,协调推进"四个全面"战略布局,贯彻五大发展理念,提出并践行了一系列治国理政新理念新思想新战略,使我们党和国家发生了总体性、根本性、深层次的巨大变化。所有这些,都为我们提供了以高超的战略思维增强战略定力的典范。

其二,着力对事物规律性的深刻理解。

战略定力来自对事物发展规律性的深刻理解。历史伟人之所以能比常人具有更强的战略定力,其根本原因就在于它们能比一般人站得更高看得更远,对事物发展规律有更深的理解。虽然事物的发展具体过程具有不确定性、随机性;但在事物发展的偶然性背后必然有其必然性。事物的发展是必然性与偶然性的统一。能够透过事物发展表面的偶然性,看到事物发展的必然性,把握事物发展的全局和规律,确立战略眼光,是增强战略定力的根本保证。

总之,只有做到对事物发展趋势的总体性把握和对事物发展规律的深刻理解,才能达到上述保持战略定力的要求。

三、引领事物发展的创新思维

创新,人类最美的思维花朵。领导者的杰出本领少不了创新能力。创新能力作为一种独立的发现新事物、提出新见解、解决新问题、做出新成果的能力,是领导者智力开发的最高表现形式和领导者诸多能力的核心。有无创新精神、创新能力,是衡量、检验一个领导者优秀与否的重要标志。

(一) 创新思维及其特点

所谓创新思维,是指人类在探索未知领域的过程中,充分发挥认识的能动作用,突破固定的逻辑通道,以灵活、新颖的方式和多维的角度探求事物运动内部机理的思维活动。它是复杂多样的人类思维模式的一种。创造性思维的本质在于创新,而不是重复,不是墨守成规。创造性思维体现出的创造力是首创事物的能力,包括构思新思路、创作新艺术形象、设计新产品、发明新技术、勾勒新图样、制订新规划等。离开"新",就谈不上创造力,当然就无所谓创造性思维。

同其他思维相比,创新思维以"新""异"制胜,更具主动性、独创性。创造性思维的基本特征有:(1)积极的求异性。这种求异性并非主观臆想、无端地标新立异,而是指在认识过程中着力于发掘客观事物间的差异性、现象与本质的不一致性、已有知识的局限性,对惯见的现象和已有的权威理论的分析、怀疑和批判。(2)敏锐的洞察力。一种"由此及彼"的思维能力。能不断地将观察到的事物和已知的知识或假说联系起来进行思考,联系其相似性、差异性,探寻其必然联系、本质规律,并随时注意可能发生的意外现象和新线索。只有独具慧眼,敏锐观察,洞识其潜在意义,才能抓住机遇,作出创造。(3)独特的知识结构。要进行创造性思维,必须有良好的知识结构,包括扎实的基础知识、精深的专业知识、广泛的邻近学科知识,还要掌握科技发展的新知识新成就,防止知识的老化。创新思维不是凭空创造,而是在总结前人知识的基础上的创新。只有善于选取前人智慧宝库中的精华,并在此基础上进行新分析新概括,才能总结出新认识成果,提出新见解。(4)新颖的表述。创造性思维的成果在表述上必然表现出新颖性,诸如:提出新概念、新范畴、新原理;形成表现新思维形式的新理论结构体系;运用新的生动、鲜明的语言和文字等。

创新思维活动的基本法则主要有:(1)综合法则:即在综合他人认识成果基础上的创新。(2)对应法则:即对应联想,通过相似联想、对比联想、接近联想等途径进行创新。(3)移植法则:即把一个研究对象的概念、原理和方法运用于其他研究对象,把陌生的对象和熟悉的对象联系起来,进行比较,寻求它们之间的相似点或共同性,从中受到启发,激发创新。(4)逆反法则:即"逆向思考""求异思维",在逆反思维中求得创新。(5)群体法则:即群体激智创新法则。创新往往激发于集体讨论,在讨论中相互启发,使思想产生"共振",激起创新的火花,从而取得突破。我国的诸葛亮会、西方的头脑风暴法等都是群体激智的创新法。(6)迂回法则:即在迂回思维中探寻解决问题新思路的创新法。当碰到一个屡攻不克的难题时,停止在这个问题上的僵持,转换视角,从其他方面进行思考,从侧面迂回,往往能使悬而未决的难题迎刃而解。

在领导活动中自觉地运用这些原则,有利于创造性地工作,开拓工作新局面。

(二) 创新思维开发途径

培养创新思维,要在五个字上下功夫:一是"基",即扎扎实实地掌握基础知识、基本原理;二是"博",即有广博的知识背景,"学愈博则见愈远";三是"深",即有精深的专攻领域;四是"精",即改善知识在头脑中的结构状态,善于对凌乱的知识进行整理;五是"活",即善于运用知识,让知识进入流通领域,或聚合,或分解,或置换,或替代,或跳跃,或嵌入,保证思维的流畅、变通。

具体说来,激发、培育创新思维的主要途径有:

1. 在肯定与否定的对立中拓展思维视角

创新思维往往来源于肯定视角与否定视角的辩证统一。思维的肯定视角,指思考一种通常容易被否定的事物或观点时,首先设定它是正确的、好的、有益的、有价值的,然后沿着这种视角,寻找这种事物或观点的价值。思维的否定视角,则指思考一种通常容易被肯定的事物或观点时,反过来考虑问题,把它设定为错误的、坏的、有害的,并由此出发寻找其对立面价值。许多新的想法往往产生于这种"颠倒过来思考问题"的肯定与否定思维视角转换。

如对一件失败的事,只需转换一下视角,就是一件成功的事。每一项失败都包含着成功的因素。我们需要用肯定的视角去发现隐藏在失败中的成功因素。历史上有不少新发明,都是在犯了错误后而"将错就错"的产物。据说,德国某造纸厂因为配方出问题,造出的纸无法写字。有位技师却用肯定的视角看待这件事,开发出一种吸墨纸。一位发明家在研制高强度胶水时,生产出的胶水黏性很低,他不以为败,却沿着肯定"黏性低"的思路造出了不干胶。

否定视角同样是引发创新的可贵思路。当众人都在肯定这一事物,你如能持否定视角,表现出"反潮流"的思维品格,往往能高人一筹,提出创新。日本的大企业都有专职"视察员",他们的职责在于从否定视角"专挑毛病",时刻注视着那些错的、坏的、需要改进的东西。工人们习惯地称其为"挑刺员"。恰恰这些"挑刺员"推进着产品的改进、创新。

2. 在同异的比较中拓展思维视角

任何事物之间既有相同性又有差异性,只是有时相同性明显而差异性不明显,有时差异性明显而相同性不明显。敏捷的思维往往表现为能发现别人不注意的事物间的相同点或不同点。这就是思维创新的起点。

国外有一家烟草公司试制了一种新品牌卷烟,命名为"环球牌"。正准备大张旗鼓地宣传时,却逢全国开展禁烟活动。如何把禁烟活动与新品牌香烟的宣传这两件看来截然对立的事件结合起来呢?该公司用求同的思路构思出了一句绝妙的广告词:"禁止吸烟,连环球牌也不例外"。

注意发现事物间不同点的"求异视角"也是激发创新思维的重要思路。香港有一家黏合剂商店,推出一种新型的"强力万能胶"。店主把一枚价值数千元的金币用这种胶粘在门口的墙上,并告示说,谁能够把这枚金币抠下来,谁就能得到这枚金币。这一富有新意的"广告"引来了许多人,许多人因不能把这枚金币抠下而对这种"强力万能胶"感起兴趣,从而大大提高了"强力万能胶"的销售量。这一"广告"的成功之处一是抓住了该产品的独特之处——有强有力的粘合力;二是突出了广告方法的独特之处——不是用广告词空口宣传,而是抓住人们的好奇心理以事实做宣传。

求同视角与求异视角的结合即是求合视角。所谓广泛征求意见,就包含着"求合视角"。美国总统罗斯福在执政期间,每当遇到重大问题时,总是广泛听取不同助手的意见,他总让每一个助手独立思考,形成独立意见,然后把各人意见加以综合,提出最后决策。这种决策方法就是"求合视角"的运用。

3. 在有序与无序的对比中拓展思维视角

任何事物都是有序与无序的统一。创新思维的形成往往需要打破事物的固定程序,包括种种既定的法则、规律、定理、守则、常识等,需要思维者进行一番"混沌型"的"无序思考"。在许多情况下,无序更能激发人们的创新思维。有这样一个实验:实验者把被试者(一群艺术家)分成两组,第一组观看两幅并排陈列的图片,图片上的图像清晰可见;第二组观看同样这两幅图片,只是重叠在一起,图像混乱而模糊。观看完毕,实验者要求被试者就他们所见的内容创作一幅画。结果证明,第二组被试者所作的画更有创新性。

可见,创新思维需要鼓励胡思乱想,不能拘泥于统一的标准答案式的思维框框。有时,创新的阻力就来自头脑中先前所存在着的无形的条条框框。当然,也不能否认有序视角对创新思维的意义。在科技史上,门捷列夫元素周期表的发现就是有序视角运用的典范。

(三)新时代的领导者要成为创新的引路人

党的十九大报告指出:"实践没有止境,理论创新也没有止境。世界每时每刻都在发生变化,中国也每时每刻都在发生变化,我们必须在理论上跟上时代,不断认识规律,不断推进理论创新、实践创新、制度创新、文化创新以及其他各方面创新。"[1]这就对新时代的领导者提出了新要求,即:成为创新的引路人。

首先,与时俱进是马克思主义的理论品格。马克思主义的发展过程就是不断理论创新的过程。离开了创新,马克思主义就会失去生命力。创新是马克思主义永葆青春活力的根本途径。新时代的领导者必须用新时代的新思想——习近平新时代中国特色社会主义思想武装自己头脑,不断更新观念、解放思想,迸发创新活力。

其次,当今是创新的年代,我们正在建设创新型国家,创新是引领发展的第一

---

[1] 《习近平谈治国理政》第3卷,外文出版社,2020,第21页。

动力,是建设现代化经济体系的战略支撑。创新发展居新发展理念的首位。创新发展理念把创新摆在国家发展全局的核心位置,提出要不断推进理论创新、制度创新、科技创新、文化创新等各方面创新,让创新贯穿党和国家一切工作,让创新在全社会蔚然成风。作为一名领导者,更要立时代之潮头,发思想之先声,做创新之引领者。

再次,时代是思想之母,实践是理论之源。新时代、新起点,也是产生新理论的时代。如习近平总书记强调,这是一个需要理论而且一定能够产生理论的时代,这是一个需要思想而且一定能够产生思想的时代。只要我们坚持问题导向,注意从实践中总结新经验,就一定能在创新中有所建树。

党的十八大以来,国内外形势变化和我国各项事业发展都给我们提出了一个重大时代课题,这就是必须从理论和实践结合上系统回答新时代坚持和发展什么样的中国特色社会主义、怎样坚持和发展中国特色社会主义的问题。围绕这个重大时代课题,我们党坚持辩证唯物主义和历史唯物主义,紧密结合新的时代条件和实践要求,以全新的视野深化对共产党执政规律、社会主义建设规律、人类社会发展规律的认识,进行艰辛理论探索,取得重大理论创新成果。习近平新时代中国特色社会主义思想正是我们党坚持问题导向,从当代中国"五位一体""四个全面"战略布局的生动实践中提炼概括出来的理论新建树。

习近平新时代中国特色社会主义思想开辟了马克思主义新境界、中国特色社会主义新境界、中国共产党治国理政新境界、管党治党新境界;是对马克思列宁主义、毛泽东思想、邓小平理论、"三个代表"重要思想、科学发展观的继承和发展,是马克思主义中国化最新成果。它为我们树立了马克思主义理论创新的光辉典范。

新时代的领导者学习习近平新时代中国特色社会主义思想的关键之一,是要深入领会贯穿于这一思想之中的"勇于创新精神"。

为提升创新思维素质,一要培养思维的灵活性、敏捷性、开放性。创新思维是一种高度灵活的思维,思路开阔,善于发现问题,善于预测事物的发展趋势,保持对事物的高度敏捷性,是养成创新思维的重要条件。为此,要注意经常更新观念,不断追求新的目标;要注意扩大视野,既高瞻远瞩、面向未来、追踪时代,又纵横驰骋、全方位考察、立体思考问题。切忌思维的单一性、刻板性、狭隘性。

二要注意破除阻碍创新的种种思维枷锁。诸如:破除从众型、权威型思维枷锁,倡导独立思考;破除经验型、书本型思维枷锁,倡导尊重实践、尊重群众的首创精神;破除自我中心型思维枷锁,倡导"跳出自我",开阔视野。除此之外,阻碍创新思维的思维枷锁还有:求稳,怕失败;求有序,怕打破常规,不敢为人先等,必须加以破除。

四、洞察事物发展规律的辩证思维

辩证思维能力,就是承认矛盾、分析矛盾、解决矛盾,善于在事物矛盾双方对立统一运动过程中把握事物发展规律,克服极端化、片面化。我们的事业越是向纵深发展,就越是需要我们的领导不断提升洞察事物发展规律的辩证思维艺术。

(一)辩证思维的特点和在领导活动中的具体要求

辩证思维是成熟的、高水平的理论思维。辩证思维的根本特征,在于以辩证的(即联系和矛盾的)观点看待客观事物和人类思维,其实质在于"辩证"二字。主要体现为:第一,具体性,即辩证思维必须是具体思维,辩证思维形式必须体现对象的多样性的统一;第二,系统性,即辩证思维必须是全面的、系统的思维,必须是对事物多形态、多侧面、多关系、多层次的综合把握;第三,灵活性,即辩证思维必须是综合把握事物发展趋势的思维,是对事物系统发展的动态过程的把握,必须体现对象对立统一运动的灵活性与确定性的统一。

辩证思维方法在领导活动中的具体要求是:

其一,坚持从实际出发思考问题,反对自以为是。这是辩证唯物主义最基本的观点,也是辩证思维方法的最基本点。这一原则体现在领导活动中,就是要求领导者在考虑一切问题时,必须从建设有中国特色的社会主义这个最大的实际出发;同时,还必须从具体负责的本地区、本部门的实际情况出发,而不能从主观意图出发,自以为是。掌握实际数据,靠数据说话,而不是仅仅靠几个随手拈来的例子说话,凭想当然办事,是从实际出发的基本要求。关于这个问题,历史教训不少。1958年"大跃进"时,亩产放卫星的宣传令一些人狂热、害人匪浅。面对这股"浮夸风",彭德怀曾亲自种实验田,以实际亩产的准确数字予以驳斥,不愧是从实际出发的典范。

其二,坚持全面地分析事物矛盾。做领导工作经常会碰到矛盾,分析矛盾、解决矛盾是一项非常重要的任务。辩证思维方法要求我们要以矛盾的观点分析客观事物,既看到事物的正面,又看到事物的反面;既看到事物发展的内在动因,又看到事物发展的外在原因;既看到事物矛盾的普遍性,又看到事物矛盾的特殊性;注意具体情况具体分析,这样才能有效地解决矛盾。

历史上曾有这样一件事:一次,陶铸下乡检查工作,撤了一个连桉树都不懂的县委书记。有人替这个书记说情,陶铸讲了一个故事:邓子恢有个炊事员,经常把饭烧糊了,邓老多次提意见,饭还是三天两头烧糊。邓老发脾气,炊事员脾气更大,叫喊说:"你还要求怎么样?我政治可靠,总不会放毒在饭里给你吃吧!"陶铸长叹一声,看看说情者:"唉,这个炊事员的全部认识是,政治可靠就能给首长做饭,至于饭煮得糊不糊就无所谓了。我们许多干部其实也是这种思想,以为政治坚定就可以当领导,就可以担当起社会主义建设的领导事业,这难道不可怕、不可悲吗?"这个故事告诉我们,考察一个干部,不能光讲"德",也不能光讲"才",必须德才兼备。这就是辩证思维要求的全面分析事物的本领。

其三,用发展的观点看待一切。发展的观点是唯物辩证法的基本观点之一。要从事物的矛盾运动出发,动态地分析矛盾,并把动态与静态分析相结合,如实地反映事物发展的趋势。我们看待一切事物,都要联系一定的历史条件,随着客观事物的发展而发展,不能固守一点,用永恒不变的模式来套用;尤其在现代社会,历史变革迅速,如不用发展的观点看待事物,势必会掉在时代的后面,甚至会成为发展的阻力。《资治通鉴·孙权劝学》中记载了孙权劝大将军吕蒙读书一事。孙权劝告吕蒙多读些书,吕蒙果然发奋读书,很有长进。一日,鲁肃前来相会,谈吐间发现吕蒙不再是以前粗鲁的吕蒙了,感到惊讶。吕蒙曰:"士别三日,即更刮目相待,大兄何见事之晚乎?"这个故事告诉我们用发展眼光看问题的重要性。

其四,对事物的分析要坚持纵向分析与横向分析的统一。纵向思维偏重于时间和历史的角度进行比较认识;横向思维则截取历史的某一横断面进行比较认识。两种思维各有其特点,纵向思维可从历史的比较中,看到自己取得的成绩,找到自己的发展方向;横向思维则可以弥补和克服纵向思维的局限性,打开我们的眼界,使我们有宽广的视野。把两者结合起来,克服各自的片面性,能使我们的思维活动进入更高的水平。我们平时常说的认识国情、世情,就是既注重本国历史,又善于在与他国比较中认清本国现状,是横向思维与纵向思维的综合运用。

(二) 领导活动中处处需要辩证思维

在现实的领导思维活动中,辩证法无所不在。只有自觉地把握思维的辩证法,才能提高思维远见性、敏捷性和行动自觉性。在领导活动中,处理好情感思维和理智思维、经验思维和理论思维的辩证法尤其重要。

首先要妥善处理情感思维和理智思维的辩证法。

理智思维指人们在明辨是非、把握利害关系的基础上,对自己的情感和行为进行的心理控制过程,是在人的智力活动中所产生的一种高级的情感体验。

领导者在开展领导活动中,正确的动机、目的和决策方案、计划的确定,是以清醒的理智为前提的。决定问题既不草率盲目,又不犹豫迟疑,需要以清醒的理智为基础;执行决策、计划中遇到困难,除了需要坚强的意志外,还取决于对困难的预料、分析、认识程度。因此,领导者要十分重视理智思维能力的提高。

然而,领导者的思维活动又不能脱离情感思维。情感思维即人们对于客观事物是否符合主体的需要而产生的态度和心理感受,即,人们对现实事物和现象所产生的不同感受,诸如愉快、忧虑、赞叹、恐惧等不同的心理感受。

列宁曾说,没有人的感情,就从来没有也不可能有对于真理的追求。领导者的思维活动难免会带有情感。而不同的情感,对其情绪和智力活动的影响是不一样的。领导者要培养自己积极向上、乐观进取、诚挚热情、融洽和谐的情绪,尽力控制和消除忧愁、悲观、消极、淡漠、浮躁、暴戾等不健康的情感。只有善于把理智思维和情感思维巧妙地结合起来,才能成为成功的领导者。

其次要妥善处理经验思维和理论思维的辩证法。

经验思维在领导活动中起着重要作用。首先,在一定的范围内和条件下,领导者可以凭借经验思维指导在相同条件下的相同的领导实践活动,使某些习常性的领导实践活动提高效率。其次,经验思维是理论思维的基础。理论思维必须建立在经验思维的基础上才有生命力,离开了经验思维,理论思维就无法进行。但经验思维又具有极大的局限性,它只能在一定的实践水平上,在一定的条件下对一定的实践活动有指导意义;而且,即使在适当的范围内,它对实践活动的指导意义也是有限的。

在现代化的领导活动中,不能只凭经验进行领导,只靠拍脑袋瓜进行决策;而要使领导活动科学化,由经验型领导转变为知识型领导,把经验思维上升为理论思维。理论思维以揭示和把握事物的内在本质和一般规律为根本任务,它是依据一定的理论知识、遵循特有的逻辑顺序而进行的思维活动。现代领导者要积累丰富的领导经验,但更要善于总结经验,使之上升到理论高度。只有理论思维才能把握事物的内在规律性,因而能较之经验思维更深刻、更全面地把握事物的内在本质和发展趋势;更有效地指导领导者的领导实践活动。

(三)运用辩证思维于领导决策中

领导决策中充满了辩证思维。可以说,辩证思维是决策思维的基础。

第一,正确的、科学的领导决策在于主客观相符,即决策活动、过程及最终方案与客观规律的相一致。这就是"从实际出发"的方法论原则在决策活动中的体现。

"从实际出发"作为辩证思维的基本要求和辩证思维方法的重要环节,对实现决策的科学化具有重要意义。首先,决策目标的制定,必须依据于大量信息的获取。其次,在决策方案的选择上,要实事求是地对多种方案作反复比较,反复论证,比较它们各自的经济价值和社会价值,比较它们的实现条件,然后再权衡利弊得失,以利于优化决策的基础上,对几种决策方案进行决断,或选取其一,或综合成一,提出一个完整的决策模型。再次,在试验、逐步推广阶段,则要对最终模型作"可行性研究"和"评价反馈",以最终论证目标和模型是否科学,所选取的达到目标的可能途径和手段是否最佳、可行。加强"评价反馈",以及时发现问题,加以修正,正是坚持从实际出发,保证决策科学化的有效措施。

第二,领导决策离不开对事物发展趋势的预测和对历史的回顾和总结,因而是超前思维和后馈思维的辩证统一。后馈思维和超前思维是以两把不同的"尺子"进行的思维活动。后馈思维用历史、传统、习惯的尺度进行思维,超前思维则用未来的尺度进行思维;努力把两把"尺子"统一起来,做到既有历史感,又有未来感,是一种重要的领导思维艺术。

第三,领导决策又都是理性和非理性的辩证统一。战略制定既要善于进行数据分析、逻辑推断;又要善于运用经验和直觉进行判断,善于发散、充满幻想,敢于创新。前者提供了连贯性、客观性;后者提供了灵活性、主动性。两者具有互补性。决策过程中的非理性因素具有数据分析、逻辑推断所不具备的优势。

明茨伯格在其著作《战略计划的兴衰》中指出,战略制定具有这样几个特点:它由综合产生;是非正式的,具有幻想色彩,而不是程序化、有固定形式的;它依赖于发散思维、直觉和潜意识的运用,这样有助于带来创造力的爆发,形成新的发现;它不循规蹈矩,而是出其不意,特别强调直觉,经常完全颠倒稳定的模式[1]……忽视战略制定的非理性因素,不符合辩证思维要求。明茨伯格在此所分析的战略制定中理性与非理性的统一正是领导决策辩证法的重要体现。

以习近平同志为核心的党中央在治国理政的过程中出色地运用了唯物辩证法,诸如,国内国际两个大局的辩证法、"五位一体"总体布局的辩证法、"四个全面"战略布局的辩证法、"五位一体"总体布局与"四个全面"战略布局之间的辩证法;以及全面深化改革过程中顶层设计大局观与基层探索群众观之间的辩证法、全面依法治国过程中社会主义法治体系内部各要素之间的辩证法、依法治国与以德治国之间的辩证法、坚持党性与坚持人民性(以人民为中心)之间的辩证法等。

十九大报告同样充满了辩证法的应用:如在根本主题上,强调要把对中国特色社会主义的坚持与发展统一起来,聚焦于高举中国特色社会主义伟大旗帜;在历史方位上,强调要把"社会主义初级阶段"与"强起来"统一起来,聚焦于中国特色社会主义进入新时代;在社会主要矛盾上,强调要处理好"变"与"不变"的矛盾;在奋斗目标上,强调要把决胜全面建成小康与实现社会主义现代化强国统一起来;在行动纲领上,强调要把实践创新与理论创新统一起来;在精神状态上,强调要把改造客观世界与改造主观世界统一起来,把"打铁"(伟大斗争、伟大事业、伟大梦想)与"自身硬"(伟大工程)统一起来等。

---

[1] 彭新武等:《管理哲学导论》,中国人民大学出版社,2006,第266页。

以习近平同志为核心的党中央为我们树立了把辩证思维运用于领导活动的光辉典范。

五、治国安邦的法治思维

"法令兴则国治,法令弛则国乱。"法律是治国之重器,良法是善治之前提。习近平总书记强调,要"努力建设法治中国,以更好发挥法治在国家治理和社会管理中的作用"。习近平强调要以法治思维和法治方式推动改革的深化,推进国家治理体系和治理能力的现代化。十九大报告则把坚持法治思维作为党的政治领导本领之一。

(一) 现代社会需要的是法治,而不是单纯的法制

建设法治中国,不能仅停留在法律体系的建设上,必须实现从法制到法治的转型。

"法治"与"法制"这两个词,乍一看起来似乎大同小异。事实上,二者的含义具有本质区别。

法制指一个国家的法及其法律制度,而法治却强调一种依法办事的良好社会状态。一般而言,法治至少应包括这样一些内容:一是这个国家要具备完善而良好的法;二是这种法要得以普遍而自觉地遵守;三是已建立健全完备的使这种法得以正确适用与遵守的国家权力机构体系,而且这种权力体系是以权力的互相制约、监督为前提条件的。可见,法制的内涵比法治要小得多;法治的内容要丰富得多。

"法制"与"法治"虽然都强调"法",但要求和程度也是完全不同的:其一,法制所讲的"法"主要指静态的法的规则及其体系,而法治所讲的"法"除静态的法的规则及其体系之外,还包括动态的立法、司法、行政执法以及守法等活动。其二,法制所讲的法律制度既可以是好的、民主的法律制度,也可以是不好的、专制的法律制度,而法治所讲的法律制度仅指良好的、民主的、能使法得以正确适用和普通遵守的法律制度。其三,法制中的"法"与民主的关系既可以是与民众的意志相统一、体现了民众意志的法,也可以是与民众相对立、作为统治者统治民众的工具的法,而在法治社会中体现的"法"则应是体现主权在民、现代民主政治的法。其四,法制社会中"法"对权力的规范和约束既可以是所有的人和一切国家机关,也可能是在法的约束和规范之外仍然存在着一个至高无上的权力独裁者或权力机关,也就是说法制并不必然地排斥"人治";而法治社会中"法"对权力的约束和规范却是完全的、绝对的,包括一切权力机关和所有个人。"法治"必然排斥"人治"。

现代社会需要的是法治,而不是单纯的法制。法制可以存在于奴隶的、封建

的、资本主义的和社会主义的任何社会形态之中,而法治只能存在于民主政治的社会形态中。因此,我国现在所提倡和努力建立健全的是现代意义上的依法治国和法治国家,是同国家治理体系和治理能力的现代化紧密联系在一起的,是中国特色社会主义的法治国家。我们"全面推进依法治国,总目标是建设中国特色社会主义法治体系"①。

(二)"法治思维"的要义

坚定不移走中国特色社会主义法治道路,加快建设社会主义法治国家,是贯穿于"法治思维"之中的一根红线。据此,"法治思维"的要义在于:

其一,依法治国是党领导人民治理国家的基本方略,"法治是治国理政的基本方式"②。坚持中国共产党的领导,是社会主义法治的根本要求,是全面推进依法治国的应有之义。要把党的领导贯彻到依法治国全过程和各方面,具体体现在党领导立法、保证执法、支持司法、带头守法上。

其二,全面贯彻实施宪法,是建设社会主义法治国家的首要任务和基础性工作。宪法是国家的根本法,是治国安邦的总章程,具有最高的法律地位、法律权威、法律效力,具有根本性、全局性、稳定性、长期性。"坚持依法治国首先要坚持依宪治国,坚持依法执政首先是坚持依宪执政。"③宪法至上是现代法治国家的重要标志。我们要更加自觉地恪守宪法原则、弘扬宪法精神、履行宪法使命。

其三,必须坚持人民主体地位。我国社会主义制度保证了人民当家作主的主体地位,也保证了人民在全面推进依法治国中的主体地位。坚持人民主体地位,"必须坚持法治建设为了人民、依靠人民、造福人民、保护人民"④。人民权益要靠法律保护,法律权威要靠人民维护。全体人民要成为社会主义法治的忠实崇尚者、自觉遵守者、坚定捍卫者,使尊法、信法、守法、用法、护法成为全体人民的共同追求。

其四,"必须坚持法律面前人人平等。平等是社会主义法律的基本属性。"⑤任何人违反宪法法律都要受到追究,决不允许任何人以任何借口任何形式以言代法、以权压法、徇私枉法。

其五,凡属重大改革都要于法有据。在整个改革过程中,都要高度重视运用法治思维和法治方式,发挥法治的引领和推动作用。当然,"苟利于民不必法古,苟周

---

① 习近平:《关于〈中共中央关于全面推进依法治国若干重大问题的决定〉的说明》,《十八大以来重要文献选编(中)》,中央文献出版社,2016,第147页。
② 同上书,第140页。
③ 同上书,第160页。
④ 同上书,第158页。
⑤ 同上书,第158-159页。

于事不必循旧。"要加强对相关立法工作的协调,需要推进的改革,必修改法律规定在先、实施推进在后,确保推进改革始终不离法治轨道。

其六,"公正是法治的生命线。"①促进社会公平正义是政法工作的核心价值追求。公平正义是政法工作的生命线,司法机关是维护社会公平正义的最后一道防线。"举直错诸枉,则民服;举枉错诸直,则民不服。"要努力让人民群众在每一个司法案件中都感受到公平正义,所有司法机关都要紧紧围绕这个目标来改进工作,做到司法人员刚正不阿、勇于担当,重点解决影响司法公正和制约司法能力的深层次问题。

其七,要继续全面加强惩治和预防腐败体系建设,加强反腐倡廉教育和廉政文化建设,健全权力运行制约和监督体系,加强反腐败国家立法,加强反腐倡廉党内法规制度建设,深化腐败问题多发领域和环节的改革,确保国家机关按照法定权限和程序行使权力。要加强对权力运行的制约和监督,把权力关进制度的笼子里,形成不敢腐的惩戒机制、不能腐的防范机制、不易腐的保障机制。

其八,必须"坚持依法治国和以德治国相结合"②。"不知耻者、无所不为。"没有道德滋养,法治文化就缺乏源头活水。治理国家、治理社会必须一手抓法治、一手抓德治,既重视发挥法律的规范作用,又重视发挥道德的教化作用,实现法律和道德相辅相成、法治和德治相得益彰。

民主和法治是国家治理体系和治理能力现代化的主要标志。依法治国的全面推进,正是民主和法治的全面推进。只有切实落实法治精神,全面推进依法治国,才能真正实现国家治理体系和治理能力的现代化。

(三) 牢固树立全党的法治思维

全面依法治国必须抓住领导干部这个"关键少数"。领导干部要做遵法的模范。带头尊崇法治、敬畏法律;做学法的模范,带头了解法律、掌握法律;做守法的模范,带头遵纪守法、捍卫法治;做用法的模范,带头厉行法治、依法办事。要把能不能遵守法律、依法办事作为考察干部的重要内容。把法治素养作为干部德才的重要内容。只有这样,才能有效地树立全党的法治思维。

第一,要反对以党代法,保证宪法和法律的权威。

在现实生活中,一些领导干部法治意识比较单薄,有的存在有法不依、执法不严甚至徇私枉法等问题,严重影响了党和国家的形象和威信,损害了政治、经济、文化、社会、生态文明领域的正常秩序。

---

① 习近平:《关于〈中共中央关于全面推进依法治国若干重大问题的决定〉的说明》,《十八大以来重要文献选编(中)》,中央文献出版社,2016,第168页。
② 同上书,第159页。

解决这个问题的关键是要认清,领导干部手中的权从何而来。习近平同志曾提出"权由法定、权依法使"八个字。这八个字明确了,领导干部手中的权是从法中来,是依赖于法而行使的。所以,党领导人民制定宪法和法律,党也领导人民遵守宪法和法律。党必须在宪法和法律范围内活动。一切党组织和党员的活动都不能同国家的宪法和法律相抵触。要将权力的运行纳入法治轨道,"任何组织和个人都必须尊重宪法法律权威,都必须在宪法法律范围内活动,都必须依照宪法法律行使权力或权利、履行职责或义务,都不得有超越宪法法律的特权。任何人违反宪法法律都要受到追究,绝不允许任何人以任何借口任何形式以言代法、以权压法、徇私枉法。"[①]

长期以来,在我国,"领导的意思就是法律的意思"这一思维定势颇有市场。一些基层干部在办事的时候,当上级的要求违背法律规定时,往往更重视领导的要求而罔顾法律。他们的头脑中不是没有法律意识,而是为了政绩,不惜以权代法。许多基层干部认为,解决基层纷繁复杂的社会、经济问题,用一些违法的手段,付出的成本较低、工作简便、易操作;而依法办事耗时长、程序多,往往事倍功半,得不偿失。有些人认为,"不管用什么方式,摆平就是水平。"在这种思想指导下,打擦边球、踩红线,甚至铤而走险往往屡禁不止,甚至成了工作"常态"。为了切实解决权大于法的问题,十八届四中全会提出了有力的改革措施。但要使这些措施落到实处,强化全党尤其是领导干部这个"关键少数"的法治思维是关键。

第二,要正确处理好党和法的关系。

要正确认识依法治国,执政党党纪与国家法律之间的关系是一个需要认清的问题。解决这个问题的基本原则是:国家法律高于党纪党规;党纪党规严于国家法律;要实现党纪党规与国家法律的有机衔接。这些原则体现了法治思维的实质性内涵。

党纪严于国法、国法高于党纪。这意味着执政党向现代治理的转型。不再是"最高指示"就能主导所有事务的社会了;不再是行政命令就可调动一切资源的年代了。只有依靠法律的手段,才能更好地管理这个国家,更好地治理这个社会。

党纪严于国法,这应该成为一个常识、一种共识。《中国共产党章程》开宗明义,党是两个先锋队:中国工人阶级的先锋队、中国人民和中华民族的先锋队。既然是先锋队,理所当然应该接受比普通人更严格的约束。而法律则是底线要求,是社会中每个人都需要接受的行为准则。

党纪严于国法,并不是说党纪可以凌驾于国法之上。相反,党纪是限制在党内

---

① 习近平:《关于〈中共中央关于全面推进依法治国若干重大问题的决定〉的说明》,《十八大以来重要文献选编(中)》,中央文献出版社,2016,第184页。

的,适用范围更小。党员尤其是党的领导干部的身份决定了不能混同于普通群众。党员尤其是党的领导干部不仅要遵守国法,更要遵守党纪。曾记否,一些地方"裸官不得进入拟提职考察名单"的新闻激起了民众的极大关注。其实,迁徙自由本来就是公民权利,更何况裸官还只是妻子儿女迁居国外。但这样的规定,是一种党内规定。说明对党的领导干部的更高更严格要求。

在我国历史上,儒家对待官与民就有"双重标准"。春秋时期,季康子问政于孔子:"如杀无道以就有道,何如?"孔子告诉他:"子为政,焉用杀?子欲善而民善矣。君子之德风,小人之德草,草上之风必偃。"这里的"君子"指掌握公共治理权力的贵族,"小人"指庶民。在孔子看来,治理一个地方,与其动用国家暴力迫使人民向善,不如主政之人以身作则,为民表率。儒家对待官、民的态度,存在着一个"双重标准":老百姓可以不受太严格的礼法约束,这便是"礼不下庶人"之义;而官员身为社会精英,当为万民表率,则应该接受更苛严的道德束缚。此即"春秋责备贤者"之义。儒家要求从政者"正己修身",这一古老原则对于当今仍有启发意义。

邓小平说过:"没有党规党法,国法就很难保障。"①党纪不仅用来规范党自身的内部行为,更是为了保障国法得到切实的执行。坚持党的领导、人民当家作主和依法治国三者的有机统一,这是中国民主政治的关键。让党纪与国法相辅相成,达到依规治党,是实现这三者统一的关键。

党的十八大以来,在"五位一体"总体布局和"四个全面"战略布局下,我国民主政治建设迈出重大步伐。科学立法、严格执法、公正司法、全民守法深入推进,法治国家、法治政府、法治社会建设相互促进,中国特色社会主义法治体系日益完善,全社会法治观念明显增强。十九大向全党发出"深化依法治国实践"号召,指出:"全面依法治国是国家治理的一场深刻革命,必须坚持厉行法治,推进科学立法、严格执法、公正司法、全民守法。"②而牢固树立全党的法治思维正是"厉行法治"的关键所在。

六、有备无患的底线思维

一般人喝酒,喝到七八分时最容易醉,余下的两三成,便是底线。底线不可逾越,逾越了必醉无疑。同样,福不可享尽,势不可用尽,话不可说尽……一旦享尽、用尽、说尽了,便是逾越了底线,势必走向反面,福会成为祸、得势会成为失势、好话会成为坏话……

---

① 《邓小平文选》第 2 卷,人民出版社,1994,第 147 页。
② 《习近平谈治国理政》第 3 卷,外文出版社,2020,第 30 页。

《礼记·中庸》说："凡事预则立,不预则废。"这个"预"就是有备无患、遇事不慌,做事要守住底线。这是古人对底线思维高度凝练的概括。在中国特色社会主义建设事业中,底线思维同样是不可或缺的一种重要的领导本领。

(一)有备无患、遇事不慌,牢牢把握主动权

底线思维是一种典型的后顾性思维取向,是公共管理科学中的一种重要思维方式,也是一种科学的思维方法。掌握底线思维的实质在于做到认真评估决策处事的风险,估算可能出现的最坏情况,从而处变不惊、守住最后防线。

如习近平总书记指出:"要善于运用'底线思维'的方法,凡事从坏处准备,努力争取最好的结果,这样才能做到有备无患、遇事不慌,牢牢把握主动权。"[①]

底线思维注重的是对危机、风险、底线的重视和防范,管理目标上侧重于防范负面因素、堵塞管理漏洞、防止社会动荡。底线起着"最起码保证"的作用。同样道理,底线思维起着与"最理想境界""效益最大化"相对应的"最低防线""危机最小化"的作用。基于这种底线思维所进行的底线管理,是公共管理体系中的一个不可或缺的重要环节。

依据底线思维,在领导工作中要坚持"守住底线"。

其一,"守住底线",即是守住各项工作的"防线",以确保工作的顺利开展。习近平提出的"守住底线、突出重点、完善制度、引导舆论"[②]的工作思路就是底线思维的典型表现。

作为"底线"的工作防线,首先表现为工作中必须估计到的"风险"。如当今我国全面深化改革中的风险评估。推动改革绝不可能没有风险,"底线思维"的一个重要特征在于守住风险底线,以不至于爆发系统性的危机为底线。如在经济领域的改革中,维护经济秩序的稳定就是底线。经济发展速度,快了可以调控下来,慢了可以加快发展,但是,一旦经济秩序乱了、社会经济崩溃了,就会造成全局被动的后果。

作为"底线"的工作防线,还表现为评估一项工作不可缺少的必要条件。如促进社会公平正义是政法工作的核心价值追求。从一定意义上说,公平正义是政法工作的生命线,司法机关是维护社会公平正义的最后一道防线。要努力让人民群众在每一个司法案件中感受到公平正义,所有司法机关都要紧紧围绕这个目标来改进工作,重点解决影响司法公正和制约司法能力的深层次问题。一旦突破司法公正这道防线,社会主义法治就无从谈起。

在2020年抗击新冠肺炎疫情整体战中,习近平总书记在陕西考察时指出:坚

---

① 中共中央宣传部:《习近平总书记系列重要讲话读本》,学习出版社,2014,第180-181页。
② 同上书,第112页。

持稳中求进工作总基调,坚持新发展理念,扎实做好稳就业、稳金融、稳外贸、稳外资、稳投资、稳预期工作,全面落实保居民就业、保基本民生、保市场主体、保粮食能源安全、保产业链供应链稳定、保基层运转任务。这"六稳"工作与"六保"任务,是在做好疫情防控工作的同时,强力推进脱贫攻坚,坚决夺取脱贫攻坚战全面胜利,全面建成小康社会的最后防线。

其二,"守住底线",即是划出各项工作的"红线",以提出警示,堵塞漏洞。如严守环保红线意识,牢固树立尊重自然、顺应自然、保护自然的生态文明理念,把环境保护作为调整经济结构、促进产业转型升级的重要手段,全面加强生态环境保护工作,更加自觉地推动绿色发展、循环发展、低碳发展,实现经济社会发展与生态环境保护共赢。增强安全生产的红线意识,始终把人民群众的生命安全放在首位。把"发展不能以牺牲人的生命为代价""不要带血的GDP"作为一条不可逾越的红线。

2014年9月,习近平总书记在谈到发展社会主义民主政治,如何增加和扩大我们的优势和特点时提出了"6个切实防止":切实防止出现群龙无首、一盘散沙的现象;切实防止出现选举时漫天许诺、选举后无人过问的现象;切实防止出现党争纷沓、相互倾轧的现象;切实防止出现民族隔阂、民族冲突的现象;切实防止出现人民形式上有权、实际上无权的现象;切实防止出现相互掣肘、内耗严重的现象。[①] 这"6个防止"是针对国家治理中的关键问题而提出的。切实做到这"6个防止",全面深化改革才有强大的凝聚力和推动力。全面深化改革的总目标才能实现。这"6个防止"无疑是社会主义民主政治的"红线"。

其三,"守住底线",还可理解为在工作中必须凸显的"主线",即中心工作。例如,在当今中国,民生就是发展,民生就是政治。民生问题不仅事关最广大人民群众的根本利益,而且也影响到整个国家改革发展的大局,解决民生问题,是全面建设小康社会的基础之基础。民生问题是社会进步和政权兴替的关键。中国自古以来就将"民生"与"国计"相提并论,民生问题一直与国家发展存在着不可分割的关系。儒家治国理政思想的核心是"民惟邦本,本固邦宁"。《管子·霸业》指出:"以人为本,本治则国固,本乱则国危"。《左传·庄公三十三年》强调:"政之所兴,在顺民心"。民生问题作为治国理政的"主线",古今中外,概莫能外。因此,一切工作要"以促进社会公平正义、增进人民福祉为出发点和落脚点","让发展成果更多更公平惠及全体人民"。"紧紧围绕更好保障和改善民生",要形成以保障人民基本生活为主的社会保障体系,织牢民生安全网的"网底"。

---

① 习近平:《在庆祝全国人民代表大会成立六十周年大会上的讲话》,《十八大以来重要文献选编(中)》,中央文献出版社,2016,第63页。

总之,以底线思维划定边界,明确工作中的"防线""红线"和"主线","坏处"才能全力避免,"好处"才能尽力赢得。只有这样,战略策略才能落实,战略目标才能实现。

依据底线思维,领导者在做人上也要坚持"守住底线",亦即守住做人的"底线"。

明底线、守底线是党员领导干部修身正德、干事创业的必修课。习近平在十八届中央纪委二次全会上指出:"只要能守住做人、处事、用权、交友的底线,就能守住党和人民交给自己的政治责任,守住自己的政治生命线,守住正确的人生价值观。"[①]所以,党员干部要"知敬畏、存戒惧、守底线"[②]。

底线既然是事物质变的分界线,就是做人做事的警戒线,不可踩、更不可越。党员领导干部必须牢固树立底线意识,时刻牢记越过底线的严重后果,始终警醒自己坚守底线。包括法律底线、纪律底线、政策底线和道德底线。

(二)"有为"和"无为"的有机统一

底线思维实质上给我们提供了一种思维上的辩证法。当前,我国处于发展的中高速期,也是矛盾的浓缩期。在一个矛盾多样、冲突多发、薄弱环节较多的阶段,底线思维的重要性是不言而喻的。

底线思维的辩证法,集中体现为"有为"和"无为"的有机统一。一方面,我们要充分估计困难和阻力,设定调整阵痛与成长烦恼的可承受底线,继而坚守底线,严防出现颠覆性的失误;另一方面更要有舍我其谁的责任担当、"不到长城非好汉"的进取精神,充分挖掘潜力、激发动力、释放活力,为发展赢得新的生机。

依据"有为"和"无为"的辩证关系,对底线思维方式的把握,离不开对"底线"与"高线"辩证关系的把握。"底线"告知我们哪些"不能为";"高线"告知我们应该"如何作为";从而做到既守住"不能为"的底线,又向着最好方向努力作为。

在经济领域里,"有为"和"无为"的辩证关系表现为"变"和"稳"的辩证关系。在经济发展过程中,一方面要在稳中求变;另一方面要在变中求稳;变与稳要相结合,不能单方面强调变而破坏稳;也不能单纯求稳而不敢求变。"稳"也好,"变"也好,是辩证统一、互为条件的。一静一动,静要有定力,动要有秩序,关键是把握好这两者之间的度。根据稳与变的辩证法,我们的战略方针是"稳中求进、改革创新"。这无疑是底线思维辩证法在经济领域内的体现。

---

① 《习近平为党员干部做人做事划出的四条底线》,人民网,2019-03-23。
② 习近平:《在十九届中央纪委二次全会上的讲话》,《十九大以来重要文献选编(上)》,中央文献出版社,2019,第197页。

(三) 把握底线思维的关键是做好科学预测

20世纪60年代初,美国总统肯尼迪宣布了一个"阿波罗"计划,要在10年后将人送上月球。他召集了"现代航天之父"布劳恩等一批高级专家,进行了科学预测和充分论证,提供了决策所需的各种数据,做好应对各种不测的各种准备。作出决策的8年零2个月后,美国两名宇航员成功登上月球,并于5天后按计划返回地球。

仿效肯尼迪,尼克松于1972年宣布,在1976年美国建国200周年的庆典上,他将向全世界宣布:人类永远征服癌症。但由于未能进行科学预测和充分论证,对事件发展的各种可能性未能做充分估计,这个计划宣告破产,据说浪费了15亿美元的资金。

肯尼迪的成功与尼克松的失败告诉我们,在做战略决策或从事各项工作时,能否充分揭示事物发展客观规律,科学预测事物发展趋势,并充分发挥主观能动性,做好应对各种困难和不测的准备,以做到既有远大目标,向最好方向努力,又留有充分余地,做好各种预案,是成功决策和办事的关键。

正因为如此,任何一项重大决策,都要备好几套方案,做好各种准备。这是底线思维辩证法在决策中的应用。

为树立底线思维并把握好底线思维辩证法,领导干部要做到:

一是全面把握实情。对实际情况要有充分的了解,把握各种有利因素和不利因素,对于可能出现的问题和危机要有充分的准备,制定预案,防患于未然。

二是树立正确政绩观。摒弃为了出政绩、树形象而不顾一切后果,只有前瞻没有后顾的错误思维方式。从守住底线开始,量力而行,步步为营谋求发展。

三是树立风险意识。善于排查各种潜在风险,找出安全与风险、常态与危机的分水岭,守住各种风险的底线,如安全的底线、秩序的底线、绩效的底线、利益的底线等。

四是强化过程管理。关注矛盾转化的思维和决策过程,着眼于负面后果,建立防范体系。在防范的同时,更在于积极转化,着力做好矛盾的转化工作,力争把坏事变好事。

(四) 干部队伍建设上的底线思维

底线思维的辩证法,不仅体现在各项战略决策和实际工作中,而且体现在领导干部的道德修养、干部队伍的组织纪律建设上。

2015年,中共中央印发了《中国共产党廉洁自律准则》(以下简称《准则》)和《中国共产党纪律处分条例》(以下简称《条例》),引起了社会的强烈反响,堪称"史上最严"。"严"就严在两项法规一正一反、相互配套:《准则》坚持正面倡导、重在立德,是党员和党员领导干部能够看得见、够得着的高标准;《条例》围绕党纪戒尺要求,开列"负面清单",重在立规,划出了党组织和党员不可触碰的"底线"。《条例》把违纪行为概括为"政治纪律""组织纪律""廉洁纪律""群众纪律""工作纪律""生活纪律"等6类,并在负面清单中补充了十八大以来新发现的问题,如拉帮结派、搞老乡会、妄议中央等。

光有高标准,容易"唱高调",唱得好听却无从入手而落空。高标准配以"不能为"的"负面清单",条条款款就有望具体落实,"严"也就到位了。

"严"字当头的表现即是"严以律己"。"严以律己"是把握好自己、洁身自好、清廉自律的底线、防火墙。"严以律己",对照《条例》经常反躬自问,自重、自省、自警、自励,不断增强是非面前的辨别能力、诱惑面前的自控能力、警示面前的醒悟能力,不断提高慎权、慎独、慎微、慎友的自觉性。以此为基础,才进一步谈得上向超高标准努力、迈进。

党的十八大以来,以习近平同志为核心的党中央在各项工作,以及领导干部队伍建设上所采取的许多措施都是底线思维的具体运用。诸如:

其一,全面加强惩治和预防腐败体系建设相结合,一方面加强反腐倡廉教育和廉政文化建设,健全权力运行制约和监督体系,确保权力在阳光下运行;另一方面加强反腐败国家立法,加强反腐倡廉党内法规制度建设,深化腐败问题多发领域和环节的改革,形成不敢腐的惩戒机制、不能腐的防范机制、不易腐的保障机制。如十九大报告所说的"强化不敢腐的震慑,扎牢不能腐的笼子,增强不想腐的自觉"[①]。这是底线思维在反腐倡廉领域内的体现。

其二,抓党风、政风建设与抓家风建设相结合。"家是最小国,国是千万家。"家庭是国家发展、民族进步、社会和谐的基础。家风是党风、政风的"底线"。习近平总书记指出:"家庭是社会的基本细胞,是人生的第一所学校。不论时代发生多大变化,不论生活格局发生多大变化,我们都要重视家庭建设,注重家庭、注重家教、注重家风。"[②] 2015年10月18日,中共中央印发《中国共产党廉洁自律准则》,以党内纪律规矩的方式,首次将廉洁齐家列为党员干部廉洁自律规范之一,规定"廉洁齐家,自觉带头树立良好家风"[③],将树立良好家风列为党员干部的必修课。

良好的家风是整个社会风清气正的基础、底线。党员干部的家风建设,更是党风、政风建设的底线。

---

① 《习近平谈治国理政》第3卷,外文出版社,2020,第52页。
② 习近平在2015年春节团拜会上的讲话,人民网,2015-10-07.
③ 《中国共产党廉洁自律准则》,中国方正出版社,2015,第5页。

七、领袖领导力的重要地位与战略意义
——兼论陈云领袖领导力及其当代价值

(一)领袖魅力理论及其哲学依据

在对中国共产党领导力的研究中,对一代代杰出的中国共产党领袖领导力的研究不可或缺。这是因为,党的领导力需要通过一个个具体的党的领袖人物的个体领导力体现出来。

在领导学理论中,有一种领袖魅力(charismatic leadership)理论。根据这种理论,当下属观察领导行为时,会把它们归因为伟人式的或杰出的领导能力即领袖魅力。

领袖魅力的领导理论是归因理论(西方领导理论的一种)的扩展。归因理论原是社会心理学中探讨人们行为原因的一种社会认知理论,这里被用来探讨和解释领导行为,从而形成了领导的归因理论(attribution theory of leadership)。归因理论认为,领导主要是人们对其他个体进行的归因。运用归因理论的框架,研究者发现人们倾向于把领导者描述为具有这样一些特质,如智慧、随和的个性、很强的言语表达能力、进取心、理解力和勤奋等。

据领袖魅力理论,一些研究者试图确认具有领袖魅力的领导者的个性特点。有人认为,魅力是领导者特殊的品质,他们的抱负、权力和特别的决定使他们与其他领导者区别开来。①

如以"路径·目标理论"②而著名的罗伯特·豪斯 1977 年首次提出的魅力型领导力理论代表了 20 世纪 80 年代的活力派领导者特质理论的一个研究方向,突出领导者能吸引追随者的特定品质。有几个模型设定了特定领导者品质和展现出来的魅力之间的关系,确定了与领导者魅力相关的关键品质:认知能力、自信、权力社会化动机、冒险倾向、社交技能、培养他人。③ 另一位学者瓦伦·本尼斯(Warren Bennis)研究了 90 位美国最杰出和最成功的领导者,发现他们有 4 种共同的能力:(1)有令人折服的远见和目标意识;(2)能清晰地表述这一目标,使下属明确、理解;(3)对这一目标的追求表现出一致性和全身心的投入;(4)了解自己的实力。研究者们的共同结论是,具有领袖魅力的领导人具有的共同特点包括:有一个希望达到的理想目标并能为此目标而全身心地投入和奉献;是变革的代言人而不是传统现

---
① 孔维民:《东西方领导者行为分析——领导心理学新论》,山东人民出版社,2007,第 124 页。
② [美]斯蒂芬·P. 罗宾斯:《组织行为学精要》(第 7 版),机械工业出版社,2003,第 134-135 页。
③ [美]约翰·安东纳基斯等编《领导力的本质》,上海人民出版社,2007,第 128 页。

状的卫道士;自信心强。①

领袖魅力理论是历史上领导特质理论的深化和发展。

19世纪末20世纪初,随着管理学和心理学等学科的产生和发展,主语对领导特质进行了较系统、科学的探讨,陆续出现了各种各样的领导特质理论。"特质"本身是心理学上的概念,表示一个人所具有的相对持久的特性和倾向。领导特质就是指领导者所具有的,并在其领导过程中表现出来的倾向性。领导特质理论着重研究领导者的人格特质,以便发现、培养和使用合格的领导者。西方的领导特质研究是由心理学家们率先开辟的领域。他们要回答:领导者应该具有哪些素质,怎样正确挑选领导者。特质理论也称伟人理论。

早期一些管理学家和心理学家试图区分领导者和被领导者,分离出领导特质。他们以领导者的个性、生理或智力等因素为观测点,企图制定出有效领导者的标准,以之作为选拔领导者的依据。领导特质理论一般从以下5个方面入手:生理特质、个性特质、智力特质、工作特质和社会特质。

从早先的领导特质理论到当代的领袖魅力理论,无不强调了领袖(领导者)个体的领导力在整个领导活动中的重要地位与意义。

美国著名管理学家斯蒂芬·P. 罗宾斯在评价领导特质理论时认为,这个时期的领导特质理论所取得的成就在于以下三点。其一,肯定了对于成功的领导者来说应具备一系列一致而独特的个性特点。其二,在确定与领导活动关系密切的特质方面的具体研究中,取得了引人瞩目的结果。比如,研究发现,进取心、领导意愿、正直与诚实、自信、智慧和具备与工作相关的知识对领导者尤为重要。其三,大半个世纪以来的研究可以得出这样的结论:具备某些特质确实能提高领导者成功的可能性,但没有一种特质是成功的保证。②

在西方,被公认为具有领袖魅力的领导人有:富兰克林·罗斯福、约翰·肯尼迪、马丁路德·金、玛格丽特·撒切尔等人。例如,玛格丽特·撒切尔执政英国首相时期,她的领导风格非常引人注目,人们常常这样描述她:自信、铁腕、坚定、雷厉风行……这些特点均指的是领导者特质,即领袖特质。西方学者经常用魅力、热情、勇气等词汇描述玛格丽特·撒切尔、罗纳德·里根、纳尔逊·曼德拉等人。

注重领袖(领导者)个人特质、魅力在整个领导活动中的重要地位与意义是符合历史唯物主义基本精神的。

历史唯物主义在肯定人民群众是历史的创造者的同时,也重视历史人物个体的作用。所谓历史人物,即能直接作用于历史进程,在社会历史上打下明显意志印

---

① [美]约翰·安东纳基斯等编《领导力的本质》,上海人民出版社,2007,第211页。
② 朱成言:《行政领导学》,中国人民大学出版社,2002,第94-95页。

记的杰出人物,尤其是政治家。他们在推进历史发展的合力中起着某种主导作用。他们是历史事件的当事人,组织并指挥具体的历史事件。历史上发生过的重大事件,无不深深打上了历史人物的印记。他们的性格、品质往往决定着历史事件的具体外貌。他们是历史任务的发起者、实现历史任务的先导。他们比一般人站得高、看得远,解决历史任务的愿望比别人强烈,又能洞察历史发展趋势,因而是群众运动的指路人。他们是历史进程的影响者,能加速或延缓历史的发展。历史人物是群众中的一员,但又不是普通的一员,他们能够影响一大批群众,带领一大批群众。

以上所说的领袖,从某种意义上说,他们在领导活动中正起着类似于历史人物的作用。因而在对领导力的研究中,领袖领导力的研究不可或缺。

而在所有领袖领导力的研究中,特别要注重对无产阶级领袖领导力的研究。这是因为,从历史上看,作为非无产阶级代表的历史人物的作用由于受阶级的制约总是有着一定的局限性,只有无产阶级领袖,由于代表了无产阶级和最广大人民群众的根本利益,其历史作用才得以最充分的发挥。

无产阶级领袖是代表无产阶级和广大劳动群众利益的、无产阶级政党内"最有威信、最有影响、最有经验、被选出担任最重要职务而称为领袖的人们所组成的比较稳定的集团"。[①] 无产阶级领袖身在群众之中,又比群众站得高些,看得远些,他们在长期复杂的斗争中形成了一身兼备革命家、理论家和组织家的优秀品质和卓越才能。他们是无产阶级革命运动和社会主义建设事业的组织者和领导者,起着动员人民、教育人民、组织人民的重大作用。在历史转折的关键时刻,他们能高瞻远瞩,以科学的预见和革命的胆略,带领人民战胜艰难险阻,转危为安。

在无产阶级革命、社会主义建设与改革中,群众需要自己的领袖,没有领袖的预见作用、教育作用、团结作用和指挥作用,群众斗争就会陷于自发、涣散和摸索状态,就会"群龙无首"而告失败。人民群众创造历史的作用包括创造出自己的领袖。这是我们重视领袖领导力的哲学依据以及重要战略意义。

(二) 中国共产党领导力与党的领袖领导力

在中国共产党领导全国人民进行革命斗争以及社会主义建设与改革的进程中,涌现出了一批杰出的领袖人物,从第一代中央领导集体的毛泽东、刘少奇、周恩来、陈云到邓小平,直至当今的总书记习近平,一代代杰出的中共领袖人物的杰出才能、人格魅力铸就、提升了中国共产党的领导力。

首先,中国共产党的政治领导力需要通过党的领袖人物的政治信仰与政治品格得以体现。

[①] 《列宁选集》第 4 卷,人民出版社,1995,第 151 页。

我们前面说过,党的政治领导力表现为:一为坚定政治立场、坚守政治原则的政治定力;辨明政治方向、政治道路的政治观察力和政治鉴别力;二为保持党内良好政治生态的政治治理力;三为党的领导干部以身作则的良好政治品格魅力。其中所说的政治定力、政治观察力(鉴别力)、政治治理力其实与政治品格魅力一样,都首先是党的领袖的政治领导力具体体现。因而,党的政治建设的一项重要任务就是,全党同志特别是高级干部要加强党性锻炼,不断提高政治觉悟和政治能力,把对党忠诚、为党分忧、为党尽职、为民造福作为根本政治担当,永葆共产党人政治本色。

习近平同志指出:"干部在政治上出问题,对党的危害不亚于腐败问题,有的甚至比腐败问题更严重。在政治问题上,任何人同样不能越过红线,越过了就要严肃追究其政治责任。"①党的领导干部特别是党的领袖的政治方向、政治立场、政治原则等问题对于党的政治领导力至关重要。

其次,中国共产党的思想引领力需要通过以党的领袖人物提出的思想理论武装全党得以实现。

党的思想引领力的强弱,往往取决于党的领袖是否有广博的知识,能否高屋建瓴、思维敏捷、洞察力强,善于观察事物、发现问题,揭示事物本质和规律,能不能准确地预测未来,提出符合事物发展规律并能激励大众、符合民心、鼓舞斗志的宏伟蓝图。

重视和加强党的思想建设,是我们党的鲜明特点和独特优势。中国共产党之所以能在近百年的革命、建设和改革的过程中取得辉煌成就,就是因为中国共产党确立了正确的指导思想——马克思主义。

习总书记在纪念马克思诞辰200周年大会上指出:"马克思主义的命运早已同中国共产党的命运、中国人民的命运、中华民族的命运紧紧连在一起,它的科学性和真理性在中国得到了充分检验,它的人民性和实践性在中国得到了充分贯彻,它的开放性和时代性在中国得到了充分彰显!"②而马克思主义与中国革命、建设与改革的结合,需要通过党的领袖的理论创造才能实现。

中国共产党人在领导中国人民进行革命、建设和改革的近百年征途上,实现了马克思主义基本原理与中国具体实践相结合的两次历史性飞跃,作为马克思主义中国化第一次飞跃的理论成果,是毛泽东思想;作为马克思主义中国化第二次飞跃的理论成果,是邓小平理论、"三个代表"重要思想和科学发展观等。党的十七大报

---

① 中共中央纪律检查委员会、中共中央文献研究室编《习近平关于严明党的纪律和规矩论述摘编》,第23页。
② 习近平:《在纪念马克思诞辰200周年大会上的讲话》,《十九大以来重要文献选编》(上),第427页。

告中,对第二次飞跃的理论成果做了新的表述,从理论与实践相对应的视点,将作为对中国特色社会主义道路实践经验总结的理论,统称为"中国特色社会主义理论体系"。十七大提出"中国特色社会主义理论体系"这一概念以后,时隔10年,党的十九大提出"新时代中国特色社会主义思想"。习近平新时代中国特色社会主义思想回答了坚持和发展什么样的中国特色社会主义,怎样坚持和发展中国特色社会主义这个重大时代课题。它开辟了马克思主义新境界、中国特色社会主义新境界、党治国理政新境界、管党治党新境界,是被实践证明了的科学真理,是我们进行伟大斗争、建设伟大工程、推进伟大事业、实现伟大梦想的实践指南,是中国共产党人新时代的精神支柱和力量源泉,是我们必须长期坚持的指导思想。这些党的指导思想的产生,固然是集体智慧的产物,但从其形成的主观条件而言,均是党的领袖人物,从毛泽东、邓小平到习近平进行理论创造的结果。党的思想引领力则是通过用党的指导思想武装全党而体现出来的。

再次,中国共产党的群众组织力需要通过党的领袖的组织工作、群众工作加以落实。

党的组织力高低在很大程度上取决于党的领袖是否善于联系群众、动员群众,同群众打成一片,在群众中享有较高威望,有影响力、号召力、凝聚力。例如,中国共产党领导的统一战线之所以能把不同党派、不同民族、不同宗教、不同阶层和海内外同胞团结凝聚起来,除了依靠共同的政治目标,一个非常重要的因素就在于我们党注意把"尊重人""平等待人"的理念贯穿于统战工作的实践中去。正由于此,中国共产党的政策和主张才能得到最广大人民群众的支持和理解,民主人士才能与中国共产党风雨同舟、肝胆相照、患难与共。无论在民主主义革命时期还是在社会主义建设时期,毛泽东、周恩来等中国共产党领袖人物对民主人士从来都是平等相待、虚怀若谷、礼贤下士;在向民主人士解释中国共产党的政策和主张时,从来都是不厌其烦、循循善诱、苦口婆心,决不强加于人;在处理与民主人士的关系时,从来都是言而有信、说到做到,以诚、以礼、以情相待。如在延安时期毛泽东与梁漱溟的彻夜长谈、重庆谈判期间毛泽东三访特园(民盟重庆总部)、国内革命战争时期毛泽东与冯玉祥的相知相交……以及以周恩来为代表的党的统战高层领导在长期统战工作中真诚坦荡,成为民主人士值得信赖的朋友。凡此种种,无不成为我党统一战线工作的典范。正是党的领袖的人格魅力所产生的极强感染力,才使广大统一战线成员感受到我们党的高超的群众组织力,才为统一战线的发展和壮大奠定了坚实基础。

总之,党的领袖领导力与党的领导力之间的关系好比领导者素养与领导功能之间的关系。在领导活动中,领导功能的发挥依赖于领导者素养的提高。功能与素养是密切相关的。同样,党的领袖领导力与党的领导力也是密切相关的。党的领导力的提升依赖于党的领袖领导力的提升。实际上,党的领袖领导力即是党的领袖的素养之显现。

提高领袖的领导力即领导者的素养是提升党的领导力、有效实施党的领导职能的重要保证。党的领袖(领导者)作为党内"关键少数",要有效地行使职能、发挥作用,必须具有坚定正确的政治方向、广博的科学文化知识、卓越的创造能力和高尚的道德品质。如何塑造党的领袖(领导者),意味着如何塑造一个党。中外许多事例充分说明,一个领导者是否具有必要的领导素养,直接关系到领导的成败。对于一个党而言,党的领袖是否具有称职的领导力,直接关系到党的事业成败。这已经被中国共产党的历史所证明。在我们党的历史上,陈独秀、王明等党内领导人物的错误曾经给我们党的事业带来的巨大损失就是证明。

(三) 陈云的领袖领导力及其当代价值

陈云同志是中国共产党的杰出领导人之一。在他领导中国人民进行革命和建设过程中表现出来的党的领袖的领导力无疑是我们党的一笔宝贵政治财富和精神财富。

陈云的领袖领导力突出表现在他的政治与思想两方面。

在政治方面,陈云的领袖领导力表现为他坚定的政治定力、敏锐的政治眼光、高超的政治智慧与崇高的政治品格魅力。

首先,陈云理想信念坚定,始终坚守共产党人的精神追求。在延安时期他就说过,共产党是为人类的彻底解放,为共产主义和无产阶级事业而奋斗的政党。因此,一个愿意献身共产主义事业的共产党员,不仅应该为党在各个时期的具体任务而奋斗,而且应该确定自己为共产主义的实现而奋斗到底的革命的人生观。改革开放后,1983年在党的十二届二中全会上,陈云坚定而充满激情地说:"资本主义必然要被共产主义所代替,这是无可改变的法则。……我们可以充满信心,高呼:社会主义万岁! 共产主义万岁!"[①]纵观陈云的一生,无论斗争如何艰巨、情况怎样复杂,无论是顺境还是逆境,他对于社会主义、共产主义的信念始终坚贞不渝,表现出共产党人不可动摇的意志和坚强的无产阶级党性。

其次,陈云具有坚定的政治定力、敏锐的政治眼光。凡是认定的真理、看准了的事情,陈云从不轻言放弃,只要党和人民需要,不论情况多么复杂,也不论形势多么险峻,他总是敢于坚持真理、仗义执言,勇往直前,从不计较个人得失。陈云坚持真理、坚持原则,不讲违心的话。即使在巨大的政治压力面前也是如此。在遵义会

---

① 《陈云文选》(第3卷),人民出版社,1995,第332—333页。

议上,陈云坚定地支持毛泽东的正确主张,支持会议确立以毛泽东为代表的正确领导。1956年,他及时发现经济工作中的急躁苗头,提出反对冒进。在"大跃进"中尽管因此遭到严厉批评,他仍然坚持综合平衡,坚持建设规模要和国力相适应的观点。1962年夏,面对广大农村的天灾人祸,陈云提出必须调动农民的积极性,尽快恢复和发展农业生产,并肯定了安徽等部分地区采取的包产到户的做法。有人曾劝他不要急于提出。陈云说:"不能患得患失。我担负全国经济工作的领导任务,要对党对人民负责。遇到大事,既然看准了,找到了办法,就要尽快提。这关系到党的事业的成败,关系到人心向背,怎能延误时机。"[①]在受到严厉批评,承受很大压力的情况下,他仍一直保留自己的意见,认为在某个历史阶段,在农村实行分田到户(并不是分田单干),是从实际情况出发提出的一种有效办法,确实可以提高农民生产积极性。这种非凡胆识和坚定立场,充分展示了一位彻底的唯物主义者的无私无畏精神。毛泽东就曾感慨地说过:陈云这个人是很勇敢的,"坚持真理也勇敢"。陈云这种鲜明的政治风格,使他在党内赢得了崇高的威望和赞誉。

再次,陈云具有高尚的政治品格魅力。在顺境中,在做出成绩时,陈云不居功、不自傲。他做人非常低调,从不愿意宣传自己。他说过:对个人的功劳要有正确的看法,第一是人民的力量,第二是党的领导,第三才轮到个人。这样的次序是不能颠倒的。个人的作用是有限的,自己不要估计得太大了。任何人离开了人民,离开了党,一件事也做不出来,应该这样估计。我们是党员,在党的领导下,适合老百姓的要求,做了一点事,如此而已,一点不能骄傲。[②] 新中国成立初期,他坚持自己的工资应该比其他主要领导人低一级。他一直不主张宣传自己。在十一届三中全会上,李先念提出他的名字排在陈云之后,但陈云坚持自己排在后面。

在逆境中,特别是受到不公正对待时,陈云从不消沉。他说过:"政治可以使我们放开眼界,放大胸襟,可以使我们去掉一些小气,少一些伤感……我们是干人类解放的大事业的人,就算二十岁加入共产党,活到六十岁不过四十年,还要为一点小事情烦恼,不是太划不来了吗?"[③]他总是忍辱负重,顾全大局,让他管事的时候,头脑不发热;不让他管事的时候,思想不消沉,绝无怨尤消极情绪,始终满怀革命的乐观主义。他对自己所受到的不公正待遇,从不议论,不为个人的得失而有丝毫烦恼。

在思想方面,陈云的领袖领导力表现为他的思想作风与工作作风。

陈云的思想作风与工作作风集中体现为"实事求是"四个字。他用十五个字,

[①] 周太和:《学习陈云同志运用唯物辩证法的思想和实践》,朱佳木主编《陈云和他的事业——陈云生平与思想研讨会论文集》(上),中央文献出版社,1996,第42—43页。
[②] 《陈云文选》(第1卷),人民出版社,1995,第295—296页。
[③] 同上书,第277—278页。

即"不唯上、不唯书、只唯实,交换、比较、反复"①精辟地概括了实事求是的深刻内涵。这十五个字体现了陈云的思想方法和工作方法。正是从这十五个字出发,演绎出陈云精湛的领导艺术和他后来辉煌的治国理政生涯。

正确认识中国国情和中国社会历史发展进程中的主要矛盾,始终胸怀党和人民事业的全局,是陈云运用马克思主义哲学指导工作的一个突出特点。在革命、建设和改革的不同时期,陈云同志始终以高度的政治敏锐性,突出强调要胸怀全局,把完成党的历史任务、实现人民的利益放在首位。他说:"看问题要全面,要看本质,不要只看局部,看现象。"②"要研究中国的历史和时事政治的情况,不然也就不能规定当前的革命工作的任务和方法。"③表现出把政治摆在首位的大局意识。

在实际工作中,陈云历来遵循唯物辩证法的原则。如新中国成立初期,在社会主义改造的高潮中,陈云不从书本出发,而是从中国的实际出发,具体领导资本主义工商业的社会主义改造,走出了一条中国独特的资本主义工商业改造道路。

在头绪繁多的领导工作中,他善于抓住重点,一抓到底,抓出成效。他说过:"不忘记经常工作,但必须抓住中心,防止事务主义,乱无头绪。"④他认为:"要有所得就会有所失。如果这也舍不得丢掉,那也舍不得丢掉,结果什么也得不到"。⑤"分别轻重缓急是非常重要的"。⑥ 如新中国成立初期,经济工作头绪繁多,百废待兴。陈云抓住了两个重点:一是通过统一财经管理,增强国家财政力量,迅速稳定了物价;一是通过调整,特别是通过加工订货和打通城乡交流,激活了停滞的经济。一个统一,一个调整,"只此两事,天下大定"。⑦ 又如 20 世纪 70 年代末,他主持国民经济调整工作,紧紧抓住宝钢这个关系国民经济全局的重点,亲自过问,深入调研,几经反复,做出了同心协力建设好宝钢的决断,同时全面落实了党中央在这次调整中有进有退的方针。

陈云领导经济工作成效卓著,一个重要原因就在于他在不同时期都能敏锐地抓住中心问题、重点问题,并且抓住不放,直到解决好为止。所以,毛泽东这样评价过陈云:"不要看他和平得很,但他看问题尖锐,能抓到要点。"⑧

"交换、比较、反复"这六字原则集中体现在他的决策工作中。凡遇有重大决策,他总是准备多种方案,经过反复比较斟酌,才决定取舍。如 1953 年,为寻求解

---

① 《陈云论党的建设》,中央文献出版社,1995,第 314 页。
② 同上书,第 101 页。
③ 同上书,第 49 页。
④ 《陈云文选》第 1 卷,人民出版社,1995,第 221 页。
⑤ 《陈云文选》第 3 卷,人民出版社,1995,第 141 页。
⑥ 《陈云文选》第 2 卷,人民出版社,1995,第 25 页。
⑦ 《陈云文选》第 2 卷,人民出版社,1995,第 138 页。
⑧ 《毛泽东文集》第 7 卷,人民出版社,1999,第 112 页。

决粮食供求问题的办法,他在仔细研究古今中外粮食管理的各种办法后,提出了八种解决我国粮食问题的方案,并从实际出发,对每种方案的利弊得失进行比较研究,最后提出了统购统销的重大决策,提交党中央讨论决定。在决策过程中,陈云善于听取不同意见特别是反对意见。在他看来,"有不同意见是好事,可以使我们看问题比较全面,避免片面性,少犯错误"。① 陈云的思想作风与工作作风充分体现了他高超的领袖领导力。

陈云的领袖领导力包含了他的政治智慧、政治素养、政治实践和政治经验,是我们党的宝贵财富。今天,中国特色社会主义进入了新时代,然而,挖掘陈云以及我们党历代卓越领袖领导力财富,依然具有深远的时代价值。

其一,陈云的坚定政治理想信念是党的事业的不竭动力。党的十八大以来,习近平总书记反复强调,坚定理想信念,坚守共产党人精神追求,始终是共产党人安身立命的根本。2014年发布的《党政领导干部选拔任用工作条例》提出的20字好干部标准"信念坚定、为民服务、勤政务实、敢于担当、清正廉洁"中,"信念坚定"放在首位。这一条,是党的领袖领导力铁定法则。

其二,陈云的人民利益高于一切的政治法则是党的事业取胜的坚实基础。陈云是一位时刻关注民生、关注人民群众现实利益的政治家。陈云说过:不要看不起吃、穿、用、油、盐、柴、米,这是人民的大事。陈云说:"不解决实际问题谈为人民服务,则是空话一句。"②不管是领导经济工作还是做其他工作,切实为人民谋利益都是陈云遵循的一贯原则。习近平说,人民群众对美好生活的向往就是我们的奋斗目标。在当今中国,作为党的领导干部,必须时刻关注人民群众的切身利益,把人民群众的关切作为制定政策的出发点和落脚点。

其三,陈云的思想作风与工作作风是我们党治国理政的不朽法宝。陈云是一位稳当的政治家。毛泽东曾评价陈云这个人"比较稳当"。在《陈云文选》中,有许多关于"稳当"的论述。诸如:"稳当一些,要多想一想,多请示一下。这样慢了一些,有点损失,但这比冒冒失失犯了错误,哪一样好?宁可稳当一些,不要冒冒失失。"③"我们的工作部署,要反复考虑,看得很准,典型试验,逐步推广,稳扎稳打。慎重一点,看得准一点,解决得好一点,比轻举妄动、早动乱动好得多。困难时期只是着急,或者病急乱投医,不但无益,而且有害。"④陈云的风格与党的十八大以来习近平反复强调的"治大国若烹小鲜""蹄急而步稳"的战略智慧完全一致。稳当,是政治家必须学习的一种风格,是一个老练的政治家必备的素养。

---

① 《陈云文选》第3卷,人民出版社,1995,第215页。
② 《陈云文选》第2卷,人民出版社,1995,第128页。
③ 《陈云文选》第1卷,人民出版社,1995,第654页。
④ 《陈云文选》第3卷,人民出版社,1995,第206页。

总之,当今时代,新知识新事物层出不穷,有许多难题需要我们去破解,有许多挑战需要我们去战胜,有许多风险需要我们去应对。我们应当从前人留下的思想宝库中汲取治国理政的珍贵滋养,紧密结合工作实际和思想实际,想大事,谋全局,如饥似渴地学习,毫不懈怠地实践,与时俱进地提高,更好地担当起应该担当的责任。

八、从抗击新冠疫情看中国共产党的卓越领导力

2020 年初爆发的新冠肺炎疫情,打乱世界各国人民日常生活、工作的节奏,确诊病例和死亡病例不断增加。2020 年 2 月底,世界卫生组织将疫情全球风险级别,由"高"上调为"非常高"。3 月 12 日,世卫组织界定新冠肺炎为"全球性大流行病"。

中国的新冠疫情很快就得到了有效遏制。2020 年 3 月下旬起,全国疫情就基本得到阻隔,全国各地陆续复工复产,生产生活逐渐走上正轨。2020 年 4 月 8 日,经过整整两个半月 77 天新冠疫情磨难而浴火重生的英雄城市武汉"解封"、重启。这一重要的历史时刻标志着我国抗击新冠疫情阻击战取得了阶段性胜利,必将载入史册。

中国的疫情防控得到了世界卫生组织的充分肯定,为全球疫情防控赢得了时间,积累了经验,树立了标杆,作出了积极贡献。

世卫组织 2020 年 3 月 9 日表示,中国超过 8 万例新冠肺炎确诊病例中,70% 已经康复并出院,疫情正在结束。世卫组织讲了四个"没想到":没想到中国疫情控制得这么快;没想到中国疫情控制措施这么有效;没想到中国人的行动力与执行力这么强;没想到中国人这么有奉献精神。

中国为何能够控制疫情?为何能做到这四个"没想到"?成功的秘密武器是什么?要回答这个问题,恐怕还得从中国共产党卓越领导力谈起。

2019 年召开的十九届四中全会通过的《中共中央关于坚持和完善中国特色社会主义制度、推进国家治理体系和治理能力现代化若干重大问题的决定》中,明确提出了中国特色社会主义制度的 13 大显著优势。其中第一条就是"坚持党的集中统一领导,坚持党的科学理论,保持政治稳定,确保国家始终沿着社会主义方向前进的显著优势"。这次抗击新冠疫情所取得的成效首先归功于中国共产党强有力的领导。

在带领中国人民站起来、富起来、强起来的路上,中国共产党赢得了 14 亿中国人的民心。人民坚信,没有共产党就没有新中国!在中国共产党的领导下,就没有

战胜不了的困难!

在新冠病毒汹涌而来时,人民的必胜信念同样来自对中国共产党领导的充分信任。新冠疫情发生后,习近平总书记高度重视,迅速作出决策部署,接连召开会议、作出指示,亲自指挥应对这场新中国成立以来发生的传播速度最快、感染范围最广、防控难度最大的一次重大突发公共卫生事件。

党中央明确了这场人民战争的战略使命——把人民群众生命安全和身体健康放在第一位;提出了战略要求——坚定信心、同舟共济、科学防治、精准施策;指明了战略目标——坚决遏制疫情蔓延势头,坚决打赢疫情防控阻击战;制定了作战计划——立足地区特点和疫情形势因应施策,把湖北作为全国主战场,对其他省份加强分类指导。

在以习近平同志为核心的党中央的领导下,一场疫情防控的人民战争有序展开。同时间赛跑,与病魔较量!

(一) 巨大的感召力

在这场史无前例的新冠疫情阻击战中,中国共产党的卓越领导力首先表现为巨大的感召力。疫情阻击战一拉开,这种震撼人心的感召力就时时彰显出来。

党中央一声令下,数以万计的医护人员,驰援武汉;武汉封城,让病毒不再扩散;全国各地,人民群众主动隔离;各地党组织、政府、居委会、社区工作者,纷纷行动起来,鏖战病毒。

党中央的巨大感召力通过广大共产党员磁石般的影响力发挥威力。

共产党员,在这场"战斗"中身先士卒、冲锋陷阵。一张疫情期间因公殉职人数中的共产党员占比图,广为流传。共产党员在中国14亿人口中,占比不足7%。但是在此次战"疫"牺牲人数中却占66.7%。

"抗疫前线,党员先上!"在人民群众生命健康受到威胁的时候,党员挺身而出,义无反顾! 从而从根本上确保了疫情阻击战的胜利。

在疫情防控第一线,一位党员一面旗。基层党组织是坚强的战斗堡垒。在党员的先锋模范作用下,一批批奋战在疫情防控一线的优秀医务人员纷纷递交入党申请,一批批火线入党的新党员纷纷面对党旗庄严宣誓。

3月2日下午,广医一院为新党员举行粤鄂连线"火线入党"宣誓仪式。拥有55年党龄的资深党员钟南山寄语新党员:"烈火见真金,危难见真情。这个时候,正是需要我们党员站出来、冲锋在前的时候,带领大家共同克服困难,共同渡过难关。"

事实再一次证明:中国共产党的卓越领导力,正是依靠巨大的感召力和广大党员先锋模范作用影响力而得以体现。

(二) 高效的组织力

"坚持全国一盘棋,调动各方面积极性,集中力量办大事的显著优势"是十九届四中全会提出的中国特色社会主义的又一制度优势。这个制度优势的取得来自高效的组织力。在这次抗击新冠疫情的阻击战中,中国共产党的高效的组织力表现得淋漓尽致。

疫情阻击战自始至终,各级党委和政府坚决服从党中央统一指挥、统一协调、统一调度,做到令行禁止。

当湖北面临疫情,全国各地人力物力及时支援。

对一个省来说难以招架的困难,一旦全国一盘棋,14亿人口共同迎战,困难迎刃而解。

中国人民坚韧不拔、乐观自信、甘于奉献,大家为我、我为大家,众志成城、共克时艰,展现出独有的民族精神和强大凝聚力,也展现出中国共产党特有的高效组织力。全国一盘棋的高效组织,创造了让世人震惊的中国奇迹。建筑面积达3.39万平方米,可容纳1000张床位的武汉火神山医院从图纸到建成到投入使用仅用了10天时间。紧接着,雷神山医院快速建成并投入使用。另外,武汉30余个体育馆、会展中心等连夜被改造为三万多张床位的方舱医院。"中国速度"堪称奇迹!

中国速度是同病毒展开争分夺秒的赛跑。我们仅用1周时间就完成了病毒鉴定和测序,并及时主动和世界卫生组织及其他国家分享有关病毒基因序列。我们仅用2天时间就建成了国家级信息报告系统,除夕前上线投入使用,实现了疫情信息网络报告。我们仅用3天时间就初步研发出新冠病毒核酸检测试剂盒,并正在夜以继日加紧研制新冠病毒疫苗和有效药物。2020年的最后一天,万众期待的好消息传来——国产新冠疫苗终于上市了。我国国药中生的新冠疫苗已知的获益超过了已知的风险。已有数据显示,该疫苗保护率为79.3%,实现安全性、有效性、可及性、可负担性的统一,达到世卫组织及国家药监局相关标准要求。已及时在国内外投入使用。

(三) 向心的凝聚力

这场新冠疫情阻击战还充分彰显了中国共产党"密切联系群众,紧紧依靠人民"以及"坚持以人民为中心"的执政理念,彰显了中国共产党的向心的凝聚力。

在疫情阻击战中,习近平主席和党中央始终将人民的生命安全和身体健康放在第一位,果断决策,全面部署,统一指挥。坚持人民利益高于一切。广大人民群众则紧紧团结在党中央周围,服从大局、攻坚克难,信心满怀地迎接胜利。

为了人民的生命安全和身体健康,全国4.2万余名医护人员从四面八方驰援湖北。各地联防联控、群防群控,进行"网格化"管理、"地毯式"排查。广大公安民警、防控工作人员、社区工作人员等坚守岗位,日夜值守;清洁工人、快递员等不畏劳苦,坚持工作;广大新闻工作者不畏艰险,深入一线;广大志愿者等真诚奉献、不辞劳苦……

为了人民的生命安全和身体健康,做到对确诊患者应收尽收,对疑似患者应检尽检,对密切接触者应隔尽隔;为了疫情防控与人民生活两不误,切实落实"米袋子"省长责任制和"菜篮子"市长负责制,保障主副食品供应……

为了人民的生命安全和身体健康,中国尝试了多种诊疗方法。一个多月,中国的新冠肺炎诊疗方案已更新到第六版。2020年8月,我国第八版新冠肺炎诊疗方案发布。

为了人民的生命安全和身体健康,中国政府坚持公开透明原则,每日发布疫情,并面向全社会开通征集问题线索和意见建议的网上通道,有效控制了多地的散发性疫情。

为了人民的生命安全和身体健康,中国政府果断派出了民航包机,开通"爱的专线",把包括武汉人民在内的海外中国人民接回祖国怀抱。并且,在他国疫情的关键时刻,中国果断及时地进行人力物力援助。这份"中国温度"是对国家公民和世界人民的关爱和责任,也是对世界的承诺与担当,履行了世界命运共同体的理念。在此次疫情防控工作中,中国共产党人用实际行动践履了"不忘初心,牢记使命"的深刻命题,将"为中国人民谋幸福",具象化为"为中国人民谋健康","坚持以民为本、生命至上"。为了人民的生命与健康,可以不惜一切代价。始终把维护人民利益作为战"疫"的最高价值追求,展现了"人民利益大于天"的境界、追求与情怀。

中国共产党的卓越领导力在这次新冠疫情阻击战中又一次得到了印证。在全球合作共战疫情之时,中国共产党卓越领导力激发的"中国行动力"为全世界树立了典范。

关于这点,凡尊重中国抗疫经验的人士都有客观评价。著名国际政治学者、哈佛大学肯尼迪政府学院前院长约瑟夫·奈教授撰文指出:"我认为中国抗击疫情的关键因素是中国共产党的能力和人民对中国共产党的信任。"①

---

① [美]路克利:《约瑟夫·奈看中美抗疫:中国表现出强大耐力,美国总统的领导力摇摆不定》,环球时报—环球网,2020-4-28。

第二篇

"互联网+"与领导力创新

在处于互联网时代的当代中国,"互联网+"已经上升到了国家战略高度。相应地各项领导工作也搭上了"互联网+"的快车,成为领导理论与实践创新的重要方向。在本篇中,我们将从党的工作领导力与社会工作领导力两大部分探讨基于互联网视野的领导力创新。

第一章

"互联网+"与党的工作领导力创新

一、基于互联网视野的党建工作

党建工作搭上"互联网+"的快车,成为党建理论与实践创新的重要方向。互联网企业党建、互联网社区党建、互联网机关党建、互联网高校党建、互联网党建服务、互联网党建扶贫……"互联网+党建"已越来越普遍地成为党建工作的创新发展趋势。

(一)"互联网+":党建工作的新天地

随着互联网时代的到来,社会治理现代化的变革趋势势必冲击过去传统的党组织管理方式和党员教育模式。互联网传播快、受众广、交互性强的特点,给党建工作开辟了广阔的新天地。

其一,"互联网+"创新党组织管理方式。

随着信息技术的飞速发展和互联网的普及,以"互联网+"、大数据创新党组织管理方式,提升党建工作水平,已成为紧迫的时代性课题。如今的基层党建,已在很大程度上告别了传统的组织管理方式和工作方法。纵观涌现于各地、各领域的"互联网+党建"全新模式,主要特点如下:

一是以大数据为依托。要运行"互联网+党建"新模式,首先应充分重视大数据在基层党建工作中的价值。建设好党组织数据库是关键。要利用大数据广泛收集基层党员队伍、基层党组织基本信息,并利用云计算技术,对这些数据进行专业化处理,从而为强化基层党组织管理和基层党员干部队伍建设提供科学依据。

二是以综合信息平台为主渠道。"互联网+党建"新模式的运行,需要构建一个以"党建 APP"为纽带,以信息化管理为手段,通过电脑端、微信、QQ 等全方位覆盖、全天候渗透的线上线下联通、前后左右沟通、方便快捷、实时传输互动,集管理、服务、学习等诸功能块于一体的党建工作综合平台。活跃在这一网络平台上的是以地域、行业、商铺、楼宇等为单位而建立的各种网络党组织。通过网络党组织,可以高效率地对党员进行跨越时空的服务管理,如为流动党员办理党员关系接转、通过网上银行缴纳党费等。许多在传统管理手段下难以完成的工作都可轻而易举地通过网络综合平台完成。

其二,"互联网+"创新党员教育模式。

"互联网+党建"模式,依托互联网、微信、微博、QQ等载体,通过"互联网+计算机+手机终端",打破时空障碍、管理层级,将每一名党员连接在一起,实现"网络党组织+地方党组织+基层党组织+党员"的快速、即时无缝连接,不断拓展网络学习途径,更新党员教育模式。这一"互联网+"的党员教育模式能有效解决因党员流动频繁而衍生的"党组织找不到党员、党员找不到党组织"等新问题,填补党组织联系党员的"最后一公里"。

例如,针对海关党员多在通关一线工作,工作任务繁重、集中学习时间少,从而传统的学习模式难以奏效的特点,厦门海关机关开设"掌上课堂",通过上线专题网站、制作学习展板,借力微信、微博等新媒体途径,组建大课堂微信群,适时发布学习内容,采取多种学习教育方式,形成了"轻松自主学习,实时交流互动"的良好氛围,极大提升了学习成效。

成都市武侯区机投桥街道机投社区积极探索新型党员教育模式,推出"手机党校"。所谓"手机党校",即基于新型移动互联网技术,向学员提供依托手机终端的教育、学习、考核、互动一体化平台。"手机党校"的学员只需轻点手机屏幕,一系列党建、政务学习资料和政府工作报告分析、依法治国路线解读、反腐倡廉工作盘点等党员教育课程马上有序地呈现于眼前。时事热点、政治理论、管理能力、业务知识、党务知识、经验交流……内容极为丰富。在便捷、灵活的学习方式中,提高了党员干部参与学习的热情;在"在线答题"和"学时考核"等方式的运用中,规范了学习流程。学员们无不称道,参加"手机党校"的"感觉就是跟以前的党员教育不同"。它更能入耳入脑。

其三,"互联网+"创新党组织服务功能。

互联网提供了强化内功、提高效率,实现为民服务便捷化的有力保障。

一是服务精细化。互联网综合服务平台,具有"互联网思维、智慧型管理、大数据决策、协同化办公"特点。它涵盖面广、开放性强、不设门槛,可以通过手机上安装的"党务通"和"服务通"24小时"全天候"免费为党员和群众提供服务;可以通过"短信发送""事项呈报""待办事项"等功能在网上发送服务信息通知,准确查询办件信息、办件状态及为民服务等各类信息,以做到精准公共服务管理、提升工作效率、做实基层党务工作、夯实基层战斗堡垒。

二是服务透明化。服务透明化是密切党群关系,提升党组织公信力的重要途径。尤其在基层党建工作中,涉及居民利益的事很多,政务、党务公开更是凸显其重要性。网络服务平台的建设为服务的公开透明提供了便利条件,为提高服务质量奠定了扎实基础。

其四,"互联网+"创新党内外监督平台。

互联网直面广大基层党组织、基层党员以及党外广大群众,网络平台可以发挥极为有效的党内外监督作用。利用互联网创新党内外监督的手段和机制,对于全面从严治党意义重大。近年来,全国的基层党建工作已在这方面开创了许多好的做法,诸如:

一是党建承诺网上公示。即通过政府网站、QQ群、微信公众号、微博等网络平台,公示党组织和领导干部的党建工作承诺,督促各级党组织和领导干部从严从实履行党建工作责任。

二是工作情况网上晾晒。即各级党组织将承诺事项推进落实情况在网上滚动式实时公布、实时更新,让广大群众能够及时了解各级党组织工作开展情况、工作推进力度、工作开展效果,以便于实施监督。这种做法推动党务(村务)公开由结果公开向程序公开、由静态公开向动态公开转变,有效解决了"重承诺、轻落实"的问题。

三是群众评议网上开展。即在移动网络平台开通群众评价板块和群众测评功能,让群众随时随地对基层党建工作进行网络测评,或点赞,或提出意见建议;基层党组织可随时从群众的评议评判意见里找不足、明方向、定措施,及时改进、完善各项制度、程序和工作方法。上级党组织可将群众网络测评作为考核评价下级党组织的参考依据,对群众网评差的党组织或党组织书记进行约谈提醒,督促其整改完善。并在此基础上构建以"基层党建工作→广大网民评议→上级党组织评价"为一体的网络监督评价体系。

总之,通过互联网+组织建设,搭建智慧党建"全渗透"综合平台;互联网+制度建设,收获与时俱进新成果;互联网+思想建设,拓宽学习教育新渠道;互联网+作风建设,形成贯彻群众路线新手段;互联网+反腐倡廉建设,营造党内清风正气的绿色政治生态;互联网+公共服务,夯实民生新保障;互联网+资源共享,实现党员教育资源多样化;互联网+教育平台,促进"全天候"党员教育;互联网+监督检查,实现党建成效最大化……

(二)以互联网思维促党建新活力

"互联网+党建",不只是把互联网当成一种工具,更重要的是要运用互联网思维,创新工作思路,不断拓展"互联网+党建"模式的新内涵,从而真正实现基层党建工作的现代化转型,真正做到以互联网思维促党建新活力。

所谓"互联网思维",原意是在(移动)互联网+、大数据、云计算等科技不断发展的背景下,对市场、用户、产品、企业价值链乃至对整个商业生态进行重新审视的思考方式。① 引申开来,即是一种全方位的立体思维方式。

最早提出"互联网思维"概念的是百度公司创始人李彦宏。他说,我们这些企业家们今后要有互联网思维,可能你做的事情不是互联网,但你的思维方式要逐渐像互联网的方式去想问题。② 如今,互联网思维方式已经逐步被越来越多的企业家,乃至企业以外的各行各业、各个领域的人所认可了。

从思维的特点之一角度去探讨,笔者认为,"互联网思维"实际上是大数据思维。其主要特点在于:全面性、具体性、整体性。它是一种新的思维方式。以互联网思维指导党建,可以开拓一种党建工作的新思路。

其一是立足全局、面向整体,并把顶层设计与个体渗透相结合的"平台思维"。

"互联网思维"立足于社会思维或群体思维,并且兼顾个体思维。上述党建综合平台正是体现这种思维特质的。依据互联网,在经济领域内打造产业链上下游之间、企业和用户之间随时随地沟通、分享、互助、共赢的平台,很多商机和信息在这个平台上叠加和交换。在党建领域,也可以打造无数个这样的平台,组织内部、组织与党员、组织与组织、组织与社会之间无缝对接,以便于共同学习、分享、沟通、互助。有了互联网平台,时空就不再产生距离感和隔阂感。党组织活动的设计开展不再是线性的、自上而下的、号召命令式的,而是在一个平台上交互式的、平等参与、互动共赢。组织的活力、凝聚力、魅力和党员的参与度都会大大提升。

其二是以数据为核心的"大数据"思维。

互联网的出现,让数据的采集能力越来越强,大数据在互联网时代的价值越来越凸显。在大数据时代,我们必须用数据的眼光重新审视我们周围的一切,以数据为核心思考问题、解决问题。

大数据的真正价值在于创造,在于填补以往未曾涉及过的空白。有人把数据比喻为蕴藏着能量的煤矿,深入挖掘大数据即是深挖矿藏。因此,大数据的实质不在于"大",而在于"有用",价值含量比数量更重要。我们可以依托数据做出更为有效的决策。

在经济领域,企业借助大数据分析工具,充分发掘用户行为信息,可对市场进行准确预测和判断,也可实现众包化生产与个性化服务的结合。在党建领域,通过

---

① https://baike.sogou.com/v65983394.htm?fromTitle=互联网思维。
② 同上。

对党组织和党员基础数据的采集、管理、开发和运用,可以对党建工作开展更科学的分析,对党员实现更精确的管理和个性化服务,形成党建工作更为有效的宏观和微观决策,实现党建工作的科学化。

(三) 构建"智慧党建"新体系

互联网、大数据是智慧化的基础,互联网+党建的目标是实现"智慧党建"。所谓"智慧党建",可以理解为通过互联网、大数据等现代技术手段,实现党员教育、党员管理、党员服务、党员活动的网络化、智能化、信息化,构建组织与党员、组织与组织、组织与社会、党员与群众等多个良性互动平台,切实提升基层党组织的凝聚力、战斗力、感召力,为提高新形势下党建工作科学化水平,密切党群干群关系、提高党的执政能力和社会治理水平提供有力支撑的有效手段。

"智慧党建"是个宏伟工程,不可能一蹴而就。目前可考虑先从"一卡(市民卡)—一平台(党员管理信息系统)—一终端(移动终端)"入手,实现"五个化"。

"一卡"就是在市民卡上开通党员智能IC卡的功能,对党员身份识别、党员组织生活、党员学习、党员服务社会等都实现智能化管理,督促党员履行义务。实现对党员的科学考核评价,褒扬先进、鞭策后进甚至处置不合格党员等。

"一平台"就是采集党员和党组织基础数据,开发党员管理信息系统,为大数据分析、个性化服务奠定基础。

"一终端"就是在智能手机、移动终端上用微信、易信、APP等工具开发党员群众共同学习、交流、互动的平台,传播党的知识、弘扬先进文化、反映社情民意。

"五个化",一是通过自媒体、多媒体、手机视频等各种新兴传播方式,构建网上思想舆论阵地,实现党建宣传的智慧化;二是通过网站、移动终端,开展网上党校和远程教育,实现党员教育的智慧化;三是通过先进信息技术,实现党员动态管理的智慧化;四是用O2O(ON LINE TO OFF LINE)的理念,线上线下互动的模式,实现党员活动的智慧化;五是通过互联网平台,实现党员服务意向和服务技能与群众需求充分对接,实现党员服务的智慧化。

推进"智慧党建"的前提,是所有党务工作者必须先"智慧"起来,加强现代科学技术学习,树立智慧理念,掌握智慧技术,善用网络语言,争取成为网络时代党务工作的行家里手。

二、基于互联网视野的统战工作

当今时代,互联网已深入中国社会各个阶层和领域,同时也给统战工作带来新的挑战和机遇。党的十九大报告指出:"加强互联网内容建设,建立网络综合治理体系,营造清朗的网络空间。"①面对新形势、新问题,新时期统战工作必须紧跟时代步伐,高度重视和积极运用信息网络技术,充分利用互联网平台,发挥互联网优势,开创互联网时代统战工作新局面,为"营造清朗的网络空间"出力。

(一)拓展互联网时代统战工作新对象、新领域

互联网让统战工作焕然一新、精彩纷呈。互联网推进统战工作的一个重要表现是互联网时代大批新媒体工作人员的应运而生,涌现出一大批"新媒体中的代表性人士",极大拓展了统战工作的对象与领域,壮大了统一战线的力量。

在2015年5月召开的中央统战工作会议上,习近平总书记把"留学人员""新媒体中的代表性人士"和"非公有制经济人士特别是年轻一代"三类人列为"重点团结对象",提出"要加强和改善对新媒体中的代表性人士的工作,建立经常性联系渠道,加强线上互动、线下沟通",引导其政治观点,增进其政治认同。"让他们在净化网络空间、弘扬主旋律等方面展现正能量。"②把这些人中的代表性人士纳入统战工作视野,是对统战工作对象与领域的开拓创新,也是互联网时代统战工作发展的必然趋势。

在不同的历史时期,统一战线的性质和任务不同,统战工作的范围和对象也必然有所不同。在新形势下,广泛团结凝聚包括新媒体中的代表性人士在内的新社会群体,共同为实现中华民族伟大复兴的中国梦而奋斗,是统一战线面临的一项新的任务。

所谓"新媒体中的代表性人士"大致可分为两类:一类是新媒体平台的经营者,一般可称其为新媒体从业人员;另一类是新媒体上内容的制造者,也可笼统地称其为"网络意见人士"。

新媒体从业人员指的是在新媒体企业从事生产经营活动,并以其为主要收入来源的人员,主要包括4种人:一是新媒体企业出资人(包括技术入股);二是经营管理人员,负责企业项目、投资、运营、人力资源、市场开发等;三是采编人员,负责媒体内容的策划、创作、传播等,如记者、编辑、推送人员等;四是技术人员,负责为企业正常运转提供软硬件技术支撑,如网络技术研发与维护人员等。从社会阶层属性来看,这些人的主体是新的社会阶层的重要成员。《中国共产党统一战线工作条例(试行)》已明确将他们作为新的社会阶层人士的一部分纳入统战工作对象。

"网络意见人士"即是以新媒体为载体进行信息传播和意见表达的人士。他们人数众多,分布在各个地区、各个领域、各个行业、各个阶层,既有党内的,也有党外的;既有体制内的,也有体制外的;既有国内的,还有海外的。因此,"网络意见人

---

① 《习近平谈治国理政》第3卷,外文出版社,2020,第33页。
② 《习近平出席中央统战工作会议并发表重要讲话》,新华网,2015-5-20。

士"不是一个统一的社会阶层。只是他们中的一部分人,如具有民主党派成员身份的"网络大V",会因其阶层或职业而被纳入某个领域的统战工作对象。

"新媒体中的代表性人士"是伴随新媒体的发展而产生并成长起来的新群体,具有知识层次高、流动性强、思维活跃、影响面广等特点,其中党外人士占多数,在维护网络安全、沟通网络虚拟空间与社会现实世界、正确引导社会舆论、表达公众的政治意见与利益诉求、参与公共政策的制定、监督执政行为、抑制网络不良信息、化解社会矛盾、影响社会舆论等方面都起着重要作用,是推动经济社会发展的一支重要力量。

2016年4月,习近平同志在网络安全和信息化工作座谈会发表重要讲话,指出:"网络空间的竞争,归根结底是人才竞争。建设网络强国,没有一支优秀的人才队伍,没有人才创造力迸发、活力涌流,是难以成功的。念好了人才经,才能事半功倍。"①统战工作是做人的工作的,统战工作的使命就是团结最大多数人。"统一战线工作做得好不好,要看交到的朋友多不多、合格不合格、够不够铁。"②在"互联网+"时代,统战工作的团结对象必须向"新媒体中的代表性人士"拓展,念好团结"新媒体中的代表性人士"的"人才经"。这是建设网络强国必不可少的。

要念好团结"新媒体中的代表性人士"的"人才经",首要任务在于引导和帮助新媒体中的代表性人士健康成长。要通过与新媒体中的代表性人士建立经常性的联系渠道,"加强线上互动、线下沟通",了解掌握其思想动态和意见诉求,帮助解决实际问题,团结引导他们爱国、敬业、创新、守法、诚信、贡献,认真学好习近平新时代中国特色社会主义思想,自觉践行社会主义核心价值观,树立责任意识,激发创造活力,在"净化网络空间、弘扬主旋律等方面展现正能量"。

"网络空间是亿万民众共同的精神家园。网络空间天朗气清、生态良好,符合人民利益。网络空间乌烟瘴气、生态恶化,不符合人民利益。"③"新媒体中的代表性人士"作为以新媒体为载体进行信息传播和意见表达的人士,是网络精神家园的"园丁"。他们的政治倾向、思想状况、道德水准,决定着网络空间能否"天朗气清、生态良好"。因此,做好"新媒体中的代表性人士"的工作关系重大,关系到能否通过网络空间为实现中华民族伟大复兴增添强大力量。统战工作者要本着对社会负责、对人民负责的态度,依靠"新媒体中的代表性人士","依法加强网络空间治理,加强网络内容建设,做强网上正面宣传,培育积极健康、向上向善的网络文化"。④

---

① 习近平:《在网络安全和信息化工作座谈会上的讲话》,《文汇报》,2016-4-26。
② 《习近平谈治国理政》,第2卷,外文出版社,2017,第304页。
③ 习近平:《在网络安全和信息化工作座谈会上的讲话》,《文汇报》,2016-4-26。
④ 同上。

建设好一支与党同心同德的新媒体从业人员队伍,并推动这支队伍成为我国先进文化的传播者、公共文化服务的提供者和社会公众精神文明健康发展的促进者。

统战部门还要深入调研,加强与新媒体的经常性沟通合作。通过多种形式的联谊活动,深入了解"新媒体中的代表性人士"的意见建议,把优秀的新媒体从业人员和网络意见人士吸纳进入各级人大和政协队伍中来,或推荐其为行业监督员、特约人员,让他们充分感受到尊重与支持,以发挥其更大的作用。

要念好团结"新媒体中的代表性人士"的"人才经",还要通过团结"新媒体中的代表性人士",全面提升新媒体从业人员的政治素质和专业能力,支持和推动新媒体行业健康发展。一要通过不断完善新媒体行业发展的政策和制度,促进新媒体行业坚持正确舆论导向,增强社会责任感,诚实守信、依法经营,努力营造文明健康的网络环境,为维护国家网络安全、促进信息化建设、建设网络强国做出积极贡献。二要鼓励新媒体技术人员树立顽强拼搏、刻苦攻关的志气,坚定不移实施创新驱动发展战略,把互联网平台做大做强。

改革开放以后,尤其是近20多年以来,我国互联网事业取得长足进展,取得一批技术方面的成就,其中少不了新媒体技术人员的贡献。然而,同世界先进水平相比,同建设网络强国的目标相比,我们在许多方面,特别是在互联网创新能力、基础设施建设、信息资源共享、产业实力等方面还有不小差距,而最大的差距是在互联网核心技术上。互联网核心技术是发展互联网的"瓶颈"。

统战部门应根据网络统战工作需要,协同宣传、文化、新闻、出版等各相关部门,强化对新媒体从业人员的业务培训,鼓励新媒体技术人员树立恒心、雄心,作出战略安排,发奋努力、开拓创新,要突破互联网核心技术,努力改变核心技术受制于人的状况,开创我国互联网事业新局面。

(二) 搭建互联网时代统战工作新平台

互联网推进统战工作的又一个重要表现是互联网为统战工作打造了最好的工作平台,创造了互联网时代丰富多彩的统战工作形式,打造了许多具有开拓性的"互联网统战品牌"。

"互联网统战品牌"的创立得益于迅速发展的互联网为新时期统战工作提供了前所未有的新的技术支撑、新的工作条件、工作方法和手段。

当今的移动互联网既继承了桌面互联网开放协作、多媒体化、交互性等特征,又继承了移动网的实时性、隐私性、便携性、准确性、可定位等特点,涵盖移动浏览、移动搜索、移动音乐视频、移动即时消息、移动在线游戏、移动地图、移动电子商务等庞杂的业务体系,并以令人目不暇接的速度推出论坛、博客、在线视频、微博、社交网站、微信等层出不穷的网络应用。因而,移动互联网具备了强大的传媒、沟通交往、娱乐、思想教育、知识传承、民意表达汇聚、社会动员等功能。统一战线可以充分利用和有效驾驭移动互联网的这些特点和功能,把网络统战工作和实体统战工作有效结合起来,做到线上线下有机融合,利用网络更好地实现统一战线凝聚人心、汇聚力量的根本目标任务。

近年来,我国的统战工作借助移动互联网的优势,已经取得了许多举世瞩目的成就,各种各样的"互联网统战品牌"如雨后春笋,层出不穷。

其一,发挥各地统战部门"官网"的橱窗作用。

经过精心建设,各地统战部门的"官网"大都既有经典栏目,也有各类专题等特色板块,旨在:(1)拓展网络舆论引导功能,加强网络舆情监察,发挥网络发言人的作用,用正确的舆论引导人;(2)拓展网络汇智聚力功能,建立网上议政平台,组织在线活动,最大程度了解民意,汇集民智,凝聚各方智慧力量;(3)发挥网络的资讯优势,提供政策宣传、答疑解惑、服务发展、化解矛盾、牵线搭桥、促进和谐等服务。

其二,发挥微信群等"网上互动社区"阵地作用。

在网络统战工作实践中,一些基层统战部门创建了"统战之家"微博群、党外干部微信群、民主党派微信群、民族宗教微信群、非公经济人士群、港澳台侨胞群等形式多样的"网上互动社区"。微博群着力于打造成党外干部参政议政、建言献策平台。微信群主要用于党外干部、民主党派、非公经济人士、宗教人士、港澳台侨胞等在线交流工作经验、分享人生感悟等,同时利用"群论坛""群分享"等平台,建立网上学习阵地,开展网上读书活动,共享经典著作文章等。

一些基层统战部门通过网络平台推进"双网"工程,即党外知识分子网格化管理和在外创业人员网络化管理,确保每位党外知识分子都在相应的网格内,并做到一键点击可查询。探索实行"五个有"制度(有阵地、有机构、有制度、有队伍、有活动),定期开展"三送三进"(送医、送教、送技术,进农村、进学校、进社区)服务活动。既给党外知识分子提供了施展才能、奉献社会的平台,又让他们有"组织"的依靠和"家"的温暖。

一些基层统战部门还利用网络平台开展海外统战工作。在网站建立流动窗口,宣传中华灿烂的历史文化、优惠的投资政策、优良的投资环境等,加强和海外的联系,密切海内外人文交流。如河南省舞阳县统战部建立的"根在中原"舞阳网站设立了"海外宣传舞阳年"流动窗口,内设政策篇、活动篇、解答篇三个栏目,利用手机微信、电子贺卡等形式加强和海外的联系,密切两地人文交流。借助根在中原、侨联网站、豫台视窗等网络媒体,搭建固定宣传平台,宣传舞阳灿烂历史文化,吸引海外人士来舞阳投资兴业。并依托县政府网站、县有线电视台发布消息,成功为数名高龄台胞找到失联已久的亲人。

其三,发挥各类统一战线"微信公众平台"的"微渠道"作用。

如作为传统政治协商形式在互联网时代的创新——"微协商",就是统战工作"微渠道"的一个典型。"微协商"是网络社群统战的一种有效实施形式。它通过"微渠道",建立、提供观点表述、建言献策的便捷"微信公众平台",吸引更多的社会组织参与到政治协商之中。"微协商"的便捷性、多元性、交互性有助于吸引不同观点的充分表达,有助于提高不同人士对社会治理、公共决策的平等参与感和使命感,有助于不同观点的切磋、协商、碰撞和交流,并降低个人宣泄对社会舆论产生的不良影响。当今,"微协商"已经成为一个观点交流、政策探讨的重要信息平台,成为传统政治协商形式的重要补充,在新时期统战工作中发挥着不可或缺的重要作用。

"微信群里聊统战"是中共阳泉市委统战部进行的新探索。他们先后建立了包括民主党派、非公经济、港澳台侨胞等在内的10多个微信群、QQ群,成为日常工作交流的重要平台。在此基础上,2014年7月又开通了"阳泉统一战线"微信公众平台。经过精心雕琢的"微品读""微光影""微观点"等栏目,生动活泼、平易近人。建立一年多以来,"阳泉统一战线"微信平台影响力在山西省统战部门微信平台中一直独占鳌头。

各基层统战部门搭建互联网时代统战工作新平台的宝贵经验,不仅为我们展现了丰富多彩的"互联网+"时代背景下的新统战工作模式,而且为我们提供了对基于互联网视野下统战工作的一些新思考。

其一,创新基于互联网视野下统战工作模式的前提在于确立对互联网的正确认识。

网络是把双刃剑,为保证基于互联网视野下统战工作的健康开展,一要严格把握好坚定正确的政治方向,不能以强调多样性而忽视统战工作的严肃性。"创新"不是标新立异,不是搞夺人眼球的"艺术展",更不是虚张声势、华而不实的"花架子"。要在创新统战工作模式时坚持我党统一战线的政治方向丝毫不动摇。

二要理性引导网络意见。统一战线成员,尤其是新媒体代表人士的思维活跃,他们对社会热点特别是矛盾焦点的密切关注,难免会伴随一些不良情绪的宣泄,如任其蔓延,势必会在不同程度上冲击社会主流意识形态和价值观,从而消解党和政府的公信力。所以,以社会主义核心价值观为引领,引导统一战线成员,尤其是新媒体代表人士以辩证的思维看待各种社会问题,启发其政治认同感,对于净化网络空间的政治生态极为重要。

三要确保网络安全。统战工作政策性强,保密要求高。对只需在一定范围内公开或小范围内探讨的话题,尽量避免通过网络渠道扩散后"变形走样",甚至以讹传讹;对仍处论证阶段尚不成熟的意见,避免提前扩散造成既定事实的不良影响;对一些敏感话题特别是涉及民族宗教的内容,要严格执行保密规定,不得在网络上随意散布,以免被别有用心的境内外敌对势力和宗教极端分子、暴恐分子利用,造成难以挽回的恶果。

其二,创新基于互联网视野下统战工作模式的关键在于建立长效机制。

要持久做好基于互联网视野下统战工作的关键在于建立好网络统战工作的长效机制,只有有了长效机制,才不至于使"互联网+"的统战工作模式成为一时的"时髦""一风吹",半途而废。

长效机制源于动力机制。网络统战工作的动力包括外在动力和内在动力两方面:外在动力源于社会舆论压力和上级统战部门的工作要求;内在动力源于为广大统战工作者的工作责任心。要让网络统战工作持久地开展下去,最重要的是通过绩效评估、业绩考核等强化外在动力的手段不断强化内在动力,即强化统战工作者的工作责任心,强化统战工作者对网络统战工作重要性的认识,提高统战工作者的现代信息意识和信息技能,提升网络统战工作的自觉性。

长效机制的核心是能长久运转的工作机制。要使网络统战工作坚持不懈,核心在于形成一套区别于单纯线下的传统统战工作机制,要把网络统战工作常态化、制度化,形成一套线上线下相结合的统战工作规范,不断总结网络统战工作的新经验并及时上升至新时期统战工作的"新常态"。

长效机制的运转依靠保障机制支撑。网络统战工作的保障机制主要由三个方面构成:一是领导协调机制,党委和统战部门领导对网络统战工作的重视是工作得以持久开展的保证。二是经费投入机制。互联网平台的建设、所需设备的维护和保养都需一定的经费。经费的保证是网络统战工作得以持久开展的前提。三是队伍建设机制。从事网络统战工作需要一支既掌握统一战线基础理论,又具有现代信息意识和技能的专门队伍。有了人员的保障,才有工作的保障。有了网络统战工作者队伍的可持续发展,才有网络统战工作的可持续发展。

其三,注意把握好创新基于互联网视野下统战工作模式的辩证法。

创新基于互联网视野下统战工作模式,必须处理好以下诸方面的辩证关系:一是要把握好长期性和渐进性的关系,推进网络统战不能一蹴而就,而应统筹规划,循序推进;二是要把握好数量与质量的关系,开展网络统战工作,并不在乎采用的手段有多新,发布的新闻、微博数量有多少,关键看有无起到实际作用;三是要把握好线上和线下的关系,线上、线下的统战工作应有机结合,互相配合促进,形成合力,切勿顾此失彼。要避免事事依赖网络而贬抑传统工作方式。网络确实为统战工作提供了便捷,开辟了崭新的工作平台,但网络又不是万能的。统战工作是做人的工作,特别是人的思想政治工作,传统的面对面、一对一交流等行之有效的工作方法在互联网时代依然没有过时,绝不能丢弃。所以,统战工作者不能时时事事依赖网络,拿网络当成不肯沉下去做深入思想工作的借口和挡箭牌。殊不知,坐在电脑前,藏在网络后,是无法把准统战成员的真实思想、无法体验统战成员的真实情感的。线上线下相结合的工作模式才是我们所倡导的。

(三)开创"大网络、大媒体、大统战"工作新格局

习近平在中央统战工作会议上指出:"统战工作是全党的工作,必须全党重视,大家共同来做。各级党委要把统战工作摆在重要位置,各级党政领导干部要带头学习宣传和贯彻落实统一战线政策法规,带头参加统一战线重要活动,带头广交深交党外朋友。要坚持党委统一领导、统战部牵头协调、有关方面各负其责的大统战工作格局,形成工作合力。"[①]

互联网对统战工作最重要的推进作用,在于极大地拓展了统战工作的广阔视野。基于互联网视野的统战工作开创了"大网络、大媒体、大统战"的工作格局,更好地实现了习总书记关于"大统战工作格局"的构想。

顾名思义,"互联网"是将计算机网络互相联接在一起而形成的"网络互联";它是一种覆盖全世界的、全球性的网络;它作为一种公用信息的载体,网络传播的速度比以往任何一种通讯媒体都要快、传播范围比以往任何一种通讯媒体都要广、传播的内容包罗万象,比以往任何一种通讯媒体都要丰富、庞杂;因而成为一种超越国界的"广域网"。与此相适应,网络统战工作也就开创了一个前所未有的、空前广阔的视野。"海阔凭鱼跃,天高任鸟飞"。如把统战工作比作"鱼"和"鸟",互联网则好比"海"与"天","大网络""大媒体"为当今的统战工作提供了空前广阔的"海"与"天",成就了空前规模的"大统战"。

其一,"大网络"拓展了更为广阔的工作领域。从工作内容看,网络把政治统战、经济统战、文化统战和社会统战等不同领域融为一体,更为便利地融通各个领域的统战工作,互通有无、融为一体;从工作范围看,海内外的统战工作界限因网络超越国界而不分你我,形成一个不可分割的整体。"大网络"凸显了不同领域、不同内容、不同地域统战工作的系统性,把新时期统战工作推向一个新境界。

其二,"大媒体"建构了广阔的信息共享平台。伴随"大网络时代"的是"大媒体时代"的到来。短短几年,中国的社会化媒体环境经历了从博客到微博和微信的迅速变化。在这一媒体环境迅速裂变的时代,新的媒体生态不断改变着人们的信息接收与表达习惯,调动着受众的互动方式和沟通思维。在"大媒体"时代,几乎人人

---

① 《习近平出席中央统战工作会议并发表重要讲话》,新华网,2015-5-20。

都是媒介的传播者，因此，"大媒体"时代又可称之为信息共享时代。这无疑给当今统战工作的信息共享带来许多新的便利。同时，在"大媒体"时代，信息的传播非常迅速，"四两拨千斤"是这一时代背景下信息传播的黄金原则之一。一点小小的信息，一旦经网络传播，往往会产生巨大的影响。因而，"大媒体"又给当今的统战工作带来诸多新的挑战。

"大媒体"时代传播话题的选取显得十分重要。策划一个好的话题，可以让媒体、大众"自发"传播、转载，获取巨大的价值。而一个不良信息，则会产生巨大的负面影响。一件原本可能很小的事情，经过"围观""发酵"，可能会产生"蝴蝶效应"，酿成"网络群体性事件"。更有甚者，别有用心者可能会利用网络传播速度快的特点煽风点火、散播谣言，给正常的社会秩序带来现实或潜在的威胁。我们必须正视网络统战工作的这一特点。

其三，"大网络、大媒体"造就了巨大的工作空间。新兴媒体的出现，促使统战宣传在短时间内实现了从传统到现代的巨大变革，形成了全新的、覆盖面宽广的统战宣传舆论阵地和统战工作空间。在"大网络、大媒体"时代，传统媒体和新兴媒体的融合发展，将调动更多的媒体力量，形成传统媒体所不能比拟的强大宣传力量和宽广覆盖面，其中还包括新开辟的"虚拟空间"。利用"大网络、大媒体"，无疑可以动员更多的人，调动更多的社会力量共同参与统战工作，以更好地推进、落实统战工作。在《中共中央关于加强和改进党的建设若干重大问题的决定》中，中央明确提出要着力提高党员领导干部的"五种能力"中，就包括运用新兴媒体的能力。在新兴媒体日益向社会普及且使用群体不断扩大的情况下，是否具有合格乃至高超的运用新兴媒体能力是关系到能否做好新形势下群众工作的重大问题。党的十九大报告提出，全党要"全面增强执政本领"之一是"增强群众工作本领"，运用新兴媒体、网络空间做好群众工作是新时代统战工作者必备的素养。新时代的统战工作者必须认清形势、顺应需求、用好新兴媒体、注重传播正能量，全面推进基层统战工作。

总之，信息时代的"大统战"离不开"大网络、大媒体"。为此，积极推进网络统战工作，加大人力财力的投入，加强网络基础设施建设；加强对统战干部的教育培训，将网络知识和技能纳入统战干部教育培训计划；有选择地招纳部分网络专业人才，充实统战干部人才队伍，为移动互联网时代的统战工作奠定人才基础；是形成信息时代"大统战"格局的不可或缺的环节。

三、基于互联网视野的人才工作

推动人才工作与"互联网+"的融合发展，是互联网时代给我们提出的一个新课题。互联网的深入发展和向社会各领域的广泛渗透,不仅从广义上对人才工作提出了许多新的思路,而且为干部教育这一与领导工作关系更为紧密的人才工作给出了特别值得重视的新启示。

(一) 互联网拓展人才工作新思路

作为全球化深入发展的必然产物,互联网的最大特点是面向全球。在互联网的视野下,国界产生的隔阂将被打破。因此,"互联网+"的一个重要成果是开放性视野的深入人心。

推动人才工作与"互联网+"的融合发展的新思路同样聚焦于人才工作的"开放性"上。所谓人才工作的开放性,即用全球化的视野打造人才发展的新环境和人才工作新模式。以更高远的眼光、更包容的态度、更开放的理念,努力打造人才工作的新思路。

其实,自人类进入全球化时代,人才的发展就已经打破了国家、民族的狭隘界限。人才的全球性流动,已经逐渐成为人才发展的主要途径。

随着全球化的深入,世界范围内的国力竞争,最终将落实到拥有"知识资本"的国际人才竞争上。哪里条件好,人才就往哪里跑,已是大势所趋。一支"候鸟"般的由国际顶尖人才组成的环球化居民队伍已经形成。几十年以来,社会经济的发展,越来越得力于顶尖人才。谁拥有人才,谁就拥有未来。一位公司总裁说,假如你夺走了公司的人才,却不动金银财宝,公司将完蛋;但如若你卷走了公司的物质财富,而留下了人才,公司定能在10年内翻身。

进入全球化以后,不少国家日益重视以优厚的待遇从移民中吸引优秀人才,扩大本国人才库,得益匪浅。近代新兴国家美、加、澳、新等皆属移民国家。对国际优秀人才的吸引,成为推动这些国家迅速发展的重要动力。美国堪称最大的"移民国家"。从1945年到20世纪末,进入美国的移民已超过2500万,在这些来自世界各国的移民中,不乏社会精英。在美国的硅谷,绝大多数科技人才是来自世界其他国家的移民,其中以华人、印度人等亚裔居多。硅谷最成功的企业家是中国大陆移民和中国台湾科技人才。华人在那里控制的公司达2000多家,占公司总数的五分之一。可以说,美国社会和经济的活力在很大程度上得益于国外移民的人力资源。

互联网的普及和发展,使得人才的国际化开放式发展更是成为当今人才发展的主流。这是因为,互联网不仅极大地拓展了人们的全球性视野,而且为在全球范围内人才的开放式发展创造了极为有利的条件。

互联网为打破"人才单位所有制",实现"人才共享"提供了良好的平台。互联网形成了"O2O人才流动模式"。所谓"O2O",即线上线下相结合的一种人才流动模式:线上利用人才大数据的网上传输,在最大范围内推广优秀人才信息,与线下用人单位进行"精准对接",并实现单位之间的"人才共享"。

互联网时代,信息和数据成为核心竞争力,人才资源的数字化建设,不仅是实现人才未来发展的前提,更是实现人才共享的基础。其一,互联网为数据采集的"全覆盖"创造了条件。加强人才数据库建设,针对不同人才群体设定相应的采集标准,形成图文并茂、声像俱全、内容齐全的人才银行"数据金库",这是互联网时代给我们的特有便利。其二,互联网为数据的"无阻碍"连通创造了条件。借助互联网,可以强化人才管理、干部档案、人力资源统计、各类组织、企业等信息系统的互联互通,及时有效地汇聚体制内外人才,形成新的数据"岛链"。其三,互联网为人才数据价值的"大解放"创造了条件。按照国家人才信息数据开放标准,开通公众账号、办好门户网站,推动技术成果、人才信息等数字化传递和交易,通过"按需取量、按量收费"方式,降低人才开发成本,提高人才使用效率,为线上线下的人才流动、资源共享提供便利。

随着互联网的深入普及和发展,"O2O人才流动模式"极大地推动了人力资源共享平台的发展。

首先,各种类型的人才网遍布互联网。诸如:深圳人才网是深圳最大的人力资源服务商、深圳人才大市场唯一官方网站。网站立足深圳、覆盖珠三角、面向全国,为招聘单位提供网络招聘、委托招聘、高级人才猎头、测评派遣、培训、管理咨询等人力资源全方位服务,为求职者提供企业最新网络招聘服务。应届生求职网(中国领先的大学生求职网站)提供最新、最全、最准确的应届大学毕业生校园招聘信息,兼职实习信息以及校园宣讲会和校园招聘会信息,覆盖上海、北京、广州、深圳、武汉、南京、天津、成都等地区。通过网络,实现了为企业提供校园招聘、猎头、培训、测评和人事外包等一站式专业人力资源服务。

其次,人才网的迅速发展推动了"人才观"的转型:一是由"以'人'为本"向"以'用'为本"的转型。这里所谓"以'人'为本",即以部门所有、单位所有的形式管理人才。这是一种封闭的人才观,不仅阻碍了人才流动,而且必然造成人才浪费。互联网搭建的人才网打破了人才的部门、单位乃至国家界限,促成人才的广泛流动,"以'用'为本",即各单位、各部门依托产业和项目,按需取才、用才、柔性引才、借才借智,人才不再为某单位、某部门专有,人力资源共享,将成为一种新的用人模式。二是由"孤立化用才"向"以才聚力,群体化用才"转型。互联网时代更重视"人才团"和"复合型人才"的作用,通过互联网建立的人才数据库,加大复合型人才培养力度和各类人才重点项目实施力度,大力推行博士人才团、特色产业专家服务团、科技特派员"分类组团"、名师工作室等人才发挥作用的新模式,充分发挥人才团队对人才培养的聚集效应。三是以互联网为平台形成"人才圈"和"产业链",让人才共生和产业融合成为经济社会发展的新生态。加强推动传统产业转型升级,不断提高传统产业的人才承载能力。大力培育高新科技产业,做到"办起一个企业、兴起一个产业、培养一批人才",以"人才圈"支撑"产业链",推动关联产业在人才融合共生中做大做强、共赢发展。

(二)互联网开启干部教育新模式

人才教育和培训是人才工作的一个重要方面。而在各类人才的教育和培训中,干部的教育和培训至关重要。互联网对干部教育新模式的开启,是更新互联网视野下领导工作的一个重要方面。

互联网视野下干部教育新模式主要体现在线上线下联动的干部教育网络格局构建和现代信息技术创新在线学习模式两方面。中共中央办公厅2010年印发的《2010—2020年干部教育培训改革纲要》指出,要加快建设干部教育培训网络平台,到2020年,建立健全"更加开放、更具活力、更有实效的中国特色干部教育培训体系。"根据这个要求,互联网时代的干部教育不能再只局限于"传统面授培训+网络自学",而应该借助互联网、各种移动终端,多渠道提供教育资源,创新"互联网+"时代的虚(虚拟的线上培训)实(现实的面授培训)结合的混合教育模式。

首先是线上线下联动的干部教育网络格局构建。

分为体制机制和课程资源两部分。在体制机制上,不仅要统一规划,分步实施,真正做到省、市、县、乡、村多层级上下联动一体化的干部在线教育培训网络格局;而且要有切实发挥干部在线教育智慧功能的工作机制。例如,建立干部在线学习与岗位匹配分析机制,定期分析研究干部在线学习成效,力争做到学有所用、学用一致。基于个人的学习数据,通过统计分析,一方面力求掌握干部个人的学习偏好,由为干部提供海量公共信息向精准个性信息转变,从而激发干部的学习兴趣,提高学习效率,形成教学相长的良性循环;另一方面,在干部管理和选拔任用方面,智慧统计分析力求更加精准地掌握干部教育的真实情况,从而有助于更好地做到人岗相适、人尽其才。

在课程资源上,以真正实现学习资源的共建共享为原则。减少重复建设,减少资源浪费。现在从省到乡、村各级都在积极建设属于自己的干部在线学习平台。搭建的平台大同小异、课程资源的建设难免重复。这不符合互联网时代信息分享的要求,也不符合中央关于"建立功能完备、开放兼容、资源共享的干部教育网络培训体系"的精神要求,必须改进。

其次是现代信息技术创新在线学习模式。要克服单一化,实现多元化、多样化。目前一些地方的干部在线学习模式基本上还都停留在单向传授知识的水平,难以在学习平台上开展人机对话,对学员在线学习的成效也未能进行及时有效的成果分析。

现代信息技术对在线学习模式的创新主要表现在：

一是构建 3D 情景模拟在线演练系统。当前，在传统的干部教育培训中，新闻发布会、媒体访谈、突发事件危机应对等情景模拟课程一般都是在课堂上进行教学。这种课堂模式有利于营造仿真的场景，帮助学员提升素质能力，但所需成本高。网络世界把人们在物理世界的实物关系扩展到赛博空间的虚拟关系；它创建了许多新型的虚拟的社会组织形式，如虚拟商场、虚拟课堂、虚拟战场、虚拟企业、虚拟学校、虚拟社区、虚拟银行等，这些虚拟场景既具有与真实场景的同样效果，又节省了大量成本，无疑是干部教育的极好途径。

二是创新构建多元化学习方式。如借鉴"慕课"的先进教育理念和教育形式；构建微课等适宜移动学习的多元化方式；创建移动网络学习的优质平台（如微信群、QQ 群）等。

在线干部教育学习模式创新的核心目标是通过大数据分析，及时掌握教育对象的需求动态，通过互通共享的"菜单式"教育模式，实现教育培训"精准化"，以满足个性化学习需求，为学员打造出教育内容和教育形式的"私人订制"，实现"1＋1＞2"的最大化教育培训效果。

(三) 互联网拓宽干部教育新内容

互联网不仅开启了干部教育新模式，更重要的是拓宽了干部教育新内容。除了现代信息技术知识应该列入干部教育的内容外，互联网思维的培育更应该是互联网时代干部教育的首要内容。

其一，确立互联网思维应有的战略视野，包括：

（1）强调创新，敢于颠覆。一是思路创新，要站在未来看现在，而不是用今天的思维想象未来；二是理念创新，将互联网定位为发展和创新的驱动力，用数字化重构实现转变；三是手段创新，从 2G、3G、4G 到 5G，从台式计算机到智能可穿戴电子设备，网络技术的变革速度往往超出人们的想象，掌握新的技术平台很可能就赢得下一轮竞争中制胜的制高点。

（2）重视用户，发动用户。互联网时代，用户的地位提升到了前所未有的高度。近年来在网络上兴起的"众筹""众包"概念，即是看重用户、发动用户的典型表现，互联网即是最大限度聚集"人气"，开展网络社交。

（3）追求效率，提倡优化。互联网的优势，集中到一点，便是效率优势。

互联网时代，必须把这些战略视野贯彻到领导工作之中。

其二，把握互联网思维应有的策略技能。诸如：

（1）利用大数据对社会事务进行精准治理的策略技能。要学会通过大数据分析,迅速、即时地对某些社会复杂现象做出及时、精准的研判和对策;学会通过大数据分析,对某些事件的演化或某种局面的出现作出精准的预测,以便防患于未然。

(2)通过合理应用互联网技术,加强对"虚拟社会"进行有效治理的策略技能。如运用互联网技术主动管控或引导网络舆情、微博问政、网络谣言、网络安全、网络暴力、网络文化、网络反腐等问题。

总之,互联网时代的干部教育,应把确立互联网思维、提升领导干部的现代化治理能力作为一项重要内容。

四、基于互联网视野的领导干部问责制

2016年6月28日,中共中央政治局审议通过了《中国共产党问责条例》。这是对全党又一次亮出了全面从严治党的利器。领导干部问责制是治理体系和治理能力现代化的重要手段。通过问责保持执政党与人民群众的密切联系,是现代民主政治的重要内容。《中国共产党问责条例》的问世,标志着我们党在社会主义民主政治发展道路上迈出了新的一步。而互联网则是实施问责制的有效平台、推进社会主义民主政治的有力助推器。

(一)问责制:体现民主政治的一种制度

"问责"(accountability)一词,从词源意义上讲是指"追究和承担责任"。领导干部问责制,是指为加强对领导干部行使公共权力行为的控制和监督,使领导干部依照有关法律、法规规定的职责、权限和程序,在自己的职责范围内负责、对自己的行为及其后果负责、向任命他们的上级和社会公众负责的责任追究制度。

问责制度是国家政治制度和国家监督体系的重要组成部分,是衡量一个国家是否是成熟的法治国家的主要标志。有没有完善的领导干部问责制,是体现一个国家民主政治发展程度的一个重要方面。

在西方国家,问责制是追究公职人员责任的最基本、最常用的制度。在政府官员出现渎职、失职并造成不良的后果或损失时;在官员出现个人行为不端或生活丑闻并造成不良社会影响时,该官员必须向公众进行公开道歉甚至辞职。情节严重的还会导致其上司的公开道歉和辞职。

在我国,随着民众法治观念的增强和社会法治化程度的提高,问责制度也逐渐进入政府和公众的"视野"。2006年1月1日《中华人民共和国公务员法》正式实施,该法第82条规定:"领导成员因工作严重失误、失职造成重大损失或者恶劣影响的,或者对重大事故负有领导责任的,应当引咎辞去领导职务","领导成员应当引咎辞职或者因其他原因不再适合担任现任领导职务,本人不提出辞职的,应当责

令其辞去领导职务"。此外,2007年1月1日正式施行的《中华人民共和国各级人民代表大会常务委员会监督法》以及《中华人民共和国行政监察法》及一系列地方政府法规的颁布实施都意味着问责制的法律框架在我国已经基本形成。

习近平同志指出:"有权就有责,权责要对等……出了问题,就要追究责任。决不允许出现底下问题成串、为官麻木不仁的现象。"[①]

在"四个全面"治国理政的全新格局下,全面从严治党已经成为当今发展社会主义民主政治,夯实中国共产党执政地位,密切党群、干群关系的重要战略部署。《中国共产党问责条例》作为全面从严治党的利器,对于推进全面从严治党进程、巩固全面从严治党的成果,具有深远的战略意义。

(二) 互联网:实施问责制的有效平台

在问责制的实施过程中,互联网已经并且将继续起着重要的平台作用。

首先,互联网有助于"问责制"根本宗旨的落实到位。

"问责制"的根本宗旨在于强化领导干部"执政为民"的理念,促成领导干部全心全意对"民意"负责,切实做好人民的公仆。

长期以来,我们在对领导干部的考核、任用、提拔上,对领导干部是否重视"民意",是否按照"民意"办事缺乏必要的评价途径与手段,广大人民群众在这个问题上也基本上没有发言的机会。领导干部的政绩如何?能否提拔?往往主要取决于上级领导的评价。因此,出现了领导干部只向上负责而不向下负责的倾向。"不怕群众不满意,就怕领导不注意;不怕群众不高兴,就怕领导不开心"以及"不跑不送,原地不动;只跑不送,平级调动;又跑又送,提拔重用"等怪现象屡禁不止,极大地败坏了党的声誉,也极大地败坏了社会风气。"问责制"的实施,正是要改变这种领导干部"只向上负责而不向下负责"的倾向。

而互联网的普及,相当于把广大领导干部置于广大人民群众的"众目睽睽"之下。在互联网的平台上,领导干部的一言一行,稍不谨慎,就随时会"曝光";网络的"人肉搜索",使得领导干部无处遁形。虽然网络的监督有时会过于偏激,但人民群众通过网络的问责,有时却能起到上级问责所起不到的作用,不能不说是套在领导干部脖子上的"紧箍"。

其次,互联网有助于"问责制"本质要求的落实到位。

依据法律规范、制约权力的界限、职能、规模和行为方式,防止权力"错位""越位",防止"滥用权力"是"问责制"的本质要求之一。

中国共产党作为执政党,其权力的规范化极为重要。为此,党必须依法执政,

[①] 《习近平关于严明党的纪律和规矩论述摘编》,中央文献出版社,2016,第115页。

党的一切权力的行使，必须置于法律的范围内，不能超越法律半步。人民群众对党的监督和"问责"的依据也是法律。任何超越法律、无视法律的权力都属于"滥用"，理应受到"质疑""质问"。而能依据法律对权力进行规范、制约的主要力量来源于广大人民群众，互联网正是最大限度地发挥广大人民群众对权力的监督、"问责"主体作用的有效平台。

在我国，长期奉行的是"管制行政"理念，党政权力渗透到社会生活的方方面面，造成了许多负面影响。一是权力大包大揽，剥夺了人民群众管理社会公共事务的权力，不利于人民群众政治参与意识的养成；二是权力高度集中和垄断，极易导致权力的异化和特权腐败。理论和实践证明："管制型""全能型"的党政权力模式必然导致权力的"越位""错位"乃至"滥用"，只有当党政领导依法执政，秉承"有限"的价值基准，把权力置于人民群众监督的"笼子"中，做应该做和能够做的事情，才能解决长期以来困扰各级领导干部的职责越位、缺位、错位现象，才能防止权力异化和特权泛滥。而互联网的普及无疑为克服这些负面影响，为权力的"正位"起到不可估量的作用。

再次，互联网有助于"问责制"实施途径的落实到位。

权力"透明公开"是发展社会主义民主政治的基本要求。从世界范围看，发达的政治社会都是与民主政治体制联系在一起的，民主政治的基本特征集中到一点，就是"透明公开"。可以说，没有透明公开，就没有民主政治。

从党的十六大到十九大提出的发展社会主义民主政治的许多举措，都体现了透明公开的基本要求。诸如：要探求一种能"健全民主制度、丰富民主形式、拓展民主渠道，保障人民的知情权、参与权、表达权和监督权"，能"从各个层次、各个领域扩大公民有序政治参与"的体制，这无疑旨在保证党务公开、政务公开，保证民意畅通。要把"基层群众自治制度"纳入中国特色的政治体制，努力探索一种能保证人民依法直接行使民主权利，管理基层公共事务和公益事业，实行自我管理、自我服务、自我教育、自我监督的基层政治体制。这种体制实际上也就是透明公开的政治体制。

探索权力"透明公开"的途径，应是当今发展社会主义民主政治的重点之一，也是有效实施"问责制"的根本前提。首先，信息要透明公开。只有信息公开了，保证了公众的知情权，政府与公众才能站在同一条起跑线上，才谈得上监督权，谈得上"问责"。尤其是涉及到"三公"，即公权力大、公益性强、公众关注度高的部门信息，更要透明公开。其次，权力运行要透明公开。从决策制定到决策实施、管理的全过程，除了涉及法律不允许公开的外，都应透明公开，这是防止决策失误、杜绝假公济私的最有效措施。尤其是那些涉及百姓利益、社会关注度高的公共政策更是如此。

只有让广大老百姓了解了权力运行的全过程,才能搞清楚问什么责、如何问责。

要保证权力的"透明公开",除了靠政府和官员牢固确立"执政为民"的权力意识;靠制度建设,以完善的制度和严格的监督建设一个高效廉洁、公开透明的权力机关外,很重要的一条在于依靠确立现代化的信息观念和借助现代化的信息技术手段。一些地方政府和官员习惯于把自己的政绩、一方的稳定建立在公众不知情的基础上,习惯于权力的暗箱操作。这是不符合政治现代化要求的。在高度信息化的现代社会中,任何想隐瞒信息的举动都只能带来被动。互联网的发展使得这种暗箱操作变得越来越不可能。

最后,互联网有助于"问责制"实施短板的补齐。

为推进社会主义民主政治的建设,落实全面从严治党,必须强化"问责制"。对此,已在全党形成共识。然而,由于各方面的原因,问责制的推行,还存在不平衡现象。无论从思想认识上还是从具体措施上,问责制的实施还存在不少短板。

诸如:一些领导干部实施问责制的自觉性不高,对应当承担的责任缺乏担当意识;对各种不同领导岗位上的各级领导干部所承担的责任界限不清;问责制度体系不完善;因缺乏充分、有效的信息而导致的无法准确测量出责任主体过错行为的程度;因社会事务的错综复杂而无法准确判断责任主体的过错行为与特定的社会后果之间的因果关系而导致的难以测量过错行为的后果。

为弥补凡此种种问责制短板,恰恰离不开互联网的平台作用。诸如,强有力而覆盖面宽广的网民监督、问责可以有效提升官员担责的自觉性;公开透明的互联网信息有助于把权力责任的性质、界限和评估指标等"曝光"于阳光之下,有助于公众准确判断责任主体过错行为的程度和后果;面向公众的互联网有助于广大群众监督领导干部严格遵守问责制,避免发生制度运行中的"破窗效应"。

总之,互联网的普及有利于整合问责制度,健全问责机制;有利于坚持有责必问、问责必严,把监督检查、目标考核、责任追究有机结合起来;有利于实现问责内容、对象、事项、主体、程序、方式的制度化、程序化;有利于把党内监督同国家监察、群众监督结合起来,同法律监督、民主监督、审计监督、司法监督、舆论监督等协调起来,形成监督合力。有利于推进国家治理体系和治理能力现代化。

五、基于互联网视野的反腐倡廉

互联网正在创造具有全球联通性和分权化特点的崭新经济秩序和社会秩序,深刻影响着社会管理机构和社会治理方式,也深刻影响着反腐倡廉的方式和成效。通过互联网不仅可以创新反腐倡廉的途径、创新公众参与反腐斗争的方式,而且可以极为有效地完善反腐法治体系和制度体系。

（一）互联网有利于构建有效的权力监督平台

权力监督是有效反腐倡廉的根本前提和保证。权力监督为现代民主政治所必需。众所周知，民主即人民的统治或权力属于人民。然而，如美国著名政治学家萨托利指出："为了实现民主，名义上的权力归属同实际行使权力便不能由同一主体完成，建设大规模民主政治制度需要有实现理想的工具和程序。"① 他指出，现代民主是一种间接民主，"这种间接民主在很大程度上则是一种对权力的限制和监督体系。基于个人自由的民主机制限制了权力的范围，监督着权力的行使，有效地防止权力滥用与腐败的滋生。"②

权力监督的主体具有多重性，包括组织监督即上级组织对下级组织的监督；舆论监督即各种舆论工具，或大众传媒工具，包括报纸、广播、电视等，对国家各项工作，各级党政领导干部实行应有的监督；司法监督即检法系统对同级的党委、政府、人大、政协和各社会团体及其领导人的司法监督和司法制约；民主监督即人民政协和民主党派的监督以及人民群众的监督。其中，以人民群众为主体的民主监督最为根本，其他主体的监督也是以是否符合人民群众的利益为基本原则的。

互联网的诞生为各种形式的权力监督尤其是以人民群众为主体的民主监督的有效实施提供了良好平台。

首先，互联网有利于信息公开。

权力公开透明是民主政治发展的必然，权力监督作为民主政治的保障，必须走权力公开透明之路。而信息公开化是权力公开化的前提。信息不公开，公民的知情权就得不到保障；知情权得不到保障，公众就无法监督政府和官员，也无法保障自己的自由和安全。互联网为权力机关的信息公开提供了良好平台，无疑为来自人民群众的权力监督提供了有利条件。

其次，互联网有利于构建并落实权力运行的制度体系。

"让权力在阳光下运行"，是强化权力监督的一个重要原则。如何才能做到让权力真正在阳光下运行呢？构建一个权力运行中的有效制衡机制，形成透明度高、覆盖面全、内部职能彼此分离又相互制约协调的制度体系是一条重要途径。这样一个制度体系，旨在提高民主决策水平，保证"以人民为中心"的决策价值导向。凡重大事项决策、重要干部任免、重大项目安排和大额资金使用等，都要实行集体决策制度和重大决策征求意见制度，充分听取专家和群众意见。互联网，正是实施重大决策征求意见制度的良好平台。在现代社会，权力运行制度体系的构建离不开

---

① ［美］萨托利：《民主新论》，载《西方政治学名著提要》，江西人民出版社，2003，第484页。
② 同上书，第485页。

信息化条件的充分应用。

再次,互联网有利于构建并落实完善的外部监督机制。

反腐倡廉的治本之策是把腐败行为消除在萌芽之中,最大限度地遏制腐败行为产生,保证政治生态清明、干部清廉、风气纯正。为此,少不了一个完善并有效的外部监督机制。在广大群众中形成对权力运行的制约和监督的普遍共识,发挥广大人民群众的监督主体作用,是强化对领导班子、领导干部在履行党章、党纪和国法以及其他法规方面的监督的主要途径。而互联网正是覆盖面最广,能最大限度地发挥广大人民群众监督主体作用的良好工具。在现代化信息条件下,许多腐败行为难以藏匿。

(二) 互联网有利于完善反腐法治体系和制度体系

反腐倡廉需要完善的反腐法治体系和制度体系。网络反腐法治体系和制度体系是整个反腐法治体系和制度体系中的重要组成部分。加强网络反腐法治体系和制度体系建设,是现代化信息社会中反腐倡廉工作的一个重要方面。

首先是建立网络反腐的立法规范。

网络反腐法包括硬法和软法两大类。硬法是带有强制性的法规。诸如制订和实施《网络反腐法》《财产申报法》《新闻监督法》等相关法律制度,保障公民的网络民主权利得以实现。构建网络反腐法律程序,保证网络监督行为的确定性和规范性,保障网络举报和网络民意得到及时核查、处理、反馈。对网民的权利和义务进行明确区分和规定,对网络监督和造谣诽谤、言论自由和人身攻击等进行明确界定,既要保护公民的合法权益不受侵犯,也要维护党员干部和国家公职人员的合法权益不受侵犯。

软法是指以保护为主、强制力为辅,依靠自律或社会影响力等内在制约力的方式对人的行为产生实际效果的一系列行为规则。构建网络反腐的软法环境,对于抑制腐败具有重要意义。诸如,各级各类网络行业协会和网民在充分发挥民主协商的基础上,制定不具有强制约束力,但又能得到网络相关权益者维护并有效落实的网络治理行为规范。以协商形式最大限度地保证网络反腐在法律之外也能有序开展,以最大限度地实现和维护公民的民主权利。

其次是构建反腐的司法体系。要实现网络反腐与犯罪预防和刑事立案的有效链接。网络反腐的最高目标在于利用舆情的压力提升预防工作的水平。同时,要对网络信息进行细致的甄别,网络反腐的刑事立案不能以网络影响为依据,而应该以相关法律为依据。要搭建网络反腐的刑事检察立案平台,保障证据的合法性、真实性,对信息的源头进行严格把控,增强司法公信力。

再次是实施反腐执法行为。要构建好网络反腐的执行体制,构建明确的网络反腐领导体系、明晰执行主体与执行职责的管辖范围。要建立起一套从中央到地方的垂直领导体系,成立专门的网络反腐纪检机构、网络反腐专门执行机构,严格执行信息管理工作,形成清晰的网络反腐执行体系。

最后,要树立网络反腐的法治信仰,坚守网络反腐的法律底线,严守网络反腐的守法规则。要通过各种形式的法治教育,让网民形成对法律规则、权利意识、法律义务、法律情感的认同感和敬畏感;引导网民理性看待网络反腐信息,避免情感化、随意性。

总之,网络反腐法治体系和制度体系是全党全社会反腐法治体系和制度体系的重要组成部分。通过网络反腐法治体系和制度体系的建构和完善,既可以有效弥补现有反腐法规的不完善之处,也可有效改善现在网络反腐中出现的不规范、随意性现象,更好地发挥互联网在反腐倡廉中的作用,并促使全党全社会反腐法规的贯彻落实。

(三) 互联网有利于形成强大的反腐舆论威力

反腐倡廉的成功不仅依靠法治和制度建设,也依靠思想文化建设。任何制度法规从制定到落实都受到人的观念意识的支配。因此,在反腐倡廉中,我们一刻也不能放松和削弱意识形态工作。从意识形态层面加强廉政文化建设是新时期党风廉政建设和反腐败斗争中的一项重大任务。

道德性是廉政文化的一个最重要的特征。"文化而润其内,养德以固其本。"加强领导廉政文化建设,着力点是要提高领导干部的从政道德素质,进一步促进领导干部廉洁自律。同时,把惩治与预防、自律与他律、制度与文化有机地融合在反腐倡廉工作中,积极探索综合预防腐败的途径和领域。

廉政文化建设旨在全党营造"干部清正、政府清廉、政治清明"的绿色政治生态。这是反腐倡廉的治本之策。在中国共产党建党 93 周年纪念日前夕,习近平总书记在中央政治局第十六次集体学习时首次提出"要有一个好的政治生态",并在此后多个场合强调要净化政治生态。习近平指出:"自然生态要山清水秀,政治生态也要山清水秀。严惩腐败分子是保持政治生态山清水秀的必然要求。党内如果有腐败分子藏身之地,政治生态必然会受到污染。"[①]

营造绿色政治生态,靠全体领导干部尤其是"关键少数"的廉洁自律,靠严格的党章党规以及法规法纪的约束,也要依靠强大的文化舆论压力。在这方面,互联网大有可为。互联网可以利用其覆盖面广、传播速度快、影响力大的特点,在最大范围内传播廉政文化的正能量,并利用大讲政治、大讲正气的舆论压力形成对腐败行

---

① 习近平:《政治生态也要山清水秀》,《京华日报》,2015-03-07。

为的"围追堵截",提升党员干部的"规矩意识"。习总书记指出:"有些干部连一些基本规矩都不讲,毫无制度意识、毫无敬畏之心,缺乏为官做人的起码底线,口无遮拦,随心所欲,什么话都敢说,什么事都敢干。"①如果这样,政治能够清明起来吗?只有依靠强硬的党规党纪,使纪律真正成为带电的高压线,"对违规违纪、破坏法规制度踩'红线'、越'底线'、闯'雷区'的,要坚决严肃查处,不以权势大而破规,不以问题小而姑息,不以违者众而放任,不留'暗门'、不开'天窗',坚决防止'破窗效应'。"②只有这样,我们党的先进性、纯洁性才会有保障。

而互联网通过传播廉政文化,营造网络反腐的法治风气,强化"底线思维",强化对腐败行为采取"零容忍"态度的警示教育,让广大党员、干部受警醒、明底线、知敬畏,主动在思想上划清红线、在行为上明确界限,有利于提高广大党员干部的自律性,约束党员干部的思想行为,降低腐败行为的发生率,有利于在全社会养成健康向上的廉洁文化。实践证明,互联网在这方面所起的作用是不可低估的。

国家有关部门应该不断创新网络廉政文化的宣传机制,采取广大网民喜闻乐见的方式,把发挥网络监督的群众性优势和国家司法检察机关的权威性有机衔接,通过提高网站的点击率和关注度把网络廉政文化的舆论威力发挥到最大限度,形成"贪官现形,人人喊打"的局面,为营造绿色的政治生态发挥好作用。

---

① 习近平:《在全国组织工作会议上的讲话》,《十八大以来重要文献选编》(上),中央文献出版社,2014,第351页。
② 《习近平关于严明党的纪律和规矩论述摘编》,中央文献出版社,2016,第90页。

第二章

"互联网+"与社会工作领导力创新

一、基于互联网视野的跨界领导力

在"网络互联"基础上发展起来的覆盖全球的互联网络是一个庞大的网络结构。互联网的覆盖全面性凸显了跨界的重要性。身处互联网时代的领导者尤其需要"跨界领导力"。"跨界领导力"是适应以跨界为基本特征的"互联网+"时代的新型领导力。"跨界领导力"对于"互联网+"时代的领导者尤为重要。

(一)跨界:"互联网+"时代的重要特征

"互联网+"是在知识经济创新推动下的互联网发展新形态、新业态。它作为互联网发展的最新实践成果,代表着一种先进生产力,并通过为社会经济的改革、创新、发展提供更为广阔的网络平台而催生经济社会发展新形态。

简单说来,"互联网+"就是"互联网+各个传统行业"。但这里的"+"并非简单相加、机械拼凑,而是凭借信息通信技术和互联网平台,进行互联网与传统行业的深度融合。即充分发挥互联网在社会资源配置中的优化和集成作用,将互联网的创新成果深度融合于经济、社会各领域之中,提升全社会的创新活力,形成更优越、更高形态的经济发展新形态。近年来,"互联网+"已经改造并影响了多个行业,如"工业4.0"即是"制造业+互联网";当前已在社会经济中得到广泛应用的电子政务、电子商务、网络金融、在线房产、在线影视、在线旅游等行业都是"互联网+"的产物。美国通用电气公司等于2014年3月宣布成立工业互联网联盟,主要就是基于"智能机器+先进分析工具"和人机交互等技术,大力发展注重软件和大数据的"互联网+产业"。

显然,这种"互联网+各个传统行业"的形式其实就是互联网向各个传统行业的跨界,而且不是浅层次的跨界。笔者在第一篇"跨界领导力"一节中说到,现实生活中的"跨界"丰富多彩,按从浅到深的递进,我们可以把"跨界"行为分为"借鉴""交往""交织""渗透""转换"五个层次。在交织实践中,各界别的群体不仅相互沟通、互通有无,而且旨在寻找不同界别的共同方向,力求重组资源,从各异的角度提高整体效益。渗透是比交织更高水平的跨界,与各界原先的元素相比,通过渗透形成的东西已经实现了质的飞跃。上述互联网向各个行业的"跨界"至少是达到"交织""渗透"等高层次的"跨界"。可以说,"互联网+"时代也就是"互联网跨界"时代。跨界,是"互联网+"的根本特征。这种"互联网跨界"在"网络空间信息化"的发展进程中表现得尤为明显。

当今,网络空间的信息化发展已经突破了单一空间的边界,正沿着以"网络空间+"的全覆盖路径向多领域、多空间、多范围渗透拓展,朝着跨界渗透融合的趋势发展。全球正在形成网络空间与陆海空渗透融合发展的新形态,形成网络空间与经济、政治、社会、文化、军事、外交等领域渗透融合发展的新形态。

随着网络空间信息化的深入发展,有人提出了"领网"和"第四国土空间"的新概念。这一新概念将国家领土从传统的海陆空延伸到网络文化信息空间;从传统的"领土""领海""领空",拓展到"领网"这一虚拟而现实存在的空间概念。当今,对网络空间的数据信息控制权已成为全球竞争的新领域。太空中的卫星、陆域和海域中的雷达和传感器以及信息点正在成为世界各国国家信息数据安全的重点。从而地缘政治正在向"天缘政治"即"网缘政治(与网络空间信息化深度融合的政治)"发展。

传统的"领土""领海""领空"均以"划界"即"分割"为特征,与传统的"领土""领海""领空"不同,"领网"则是"反其道而行之",以"跨界"合作为基本特征。而且,互联网空间本身就是一个横跨海陆空三大空间的第四空间。

"大数据"是"互联网跨界"的又一个典范。所谓大数据,即巨大数量的数据。其特点在于四个"V":一是数据体量巨大(volume);二是数据类型繁多(variety);三是价值密度低(value),价值密度的高低与数据总量的大小成反比;四是处理速度快(velocity)。大数据实实在在地在我们日常生活中累积和增长。例如,谷歌公司每年要处理超过24拍字节数据,这意味着其每天的数据处理量是美国国家图书馆所有纸质出版物所含数据量的上千倍。就全球存储的数据看,2013年所达到的量如果记载在书上,这些书可以覆盖整个美国52次。如果将其储存在只读光盘上,把这些光盘可以堆成5堆,每一堆都可延伸到月球。[①]显然,大数据所覆盖的领域是极其宽泛的,要处理大数据,必须有跨界的眼界、跨界的视阈。

---

① 王治东:《技术化生存与私人生活空间——高技术应用对隐私影响的研究》,上海人民出版社,2015,第118-119页。

大数据引发科学研究方法的根本变革。现有的科学研究方法,无非借助科学定律、因果机制,或者通过模型的隐喻类比等方法。而大数据分析则是建立在海量数据分析基础上的事物相关性分析,它能在一般"难以理解"的事物之间进行跨界分析,通过事物的相关性揭示出事物的真相。如20世纪90年代,美国沃尔玛超市管理人员通过分析大量销售数据发现,"啤酒和尿布"这看来毫无关联的两个事物,却存在着关联性。这是为什么呢?经过调查终于找到原因,原来在美国,一般母亲在家照看婴儿,父亲去超市买尿布。而父亲在购买尿布的同时,经常顺带购买啤酒。这样就出现啤酒与尿布这两个互不相干的事物同时出现在一个购物篮的现象。① 这种大数据分析方法的实质正是"跨界分析"。

可见,跨界,是我们适应当今时代需求的必要生存方式,是我们能在"互联网+"时代能得以生存和发展的必备技能。因为跨界是"互联网+"时代的基本特征。

(二) 跨界领导力:"互联网+"时代社会治理的新境界

时代的发展必然呼唤新形态领导力的诞生。跨界领导力正是适应以跨界为基本特征的"互联网+"时代的新型领导力。笔者在第一篇"释义'跨界领导力'"一节中谈道:所谓"跨界领导力",即发生在领导活动中的互相沟通、形成共识,突破界别、转换行为、再造新界限的能力。比较、鉴别发展情景的能力;储备必备知识的能力;扩展知识脉络的能力;打造跨界人际网络的能力是跨界行为的核心素养,也是跨界领导力的必备要素。

"跨界领导力"的这些必备要素对于"互联网+"时代的领导者尤为重要。这是因为:

第一,"互联网+"时代呼唤一种综合性的战略和共同体治理模式。这种战略和共同体治理模式必以跨界为基本特征。因这种战略和共同体治理模式需要穿越各个空间和领域,以大幅度跨越的视野谋篇布局,从事顶层设计和前沿性综合研究,建立多边、民主、透明的网络信息化治理体系。

"共治"是互联网时代的重要特征之一。习近平总书记在2015年12月召开的第二届世界互联网大会开幕式上的主旨演讲中,直面当今互联网领域发展不平衡、规则不健全、秩序不合理等日益凸显的问题,站在人类前途与命运的战略高度,提出了构建网络空间命运共同体的中国方案。其核心要义为"一个目标,两大支点"。一个目标是"国际社会应该在相互尊重、相互信任的基础上,加强对话合作,推动互联网全球治理体系变革";两大支点是"共同构建和平、安全、开放、合作的网络空

---

① 王治东:《技术化生存与私人生活空间——高技术应用对隐私影响的研究》,上海人民出版社,2015,第119页。

间,建立多边、民主、透明的全球互联网治理体系"。习总书记还提出了推动全球互联网治理体系的四项基本原则,即"尊重网络主权、维护和平安全、促进开放合作、构建良好秩序";以及加强沟通、扩大共识、深化合作,共同构建网络空间命运共同体的五点主张,即"加快全球网络基础设施建设,促进互联互通;打造网上文化交流共享平台,促进交流互鉴;推动网络经济创新发展,促进共同繁荣;保障网络安全,促进有序发展;构建互联网治理体系,促进公平正义"[1]。中国对网络空间治理与网络安全的整体战略思考的核心思想,在于全球合作共赢、共享,发展共治模式,共同构建利益相关的网络空间命运共同体。

鉴于互联网时代的共治特征,习近平总书记指出:"当今世界,互联网发展对国家主权、安全、发展利益提出了新的挑战,必须认真应对。虽然互联网具有高度全球化的特征,但每一个国家在信息领域的主权权益都不应受到侵犯,互联网技术再发展也不能侵犯他国的信息主权。……国际社会要本着相互尊重和相互信任的原则,通过积极有效的国际合作,共同构建和平、安全、开放、合作的网络空间,建立多边、民主、透明的国际互联网治理体系。"[2]

综合性的战略和共同体治理模式不仅在面向全球的社会治理中需要,即使在治理一个国家、一座城市乃至一个社区时也同样需要。如"互联网+"时代的城市是一个紧密关联、高速运转的智能系统。当城市的政务、经济、企业、商业、交通、环境、通讯、医疗、家居等功能都依托于互联互通的信息系统时,当城市所有相关数据都被集成共享时,对这一城市的治理就不是一个简单的或仅仅可以凭经验加以解决的问题,而迫切需要综合性战略思维指导下的多边、多维城市治理能力。

而我们完全可以说,这种综合性战略思维和多边、多维社会治理的能力就是由跨界思维和跨界行为策略构成的跨界领导力。

互联网思维作为体现互联网时代思维特征的思维方式,集中体现了跨界思维即战略思维。

我们说过,互联网思维,就是在互联网+、大数据、云计算等科技迅速发展、推广并逐渐深入人心的背景下,对社会经济各领域、各行业的关联性进行重新审视的思考方式。这种思维方式的特点在于视野宽广、立体化、网络化、跨越各个领域。

"互联网思维"是一种新的思维方式。一般认为,计算思维、实验思维和理论思维是人类三大科学思维方式,互联网思维开辟了网络思维这一新的思维方式。有人把网络思维与前三种思维并列为第四种思维。

"互联网思维"之所以是一种新的思维方式,是因为它基于一种新的科学技术

---

[1] 习近平在2015年12月召开的第二届世界互联网大会开幕式上的主旨演讲,新华网,2015-12-09。
[2] 《习近平在巴西国会的演讲》,《人民日报》,2014-07-17。

基础。人类的每一种思维都有其科学技术基础。在"互联网思维"背后的是移动互联网发展的力量。而互联网的本性即是"跨界"。互联网,又称"网际网络"或"因特网",是网络与网络连接而成的庞大网络。在"网络互联"基础上发展而成的覆盖全球的互联网络是一个巨大的网络结构。互联网的覆盖全面性正体现了"跨界"的基本特征。从这个意义上说,互联网时代的领导者必须学会用互联网思维去观察事物、思考问题;充分利用互联网的精神、价值、技术、方法、规则来指导工作、激发创新。而这种互联网思维的一个显著特征即是跨界思维。

一个领导者,不仅需要正确的认知力,还需要有付诸实施的能力即执行力。落实跨界领导力的关键也在于跨界行为的落实,即跨界领导力的执行、实施。而跨界领导力的执行、实施即是一整套跨界行为系列的贯彻落实。

"互联网+"时代的政府服务就明显是一种跨界行为系列。其主要特点有:其一,一站式,即克服条块分割,实现互联互通,公共服务方式集成化,所有政府服务均以统一的口子面向公众;其二,多渠道,即以多样化的电子渠道提供在线服务;其三,互动化,在公共服务平台嵌入视频等创新型互动软件,促进多方市民参与政府事务和公共讨论,强化多方面的沟通;其四,整体化,即全面监控,建立信息采集、问题发现、协同处置、综合决策的机制,实现城市治理从传统、被动、分散管理向现代、主动、系统的整体治理转变。显然,这些特点的体现无一离不开跨界的行为技能。其实,上述政府公共服务的四个特点体现了"互联网+"时代所有领导活动的普遍特征。由此足见跨界领导力对于身处"互联网+"时代的领导者之重要性。

二、基于互联网视野的社会治理

互联网为社会治理提供了新的有效平台,创建了"网络社会治理"新形式。面对"网络社会治理"的新要求,身处"互联网+"时代的当代领导者必须更新社会治理理念,提升社会治理水平。

(一)"互联网"为社会治理提供了有效平台

《中共中央关于全面深化改革若干问题的决定》明确把"治理体系和治理能力"提到执政理念层次,指出:"全面深化改革的总目标是完善和发展中国特色社会主义制度,推进国家治理体系和治理能力现代化。"[①]

从"管理"到"治理",是主体一元化向多元化的转变。治理是政府、市场、社会组织、党组织、人大、政协等多元主体协同合作,而不是政府单方面居高临下,包揽

---

① 《中共中央关于全面深化改革若干重大问题的决定》,人民出版社,2013,第3页。

一切。因此,要实现国家治理现代化,要处理好各方面关系,首先是政府和企业、政府和国民,以及中央政府和地方政府的关系,实现市场经济、民主法治和地方自治的统一。这是国家治理现代化的基本框架。处理好政府与市场、社会的关系是从管理转变为治理的关键,其核心还是邓小平早在20世纪80年代就已经提出来的解决权力过分集中的弊端。

治理现代化即"善治"。善治理论在演进过程中经历了"政府治理""社会治理"和"公共治理"三代理论。第三代善治理论强调"公共事务公共管理",它把公共管理定义为政府、社会组织、社区单位、企业、个人等所有利益攸关者共同参与、协同行动的过程,认为"善治"意味着国家与社会良性互动、协同治理,因此,建立集体决策和共同参与制度,加强公共选择和公共博弈,实现责任共担,利益分享,权力协同,这是第三代治理理论的主要诉求。简而言之,协同治理的核心就在于处理好政社关系,建立政府与社会、政府管理与社会自治的良性互动和分工协作。

而社会多元主体关系的妥善处理、政府管理与社会自治的良性互动和分工协作需要一个能畅通无阻地沟通和协调多元主体的平台,通过这个平台,各方信息能在此汇聚、各方利益能在此整合、各种意见能在此交汇。通过这个平台,人民群众可以畅通表达利益要求;全体人民可以有效参与国家政治生活并依法管理国家事务和社会事务、管理经济和文化事业。通过这个平台,国家决策有利于实现科学化、民主化;各方面人才有利于通过公平竞争进入国家领导和管理体系;执政党和政府的权力运用有利于得到有效制约和监督。

当今,互联网正是这样一个平台。众所周知,"互联网"是网络与网络之间串连而成的庞大网络,是在"网络互联"基础上发展而成的覆盖全世界的全球性互联网络。覆盖全面性是互联网的一个基本特征。通过互联网,可以最大限度地把各个方面、各个地域、各个领域的各种利益主体串连起来。互联网为实现社会治理所要求的"实现责任共担,利益分享,权力协同"提供了有效平台。

(二) 网络社会治理及基本特点

为顺应"互联网+"时代需求,网络社会治理将成为当今社会治理的主要形式。所谓网络社会治理,就是以互联网为平台,对网络社会和实体社会中的事务进行计划、指挥、组织、协调、控制,实现"责任共担、利益分享、权力协同"的活动和过程。较之一般社会治理,网络社会治理具有许多新的特点。主要有:

其一,治理跨度宽泛化。

网络社会治理以互联网为媒介,跨越从虚拟社会到实体社会的多个领域,因而社会治理的对象极为宽泛,既囊括传统社会治理的一切实体性对象,又涵盖虚拟社会中一切新增的虚拟性对象,即各种虚拟群体、虚拟社团、虚拟组织,如虚拟商场、虚拟课堂、虚拟战场、虚拟企业、虚拟学校、虚拟社区、虚拟银行等。

在网络时代,由于人们越来越多的社会活动和交往行为通过网络完成,网络在人们的社会生活中所占的比重越来越大。据统计,在 PC(Personal Computer)时代(公元 2000 年之前的时代),每人每天在线时间平均 2.8 小时,而移动互联网时代则达 16 小时。各种 APP 应用的发展使移动互联网已经深入到个人的生活细节。支付宝、余额宝、电视盒子、打车软件、航班管家、快捷酒店管家等促使我们的生活方式产生了根本的改变,相应地,社会治理的触角也必须延伸到这些虚拟领域,不仅要治理好由网络而产生的种种新的社会关系,而且要治理好新产生的种种实体社会组织、群体与虚拟社会组织、群体之间的关系。同时,随着信息流传播方式的改变、信息传递速度的更快更透明,社会治理的要求和复杂程度也更高。

其二,治理过程即时化。

互联网时代,凭借高度发达的信息技术,大量信息都可以转化为数字而通过卫星、光缆等先进传输手段以接近光的速度进行传输。"大数据"导致社会活动的时间缩短、连续性加强、频率加快,以至大大提高信息处理的即时性与开放性。高速度、高效率将成为互联网时代的基本要求。网络社会治理当然必须适应这一时代要求,借助信息技术手段,实现对社会事务高效即时的处理。这就对互联网时代的领导者提出了更高的要求,包括:开阔的视野、敏捷的思维、高效率的工作、灵活的应变能力和快速处置复杂事变的适应性等。

同时,互联网时代的高速度、高效率特征也对从事社会治理的主体,即进行社会治理的各种组织提出了变革的要求,诸如,减少管理层次、简化上下层关系、加强治理者与被治理者之间的沟通、畅通信息传输渠道等,以便使即时性的社会治理成为可能。

其三,治理方式交互化。

在网络社会中,主体通过人机界面作用于客体,从而更凸现主客体之间的交互、中介性。即时交互性、沉浸性和超越性是网络社会中虚拟活动的显著特点。这就使人们的社会活动方式发生了变化。以往的社会活动局限于人类生存的现实空间,受现实时空的束缚,尽管那时的人们也有富于想象力的幻想、神话,但最终不能超脱现实世界维度,思维中的东西人们根本无法实在地去感受。虚拟社会中的活动则不然,在网上,人们可以通过"人—机交互感性"而沉浸在逼真的环境里获得"身历其境"的真实体验。这种全新的体验可以使个体"超越"现实空间的许多限制,可以获得许多在现实空间难以获得或不可能获得的许多体验。

虚拟社会的交互性特征也改变了社会治理的方式。以往,传统的社会治理往往是治理者与被治理者界限分明的科层式管理,被治理者往往处于被动地位,与治理者的互动相对有限。而网络社会治理必然要突破传统的科层式管理方式,这是因为,一来,互联网加强了信息互动和信息共享,被治理者不再处于被治理的被动地位,他们与治理者同样享有必要的社会信息,被治理者参与治理的积极性空前提高;二来,技术进步和社会发展促使被治理者向知识型、综合型方向发展,这也为他们的参与奠定了坚实基础。因而,网络社会治理需要的是治理者与被治理者之间的平等、信任与合作;需要的是建立在两者"平等伙伴"关系基础之上的交互,而不是一方对另一方的简单控制或服从。

总之,治理跨度宽泛化、治理过程即时化和治理方式交互化完全切合社会治理的需求,使互联网成为社会治理的良好平台。

(三) 更新观念,提升网络社会治理水平

网络社会治理的新特点呼唤互联网时代领导者领导观念的创新。基于互联网视野的社会治理应确立如下社会治理理念。

首先是跨界的社会治理理念。

如上所述,治理跨度宽泛化是网络社会治理的首要特征。这是由"互联网+"时代的时代特征所决定的。笔者在"基于互联网视野的跨界领导力"一节中曾谈到,跨界是"互联网+"时代的重要特征。这就要求互联网时代的社会治理者即网络社会领导者具备宽广的、以"跨界"为基本特征的社会治理视野。跨界思维是确立这种视野的前提。跨界思维的核心是"跨界",即敢于、善于全面跨越各种事物界限的视野和思维能力。互联网时代的社会治理尤其需要跨界思维。只有具备跨界的视野,才能眼观六路、吸纳各方信息、统筹兼顾各方利益,实现社会治理从传统、被动、分散管理向现代、主动、系统的整体治理转变,从整体上提升社会治理水平。

其次是以公众为本的社会治理理念。

既然网络社会治理以治理方式交互化为基本特征,网络社会治理需要的是治理者与被治理者之间的平等、信任与合作;那就需要网络社会的社会治理者即领导者改变以居高临下姿态进行社会管理的传统观念,确立以公众为本的社会治理理念。

以公众为本的社会治理理念是民主管理的根本理念。民主的根本法则是人民主权。政权机构通过公民授权而代表人民从事社会及公共事务的管理或服务,国家政权中的代议机构代表人民制订法律和决定国家重大问题,国家政权中的行政机构(即政府)执行法律并为人民提供公共服务。这就是说,即使不是网络社会治理,一般的社会治理也须确立以公众为本的社会治理理念。这是克服以政府为中心的妄自尊大的"官本位";以自我意志为主宰的、只对上负责而不对下负责的官僚主义的锐利思想武器。

在互联网时代,以公众为本的社会治理理念更为重要。如果说,传统的社会治理还可以实行以政府为中心的"居高临下"的社会治理方式,那么,离开了"公众为本的社会治理理念",以治理者与被治理者互动为特点的网络社会治理就难以施展。因为如上所述,网络社会治理不是治理者单方面的治理行为。而是通过治理者与被治理者双方的交互行为而实施的治理行动。治理者即领导者如果没有对被治理者的尊重,不能与被治理者平等相处,就成不了合格的社会治理者。

再次是讲究效益、追求高效率的社会治理理念。

讲究效益、追求高效率是所有社会治理的基本要求。依据这一原则,作为社会治理的主要承担者——政府,尽管不能以追求经济效益或利润为目的,但同样应该讲究效益,遵循以更少的投入获得更大的效益这一经济学普遍法则。社会治理要有一个行政成本观念,应该力求把取之于民的财政收入在用之于民的财政支出中获得更好的效益,包括社会效益和经济效益。尽量杜绝乱花钱而不讲效益、重复设立项目、文山会海、公费旅游等挥霍浪费现象;确立一个少花钱、多办事、办实事的社会治理机制。讲究效益的原则在网络社会治理中同样适用。

至于追求高效率的理念,在社会治理过程中历来与高效益的理念并行不悖。社会治理者历来把提高效率确定为社会治理所追求的一大目标,历来力求摆脱办事拖拉、行动缓慢、反应迟钝等治理行为模式。在互联网时代,社会治理的高效率更为紧迫。这是因为,网络社会的变革速度空前加快,互联网上信息的迅速传输往往要求社会治理的即时性,一旦失去时机,解决问题的机遇就会"稍纵即逝",社会治理的最好时机也往往会一去不复返。可见,讲究效益、追求高效率的社会治理理念对于网络社会治理具有特别重要的意义。

综上所述,跨界的社会治理理念、以公众为本的社会治理理念和讲究效益、追求高效率的社会治理理念是提升网络社会治理水平的根本前提。确立这三方面的社会治理理念,是摆在每一位身处互联网时代的当代领导者面前的必修课。

三、基于互联网视野的群众路线

2016年4月19日,习近平总书记在网络安全和信息化工作座谈会上指出:"善于运用网络了解民意、开展工作,是新形势下领导干部做好工作的基本功。"[1]这就对网络时代贯彻党的群众路线,做好群众工作提出了新要求。党的群众路线作为我们党的生命线和优良作风,必须坚持不懈、长期贯彻实行。然而,随着历史的发

---

[1] https://baike.sogou.com/v168240032.htm?fromTitle=在网络安全和信息化工作座谈会上的讲话。

展,根据我们党在不同历史时期的不同任务,其要求也会发生一定变化。只有与时俱进,不断创新,才能使党的群众路线焕发出新的生命力。

(一)"互联网+群众路线",将成为网络时代群众工作新形式

群众路线是中国共产党一切工作的根本路线。群众路线的内涵是:一切为了群众,一切依靠群众,从群众中来,到群众中去。

"一切为了群众",是我们党一切工作的根本出发点和目的。党的一切工作与努力,都是为了人民的利益。人民的利益高于一切,是每个共产党员思想与行为的最高准则。"一切依靠群众",是我们党一切工作的力量源泉。它要求党在一切工作中,必须相信群众,依靠群众并组织群众用自己的力量去解决自己的问题。"从群众中来,到群众中去"是我党的根本领导方法和工作方法。即在集中群众意见的基础上制定方针政策,交给群众讨论、执行,并在讨论、执行过程中不断根据群众的意见进行修改,使之逐步完善。

由于"人民群众"是一个历史范畴,在不同的历史时期,人民群众的内涵和外延会发生一些变化,因此,"从群众中来,到群众中去"的群众工作路线也会发生一些表现形态上的变化。

当今的社会已经进入网络时代。网络时代开辟了一个全新的领域——虚拟社会。据2019年10月20日在浙江乌镇开幕的第六届世界互联网大会上发布的报告显示,截至2019年6月,中国网民规模为8.54亿人,互联网普及率达61.2%,网站数量518万个。全国91%的互联网宽带用户使用光纤接入,居全球首位,截至2019年6月,我国光纤用户规模达3.96亿户。以互联网为基础的在线教育、网络医疗、网络约租车也已成规模。数字经济规模超30万亿。[①]

在网络如此普及的新形势下,做好群众工作显然不能弃"网民"而不顾,仅仅停留于传统的工作方式。网络时代的群众工作不仅需要迈开双腿下基层,直面广大群众;还要把群众工作延伸到虚拟社会,阅读网上跟帖,浏览博客、微博,参与网上互动等,从网上获取鲜活的社情民意。

创新网络社会的群众路线,领导干部需要学会"从网络中来,到网络中去",尊重网民,听取"网情",认真关注、解读、回应并有效应用网络民意。提高现代化信息处理能力,提升"网络素养",确立良好的网络形象,这是做好网络群众工作的必要前提。融入"微时代",熟知新媒体;抢占"微舞台",传递好声音;主导"微媒体",释放正能量,则是做好网络时代群众工作的必要途径。这是因为,"网民"已成为"人民群众"中的重要部分,脱离"网民"也就脱离了相当部分的"人民群众"。

---

① 腾讯网,https://new.qq.com,2019-10-21。

党的十八届五中全会特别提出实施网络强国战略,实施"互联网+"行动计划,实施国家大数据战略。这一战略同样适用于政务工作。为拓展网络时代的党政工作,有必要实施"互联网+政务服务"行动策略。

"互联网+"是一种新的经济发展形态,充分发挥互联网与现代信息技术在资源配置中的优化与集成作用,把互联网的创新成果深度融合于经济社会各领域,将有效提升社会的创新力和活力,不断推动社会经济、政治、文化等各个方面的发展。据中国互联网络信息中心发布《"十二五"中国互联网发展十大亮点》显示,"十二五"期间,中国互联网对经济增长的贡献率已明显提升,位居全球前列;互联网带动电子信息相关产业市场高速增长;中国互联网企业市值规模迅速扩大,可以预测,互联网将涵盖越来越多的经济产业,不仅如此,互联网还将作为一种新的思维方式、工作方式,迅速扩展到社会其他领域,包括政务领域,更新政务工作包括群众工作方式。"从网络中来,到网络中去",即"互联网+群众路线",将成为网络时代群众工作新形式。

(二)"互联网+群众路线"可以开辟群众工作的新平台

习总书记指出:"网民来自老百姓,老百姓上了网,民意也就上了网。群众在哪儿,我们的领导干部就要到哪儿,不然怎么联系群众呢?"[①]上上网、聊聊天、潜潜水,是网络时代联系群众、了解民意,收集群众好想法、好建议的新方式。

做好群众工作的前提是与群众心连心,想群众之所想。在互联网的平台上,集中了网民的各种想法、各种观点、各种意见,五花八门、形形色色。只有全身心地"沉下去",虚怀若谷,尊重网民,从网民的心理变化和行为习惯出发,因势利导,对网民的希望主动宣介,对网民的建设性意见及时吸纳,对网民的模糊认识及时廓清,对网民的怨气怨言及时化解、对网民的错误看法及时引导和纠正,才能更好地与广大网民实现有效沟通、良性互动,真正做到"从网络中来,到网络中去",使网络成为联系干群关系的快车道。

在互联网时代,善于倾听"网民"的意见,是领导干部想问题、办事情、做决策的"源头活水";也是检验领导干部民主作风、胸襟气度的"重要标尺"。有些领导干部往往忽视"网民"意见,认为"网民"意见鱼龙混杂、良莠不齐、真假难辨,因而可听可不听;即便上网,也是鼠标"点"一下,走走形式、装装门面。这种态度要不得。殊不知,大量"网民"来自"草野"、基层,在看似"繁杂琐碎"的"网民"意见中,却隐藏着大量"接地气""沾泥土"的鲜活信息,就看我们是否善于挖掘。只要我们真正"沉下"网海,与"网民"真心沟通,一定会发现在网海中隐藏着的无数珍宝。

---

① https://baike.sogou.com/v168240032.htm?fromTitle=在网络安全和信息化工作座谈会上的讲话

诚然，群众工作的网络新平台仅仅是领导干部与广大群众面对面做好群众工作的传统工作平台的补充和拓展。在努力开辟网络群众工作新平台的同时，我们不能放弃直面群众的传统群众工作方式。实现虚拟社会中的网络平台和现实社会中的面对面工作方式的有机结合，正是"互联网+群众路线"的真正含义。

(三) "互联网+群众路线"可以开辟群众监督的新途径

主动接受群众监督，是保持党的先进性和纯洁性，保持领导干部与人民群众的血肉联系的重要途径。在群众路线教育实践活动中，习总书记就提出了"照镜子、正衣冠、洗洗澡、治治病"的要求。这一要求的实质就是领导干部要自觉接受群众监督。

在网络时代，互联网监督开辟了群众监督的新途径。互联网监督是实施群众监督的极好补充。由于各种原因，人民群众的诉求在现实社会中往往会受到不同程度的抑制，从而失声、受阻，难以到达有关部门。领导干部也会因此听不到群众的呼声而脱离群众。互联网可以顺畅群众呼声上通下达的渠道。领导干部也可以通过互联网的平台访察民意，体察民生疾苦，回应社会关切，同时了解工作上的短板。古人曰："知屋漏者在宇下，知政失者在草野。"网民来自"草野"，尽管不能代表所有民意，却是领导干部了解民意的一个不可或缺的极好渠道。从网民的种种评论乃至"吐槽"中，或许更有助于"照镜子、正衣冠、洗洗澡、治治病"。

要正确对待来自互联网的各种意见，尤其必须正确对待来自各方面的过激言论或者各种牢骚。牢骚是人们对某种烦闷不满情绪的语言发泄。要具体牢骚具体分析，笼统地作肯定或否定都不妥当。不能认为发牢骚就是落后，实际上，许多牢骚仅仅是有待改善的表达不满的方式而已，其反映的内容却是切中时弊，有很大的启示意义的。面对网上的牢骚，作为一个领导者，首先要从自己身上找原因，其次才从群众身上找原因，这样才有利于解决矛盾，消除牢骚，改进工作。习总书记指出："对网上那些出于善意的批评，对互联网监督，不论是对党和政府工作提的还是对领导干部个人提的，不论是和风细雨的还是忠言逆耳的，我们不仅要欢迎，而且要认真研究和吸取。"[1]海纳百川的宽广胸怀，是做好网络时代群众工作的前提和保证。

要正确对待来自互联网的各种意见，就要端正对待"网民"的态度，要真心把广大"网民"视为自己的衣食父母，尤其要去除站在"网民"对立面的"对手思维"。

现实中，有些领导干部往往以为没有群众表述诉求，就天下太平，一旦有群众上访，就会影响社会稳定。因此，对群众诉求，要么保持畏惧，采取回避推诿的"鸵

---

[1] 习近平：《对网上那些出于善意的批评，要欢迎》，新华网，2016-04-20。

鸟政策";要么简单粗暴,把群众诉求当成"不稳定因素",甚至动用警力压制打击,结果只能是扬汤止沸。这种立场直接影响着对待"网民"的态度。当他们在网上看到"网民"的诉求、意见、言论一旦有些过激或与事实有出入,也往往会不加分析地或一棍子打死,或把其当作影响社会稳定的不良言论加以"封杀"。这种"对手思维"一下子把"网民"推向自己的对立面,产生领导干部与"网民"之间的越来越大的"思想隔阂",直至在领导干部与广大人民群众之间筑起一堵厚厚的墙。

"人民民主是社会主义的生命。"我们国家的人民政府和一切党政领导人都必须自觉接受人民群众的监督。这是我们国家宪法的根本精神。民主监督的根本宗旨就是确保执政为民、权为民用。这是由民主政治的根本性质所决定的。强调人民主权、权力属于人民,是民主政治的基本精神。历代政治学家在谈到民主政治时无不强调人民主权问题。斯宾诺莎指出:"在一个民主国家,最高的原则是全民的利益而不是统治者的利益"[1];洛克指出:"法律除了为人民谋福利这一最终目的之外,不再有其他目的"[2];孟德斯鸠指出:"在一个自由的国家里,立法权就该由人民集体享有"[3]。美国政治学家萨托利在谈到国家与公民的关系时明确指出:"只有当我们以公民为起点时,只有当国家源于公民时……现代民主制度才有可能存在。"[4]对于社会主义民主政治来说,人民的利益更是高于一切。

社会主义国家的领导干部应该从社会主义民主政治的高度看待来自互联网的民主监督。不能不分青红皂白地把"网民"当稳控对象,不能不分是非曲直地把"网民"的质疑当敌对言论,更不能以群众"不明真相"、一小部分人"别有用心"的思维定式看待问题,以至运用手中的权力,压制来自"网民"的合理诉求。

要正确对待来自互联网的各种意见,还要提高解决问题、化解矛盾的能力。群众路线需要高水平的群众工作做保证。群众工作能力的提高,体现在解决问题、化解矛盾,善于处置突发事件的能力上。群众反映的问题解决不了,面对社会矛盾措手不及,为群众谋利益就会成为一句空话。因而,各级党政领导要提高政策水平,善于综合运用政策、法律、经济、行政等手段和教育、协调、调解等方法,依法及时合理地处理"网民"反映的问题。来自"网民"的意见、想法错综复杂,既有合理反映群众要求的一面,也有对党和国家政策不了解、不理解,因而不妥当的一面;既有反映基层干部素质较差、管理方式落后、处理问题简单粗暴因而值得领导干部反思的一面,也有因群众要求过高、不顾大局而不切实际的一面。要实事求是、深入细致地分析"网民"的各种意见、想法,有的放矢地化解矛盾,解决问题。

---

[1] 斯宾诺莎:《神学政治论》,载俞可平主编《西方政治学名著提要》,江西人民出版社,2000,第112页。
[2] 洛克:《政府论》,载俞可平主编《西方政治学名著提要》,第127页。
[3] 孟德斯鸠:《论法的精神》,载俞可平主编《西方政治学名著提要》,第142页。
[4] 萨托利:《民主新论》,载俞可平主编《西方政治学名著提要》,第486-487页。

要学会通过网络做好群众工作,要在针对性、实效性、主动性上下功夫,要讲究春风化雨,润物无声,耐心细致,潜移默化,以有效引导广大"网民"处理好个人利益和集体利益、局部利益和整体利益、当前利益和长远利益的关系,增强主人翁意识和社会责任感。

四、基于互联网视野的协商民主

"互联网+"为协商民主的新拓展、新发展提供了新机遇。充分利用网络平台,开创网络协商新形式,推进社会主义协商民主,是摆在当今领导者面前的一个重大课题。

(一) 社会协商:协商民主的新拓展

党的十八大对"社会主义协商民主"做出了新的概括。十八大关于社会主义协商民主新概括的主要理论贡献,在于形成了政治协商与社会协商相结合的更加广泛的"社会主义协商民主"的新思想,为未来中国社会主义协商民主制度的创新发展指明了方向。

十八大报告明确提出了"推进协商民主广泛、多层、制度化发展"[①]的新思考和新要求,主张"通过国家政权机关、政协组织、党派团体等渠道,就经济社会发展重大问题和涉及群众切身利益的实际问题广泛协商、广纳群言、广集民智、增进共识、增强合力。"[②]报告还专门强调"积极开展基层民主协商",在完善基层群众自治中"加强议事协商"[③]。显然,十八大所提出的"社会主义协商民主"概念已经远远超出了传统政治协商的形式、渠道、主体与范围,意在通过政治协商与社会协商的对接,构建更加广泛的协商民主渠道、制度与机制。

社会协商即党政群团之间、公民之间、社团之间,以及不同利益群体之间的对话沟通,寻求共识。1987年中共十三大报告首次明确地提出建构"社会协商对话制度",其主要内涵包括了:(1)各级党政群团要注重正确处理和协调各种不同的社会利益和矛盾,协调利益,寻求共识;(2)各项社会决策的制定要建立在倾听群众意见的基础上;(3)提高领导机关活动的开放程度,重大情况让人民知道,重大问题经人民讨论;扩大公民有序的政治参与,不断探索实现社会主义民主的新的形式、方法与渠道;(4)各级党政群团要畅通人民利益诉求渠道,逐步构建社会协商对话制

---

① 胡锦涛:《坚定不移沿着中国特色社会主义道路前进 为全面建成小康社会而奋斗》,人民出版社,2012,第26页。
② 同上。
③ 同上书,第27页。

度、机制与原则。社会协商对话制度自十三大后逐步探索、扩展,并在实践上加大了力度。直至十八大把社会协商提到了一个新的高度。

显然,从政治协商到社会协商,社会主义协商的形式和涵盖面有了新的拓展。从政治协商发展到社会协商、两种民主协商形式的对接,是协商民主发展的必然产物。

首先,只有发展到社会协商层面的协商民主,才能真正实现"人民主权"的民主本质内涵。社会协商以公共利益为利益导向、以公共理性为理性依据、以公平和正义为价值取向,旨在通过广大公民与政府之间以及不同利益群体之间的话语交流和理性交融,形成以公共理性为基础的社会共识。通过社会协商,拓展公共协商的新空间,建构新的民主政治形态——共识民主,最大限度地调动公民的政治参与积极性,是实现人民当家做主的最好途径。

其次,只有发展到社会协商层面的协商民主,才能充分体现自由平等的民主价值内涵。作为实现民主政治途径之一的社会协商内含着自由。作为社会协商的自由主要指人民的主权自由,涵盖人民拥有的基本权利,尤其是言论自由、结社自由、集会自由等。人民享有的这些自由权利为社会协商奠定了协商主体的权利基础,加深和拓展人民的自由权利也是发展社会协商、完善人民有序政治参与的重要目的之一。

此外,社会协商还内含平等的政治价值。其一,参与社会协商的协商主体具有价值平等性。这种道德意义上的价值平等性确保了协商参与者的利益和价值在公共事务的协商过程中理应受到同等的尊重。任何歧视和排斥都是不道德的。其二,参与社会协商的协商主体具有形式上的程序平等性。协商程序确保协商领域具有开放性,能包容各种利益和价值;协商程序确保协商过程的平等性,能公平地对待各方,保障最终决策建立在平等、充分的多元理性交融之上。协商主体的参与是非强制性的,他们在公共事务的讨论和决策中是自觉自愿的。任何观点都要在公共论坛中接受公共审查,而不能凭借拥有的经济资源优势或特殊地位将自己的观点强加于人。

再次,只有发展到社会协商层面的协商民主,才能充分兑现互惠宽容、和谐发展、民主自治的目标内涵。社会协商作为最广泛的协商民主,旨在全社会范围内兑现互惠宽容。协商精神即是互惠宽容的精神,不同的利益群体通过民主协商,基于相互尊重、寻找重叠共识的原则,超越了单方认知与解释的不相容性,扩展理性的共识范围或政治正当性的基础。

(二)传统渠道难以实现社会协商内含的民主精神

如上所述,社会协商内含自由平等、互惠宽容、和谐发展、民主自治等精神,能更好地实现"人民主权"的民主本质内涵。然而,要充分实现社会协商内含的民主精神,需要相应的充分条件。

发展社会协商的前提是存在有自治精神的自治主体。他们将自己看作是法律、政治原则和公共政策的制订者和主体。他们具有自主性,能在公共事务公开自由地表达自我意见;又具有开放性,能在协商中听取各方意见,不固执己见,而达成理性的共识。社会协商作为协商民主发展的更为宽泛的形式,其内含的协商民主要求更高。

其一,适应社会协商的协商制度涵盖的协商层面应更全。

就全社会而言,协商民主的进程应该涵盖国家层面的政治协商、行政层面的决策协商和基层层面的自治协商。人民政协虽然也会承担和参与一些社会协商事物,然而,传统的人民政协的制度框架和工作机制主要还是针对国家和行政层面的政治协商、决策协商而设计的。大量的社会协商需要在基层进行。中国基层的民主协商以村、社区和企业为实施单位展开,人口规模小、分布相对集中,协商贯穿于基层选举、决策、管理和监督各方面,协商形式也更多样。因而,规范基层自治协商的制度和机制也须更加细化、丰满。诸如:制定规范各种协商形式的职权、范围、召集方式的制度;制定自治章程、理财制度、村(居、厂)务公开等制度;完善各类会议旁听制度、改进群众来信来访等方式,重视社会组织在沟通、对话、谈判、调解中的协商渠道和平台建设等。

其二,适应社会协商的协商制度涵盖的协商对象应更广。

政治协商是中国共产党领导的多党合作和政治协商制度的重要组成部分。就协商对象而言,主要涵盖两种,一是中国共产党与各民主党派之间的政治协商,主要体现为政党之间的协商;二是中国共产党在人民政协同各民主党派和各界代表人士的协商,体现为更大范围内的协商。但政治协商的对象还局限于"精英";比起政治协商,社会协商的范围显然更大,它已越出"精英"范围而伸向基层,触及社会各领域,协商的对象涵盖社会方方面面各类主体(包括个体和群体)。因而,适应社会协商的协商制度涵盖的协商对象应更广。

其三,适应社会协商的协商制度涵盖的协商内容应更多。

人民政协是党和政府密切联系群众的中间渠道,也是决策机关广集民智的重要咨询渠道。人民政协的政治协商主要涵盖决策性协商、咨询性协商和沟通性协商。在政治协商基础上发展起来的社会协商,形式应该更为多样,内容更为丰富。应是一种有别于政治协商民主形式的,以公民为主体的更加广泛、更加丰富的社会协商形式。

然而,传统的协商渠道往往难以满足社会协商的上述要求。因为,我们很难找到一条覆盖全社会各领域、各种主体的传统的平等协商渠道。在现实社会中进行的面对面的协商总是受到特定的时空限制,因而总具有局限性,从而使得任何具体的民主协商都有一定的局限性。

(三) 网络协商:体现社会协商精神的最好平台

互联网将为社会协商精神的充分兑现提供至少是迄今为止最好的平台——网络协商平台。

第一,网络拓宽了现实的社会交往领域。网络协商突破了时空限制,打破了地域界限,把社会不同角落的人们紧密联系起来。在网络协商中,各种协商主体只要轻点鼠标,就能在瞬间互通信息、交流思想、切磋观点。网络协商突破了基于权力、地位、职业和利益的狭隘人际交往范围;为实现协商范围的最大化提供了便利。

第二,网络开辟了虚拟的民主协商领域。在这虚拟的民主协商领域中,人与人的面对面直接协商被代之以一对一、一对多、多对多、多对一的多种网络协商形式。在虚拟社会进行的网络协商中,网上成员可以在任何时间、任何地点,就任何内容和自己所选择的任何对象进行交往。人们可以在网络上构成的虚拟世界里感受到全方位式的多角度交往。这一虚拟的交往领域为网络协商提供了一个广阔的舞台。

第三,网络所创设的人际交往的一系列新特点,诸如:交往主体的非人化、交往方式的非中心化及交往实现的快速化等均为实现社会协商内含的民主协商精神创造了良好条件。

首先,网络构建的"虚拟社会"以虚拟实在为基本的技术支撑。在虚拟领域的协商中,现实社会中直面协商中那些备受关注的主体特征,诸如参与协商者的性别、年龄、相貌、身份等都能借助虚拟技术得以隐匿和篡改,人们的协商行为也因此赋予"虚拟化""非实体化"特征。这种"非人化"特征更有利于平等自由地开展协商。

其次,网络在本质上不存在任何中心和权威。在网络世界里,人们摆脱了身份、职业、种种礼节及交往规范的约束;可以较自由地选择信息,上载、发布信息。虚拟社会为民主协商提供了一个非中心化的、更为自由的空间。

再次,交往的快速化更是网络协商的一大特点。互联网在世界范围内的普及,使得人际信息交流的速率实现了一次大飞跃。在网络化的信息社会里,世界变小了。利用电子邮件,人们无论相隔多远,几秒钟内就可把信件送到对方手里;通过可视电话,双方即使远隔万里,也能如同面对面地交谈,既闻其声又见其人。网际交往真正实现了"天涯若比邻"。这无疑为快速集中各方面协商主体的意见,提高社会协商的效率提供极大便利。

鉴于此,拓展现实社会已颇有成效的民主协商形式,开创、发展多种网络民主协商形式,是发展基于互联网视野的协商民主的重要抓手。

改革开放以来,在中国特色社会主义民主政治建设过程中,我们已经成功地创造了丰富多样的协商民主形式,诸如:(1)民主恳谈。包括:民主沟通会、决策听证会、决策议事会、村民议事会、重要建议论证会、村民代表监督管理会、党代表建议回复会等。民主恳谈不仅是民意表达的场所,更是重大决策的必经程序。(2)民主议事会。包括:党员议事制度、党群议事会、政协社区议事会、村民评议会等。这些议事会制度,根源于最基层的民主实践,最贴近民众的现实生活,最能解决民众面临的实际问题。(3)旁听。如旁听政府工作会议,旁听重大公共投资项目,旁听事关群众切身利益的公共服务决策等。旁听制度的实施有利于政务公开,有利于民主监督。(4)网络参与。指公民通过电子邮件、电子论坛等网络形式参与或影响政府公共政策或公共事务的行为过程,是信息时代的一种新的协商民主形式。网络参与有利于拓宽参与渠道,有利于推进政府与公民的直接对话。

在当今"互联网+"时代,我们应一方面大力发展"网络参与"协商,另一方面可以努力把网络参与渗透到前三种协商形式中,开创诸如"网上民主恳谈会""网上民主议事会""网上听证会"等网络协商形式,把基于互联网视野的协商民主推向新阶段。

第三篇

领导者、领导过程与领导力

美国领导学专家约翰·加德纳指出:"领导力是领导者个人(或领导团队)为实现领导者自己及其追随者的共同目标,而通过说服或榜样作用激励某个群体的过程。"[①]也就是说,领导力不仅通过领导者体现出来,可以通过领导者个人素养及其领导集团的整体素养考察领导力;而且也是更为重要的,是通过领导活动的各个环节,即领导过程体现出来,更应该从整个领导实践过程中考察领导力的强弱。

---

① [美]约翰·加德纳:《论领导力》,中信出版社,2007,第3页。

第一章

领导原则、职能与领导力

一、马掌钉掉落该谁负责
——"行政长官不宜过问琐事"

在古代的一次战争中,由于管马者误用了生锈的马掌钉,导致驰骋中战马的马掌钉纷纷掉落,从而一败涂地。在此次战役中,战略布局是正确的,战术也没有失误,为什么骑兵会失利?谁应该对此次败仗负责?显然责任不在于军事统帅,而在于执掌战马管理事务的"马匹管理者"。

领导者与管理者有不同的职责。这是由领导活动与管理活动的不同性质所决定的。

领导的涵义一般指引导、导向、带领、率领、指挥等;管理的涵义大体有经营、处理、办理、安排等。两者的主要区别可概括为美国前总统尼克松提出的一句话:"领导代表未来,代表方向;管理代表今天,代表过程。"[①]

具体来说有以下三点:

其一,领导者的任务在于制定方针、政策、长远发展规划,为工作指引前进的方向、确定正确的目标。管理活动的任务在于对领导者制定的路线、方针的具体贯彻和落实。

其二,领导活动是一种统帅和协调全局工作的活动,领导者要经常协调、解决下属各部门之间的分歧和摩擦。管理则表现为局部范围或某一方面的活动,侧重于具体部门的具体工作的展开。

其三,领导活动着重分析、研究和解决一些比较重大、长期、涉及面广泛的问题,而不过多拘泥于工作细节。如古罗马法典曾经指出的那样:"行政长官不宜过

[①] 孙钱章主编《现代领导方法与艺术》,人民出版社,1998,第 377—378 页。

问琐事。"领导学奠基人 H. 法约尔则有"领导不要在工作细节上耗费精力"的忠告[1]。而管理活动注重于解决部门的一些次要的、短期的、策略性、技术性的具体问题。管理有一条很重要的原则：管理不能忽视细节。

总之，领导活动与管理活动的性质是不同的：领导活动注重科学性、艺术性和超前性；管理活动注重严谨性、技术性和实在性。

所以，对领导者和管理者的知识结构要求也是不同的；对领导者的要求是掌握宽广而渊博的知识，叫"广而博"；对管理者的要求是掌握精深而专门化的知识，叫"专而深"。

诚然，领导活动与管理活动有着密切联系。从某种意义上说，领导活动也具有管理职能，但领导活动的层次比一般管理活动更高。领导活动是管理各类专家包括管理专家在内的高层次管理活动。

正由于此，在历史上，把领导活动从管理活动中区分出来，有一个渐进的过程。起初，领导活动是"淹没"在管理活动之中的。这是因为，在很长一个历史时期内，领导活动与管理活动是不加区分的。西方的一些经济管理学家，如称为"管理学大师"的德鲁克和诺贝尔奖得主西蒙，都曾不分领导与管理，认为领导只是管理的一部分。

德鲁克在《有效的管理者》一书中，把总统、首相、军事统帅说成是"主管""管理者"。但全书都是讲领导者如何明确目标并动员下属去实现目标，他以美国总统林肯、罗斯福，通用公司斯隆等统帅人物为例讲决策与用人等领导者职责。所以，他的"有效的管理者"实际上是"有效的领导者"。

首次把领导与管理区分开来的是法国管理学家法约尔。他在 1916 年出版的《工业管理与一般管理》一书中提出了著名的管理五职能和十四要素，并认为他的理论不仅适合工业企业管理，也适合各领域的一般管理和高层管理。

他所说的"管理五职能"是：计划、组织、指挥、协调、控制。他认为，"计划"就是"探索未来，制定行动计划"，其实就是决策。显然，这些都是企业领导的职责。书中还指出：领导和管理是不同的概念，"不要把管理与领导混同起来"。指出："经营与管理不同"。[2] 尽管没有在理论上把两者区分开来。但他提出了领导活动中许多重大的理论和实际问题，成为现代领导科学的重要理论内容。比较重要的论断有：

（1）企业领导，特别是大企业领导"不应因关心小事而忽略大事"，"在工作细节上耗费大量时间是一个大企业领导的严重缺陷"。

---

[1] 孙钱章主编《现代领导方法与艺术》，人民出版社，1998，第 374 页。
[2] 同上书，第 12、第 17 页。

（2）要善于分权授权。认为社会分工的发展，"其结果是职能专业化和权力的分散"。提出解决层层请示、逐级审批而效率低下问题的著名的法约尔"天桥"。他还批判了"亲自过问小事有益""上层领导看上去应该总是忙忙碌碌的""领导不插手，别人做不好"等形形色色的家长作风。

（3）在领导者素质问题上，他首次提出软科学为主的知识与技能。认为领导方法是"很难掌握的艺术"，要有智慧、经验、判断力，而不是某一专业方面的技能。他明确提出，企业领导人和管理人员、技术人员的素质要求、知识结构、活动方式、工作方法都是不同的。

（4）领导是集体领导。他认为，没有一个人能依靠自己的知识、能力和精力来解决企业的一切问题。除依靠集体领导、勇于分权授权外，还要依靠参谋部。它是"领导的依靠""领导力量的扩大"。

正是鉴于不同于管理活动的领导活动的特殊性，好的领导者好就好在能够抓住关键、掌握重点，从而提高工作效率，不做"瞎忙"的人。

有一种 ABC 分类法（巴莱顿分类法）。即，把工作分为 A、B、C 三类，A 类是"必须做的工作"，B 类是"可以做的工作"，C 类是"可做可不做的工作"；最好的处理办法是：把 C 类砍掉；B 类委托他人做；自己集中精力做好 A 类工作。"瞎忙"的人往往置 A 类工作不顾而却为 B、C 两类工作忙得不可开交，"捡了芝麻，丢了西瓜"。[①]

美国前总统里根曾说："日常工作交给下属去做，而把自己的注意力集中在一些重大问题上。"[②]美国管理学家 H. 米勒指出："真正的领导者不是事必躬亲，而在于指出路来。"[③]这是每一位领导者必须牢记的。

二、宋太祖赏赐全军将士的意义何在
——谈领导社会属性的主导性

北宋乾德三年，宋太祖赵匡胤在讲武殿毡帐中，穿戴紫貂皮衣皮帽处理政事。忽然，他对左右说，我坐在暖帐之中，穿戴这样好，还觉得发冷，那些征战在冰天雪地的战士又怎受得了？随即脱下皮衣皮帽，派人送给西征前线统帅王金斌，并且对全军将士无法普遍赏赐表示歉意。王金斌统帅与全军将士为皇上恩惠深深感动，士气大增，西征大获全胜。

[①] 孙钱章主编《现代领导方法与艺术》，人民出版社，1998，第 376 页。
[②] 同上书，第 377 页。
[③] 同上书，第 378 页。

这一案例表明,"待下以情"的领导价值取向极为重要,它能极大地赢得人心,形成合力,增强凝聚力,推动事业成功。

"待下以情"的领导价值取向是领导社会属性的一个重要表现。

领导具有自然属性与社会属性双重性。领导自然属性的一般标志,是统一的意志和一定的权力。具有不同社会性质的领导都有这种共同的标志。然而,领导活动不仅具有"自然属性",尤其具有社会属性。人们之间的经济关系、政治关系渗透于领导活动之中,并规定着它们的社会性质。这就是领导的社会属性。

领导的社会属性在领导活动的构成要素中充分体现出来。其一,无论是领导者还是被领导者都是社会的人;其二,领导行为作为一种社会行为、社会活动,无疑具有社会性;其三,领导目标必定体现了领导活动的价值取向,体现了领导者的领导理念、价值观念,体现了领导活动中特殊群体的利益与意志,体现了实施领导所依据的价值尺度和价值动力。凡此种种,皆是领导社会属性的表现。

领导活动的社会属性尤其体现在领导活动的价值取向上。如中国古代的领导活动就倡导以伦理纲常为主轴的价值取向,表现为:

待下(下属)做到:以礼,即尊重下级、以礼相待,这是团结下属的第一要义;以诚,即与下属推心置腹、坦诚相见、平等待人,与下属披肝沥胆、心心相印;以情,即以情感人,关心体恤下属。上述宋太祖一例则是以情感人,关心体恤下属的典型。

事上(上级)做到:从道不从君,即君行正道,臣则从君;君不行正道,臣则从道不从君。和而不同,如孔子所说。君子和而不同,小人同而不和。

对待同僚(同级)做到:顾全大局、互相忍让,即立政为公、以国事为重,胸怀宽广、顾全大局、不计私怨、乐于忍让。人所共知的廉颇与蔺相如的故事即是这方面的典型。

蔺相如,战国时赵国上卿,赵国著名的政治家、外交家。他生平最重要的贡献有完璧归赵、渑池之会等。蔺相如原为宦者令舍人。赵惠文王时,秦昭王愿以十五个城池换取"和氏璧"。蔺相如奉命带"和氏璧"来到秦国,机智周旋,终于完璧归赵。公元前279年,秦王与赵王相会于渑池(今河南渑池西),他随侍赵惠文王,当面斥责强大的秦国,使赵王没有受到屈辱,因其功,任为上卿,居官于老将军廉颇之上。廉颇居功自恃,不服相如,耻居其下,并扬言要羞辱相如。蔺相如为保持将相和睦,不使外敌有隙可乘,始终回避忍让。蔺相如以国家利益为重、善自谦抑的精神感动了廉颇,于是亲自到蔺相如府上负荆请罪,二人成为刎颈之交。

以上所述待下、事上及对待同僚的价值取向有重要意义,至今仍值得遵奉。当今,执政为民、以人民为中心、全心全意为人民服务,大公无私、坚持真理、敢于担当、勤劳奉献等则是值得大力倡导的社会主义的领导价值取向。

在领导活动中,社会属性占据着主导地位,这是因为:

其一,社会属性规定着"自然属性"。

例如,一切社会生产过程中的领导都具有指挥、监督、调节等自然职能,由于不同的经济关系,就赋予这些职能以不同性质。马克思指出:"一旦从属于资本的劳动成为协作劳动,这种管理、监督和调节的职能就成为资本的职能。这种管理的职能作为资本的特殊职能取得了特殊的性质。"[①]

其二,社会属性改变"自然属性",使其发生某种形式的变化。

一切领导都以统一意志和权力为标志,但不同的社会经济关系和政治关系使其具有不同形式:或以对立意志实行统一,以强制和欺骗来维持权力;或以代表被领导者利益的意志来统一,使权力和服从建立在民主、自愿基础之上。例如,带有强制性是指挥的一般特征。但这种强制在不同社会的领导与被领导的关系中具有不同性质:阶级对立社会中的领导的指挥职能往往具有暴力性;而社会主义社会中的领导的指挥虽直接代表了领导者、领导机关的意志,却是广大群众统一意志的体现。

其三,领导的本质主要是由其社会属性所决定。

领导者之所以成为领导者,不是因为他们具有领导的"自然属性",而是具有领导的"社会属性"。世界上并不存在纯粹具有"自然属性"的领导,而是存在着各种不同社会性质的具体的领导。领导的社会属性起着决定作用。

领导的二重属性并不是指两种领导活动,而是指同一领导活动的**两个方面**,世界上不存在只有单一属性的领导,我们只有在二重性的统一中才能把握特定社会的领导关系。认识领导的上述二重性具有重要意义。如看不到领导的"自然属性",就无法考察领导活动的一般规律和特点,就会否认一切领导关系的某些共同之处,就会忽视或拒绝吸收以往社会中积累下来的领导经验。同样,如看不到领导的社会属性,那就会把各种性质不同的领导活动混为一谈,抹杀它们之间的原则界限。只有通过分析领导的二重性及相互关系,才能正确认识领导的本质。

三、摩托罗拉公司董事会为什么不集体辞职
——谈集体领导和个人分工负责相结合原则

1993年,美国摩托罗拉公司董事会聘用一位经理,后因这位经理涉嫌一件经济案而引起公司股票大跌,因此三分之二董事集体辞职。为什么要董事会的成员辞职?因为董事会在行使经理任免权。为什么不是全体,而是三分之二?因为是

---

① 《马克思恩格斯全集》第23卷,人民出版社,1972,第367-368页。

这部分董事同意任命这位经理,以多数票通过任命决议。

这一案例为我们确立了正确履行集体领导和个人分工负责相结合原则的典范。它告诉我们,集体领导,并非集体负责。

集体领导和个人分工负责相结合原则是领导的一个重要原则。主要指:工作中的重大问题,一定要由领导集体讨论和决定,决定时严格执行少数服从多数的原则;集体讨论的事情分头去办,各负其责,失职者要追究责任。

要正确理解集体领导和个人分工负责相结合原则:

其一,集体领导与个人分工负责两者不能偏废。"借口集体领导而无人负责,是最危险的祸害。"[①]应当让负责每项工作的同志有职有权有责,主要领导干部不要包办代替他们的工作。除了特殊情况之外,不要直接插手别人负责的事情。当然,不能放弃督促检查,要经常和分工负责的同志保持密切联系,听取汇报,交换意见,协调工作,保证领导工作按集体决定的精神顺利进行。

其二,坚持集体领导,并不意味着领导工作中事无巨细,都要集体讨论决定。列宁指出:"任何夸大和歪曲集体领导而造成办事拖拉和无人负责的现象,把集体领导机关变成空谈场所,这是极大的祸害。"[②]如果任何问题,哪怕是微不足道的问题,一定要进行集体"讨论"和"仔细研究",就容易养成议而不决和烦琐哲学的作风,反而使许多问题迟迟得不到解决。

其三,集体领导并非集体负责。在集体领导班子中,如果分工明确、分权分责,各人的权限与责任都是不同的。有什么样的权力负什么样的责。一般而言,"议而不决"的责任在于有决断权的领导者;"决而不行"的责任在于执行者;"行而不果"有两种情况,执行不力或决策失误,执行不力的责任在于执行者;决策失误的主要责任则在于拥有决断权的领导者。必须具体情况具体分析,不能笼而统之地认为集体决策就要集体负责。

其四,行之有效的集体领导必须建立正确处理好领导班子成员之间关系的基础上,充分发扬民主集中制。毛泽东在《党委会的工作方法》中以党委会为例,提出了处理好领导班子成员之间关系的准则:(1)党委会本身就是一个实现民主的机构,其最根本的工作方法即是充分地实现党内民主;(2)"党的委员会有一二十个人,像军队的一个班,书记好比是'班长'";(3)党委制设立的根本目的就是防止个人说了算;(4)容纳和接受批评,是发扬民主的另一个重要方法;(5)党委会是一个领导集体,这个集体必须团结、和谐;(6)在党委会中,无论是民主还是集中,书记即"班长"的作用非常突出;(7)充分尊重、吸纳下级意见,是民主方法的一个重要体

---

① 《列宁选集》第4卷,人民出版社,1972,第24页。
② 同上。

现。这些原则对于有效实行集体领导与个人分工相结合原则，既加强集体领导，又注重班子成员的团结和谐极为重要。

其五，必须反对个人独裁和分散主义两种错误倾向，既不能搞个人崇拜、家长作风、个人专断等；同时也要克服无政府主义、自由主义等不良倾向。尤其要防止个人专断，把领导班子的"集体讨论决定"变成表面化的形式、手续和程序。我国民间曾流传这样一个顺口溜："一把手绝对真理，二把手相对真理，三把手没有真理。"这是对个人独裁、"一把手说了算"原则的生动描述。必须避免这种"百鸟朝凤"式倾向产生。

为改变现实中存在的不同程度的"个人说了算"现象。党的十八届三中全会强调要"形成科学有效的权力制约和协调机制"，"加强和改进对主要领导干部行使权力的制约和监督"[①]。要适当分解一把手权力和责任，应按照分工负责原则来确定一把手分管的事项、掌握的权力以及应负的责任，减少一把手对具体事务的插手干预，降低一把手对班子成员晋升时的权重，建立一把手末位发言制等。以改变形成领导班子成员内部相互制约和协调的权力运行闭环系统，形成"副职分管、正职监管、集体领导、民主决策"的权力运行机制。

其六，改变个人独裁现象产生的根本途径是领导体制创新。目前现代企业实行的"五C模式"是实施集体领导与个人分工负责相结合原则的一种新的领导体制。所谓"五C模式"，即由首席执行官（CEO）、首席信息官（CIO）、首席知识官（CKO）、首席财务官（CFO）、首席运营官（COO）作为基本平级的领导群体，下辖管理操作层、被领导层的扁平式梯形领导平台。在这个平台上，各首席官是各自领域的最高领导主体，他们都能从企业全局出发考虑本领域的战略措施，在各自领域内最大限度地独立决策。首席执行官作为一个稍微高一些的第一领导主体，发挥着日常主持、协调裁判和最后决断的作用。他与其他四位首席官没有领导与被领导的关系。"五C模式"削去了原来的领导尖端，由一人领导权能结构变为多人领导权能结构，由单角色孤权领导变为多角色众权领导结构，由一个最高领导群体取代原来的一个最高领导个体。实现了领导体制由"金字塔"结构到"扁平式"结构的发展，更有利于民主集中制的贯彻实行。

四、值得记取的经验与教训
——谈"还他们自由"的分权精神

1975年，美国希莱特-派卡德公司中有位名叫史蒂文·白茨纳特的设计师，提

[①]《中共中央关于全面深化改革若干重大问题的决定》，人民出版社，2013，第35-36页。

出了一个把微电脑同家用电视机联结起来的设想,但遭到公司领导否决,并被剥夺试制权。不得已,这位设计师只能辞职。不久以后,他与一位朋友另开设一家电脑公司,并一举成功。1984年销售额达15亿美元以上。这即是著名的苹果电脑公司。希莱特-派卡德公司吸取了这次事件的教训,扩大了专业技术人员对新产品开发的试制权限。不久,该公司工程师查尔斯豪斯提出了研制一款高技术监视器的设想,尽管公司"元老"、创始人戴维·派卡德有不同意见,但却不加以干涉,给他充分的试制权,最后获得成功。这一款监视器已被用于监视美国宇航局载人飞船的登月和用于心脏移植手术,为公司带来了声誉和巨额利润。

贝尔电话公司有一句格言说得好:"领导者要做一件必须做又很难做的事,就是不管他们,还他们充分自由。"[①]"还他们充分自由",说的是领导者要善于懂得"分权"。

诚然,为有效实施领导,统一领导原则不可少。所谓统一领导原则,指领导活动在一定时期内必须有统一的目的,而且,实现这一目的的全部活动,只能有一个领导意志和一致的行为规范。为此,统一领导原则要求一个组织必须有一个坚强的领导核心。在社会主义现代化建设中,为了实现统一领导,各级领导者必须自觉地在思想上和政治上保持同党中央的一致。

然而,不能把统一领导原则理解为上级包揽一切。在贯彻统一领导原则时,必须处理好集权与分权的关系(主要指指挥权和决断权)。主要领导必须善于懂得"分权"。

其一,在复杂的领导系统中,有关全局的大权必须集中,没有集权就没有统一;有关局部的小权则又需要分散,否则局部工作就不能顺利展开。应该集中的不集中,在上面叫失职,在下面叫专擅;应分散的不分散,在上面叫包办,在下面叫无自主性。这些都是违反统一领导原则的。

其二,统一领导并不是说在一切方面绝对一致,只是说在总的目标方向上、共同的行为规范上统一;统一的意志、统一的目标、统一的步调必须伴之以不同的特点、各种灵活性和具体的创造,"一刀切"的做法是违背统一领导原则的。真正的统一领导应该呈现生动活泼的局面,应是"统而不死,活而不乱",而不是死气沉沉的局面。加拿大糖业公司总经理萨克森·塔特认为,"分权"做得好的、有活力的组织应是"动车型"运转,即各级组织犹如动车车体,节节有动力;而非"机车型"运转,即好比只有火车头(领导)有动力,后面车厢(各级组织)只能被拖着走,没有自主性。这样的局面必然效率低下。[②]

---

① 孙钱章主编《现代领导方法与艺术》,人民出版社,1998,第260页。
② 同上书,第261页。

其三，分权必须分责。有权就要承担相应的责任。权与责必须统一。要避免权与责的分离。权与责的分离或表现为"有责无权"：有的领导只向下级分派任务而不授予相应权力，造成办事者无权、有权者不办事的不合理现象；或表现为"有权无责"：有的领导者把某些权力下放，但又没有明确相应的责任，造成下级滥用权力，对后果不负责任的不正常现象。当同一任务同时授给两个以上部门或下属时，要有明确分工，必须使责任落在一个部门或一个人身上，让其中领受最高权力的那个人承担最后责任。这被称作不平行原则。

第一次世界大战末，在西线领导联军反攻德军的是法国名将福煦将军，仗打得很出色，可是战后授勋时遇到了麻烦，因为西线的领导人不只是福煦将军一人。在问福煦本人应给谁授勋时，他坦然回答："这个我倒不知道，不过有一件事很清楚，那就是，如果这次打了败仗，不得不负责任的人就是我。"[1]福煦将军在此所强调的，正是负最后责任的，是最终拥有决断权的人。

其四，授权是分权的一种形式（关于授权的含义、原则、形式等，我们将在第四篇"领导艺术与领导力"中加以具体阐述）。

总之，集权与分权的有机结合，是实施有效领导的关键之一。

五、诸葛亮"出师未捷身先死"的警示
——谈领导分层原则

《三国演义》中描述，刘备死后，诸葛亮怕别人不尽忠职守，立了一条"罚二十以上皆亲览"的制度，即事无巨细，一概由诸葛亮亲自处理，外连东吴、内平南越、整顿戎装、工械技巧等等，他都揽在身上。结果忙得日理万机，汗流浃背，以致中途夭折，留下"出师未捷身先死"的千古遗恨。有人曾劝诸葛亮："治家之道，在于各司其职，如果凡事家主必亲躬，将形疲神困，终无一成。"但平生谨慎的诸葛亮没有听得进去。结果只能如司马懿所评价："孔明食少事烦，其能久乎！"

诸葛亮的失误留给现代领导者的警示在于，为实现有效领导，必须遵循分层领导原则。所谓分层领导原则，指在领导系统中建立合理的层次系列，并正确处理层次之间的相互关系。

为什么要实行领导分层？这是由领导的宽度所决定的。

所谓领导宽度，是指领导者所管辖的下属机构工作单位（人员）数目的限度。由于领导者体力和心理方面的疲劳，加上处理工作事务知识面的局限，在一个领导

---

[1] 孙钱章主编《现代领导方法与艺术》，人民出版社，1998，第263页。

工作系统中,领导者能够直接领导的部门在数量上总有一定限度。下属部门数量过多,领导者精力有限,无法兼顾,并且不易协调。因此,较大规模的领导系统中不止两个层次,往往出现更多的层次。

一位领导者究竟能有效地管理多少下属和部门呢?对此往往有不同看法。英国将军汉密顿爵士依据军事组织的历史得出结论,认为领导的宽度应在3~6人之间。日本许多企业认为,宽度以5~10个效率最高。但这也不是绝对的,要根据具体情况而定。如一级教育机关下属的学校虽然比较多,但由于性质相同,易于管理,横向联系也易于协调,可不设中间层次。

一般地说,确立领导宽度的标准包括以下四点。(1)上下级知识的多少和能力的大小。知识愈多能力愈大,领导宽度愈大;反之,宽度愈小。(2)上下级相互关系的复杂程度。关系愈复杂,宽度应愈小;反之,可大些。(3)下级活动同类性的大小。同类性愈大,宽度愈大;反之,愈小。(4)下级工作分散性的大小。工作愈分散于各地,宽度就愈小。此外,还应考虑到技术性和专业化程度。

首先,有效的领导必须明确划分各个领导层次的不同功能。不同的领导层次具有不同的性质和职能。只有使领导活动的多种内容处于相应的层次之中,整个企业才能有规律地运转,并取得最佳管理效率。例如,一般企业划分为四个层次:经营层(企业最高领导)、管理层(各职能部门)、执行层(车间)、操作层(作业小组)。这些层次划分不仅由领导的宽度决定,更主要的是由企业领导管理的性质所决定。而每一个层次都有其各自的职责,分工明确,层次分明,整个企业才能有效运转,提高工作效率。

其次,有效的领导必须正确处理各层次关系。上一级领导应当尊重这种层次系列,只对下一级部门行使一定的权力,而不要包办代替和越级处理问题。下级部门也不应该将自己职权范围内的问题无原则地上交,而应根据统一的行为规范,发挥自己的主动性和创造性。

当然,分层领导的原则在任何情况下都不是绝对的。譬如,有时高层领导者直接深入到基层去抓典型、解剖麻雀,解决有代表性的问题,对于推动全局工作是十分重要的。有时,高层领导者由于事关全局的工作和紧急的任务,需要直接同广大群众见面,实行总体动员。在这种情况下,事事逐级下达就会影响工作效率。当然,"直接干预与直接解决——这不是经常的办法,而是在特殊情况下的办法或是为了示范"。

诸葛亮的失误正在于未能实施好领导分层原则,不善于放权、不善于培养和锻炼人才,不信任下级,大包大揽,"一竿子插到底"。这在古代不行,现代领导就更行不通。

前面我们提到过古罗马法典的规定:"行政长官不宜过问琐事"以及法约尔的忠告:"领导不要在工作细节上耗费精力。"这一忠告同样也是领导分层原则的依据之一。

诚然,不在工作细节上耗费精力并不是说不要注意细节。作为一位领导者应该关心、了解细节,但不能事无巨细统统去研究,亲自去解决。领导者尤其不能因为在细节上耗费精力而耽误了大事。

任何高效的领导都是层次分明、职责分明的领导活动。

西汉时期,陈平任汉左丞相,皇帝刘恒有一天问他,全国一年审决了多少案件,一年的财政收支有多少。陈平说:"这些事有人主管。"刘恒问:"谁主管?"陈平答道:"陛下要了解司法问题,可以问廷尉;要了解财政收支,应该问治粟内史。"刘恒有些不高兴地追问:"既然什么事都有人主管,那么你管什么?"陈平笑着答道:"宰相者,上佐天子,理阴阳,顺四时,下遂万物之宜;外镇抚四夷诸侯;内亲附百姓,使卿大夫各得任其职也。"

陈平的高明之处,正在于对领导分层原则的娴熟运用。

六、司马懿的通权达变
——谈领导权变原则

三国时期,刘备有个旧将孟达一度降魏,诸葛亮讨伐魏国时,孟达想在金城、新城、上庸三个地方起事,奇取洛阳建立功勋,然后归顺蜀国。这时,恰逢司马懿复职,担任平西大督。诸葛亮料定,如孟达仓促起事,必将被司马懿擒拿,写信提醒孟达。但孟达认为司马懿住在宛城,离魏都大约800里,即使得知起事消息,等请示报告魏国君主,得到圣旨,往返需要一个月。那时起事的各项准备工作都可以完成了。因此,孟达对诸葛亮的提醒置若罔闻。但机灵的司马懿一听说孟达想要造反,立即决定发兵围剿,并没有奏告皇帝等圣旨。孟达失败。由此可见,司马懿临机决断,先斩后奏,不愧为权变的好手。这种通权达变的思想,对于现代领导仍有十分重要的借鉴意义。

司马懿的做法出色地遵循了领导权变原则。权变原则是领导一般原则之一。权变即权宜之变,指衡量是非利弊,因地制宜、因时制宜、因事制宜。领导者在不违背根本利益的前提下,考虑各种有关的变动因素,随机应变、灵活机动地处理和解决问题,这就是权变原则。它是在特殊情况下领导者处理问题的一种指导原则和方法,也是权变理论在领导活动中的具体运用。对于一个现代领导者来说,通权达变的观念十分重要。如果采取教条主义态度,不具体分析特殊情况,凡事都机械地执行指示、决定，不能从实际出发，相机行事，则不可能开创工作新局面。所谓"将在外，君命有所不受"，讲的就是这个道理。

当然，强调权变并不意味着领导者可以不受任何约束、为所欲为。权变是有限制条件的。一不能无视客观情况和实际效果而蛮干；二要符合组织的整体利益、长远利益。如目无大局、自行其是，那就不是正确的权变观念。

因此，权变原则必须服从目标导向原则。目标导向原则也是一项重要的领导一般原则，其基本要求在于任何领导活动都必须正确确立目标，科学地选择达到目标的途径和步骤，合理控制实现目标的进程。依据这一原则，要实事求是地确立目标，既要从本单位自身条件、状况出发，同时也要考虑社会需要，考虑与更大系统的目标是否对应符合。

目标一旦定了，就不能随意修改。只有在实际情况发生变化，或原定目标不完善、与实际情况有偏差时，才需适时调整、修正原定目标。目标就是方向，领导活动的任何环节都必须紧紧围绕已经制定的目标，一旦目标实施过程中出现这样或那样的偏差，就必须对目标的实施过程进行控制，及时检查执行情况并进行评价，及时反馈新情况、新变化。

控制，即从外部对执行者和执行组织的活动和运行状况进行宏观把握，对其偏离未来目标的行为或活动进行监控、校正、引导，以保证有序运动，防止失控，高效实现组织目标。

控制的任务在于寻求动态的系统或组织的稳定和有序，防止组织的无序和震荡，既保护组织稳定又使组织充满活力，既有一定的机动灵活，又保证不偏离领导目标。这是领导控制的难点。日本松下幸之助提出的"时钟的活力来自钟摆的摆动"的思想，揭示了领导控制的境界。这种原理认为，钟摆左右摆动而显示时间，说明钟是活的。钟摆一旦停止摆动，钟就坏死了。世界和人生也是这样，只有摆动才证明这个世界是活的。唯有左右摆动的幅度恰当，人生、事业才能兴旺发达。这一思想揭示了两条原则：一是领导控制必须在组织稳定与组织活力之间寻求一种平衡；二是领导控制的对象本身的动态运行必须有一个可允许的活动范围或空间，但这种可允许的活动范围或空间又以不偏离原定目标为原则。这也可以被视为权变原则在控制过程中的应用。

为此，领导者在行使职能、制定计划和目标时要留有余地，目标执行过程中要适应客观事物情况，进行及时修正、调整，实行动态管理。高明的控制不是死板的，而是弹性的，即控制是在时间、空间等多种要素弹性发展的基础上进行的。弹性即要求领导者处理事情时要"留一手""多一手"，准备好可供选择的多种调节方案，防患于未然。这就是领导的弹性原则。权变原则与弹性原则紧密相连、不可分割。

与权变原则相联系的还有宽严相宜原则。宽严相宜原则要求在领导活动中，领导者应根据不同情况、区别不同对象，说服教育与强制并重，宽严并举，赏罚得当，才能对越轨行为进行有效约束，为自觉的人指示方向，对不自觉的人给予告诫，从而督促整个组织或团体向同一目标前进。领导者在运用这一原则时，应审时度势，掌握适当时机，及时、慎重地选择宽严手段，有时以宽为主，有时以严为主，或者宽严相济、交替使用。要宽严公道、赏罚分明。

权变原则的实施离不开高超的应变能力。应变能力即为适应主客观情况的变化，机动灵活地变换领导方式的能力。应变原则有：处变不惊——沉着镇定、临危不乱、从容应变；以变应变——善于根据客观情况的变化，适时作出应有反应；蓄以应变——注意积累应变力量，做好随机应变的充分准备；静观待变——善于预测事物变化趋势，审时度势，主动迎接事物变化的到来；以不变应万变——"敌军围困万千重，我自岿然不动"，保持冷静清醒的头脑和镇定自若的情绪，冷静观察、细心分析；机智应变——以柔克刚、欲擒故纵、随机应变。

凡此种种"变"，都须"万变不离其宗"。这个"宗"就是决策目标、组织整体利益。权变原则必须受其制约。

七、卢卡斯的失败与巴顿的成功说明什么
——谈领导者的指挥风格

第一次世界大战中美国将领卢卡斯在日记中写道："由于我心太软，我在已经选定的职业上，难以成功。"如他所料，由于性格较软，招致了一次重大失误。1944年1月22日，他率一个军在罗马附近顺利登陆，仅伤亡百余人。可他却怕增大伤亡而不敢指挥部队乘胜前进。一直在滩头上停留了7天。结果险些被德国迅速赶来的援军赶回大海。最后苦战一个月，以近2万人的伤亡代价才突围出去。本人也因此被解职。

反之，巴顿将军则以勇猛著称，他的指挥风格迥然不同。在西西里战役中，他率部登陆后，虽遭对方激烈阻击，但他却果断猛攻，在历时39天的战役中，以1.6万人的伤亡代价，歼灭轴心国军队16.7万人。

这一正一反两个形成鲜明对比的例子清楚地告诉我们，领导者不同的指挥风格，往往能决定事业的成败。

指挥，指领导者和领导机关推动下属组织和个人执行自己的决定，促使他们努力完成为实现既定目标而分配的任务。指挥既是一种领导职能，也是领导权力的突出表现。作为一种领导权的指挥权是对下级组织和个人的推动和促进权。

首先，领导者能否灵活地运用恰当的指挥方式，关系到领导活动的成败。

在领导活动中，根据不同情况，可以运用四种指挥方式：口头指挥、书面指挥、会议指挥、现场指挥。口头指挥简明、及时、方便；凡受时间、地点等条件限制而不便口头指挥的，可采用书面指挥方式，书面指挥方式可确保信息不走样，并便于以后核查。会议指挥如执行前的动员会、执行中的协调会、执行后的总结会等。现场指挥是用于发生重大突发事件、重大事故时，领导者亲临现场的指挥方式。

其次，强制性是指挥的一般特征。但在领导活动中，强制性的指挥是有限度的，不能靠强制性指挥解决一切问题。指挥有命令、说服和示范三种形式。例如人的思想问题，就不能靠强制指挥来解决，而只能靠说服教育来解决。再如，领导者应该指挥下属人员完成既定的任务，而对细枝末节工作的指挥是多余的。该指挥而不指挥，是领导的失职；不该指挥而乱指挥，就会限制群众积极性和主动性的发挥。正确而灵活地进行指挥，是领导者的一项重要职责。

再次，为有效地履行指挥职能，领导者既要具备必要的指挥能力，还要塑造应有的指挥风格。

领导者应该具备的组织指挥能力表现为：凝聚组合能力——善于凝聚组合各方面力量，形成一股绳的综合力量之能力；执法监察能力——对决策方案实施及结果的检察监督能力；总体统御能力——善于从总体目标统御整个系统，从总体调节处理矛盾、集中各人的能力与欲望，使其形成合力的能力；果断指挥能力——随机决断能力与组织管理能力的高度统一。

领导者性格上的差异会导致形成不同的领导风格。常见的领导风格有：勇猛型——敢于冒险、创新、进取，勇于自我牺牲；稳重型——性格内向、深沉练达、沉着机智；灵活型——性格随和、刚柔相济、善于通变；战略型——运筹帷幄、精心策划、气度宽宏；死板型——性格孤僻，因循守旧；武断型——专横主观、固执己见；盲目型——轻浮急躁、胸无远见；柔弱型——优柔寡断，胆小怕事。一位优秀的领导者应锤炼养成前四种领导风格，尽量避免后四种领导风格。

撒切尔夫人史称"铁娘子"。从这个称呼中足以看到其果断和强硬的一面，然而，人们在赞赏她"铁"的手腕和领导（指挥）风格的同时，仍然把她定位于"娘子"这一女性的魅力，从她身上感受到作为女人的风韵和魅力以及作为母亲和妻子的温柔与慈祥。从1979年到1990年，撒切尔夫人在担任英国首相长达11年的时间里，一方面是果断、威严，是铁的意志，是自信、挑战、进攻；诸如：果断进行大刀阔斧的经济改革；果断指挥打赢了一场出兵万里之外的马尔维纳斯群岛的战争。另一方面则是女性的感召力和魅力。撒切尔夫人善于理解他人、关心他人，特别是能准确把握人们的心理状况，并能恰当地表现出来。在马岛战争的日子里，她一直是一身黑服,以示对死者的缅怀,对死者家属的关切和对战争的反感,她经常在公开场合热泪盈眶,甚至啜泣不止。这种刚柔相济的领导(指挥)风格使她更具亲和力。在处理繁杂的国家事务中,她十分刚强、果断、干练,但对同僚却十分和善体贴,时常嘘寒问暖。有人生病了或家中有亲人病故,她都要亲笔写信问候,有时还亲自下厨为同僚们准备晚宴。所以她部下说,为她工作尽管经常通宵达旦、废寝忘食,而且得不到高额报酬,但却愿意尽心尽职。撒切尔夫人刚柔相济的领导、指挥风格成就了她的事业。

领导指挥风格的最高境界在于"无为而治"的"无形指挥"。这里所说的"无为而治"的思想,即"无为"与"有为"的统一。用于领导、管理,则旨在寻求一种以最小的领导(指挥)行为获取最大效益。如美国《企业管理百科全书》指出:"主管之职能,首在成事,而非做事。"① 法国管理学家法约尔指出:一个领导者应"去引导部下而不代替他们"。② 领导者应擅长于抽身谋大计、最大限度地发挥自身影响力,无声、无形地影响、指挥下属。这就是"无为而治"的最高指挥境界。

八、罗斯福的"炉边讲话"
——谈领导的教育职能

二战期间,美国总统罗斯福的"炉边讲话",很是值得称道。那时还没有电视。在他执政的 12 年间,在壁炉前通过广播面向全国进行过 300 多次讲话。每每有国家大事,他都用这种方式与美国公众沟通情况、联络感情。

罗斯福的"炉边讲话"好在能借助当时的媒体手段履行领导者的教育职能。

教育指领导者对广大群众进行宣传、动员、培养、训练,从各方面提高他们的素质,以适应实践需要的职能。教育的内容由社会实践活动的需要决定,主要包括帮助群众提高政治思想、科学文化、生产技能等方面的水平。一般地说,教育可以划分为政治思想教育和业务技术教育两个方面。

任何领导意图都要通过人的行动来实现,而人的行动总要受一定思想所支配。所以,一切有头脑的领导者无不重视思想工作。思想政治教育是社会主义领导者实现领导意图的重要手段。帮助群众提高业务素质,是领导者教育职能的另一个重要方面。业务技术素质是完成具体业务工作任务的保证。

动员是教育的一种重要方式。动员是对领导决策执行人员及有关人员有目的地施加有说服力的影响过程。动员不仅包括了对领导意图的公开宣示,还包括了

---

① 葛荣晋:《中国管理哲学导论》,中国人民大学出版社,2007,第 411 页。
② 同上。

领导者对领导意图执行者及有关人员的教育、说服和鼓动。

动员方法有直接动员与间接动员两种：

直接动员的形式：一是领导亲自讲话，发动群众、号召群众，美国总统罗斯福的"炉边讲话"就是这种形式；二是下达文件，书面动员；三是临场动员，鼓舞士气，1943年十月革命时，在莫斯科兵临城下、岌岌可危之际，斯大林在阅兵场上满含激情的讲话极大地鼓舞士气，参加阅兵的部队随即开赴前线抗敌。

间接动员的形式有两种。一是把领导意图公之于众，让群众自觉行动。无论产生什么情况，尤其是困难的情况，都公之于众，让群众产生自身驱动力。周恩来说过："任何政策的决定或改变，任何政策中之正确或错误的成分，必须适时地不但向干部而且向群众公开指出，才能得到群众的了解和拥护而成为力量。"二是让群众参与进来，在干中动员。让实践本身来说服人，这是最有力的。潮流之外的，让他参与进来，他就成为潮中人，处于工作之外的，让他参与进来，他就会从这个工作的角度说话、想问题。

做好动员工作，必须遵守以下几条原则：

1. 说服原则，即正面教育原则。可以是理性的说服，也可用暗示的手段，如利用艺术形式宣传、请特定人员（如名人）进行宣传、利用特定形式宣传，如会场布置、令人振奋的演说等。

正面教育，以理服人，也就是所谓"灌输法"。列宁反复讲述，马克思列宁主义不能在工人运动中自然产生，而只能实行灌输。灌输的内容主要包括两个方面：一是政治理论的灌输。二是文化科学知识的灌输，如关于社会主义市场经济的理论知识学习、现代科学技术知识的学习等。

灌输不是生硬的填塞，而是要按照疏导的方针，讲究灌输方法的科学性和艺术性，善于启发、诱导。教育内容不仅要材料新鲜、观点明确、主题突出、针对性强、说理透彻；而且应努力做到构思巧妙、引人入胜、波澜起伏、扣人心弦、语言生动、富有趣味。在教育形式上则要生动活泼、灵活多样，切忌单调划一、呆板枯燥。

正面教育要遵循循循善诱原则。循循善诱，就是要有耐心，思想工作要步步深入，一步一个脚印，不急于求成。有人把这一原则概括为"施之以爱，动之以情，晓之以理，喻之以义，导之以行"的20字诀。

2. 适时原则。动员要及时、迅速。

适时原则强调思想教育的时代性和针对性。所谓时代性，不仅指思想教育内容要适合时代需要，而且指思想教育手段也要具有时代感和时代气息。如果说，罗斯福当时运用电台广播形式具有当时的时代感，那么，当今的思想教育就应该借助全媒体、新媒体。所谓针对性，指的是要熟悉教育对象，了解对象的具体实际，掌握他们的思想脉搏,做到有的放矢、对症下药。不问对象思想的现状和来龙去脉,搞"千人一面"的说教,结果只能是言者谆谆,闻者藐藐,奏效甚微。

3. 个性化原则。"一把钥匙开一把锁。"

做好一人一事的个别工作,是思想政治工作的基本功。其特点是:要针对对象的特殊性,根据不同人的不同问题、不同特点,采取不同方法。其前提是:摸准对象的具体情况,既要了解思想问题,又要掌握个性特征。其做法是:实事求是地做科学分析,一是一,二是二,不夸大,不缩小;允许申辩,耐心帮助,不操之过急;激发长处,鼓励进步,不苛求于人。

4. 用事实说话原则。在动员中应利用实际事件、业务活动来提高人们对宣传内容真实性的可信度。大多数人更乐于接受以事实说话的动员手段。

要克服思想政治工作、业务工作两张皮、各管各的现象,把思想政治工作渗透到业务活动中去,有效地解决业务活动中的各种具体矛盾,充分调动人们的积极性和创造性,保证各项业务工作顺利完成。如果离开各项业务工作,不解决任何实际问题,孤立地去做思想政治工作,必然会变成"空头政治",把思想政治工作引入歧途。

最后,领导者本身也有一个先接受教育的问题。因为"要做人民的先生,先做人民的学生"。这是我们必须记住的。

九、同样的激励政策为何产生不同效果
——谈"一把钥匙开一把锁"

为了激励业务员更好地完成销售目标,某企业营销主管发布了这样一项奖励措施:年终销售业绩前两名,奖励九寨沟双飞旅游一次。这项激励政策在小张、小李和老王三个人身上就产生了不同的反应。

小张刚刚大学毕业一年多,别说九寨沟,就是出远门的机会都很少,而且更没有坐过飞机。听到这项决定后,小张非常兴奋,暗地里发誓一定要努力工作,争取圆满完成任务,出去风光一趟。根据期望理论,小张的效价如果用满分为 1 来计算,凭小张的能力和干劲,在三个人当中他成功的可能性是 50%,那么这项激励政策对小张的激励效用就是:$1 \times 0.5 = 0.5$。

小李是一位工作了将近五年的业务员,全国各地跑了不少地方,飞机也坐过了,可是九寨沟却一直没有去过,他早就知道九寨沟风景美丽,也想着什么时候有机会去游览一番。这样看来,九寨沟旅游对小李的效价虽然不是 1,但也很高,可算作 0.9,凭小李的能力和经验,在个人中他成功的可能性是 80%,那么这项激励政策对小李的激励效用就是：$0.9 \times 0.8 = 0.72$。

老王是一位老业务员，是三位员工中资历最老且业绩也最出色，全国各地几乎没有他没去过的地方，九寨沟他也已经去过两次。而且，他老婆刚刚动了一次大手术，并因此欠了不少债，人们都知道老王现在最缺的是钞票。可以看出，九寨沟对他已经失去了价值，效价应该是 0，凭老王的能力和业务关系基础，在三个人当中他成功的可能性是 100%，那么这项激励政策对老王的激励效用就是：$0 \times 1 = 0$。

由此可见，同一项激励政策在不同的员工身上会产生不同的激励作用，为了达到最佳的激励效果，领导者应在权力允许的范围内因人而异地制定不同奖励措施，以针对员工的不同情况有的放矢地调动大家的积极性。

重视个别工作，"一把钥匙开一把锁"，做好一人一事的个别工作，是思想工作的基本功。

思想工作必须重视个别工作，这是由思想工作的基本规律——"思想工作的内容和方法必须适应被教育者的思想发展变化规律"所决定的。

恩格斯说：人们"行动的一切动力，都一定要通过他的头脑，一定要转变为他的愿望的动机，才能使他行动起来。"[1]人们的一切行动是受思想（愿望和动机）支配的，而支配行动的思想，是人所处的社会条件、生活条件、工作条件和环境等客观条件作用于大脑的结果。"客观条件→思想（表现为愿望、动机）→行动"这一公式，表述了人们思想和行为的客观规律。这一规律，决定了我们在从事思想工作时，不但要研究外界客观条件是如何决定和影响人的思想；而且要研究人的思想动机是怎样指导行为的。只有这样，才能自觉地、更有效地做好思想政治工作。

尤其要注重个性心理对人的思想行为的影响。由于人的不同的生理基础、不同的生活和教育条件，形成个人气质、性格、能力、兴趣、爱好这些个性心理上的差异。这些个性心理，通过情感和意志在每个人身上保存下来，固定起来，具有一定的稳定性。一个人的积极行动，不仅包含着思想意志的明确程度，也包含着情感的兴奋水平和意志努力的程度。只有根据每个人的个性特点，选择相应的思想政治工作的内容和方法，才能把共性与个性、一般与个别统一起来。例如，对于逻辑思维能力较强，或者说属于理智型的人，采取逻辑性较强的说理方法，可能奏效较大；而对于形象思维能力较强，或者说属于感情型的人，采用形象感染的方法可能见效更快。对性格粗犷和感情细腻的人，对外向型和内向型的人，思想教育的内容和方法也均应有所不同。

思想工作必须重视个别工作，还是由思想工作的循循善诱的原则所决定的。

---

[1] 《马克思恩格斯选集》第 4 卷，人民出版社，1995，第 251 页。

思想工作的循循善诱原则，是由人们的认识程序规律所决定的。人们的认识过程是由感觉、知觉到思维的过程；是从认识个别事物到认识一般道理的过程；又是一个从量的逐渐积累到质的飞跃的过程；这一由浅入深、由表及里的认识程序，说明人们的认识需要一个过程，从而我们的思想工作也需要遵循这个过程。而每一个人的认识过程不能一概而论，现实情况是，有些人接受能力强、反应快、思维灵活敏捷，思想工作容易见效，而有些人恰恰相反，接受能力弱、反应慢、思维不怎么灵活，思想工作见效慢，因此，循循善诱的原则必然要求重视个别工作。循循善诱原则概括为"施之以爱，动之以情，晓之以理，喻之以义，导之以行"的20字诀。这20字诀的落地离不开对个别工作的重视。

另外，思想工作的基本方针——疏导方针也必然要求重视个别工作。疏导，就是疏通、引导。疏导的方针，是一条实事求是，以理服人，讲求实效的方针。显然，只有针对工作对象的具体情况，区别对待、循循善诱才会有成效（关于疏导方针的具体内容与要求，我们将在下一节加以阐述）。

十、查利斯·施瓦布是如何让下属停止吸烟的
——谈思想工作的基本方针：疏导

美国钢铁大王安德鲁·卡耐基的助手查利斯·施瓦布是一个知道如何将那些比自己聪明的人团结在身边的人。查利斯·施瓦布有一天下午从自己的一个钢厂走过，看到有几个雇员正在车间吸烟，正好那块"严禁吸烟"的大招牌就在他们的头顶上，施瓦布怎么处理呢？按不少领导人员惯有的做法，也许是指着那块牌子对他们说："难道你们都是文盲吗？"然而，这样做的结果一定不会理想。只见施瓦布朝那些人走去，友好地给每个人递上一支雪茄，说："孩子们，如果你们能到外面去抽掉这些雪茄，我将十分感激。"那些吸烟人怎么想呢？他们立刻知道自己违反了纪律，一个个把烟头掐灭，同时对施瓦布先生产生了好感，因为他没有简单地斥责他们。在纠正了错误的同时，也没有伤害他们的自尊。这样的领导者，谁还好意思和他作对呢？

任何一种领导活动，都是通过对人的领导，达到对世界的改造。因此，影响人们思想、观点和立场的思想工作，不能不是领导工作的中心环节。

思想政治工作的基本方针是疏导。疏导，就是疏通、引导。疏通，就是广开言路，集思广益；引导，就是循循善诱，说服教育。疏导的方针，是一条实事求是，以理服人，讲求实效的方针。疏通是引导的必要前提，引导是疏通的发展趋势。要在疏通中引导，在引导中疏通，又疏又导。没有疏通，就不可能正确引导；没有引导，疏

通也便失去了实际意义。

疏导方针之所以是思想政治工作的基本方针,是因为:

首先,从工作对象看:思想政治工作的对象是人,思想工作是做人的工作。而人是有感情和意识的。思想意识的问题只能靠说服,只能因势利导,以理服人。任何堵塞、压制、强迫命令的办法,都不能解决思想问题。

其次,从思想问题的性质看:我们所面临的思想问题,大量属于人民内部矛盾。凡属于人民内部矛盾的争论问题,只能用民主的方法去解决,只能用讨论的方法、批评的方法、说服教育的方法去解决,而不能用强制的、压服的方法去解决。实行疏导的方针,既能够克服错误的思想和行为,又可以保障人民的民主权利,保护人民群众当家作主的主人翁精神和积极主动精神。

再次,从人们的思想发展变化过程看:一个人的思想转变,必须经过自身的思想矛盾的斗争和转化,这就需要创造条件,让大家畅所欲言,把各种意见和想法都讲出来;然后,通过摆事实、讲道理,才能明辨是非,坚持真理,纠正谬误。而这正是疏导方针所主张的。

疏导方针尤其体现在批评艺术中。一次出色的批评,也不愧为一种高超的艺术。批评人而不伤害人,反而使被批评者感激批评者对他的教育和帮助,这就是领导批评艺术的魅力所在。出色的批评艺术恰恰是疏导方针的出色运用,即不直接批评,而是启发被批评者认识错误。

罗斯福在当选美国总统之前,曾在海军担任要职。一天一位朋友向他打听海军在加勒比海一个小岛上建立潜艇基地的有关计划,这显然是一个不准向任何人泄露的军事秘密。罗斯福听后故意左右看看,然后压低声音问:"你能保密吗?""当然能。"那位朋友答道。"那么,"罗斯福微笑着说:"我也能。"

作为疏导方针出色运用的批评,从不攻击一个人的价值,轻易否定一个人;而只是批评这个人的行为,即对事不对人,这样被批评者就不会产生要捍卫自己人格、尊严和价值的敌对情绪。查利斯·施瓦布就是这样一位善于运用批评艺术的领导人。

第二章

决策与领导力

一、丰田汽车何以能打入美国市场
——谈决策目标的挑战性

从丰田汽车打入美国市场的过程中,我们可以深切地体会到挑战性目标的决定性力量。当德国的大众汽车公司生产的"甲壳虫"牌汽车在美国的高速公路和大小街道上奔跑时,丰田公司的领导们就产生了一个执着的信念:"一定要打入美国市场。"然而,在当时这是有很大的难度的。因为丰田皇冠的发动机是为当时日本的窄路低速行驶设计的,难以符合美国市场的需求。果然,当丰田车最初投入美国市场时,就碰到很大挫折。但是,丰田公司知难而进、坚韧不拔,终于,经过19年的努力,战胜了大众,骄傲地实现了"车到山前必有路,有路必有丰田车。"19年,一段不短的艰难历程,其间,必然荆棘丛生。然而,丰田持之以恒、执着不变,为实现这一挑战性目标而不惜付出努力与代价。功夫不负有心人,最后终于如愿以偿。

丰田公司的成功是让人钦佩的,当它驰入遍地荆棘的市场时,是什么在鞭策它,给它以力量?正是"一定要打入美国市场"的挑战性目标。试想,如果当初丰田的领导们在挫折面前丧失信心,放弃追求,那么人们又怎能希冀丰田能够创造出这样的奇迹呢?

无论什么决策,一般由决策者、决策目标、决策备选方案、决策情势和决策后果等五个要素组成。

决策目标指决策所要达到的目的。决策目标明确与否直接关系到决策效果的好坏。决策目标明确了,方案选择就有依据,行动就有针对性;反之,方案选择和行动就会发生模糊或偏差。

目标的确立是决策的开端。德鲁克认为,有效领导者的决策不是从搜集事实开始的,而是从确立一种适用性的准则——目标开始的。决策也是这样,只有认清要解决的问题是什么，要达到什么结果，才能以此来搜集相关事实，从而做出有效决策。好比医生如不明病人症状，又怎么能对症下药呢？目标在决策中起着导航作用。

决策目标应具有挑战性，挑战性目标不仅具有导航作用，更具有激励、鼓舞作用。如果目标没有一定难度，无须"跳一跳""搏一搏"，下一番功夫就能顺利实现，那就失去了激励作用，下属的积极性与创造性也就无从激发。目标理论的奠基人洛克指出，困难的目标会引起比容易的目标更高的行为表现水平，具体的困难目标会引起比没有目标，或那种"尽力去做"的泛泛的目标更为高水平的行为表现。挑战能鼓舞人们愿意投入工作并追求卓越成效。

诚然，挑战性的目标必须高而现实，不能好高骛远、华而不实。如果目标不是建立在科学与现实的基础上，就会成为"海市蜃楼"、虚幻梦想。丰田在确立"一定要打入美国市场"的决策目标时，清楚地知道他们有着取得成功的各种资源——人、经验、资金。如果明知不可行，还一味固守信念，那就只能说是盲目蛮干了。

戴维·布雷德福、艾伦·科恩在《追求卓越的管理》一书中指出：艰巨的使命——困难但可以完成，能叫部属使出浑身解数。[①] 但如果目标仅仅是以极少数人员的能力为依据的话，必然会挫伤大多数人的积极性。目标的实现依靠组织内"上下同欲"，步调一致，齐心协力，拧成一股绳。光有少数人的决心和行动是不行的。领导者要善于调动下属的积极性，依靠大多数人来实现组织目标。为此，有必要让下属参与目标的制定，给大家一种"主人翁"感觉，这样，具有挑战性的目标才能转化为大家的自觉行动。

在决策理论史上，出现过一种追求完全理性的决策模式理论，被称之为"传统理性决策模式"。传统理性决策模式建立在完全理性的基础上：决策者始终是理性的，决策全过程始终是理性的，所有决策活动必须是理性的，没有任何非理性的因素。按照这种模式，理性决策必须满足如下五项要求：能够得到所需要的全部详细决策信息；能够了解所有人的价值取向；能够寻求所有决策方案；能够准确预测各种备选方案可能产生的后果；能够正确选择最有效的决策方案。[②] 显然，这样的决策目标极具挑战性，然而"高而不现实"，没有可行性。因而这只是一种理想模式。

鉴于此，西蒙提出了一种有限理性决策模式。他认为，传统理性决策模式实际上是一种绝对的决策准则，它的前提是"完全理性人"，所要求的是进行最佳选择；而在现实生活中，"完全理性人"是不存在的，只存在"有限理性人"，因此，只能实行

---

① 童中贤等：《领导的艺术》，重庆出版社，2007，第143页。
② 孙钱章主编《现代领导方法与艺术》，人民出版社，1998，第55页。

"满意原则"的有限理性决策模式。寻求满意决策的条件具有一套说明符合最低限度要求的标准,从而用以选出符合或超过这套标准的方案。① 西蒙的贡献在于把传统理性决策模式的目标挑战性置于现实性基础上,确立了"高而现实"挑战性目标。

在现实中,决策目标往往不是单一的,而是一个由不同层次、不同性质的目标组成的一个体系。因而,在具体决策过程中,需要对挑战性目标进行分解。目标分解是对总目标的具体化、精细化。目标分解的原则是"纵向到底,横向到边"。所谓"纵向到底",就是从总目标开始,一级一级从上到下,从最高组织目标到次级组织目标、再次级组织目标,直到个人目标层层展开,延伸到底,形成一个"目的链"。所谓"横向到边",指目标的横向分解要遍布每一个相关职能部门,不能出现"盲区"和"失控点"。这样,才能把目标的挑战性分解、落实到具体的部门与人,真正成为大家的努力方向,从而得以落实。

没有分解的目标,无异于一个空洞的口号。但是经过分解的目标必须紧紧围绕总目标,要避免出现"目标置换"现象。所谓"目标置换",即指分目标执行者把分目标视为最终目标,忘记了分目标是服务于总目标的,从而导致总目标的偏离。

二、要避免"霍布森选择"
——谈决策备选方案的评估与选优

"霍布森选择"来自一个历史故事。1931年,英国剑桥商人霍布森在贩马时,把马匹放出来供顾客选择,但他有一个附加条件,即只许挑选离门口最近的那匹马。这个附加条件实际上就是不让挑选。以后人们讽刺这种无挑选余地的"选择"为"霍布森选择"。

西方管理学界有一句名言:"如果看来似乎只有一条路可走,那么这条路很可能是走不通的。"② 这意味着,单方案的决策绝不是好的决策。决策理论称单方案决策为"霍布森选择"。这种选择在决策中是应该避免的。任何决策,都应该有备选方案。尤其是非确定性决策和风险性决策,特别要求领导者要慎重从事,不能鲁莽,要摸索前进,多方案并进,逐步摸索成功秘诀,增大概率值;并注重信息反馈,及时总结经验,化险为夷,稳中求进、求胜。

在领导决策中,坚持"多方案",避免"单方案",必要且具有重要意义。

---

① 孙钱章主编《现代领导方法与艺术》,人民出版社,1998,第57-59页。
② 同上书,第45页。

首先,决策备选方案的制定是贯彻领导"弹性原则"的一条重要途径。根据领导"弹性原则",领导者在行使职能、制定计划和目标时要留有余地,目标执行过程中要适应客观事物情况,进行及时修正、调整,实行动态管理。"弹性"即要求领导者处理事情时要"留一手""多一手",准备好可供选择的多种调节方案,防患于未然。可见,这里所说的"弹性",即是决策备选方案的"留一手""多一手"。

其次,决策备选方案的制定是决策的一个重要构成要素。我们说过,无论什么决策,一般由决策者、决策目标、决策备选方案、决策情势和决策后果等五个要素组成。这些要素是一个相辅相成的整体。决策目标往往不是单一的,而是一个由不同层次、不同性质的目标组成的一个体系。决策目标的体系性决定了备选方案也必须是多样的、体系化的。

再次,方案的评估与选优是科学决策过程的一个重要步骤。科学决策的一般程序大致包括下列几个步骤:(1)发现问题、确定目标;(2)集思广益、拟订方案;(3)分析评估、方案选优;(4)实施方案,反馈调节。

所谓分析评估,即采用一定的方式、方法,对已经拟定的可行方案进行效益、危害、敏感度以及风险度等方面的分析评估,以进一步认识各方案的利弊及其可行性。所谓方案选优,就是进行决断,或称"拍板"。即从各种可供选择的方案中权衡利弊,或选取其一,或综合成一。这是制定科学决策,形成政策策略,做出决定的最后步骤,是决策工作中最关键的环节,也是一件极其复杂的工作。

方案的评估和选优,基于这样一个事实:决策备选方案不仅有正确与错误之分,还有优劣之分。在所有备选方案中,有的耗时少、耗费低而效率高;而有的却代价高、效率低。因此,在决策中,不仅要辨别备选方案的正确与否,还要辨别备选方案的优劣,力求备选方案的"择优"。这是保证决策高效的关键一招。当然,我们要追求方案的优化,但不能把优化绝对化;我们只能从现实的可能性出发,在现实约束条件下,依据满意原则,从已有几个方案中选择基本上能满足目标要求,其效益令决策者感到满意的方案。

方案评估与选优是现代智囊团的重要职责。在现代领导的决策活动中,决策者把某项决策咨询委托给智囊团,智囊团组织智囊人员做系统研究,从不同角度分析评估决策的科学性、合理性及其后果;分析各种可能影响决策的因素及其相互关系,寻求平衡这些因素的方法,提出若干备择方案,并说明方案的依据。无论对哪种方案进行分析评估,其涉及的范围主要有两个方面:一是产生的后果;二是方案实施的过程。后果分析又包括效益分析和危害分析;实施过程分析则包括实施条件分析和敏感度分析。方案评估是方案选优的前提,其任务主要由智囊团担任。这是智囊团的决策咨询功能。

最后,决策后果是衡量备选方案优劣的最终标准。决策后果指决策实施后所产生的效果和影响。也是检验、评估决策方案优劣的最终且唯一标准。第二次世界大战期间,德国法西斯派了大量飞机轰炸英国。英国皇家空军做出决策,认为"尽可能多地使飞机处于飞行状态,至少不低于70%"。理论上分析,这一决策方案无可非议。但实战的结果却导致英方飞机的大量损失。因为飞机上空越多,被击落的比例就越大。专家们根据实战结果,得出只有使35%左右的飞机处于飞行状态,才能保证全部飞机的飞行时间最长,同时又保证每个战斗机组的战斗力量最强。实践给出了方案选优的最终答案。

三、葛洲坝工程决策的成功之处
——谈集体决策原则

葛洲坝工程的决策机构是工程技术委员会,由长江流域规划办公室主任林一山负责。周恩来总理问林:"这个委员会怎么搞法?"林回答:"两条。一是大国一致,二是签名负责。"所谓"大国一致",就是工程的重大技术问题,各个委员必须达成一致才能做出决定,只要有一个委员不同意,就要用技术资料加以说服。这次不行,下次再议,直至达成一致。在技术问题上,不搞少数服从多数。"签名负责",是对统一的意见,写成决定,全体委员签名后,上报国务院并责成设计和施工单位执行。由于坚持集体决策,保证了葛洲坝工程的技术水平处于世界领先。这正是葛洲坝工程决策的成功之处。

现代领导决策的复杂性和艰巨性已非少数人所能胜任,这就要求领导者在重大决策上,都要从善如流,充分发扬民主,认真听取各方专家人士的意见,集体讨论,共同做出决定。集体决策有利于全面分析问题,贯彻决策科学化、民主化原则。

其一,要坚持集体决策原则,就要坚持开放性决策原则。

领导决策的全部过程不宜讳莫如深,采取封闭形式,而应采取积极的开放形式,敞开大门,虚心请教,广泛收集有关决策的建议和意见,提倡讨论甚至辩论,造成自下而上的民主基础;同时应通过自上而下的集中,将各方专家人士的精辟见解吸取到决策方案中。实行开放决策,是坚持集体决策的需要。

其二,坚持集体决策原则,是排斥性决策原则的内在需要。

领导者的正确决策应以互相冲突的意见为基础,从体现不同观点的决策方案中进行选择。如美国管理学家德鲁克所说:"没有任何异议,绝不做决策。"[1]这就是说,没有不同的见解,就不可能有好的决策。这称作决策的排斥性原则。多种意见的争论往往可以无情地暴露各种决策方案的弱点,以促使领导者在决策过程中深思熟虑,明察秋毫。此外,不同意见的争鸣,也可使争鸣双方从对方的否定意见中,深化自己的认识,并集中各方的优点,形成合理的方案。坚持和提倡决策的排斥性原则,有利于提高领导决策的有效性和可靠性。而排斥性决策原则内含了集体决策原则的要求,只有从善如流,充分发扬民主,认真听取各方专家人士的意见的集体决策,才能做到以互相冲突的意见为基础。

其三,坚持集体决策原则,有利于贯彻多标准决策原则和完整性决策原则。

凡重大决策方案,通常都要满足多方面的标准和要求。如我国人口问题的合理决策就必须满足资源、能源、经济、生态平衡等方面的标准和要求。因此,领导者在作出决策时,需要从与方案有关的各种社会客观标准出发,综合评价方案的优劣。这就是多标准决策原则。

与多标准决策原则相联系的是完整性决策原则。即:领导者在制定决策方案时,要仔细考虑各种可行性方案,力争完整无缺,不放过任何一种可能方案。只有全面把握各种备择方案,领导者方能做出正确的决定。完整性原则可以保证领导决策有多方思考和比较的余地,进可攻,退可守,游刃有余,稳而不乱。坚持集体决策原则,广泛听取多方人士的意见,有利于综合考虑多方面的标准和要求,并力争做到完整性。

其四,坚持集体决策原则的先决条件是坚持客观性决策原则。

无论制定决策方案,还是做决策的可行性分析,领导者都要面向客观现实,一切从实际情况出发。决策的整个过程始终要以客观现实为基础。在现实工作中,常常有这种情况:某些领导者每逢重大决策,总要考虑决策方案如何才能为他人所接受,担心决策方案是否会引起他人的反对;有时为了便于他人接受,宁可采取折衷或妥协的办法。这就违背了客观性决策原则。

德鲁克认为:如果老是要考虑如何才能为他人接受,又要考虑怕他人反对,那就会浪费时间,不会有任何结果。因为在这样考虑时,必然不敢下结论,前怕虎后怕狼,贻误决策时机。所以,这种单纯追求"摆平""烫平",却违反了客观性决策原则的表面上似乎听取了大家意见,也是集体做出的决策绝不是集体决策原则的真实含义。

其五,分层决策是集体决策的一种特殊形式。

---

[1] 詹文明,《德鲁克教你当领导》,经济日报出版社,2008,第146页。

在重大决策时,需把庞大的决策目标分解为若干项具体子目标,然后针对子目标分别采取相应的对策。这就提出分层决策原则,即:某一系统内部不同部门层次的领导者对于决策应分别承担一定的责任。依据这一原则,上级领导不应该过多地参与由下级负责的决策,下级机构的领导者也不应把自己的决策职责无原则地推给上级。一项重大的决策应该依靠各层次领导者的集体智慧共同完成。分层决策有利于增强各级领导的责任心,防止决策中的相互推诿,同时可以迫使下属各部门独立作出决策,培养他们的独立工作能力和创新精神。

例如,1942—1945年美国研制第一颗原子弹的曼哈顿工程就坚持了这一原则。工程总计划一经确定,立即分解为若干具体的子目标,要求每一个承担任务的公司和个人都清楚地了解自己的目标。谁负责某项工作,谁就拥有相应的决策权力,在特定领域中未受过很好训练的上级领导对待下属的工作,往往给予该领域的"最大自由",所做的指示常常是参考性的。分层决策的实质,就是坚持集体决策原则,这个"集体",不仅指同一层次的决策班子集体,而且指不同层次决策班子的集体。

最后,坚持集体决策原则还有利于贯彻相对性决策原则。即:领导者的决策必须依据客观外界情况的变化而随之发生变化。因为只有依靠集体的力量,才能深刻、全面洞察决策情势的发展变化。

四、王永庆台塑的成功说明了什么
——谈领导者风险决策能力

20世纪50年代,台湾急需纺织、水泥、橡胶等工业企业。那时化学工业的老大是台湾私营化学公司董事长何义。他向台湾当局作了许诺:一年后建5座化工厂,10年后建7座橡胶企业。但待他到欧洲、美国和日本考察后,觉得台湾各方面差距太大,随即打退堂鼓。可王永庆不这么想。在他看来,目前台湾没有人愿意搞橡胶企业,这正是一个好机会——没有竞争对手,一旦搞起来,将是一枝独秀。于是,他派出一批技术人员到日本一家大型塑胶公司学习技术,一年后,又从美国购回一套设备先进的流水生产线。几年后,就收回投资。以后,王永庆的台塑已经成为台湾最大的工业集团,总资产一度达40亿美元。

王永庆台塑的成功告诉我们,领导者是否具有深谋远虑、预测未来的风险决断能力,是否具备领导必备的决策素质,至关重要。

风险决策能力是每一位决策者应该具备的能力,是决策者判断事物、决定行动方案的基础,也是团队获胜的先决条件。有没有风险决策能力,是鉴别领导者优劣的一块试金石。王永庆之所以成功、何义之所以丧失机遇,症结就在于此。

首先,为提高风险决策能力,领导者应具备发展的眼光和创造性思维,不仅能看到事物的现状,还能充分估量事物变化和发展的趋势。领导者应该能充分估量到事物的变化和发展趋势,从别人趋之若鹜的地方看到风险,从别人避之唯恐不及的地方看到利益。如此,才能领先一步,引领潮流。

因此,思维敏捷,有很强的洞察力,能发现问题,抓住时机;有超前意识,能预测事情变化趋势;是领导者必备的风险决策首要素质。

在此,洞察力是进行风险决策时必备的重要能力。是否具备洞察力,将对事物发展趋势的预测起着根本性的作用。许多风险决策的做出依据决策者的直觉,而直觉作为一种不经事先的逻辑推导而直接接近真理的能力,是主体获得知识和技能的一种特殊能力。这种特殊能力就是以深刻的洞察力为基础的。

改革开放初期,春兰集团能从一家不起眼的小企业成长为20世纪末中国最大的空调生产基地、世界七大空调企业之一,很大程度上要归功于其老总陶建幸卓越的经营决策能力。他通过对当时国内市场的深入调查研究,得出了人们在家用电器方面的消费热点将由冰箱、彩电转到空调上来的预测。1986年,他当机立断砍去原有的40多个产品,集中优势兵力打空调战,并将研究、开发、生产春兰空调定为春兰集团的主攻目标。当时,全国空调生产厂家发展到数十家,竞争对象高手如云。面对众多实力雄厚的竞争对手,他跳出一般思维模式,另辟蹊径,避开众多厂家生产的3000大卡至7000大卡空调,专门开发3000大卡以下的家用空调和7000大卡以上的柜式空调。企业一举赢得市场。针对之后一度出现的我国空调市场疲软状况,他又独具慧眼,做出"市场短暂萧条后必定会繁荣起来"的预测,同时,他又根据国际市场的变化情况,制定了"瞄准世界一流水平,进军国际市场"的目标。当他通过市场预测得知有几种特种空调将受到用户欢迎时,马上组织人力、物力,只用了半年时间就建成特种空调器厂,生产出一流的特种空调产品。从而走在同行业之前,抢先在国际市场占领了一席之地。

可见,正确的预测对事业的成败起着决定性作用。领导者如能对事物发展情势把握得当、预测准确,那么就能引领事业乘胜前行;反之,如若缺乏远见,对事物发展态势把握不准、洞察不力,或优柔寡断、犹豫不决,则只能处处被动,难免决策失误或决策低效。

其次,风险决策不仅需要敏锐的判断能力,而且需要胆识、勇气。领导者的高低之分,往往不是体现在对风险的判断力上,而是反映在挑战风险的勇气上。领导者需要藐视任何艰险的大无畏勇气,这是因为,其一,大多数重要的战略决策都是有争议的;其二,就决策者本人而言,如决策失败,可以影响其声誉,关系到本人前程。勇气的承担,必须有良好的心理素质,需要能承担风险的心理承受力。这种承受力源于战略决策者的使命感和责任心。

这里我们可以以习近平同志在治国理政中表现出来的战略勇气为例说明问题。

经过数十年的改革,当代中国的改革再次到了一个紧要关头。一方面,我国发展面临一系列突出矛盾和挑战,前进道路上还有不少困难和问题。另一方面,改革本身也面临着"期望值上升"的问题,与20世纪70年代末改革开放初期的群众仅关注物质利益的情况不同,当今国人对改革的诉求更高、期望更大。如何闯关夺隘,更好地回应人民诉求,关系到改革的号召力,也考验着我们党的执政能力。

面对矛盾和问题,习近平同志表现出敢于啃硬骨头的战略勇气。他说:"就是改革再难也要向前推进,敢于担当,敢于啃硬骨头,敢于涉险滩。"①在主持召开中央全面深化改革领导小组第一次会议时,习近平总书记指出,全面深化改革是一场持续的攻坚战,需要有勇气、有胆识,敢于吃螃蟹,敢于涉险滩,敢于破藩篱,敢于担责任。这种战略勇气,是当代中国全面深化改革取得切实成效的重要前提。

五、"布里丹小驴"的犹豫不决
——领导者面对"模糊事件"态度不能含糊

丹麦哲学家布里丹曾以一只饿死在两堆草料之间的驴子为例,以寓言的形式形象地描述了领导者面临模糊事件时的抉择困惑。

这则寓言故事的情节如下:

一头聪明的驴子外出觅食,发现了两堆相距10公里的草料。在它东边5公里处是一大堆干草料;在它西边5公里处是一小堆新鲜的草料,带着露珠和芳香,非常诱人。小驴子先是跑到一大堆干草料处,刚要吃,突然想,西边的新鲜草料那么鲜嫩,放弃太可惜,必须赶快抢先吃,以免被别的驴子吃掉;于是,它马上掉头赶过去,但刚张口,又想,新鲜草料好是好,但就是太少,吃不饱,还是干草料实惠管用,如不及时享用,怕被人家抢先;于是,又马不停蹄地赶往东边干草料处。这头小驴子两头都不舍得放弃,刚跑到干草料处担心鲜嫩草料被人家占用;跑到鲜嫩草料处又担心干草料被人家占用;就这样,它因分不清哪堆草料更适宜自己,拿不定主意而不停地在东西两头来回奔波,最后饿死在这两堆草料之间。

---

① 《习近平谈治国理政》,第101页。

布里丹通过小驴面对两堆草料难以抉择的寓言生动地刻画出面对模糊事件，因陷入困惑而左右为难、犹豫不决的领导者、决策者的心态。这则小驴被称为"布里丹小驴"，这种面对模糊事件的选择困惑被称为"布里丹效应"。

领导活动不同于管理活动的一个重要区别在于，在许多情况下，领导者面对的大量事件具有模糊性，不能依靠精确的定量计算、既定的顺序和模式去加以处置。据统计，在领导者处理的事件中，能够依靠定量的科学方法加以处理的事件只占40%左右，50%以上的事件具有模糊性，需要依靠高超的领导艺术灵活处理。这表明，提高处理模糊事件的领导艺术成为提升领导效益的关键。

模糊，通常是指意思含混不清、态度不明朗。作为一个专有学术用语，模糊（fuzzy）意指"界限不分明"。根据《辞海》的解释：模糊性指事物所具有的归属不完全的属性，表示事物属性量的不确定性。概言之，模糊性指事物性质和外延边界的不分明性和归属不完全性。我们通常所说的"复杂性""不确定性""随机性"均是模糊性的具体表现。

需要领导者处理的"模糊事件"即带有模糊性的事件。往往有三种情况：一是事件本身具有模糊性；二是关于事件的相关信息具有模糊性；三是对事件把握、性质判定、价值衡量等方面具有模糊性。

领导者面对模糊事件，"布里丹效应"要不得，即千万不能优柔寡断、患得患失、瞻前顾后、举棋不定，以致贻误时机、造成被动，甚至全局崩溃。面对模糊事件，领导者的态度不能含糊，要有解决问题的决心，要敢于"快刀斩乱麻"，及时迅速地在"两可"之间作出抉择，形成决断。

为此，领导者要努力提升以下几种处理模糊事件所必须具备的能力：

一是敏锐的洞察能力。即敏锐、迅速、准确地抓住问题要害的能力。处理模糊事件需要有洞微烛隐、见人所未见，透过模糊的信息敏锐地识别事物本质的能力。

二是准确的判断能力。即对模糊事件进行鉴别、剖析，根据事物的不完全信息在有限时间内做出准确判断，并力求把握事物发展趋势的能力。判断准确的前提是充分的知识储备、丰富的工作经验和对问题的深刻理解。

三是巧妙的顺势能力。"势"指的是事物发展的态势、趋势。顺势能力即是在事物信息不完备的模糊情形下，也能依靠领导者的智慧和谋略，顺乎事物发展的客观规律，分辨时势、把握时机、趋利避害、因势利导、顺势而为。

四是高明的权变能力。即因地制宜、因事制宜、随机应变，灵活驾驭事件、环境的能力。权变理论是20世纪70年代在西方形成的一个现代管理理论分支。权变理论认为，由于组织是个开放系统，组织面临的各种因素变化不断，一直处在动态过程中，因而没有"放之四海而皆准"的管理模式，管理要随组织所处的内外环境条件和形势的变化而灵活应变。权变理论的精神完全适用于对模糊事件的处理。由于模糊事件界限不明、信息不全、面貌不清,更需要领导者顺应多变的情形,在不违背根本利益的前提下,考虑各种有关的变动因素,随机应变、灵活机动地处理和解决问题。我国历史上,司马懿临机决断,先斩后奏,不愧为权变的高手。这种通权达变的领导艺术,正是处理模糊事件所必需的。

总之,尽管不同领域的模糊事件形式多样、情况不一,但领导者面对模糊事件时有一点是相通的,即:在复杂多变的环境中,要善于站在全局视野、战略高度,凭借敏锐的直觉、深邃的洞察力、丰富的经验、准确的判断力、果断的决断力、灵活的处置技巧,成为处理模糊事件的艺术大师。

六、英国史上煤电普惠大众的决策何以受阻
—— 谈避免决策失误与决策低效

在英国历史上有过这样两个决策失误的例子。尽管在今天看来有些可笑,但却是令人深思。

一是否决将电力引进千家万户。

当时英国的一些有识之士提议率先在伦敦普及居民用电。然而,在议会辩论时,一些反对者说:"如果把电通到千家万户之后,每一户人家至少有一个电插头吧?那个电插头的杀伤力绝对不可低估,简直就是现代化的杀伤性武器!如果在全伦敦、全英国普及用电,就等于给每一个英国人发了一把枪!"就连女王也表示:"我呼吁,我们所有的英国子民都举起反对的手。"结果,普及用电的提议在接连不断的几次表决中都未能通过。

二是否决将煤气引入千家万户。

在议会辩论时,那些反对者说:"如果千家万户都用煤气,肯定需要储存煤气的巨大煤气罐吧?把那么多个大煤气罐放在伦敦,那就等于放了数个巨大的炸药包。任何一个国家总有一些坏人,如果这些坏人自己不想活了,一旦把巨大的'炸药包'点燃,两千多年的文明古城岂不是毁于一旦了吗?"就这样,英国上议院连续多次表决,否定了在伦敦使用煤气罐。

尽管今天世界各国早已普及了电力和煤气,但这两个决策失误的例子还是值得决策者深思。这两个例子被写入了英国一些大学的决策学培训教材。教材还写下了这样一段话:"任何一个新生事物,都会出现利害两种可能。在任何时候,兴利除弊都是可能的。我们切不可用消极的心态对待新生事物,更不能夸大危害,把自己吓到。"

在领导决策中,决策失误与决策低效的情况经常发生。顾名思义,决策失误即被实践证明是错误的决策。与决策失误相类似的是决策低效。决策低效是一种普遍的不良决策现象,主要表现为决策不及时、低效率、低信度、低效度、多内耗、多分歧、形式化、不负责等。无论是决策失误还是决策低效,都将给组织乃至社会带来损失以及不良影响。

导致决策失误及决策低效的原因是多方面的,主要有:

其一,决策环境和对象变化大,不确定因素多,决策难度大。

决策者的能力有限,难以保证整个决策过程中能保证时时处处落实科学性,难以保证决策的与时俱进,随着变化的情况而及时修正决策。在现代化社会中,人们活动的社会化程度高,决策环境复杂,变动因素多,决策者更是难免有考虑不周、处置不当之处。

其二,决策者自身存在的问题:固执己见、不尊重科学。

当时英国议会的上述两个决策失误完全是决策者自身固执己见、不尊重科学的结果。

避免决策失误与决策低效的一个重要途径是提升决策者素质。

领导者素养与领导功能的发挥有着密切关系。领导者要正确发挥科学决策的功能,就要有作为一个决策者的素养。美国著名历史学家、社会学家帕金森曾经举过两个决策实例:一个是投资建造原子反应堆问题;另一个是投资建造自行车棚问题。当讨论第一个问题时,主管人汇报了简况,11位委员中4位不知道什么是反应堆,另有3位尚不知它有什么用途,而其余4位知道反应堆作用的委员中,3位已知道建造它需花很多钱。唯一对一千英镑的要价表示怀疑的B先生却不知从何谈起,谈具体方案吧,委员们一窍不通;说什么叫反应堆吧,诸位先生绝对不会承认自己一无所知,于是还是保持沉默为好。一笔巨款投资的决策就这样通过了。当讨论到第二个问题时情形就大不相同了。大家围绕着这小小的投资争论得十分热烈,最后以削减50英镑的投资而做出决策。

这两个实例的启示在于:决策者的素养首先表现为对决策对象的认知水平。在11位委员中,只有4位懂反应堆的作用,另外7位根本不懂,在没有争议的情况下,巨额投资的决策反而轻而易举地通过了,这种决策的结果可想而知了。决策能力和知识素养是密不可分的,知识素养是基础,它决定能力;能力是知识素养的发挥和应用,它体现知识素养。

决策者的素质除了必备的知识素养外,更需要具备战略素养,主要有:其一,思维敏捷,有很强的洞察力,能发现问题,抓住时机;其二,有超前意识,能预测事情变化趋势;其三,有较强的策划、决断能力,有胆有识,当机立断,深谋远虑,统筹全局,善于排除干扰,控制局势。

在现代社会中,这种战略素养突出体现为风险预测能力。

我们在"谈领导者风险决策能力"一节中说过,风险决策能力是每一位决策者应该具备的能力,是决策者判断事物、决定行动方案的基础,也是团队获胜的先决条件。为提高风险决策能力,领导者应具备发展的眼光和创造性思维,不仅能看到事物的现状,还能充分估量事物变化和发展的趋势,从别人趋之若鹜的地方看到风险,从别人避之唯恐不及的地方看到利益。如此,才能领先一步,引领潮流。

从某种意义上说,决策风险是检验决策者的一块试金石。面临决策风险,平庸者患得患失,固执己见、知难而退,经不起风雨,必然导致决策失误或低效;只有优秀者才能高瞻远瞩、有胆有识,知难而进,"向可能性发起无限挑战",摘取决策成功的硕果。以上决策成败的案例清楚地说明了这个问题。

七、从"人类命运共同体"外交谋略谈起
——谈克敌制胜的谋略思维艺术

鉴于当今世界格局、世界权力结构、制度结构和观念意识所发生的前所未有的变化,唯有大力倡扬人类命运共同体的理念,大力倡扬合作共赢、包容发展的新理念,使各个国家都意识到大家的前途和命运是休戚与共、一损俱损、一荣俱荣的,这样才能促进相互理解、相互包容,实现"各美其美""美人之美""美美与共"有序存在、相互协调的人类和谐发展的美好愿景。

"人类命运共同体"凸显的主权平等、对话协商、合作共赢、共享共建、可持续发展等价值取向,正是在当今世界格局多元化的社会条件下对国际各国间错综复杂的矛盾的连接点和共同点的调节、凸显。"人类命运共同体"不失为一项高明的外交谋略。

"人类命运共同体"的理念体现了高明的谋略思维艺术。

谋略思维古已有之。大到治国理政、经济博弈、识人用人,小到世故人情、生活智慧,谋略思维无所不在。在现代领导活动中,谋略思维更是占有极为重要的地位。

所谓谋略思维,是人们充分调动自身优点和一切有利于自身的因素,创造制胜条件而动用各自精神力量和物质力量,形成一种旨在使己方达到某种战略目的的策略思维过程。

合意性与合理性的统一,是谋略思维的最显著特征。一方面,任何谋略都是服务于思维主体的某种目的性,即意图性,这就是谋略思维的合意性。另一方面,

谋略思维主体的意图必须符合于对象事物的发展规律,这就是谋略思维的合理性。

谋略思维的合意性与合理性缺一不可。没有合理性的合意性,谋略再"完美"、再"天花乱坠",也只能是主观臆造、纸上谈兵,如若付诸实施,必将招致行动失败;反之,没有合意性,看上去再合理的谋略,因为它不能服务于思维主体的目的和意图,也就失去了谋略的战略意义,甚至称不上是一种谋略。

好的谋略必须是能在对客观事物发展情势的熟练把握,在己方与对方的长处与短处、优势与劣势的深刻洞察的基础之上,对事物发展规律的运用自如,从而达到一个"从心所欲不逾矩"的相对自由的境界。

不是任何人都可以无条件地进行谋略思维的。只有具备了一定条件的人才能有效地进行谋略思维并运筹帷幄、决胜千里。

谋略思维的主体条件主要有主动性、独立性和自控性。

增强主动性,即充分发挥主观能动性。由古罗马政治家和军事理论家塞克斯图斯·尤利乌斯·弗龙蒂努斯(公元约35—约103)编写的《谋略》一书非常强调谋略运用对于争取战争主动权乃至作战胜负的决定性影响,书中指出,为在交战中取胜,必须进行周密准备,正确选择交战地点和时间,善于布置战斗队形,并要设法瓦解敌军;书中还提出了以逸待劳、弱守强攻、避实击虚、兵贵神速、欲擒故纵、联盟击敌等各种战略战术。这些无不体现了谋略思维主动性的重要性。如毛泽东同志所说:"军事家活动的舞台建筑在客观物质条件的上面,然而军事家凭着这个舞台,却可以导演出许多有声有色威武雄壮的话剧来。"[1]

所谓独立性,即指从事谋略思维的主体应该具有独立作出判断的能力,在任何场合都不能轻易受外界和他人的干扰。尤其在当今信息时代,信息量浩瀚复杂、良莠难辨,稍一疏忽,难免走入误区。因此,谋略思维主体尤其需要一种战略定力和平稳心态,不人云亦云,不心浮意躁。

所谓自控性,即指从事谋略思维的主体应该具备自觉控制事物发展进程、控制自己情绪的能力。

1939年,正值第二次世界大战期间。德国物理学家哈恩发现了中子裂变现象,并预见了中子裂变所产生的连锁反应足以研制出一种威力巨大的毁灭性武器——原子弹。这一发现,立即引起了当时美国、苏联和德国的关注。罗斯福和斯大林立即批准了本国对原子弹的研制。然而,德国元首希特勒一向性情古怪、主观武断、情绪暴躁,听不进不同意见,以自己的好恶作为判断是非的标准。当独具慧眼的德国邮电部部长召集了一批物理学家为研制原子弹做准备,并向希特勒提出

---

[1] 《毛泽东选集》第1卷,人民出版社,1991,第182页。

研制原子弹建议时,却遭到了嘲讽和拒绝。对事物发展趋势的茫然以及对自身情绪的失控,导致当时德国谋略的失误(当然,希特勒的谋略失误却是世界人民的幸事)。可见,作为一个领导者,不仅需要对客观事物发展规律的深刻洞察力,而且需要乐观开朗、积极向上、包容大气的健康心理。

谋略思维具有优化和调节两大功能。领导者在进行谋略思维过程中要充分发挥好这两大功能。

谋略思维的作用之一是择优,即在事物发展的多种可能性和多种可行的谋略中,选择一种或几种既符合事物发展规律,又最大限度地符合思维主体的战略意图的策略,以此优化谋略。谋略思维的作用之二是寻求矛盾双方的连接点和共同点,寻找一种使双方互利、合作共赢的策略。这就是谋略思维的调节功能。

当今,"人类命运共同体"理念的提出,正是谋略思维调节功能的充分体现。"人类命运共同体"外交谋略是谋略思维艺术的充分体现。

八、唐太宗的"三利三益"
——谈领导思维的辩证法

唐代吏部尚书唐俭因下棋触怒唐太宗,被贬为地方官。太宗余怒未息,又想让尉迟敬德指控唐俭有怒言,以便找借口杀了他。次日,当庭对质,敬德连连否认。太宗气得将手中玉珽摔碎。

过后,太宗宴请三品以上官员,并当众表彰敬德所为有"三利三益":唐俭免于枉死、自己免于枉杀、敬德免于曲从,此为三利;自己有改过的美名、唐俭有再生的幸运、敬德有忠直的声誉,此为三益。

这一事例告诉我们,领导者必须十分重视理智思维能力的提高。

我们在第一篇的"辩证思维"一节中曾阐述过理智思维与情感思维的辩证关系。众所周知,领导者在开展领导活动过程中,正确的动机、目的和决策方案、计划的确定,须以清醒的理智为前提的。因而,在领导思维中,理智思维无疑应占主导地位。然而,领导者的思维活动又不能脱离情感思维。领导者作为人这一情感动物,自然离不开情感的纠缠。没有完全脱离情感的纯粹理性人。

历史上,即使贵为皇帝,也不过凡人一个。而凡人都有自己的喜怒爱憎,都是有脾气的。唐太宗因唐俭下棋触怒了他这件小事而贬他为地方官甚至要开杀戒,这是典型的感情用事,典型的非理智状态。

但事情过后,唐太宗终究能恢复理性、明辨是非,不为了个人的面子和威严而护己之短,掩他人之长,这就不失为明君。

在领导活动中,领导者还必须正确处理好超前思维和后馈思维的辩证法。关于这一问题,我们在第一篇"辩证思维"一节中曾有所涉及。在此,我们不妨再加以细化,以做深入考察。

后馈思维面向过去,面向历史,亦称惯性思维。它又可分为肯定型与否定型两种。肯定型后馈思维表现为对历史上的成功经验的憧憬、赞赏,并常常以此制约现在、要求现在。否定型后馈思维则表现为对历史上的挫折、教训的回忆、警觉,产生"一朝被蛇咬,十年怕井绳"的消极后果。

后馈思维的基本特点有如下三点。(1)向后性。后馈思维是面向历史的思维,其"兴奋中心"总是历史上的某个阶段、某种情况,总以"想当年"的思维形态表现出来,因而是一种向后的思维。(2)封闭性。习惯于后馈思维的人,往往习惯于用历史的旧尺子衡量现在,不去追随新事物,甚至把新事物说成"异端""偶然""不祥物",不承认其存在的合理性。后馈思维走向极端,会把思维者圈在由传统和习惯形成的"封闭圈"内。(3)保险性。后馈思维作为一种面向历史的思维,已有先例,有章可循,不敢冒风险,一旦绝对化,极易成为无所作为的保守思维。

超前思维面向未来,用将来可能出现的情况规范现在,亦称预测思维。其基本特点有如下三点。(1)开拓性。超前思维着眼于指导人们如何用目标、计划等规划自己的行动,适应事物发展的趋势,因而具有开拓性。(2)可能性。超前思维作为一种预测思维,对事物发展的几种可能性及其条件作出分析,指导人们充分发挥主观能动性,力争好的可能性,避免坏的可能性;是一种建立在现实规律基础上的可能性思维。(3)粗线条性。超前思维着眼于未来,势必具有粗线条性;它不可能对事物发展的细节描述得清清楚楚,它只能为未来的发展提供一个大致趋势。

在实际思维中,历史、现实与未来是不可分割的。历史、现实和未来的密切关系决定了后馈思维和超前思维本是辩证的统一,把任何一种思维绝对化都是片面的。把后馈思维绝对化,就会使思维僵化,使社会和实践处于一种停滞状态;把超前思维绝对化,就会脱离现实,脱离历史,变成一种幻想主义和理想主义。所以,只有把二者辩证地结合起来,既有历史,又有将来,以这样的决策思维为指导,才能既有远见卓识,又能立足于现实;既面向未来,又不割断历史,有效地指导领导活动。

九、刘邦成功的秘诀
——谈处理好领导者与智囊人员的关系

在领导决策中,领导者和智囊团(包括有智囊作用的人)是两支相辅相成的力量。领导者如何对待和利用智囊团,是领导科学决策的关键一环。

智囊,即足智多谋的人。智囊早已有之,并非始于现代。我国秦、汉时期就有这个名称。以后,又有许多关于食客、谋士、军师、谏臣的记载。历代统治者都懂得,谁争取到更多的谋士,谁就能得力于巩固和扩大自己的统治。特别是在社会大变革时期,依靠高才秀士,共商天下大势,审辨利害,出奇策异智,能转危为安,易亡为存。如春秋战国时,群雄并存,各霸一方。各诸侯、贵族为着你吞我并,竞相养士。当时养士最闻名的有所谓四公子,即:齐国孟尝君、赵国平原君、魏国信陵君、楚国春申君。门下食客皆多至三千人,鸡鸣狗盗之辈,引车卖浆之徒都在其中。又如三国之际,刘备为了争夺天下,深入隆中,三顾茅庐,请诸葛亮出山,拜其为军师。诸葛亮确实很有才华,以他的足智多谋,神机妙算,辅佐刘备奠定了三分天下的大局。诸葛亮成了我国天下闻名、妇孺皆知的智囊化身。唐太宗李世民重用谏臣魏征,也是封建统治者重视智囊作用的一个突出例子。魏征自幼博览群书,胸怀大志,被唐太宗委任为"谏议大夫"后,敢于直言,不讲情面。他先后向李世民进谏200多次,无不切中时弊,从而帮助唐太宗开创"贞观之治"的太平盛世。在他死后,唐太宗叹称:"人以铜为镜,可以正衣冠;以古为镜,可以见兴替;以人为镜,可以知得失。魏征没,朕亡一镜矣。"

随着时代的发展,智囊团逐渐取代了智囊。智囊团作为一种独立的社会组织,大约只有几十年的历史。

被誉为西方智囊团的开创者的是著名的"兰德公司"。这个公司先以研究军事尖端科学技术和重大军事战略而著称,继而又扩展到研究内外政策方面,逐渐发展成为一个综合性的战略研究机构。兰德公司之后,世界各国的现代智囊团不断涌现。

从历史上看,君主与智囊的关系能否得到正确处理,往往是事业成败的关键。毛泽东同志对于项羽失败、刘邦成功做过多次评论。他引用史书说法,在评论刘邦时称他"豁达大度,从谏如流";在评论项羽时,认为他有"妇女之仁,匹夫之勇"。根据《史记》记载,刘邦在评论自己为什么能够成功,而项羽为什么失败时,指出有一个重要原因,就是"我有谋臣张良(字子房)、陈平、萧何、曹参、武将韩信等人,并且皆能用之。而项羽只有一个谋臣范增,却不能用。"刘邦的评论,切中要害。

刘邦与谋臣尤其是与张良的关系值得称道。刘邦与张良一见面就非常欣赏对方。两人紧密合作,共创大业。张良每到关键时刻都能为刘邦出奇招,帮助刘邦渡过难关,逐步实现自己的帝业。鸿门宴上如没有张良献策,让刘邦未辞行就回自己军营,那么,项羽就会把刘邦杀死。在韩信要求封为齐王时,如没听张良劝说,答应他要求,韩信就不会那样卖力气,汉家帝业很可能成为幻想。刘邦对张良十分信任,他当着群臣的面说:"运筹帷幄之中,决胜于千里之外,我不如子房。"

项羽与范增却由于相互猜忌和怀疑，最终引起分裂，导致事业失败。最初，两人关系还不错，能够互相尊重、紧密合作。项羽称范增为"亚夫"（叔父的意思），范增对项羽也是忠心耿耿，因此，楚国事业蒸蒸日上、兴旺发达。但后来，随着楚国实力远远超过汉，两人之间开始相互瞧不起。据《史记》记载，两人关系的恶化，始于鸿门宴。范增想方设法要在宴会上杀死刘邦，却由于项羽不准而告吹。在范增再三要求下，项羽终于下决心动手，但为时已晚。范增破口大骂："竖子不足为谋！"其后，汉国君臣看出了楚国君臣之间的不和谐，利用项羽好猜忌的缺点，运用陈平离间计，离间项羽与范增关系。项羽竟听信谗言，致使范增负气离去，病死在路上。而项羽原先如日中天的大业，也因无高超谋臣的辅佐而以失败告终。这个历史教训值得记取。

当然，项羽的失败有多种原因，但未正确处理好他与谏臣的关系不能不说是一个重要原因。而刘邦成功的秘诀也正在于对领导者与智囊的关系的妥善处理。

作为领导者，应从以下几方面来认识自己与智囊人员的关系：

其一，两者各有其所，相辅相成。

现代领导者应该认识到，现代智囊团的产生，是现代社会、科技、经济一体发展的结果，也是适应现代社会激烈竞争及知识与信息日益激增的产物。在现代条件下，领导者要做出正确的决策，必须有智囊团的辅佐。特别在当今社会，决策的复杂性和风险性越来越大，在这种情况下，如没有智囊人员的辅佐和帮助，要实现科学决策是不可能的。现代智囊团功能主要表现在：

① 信息集散、预测评估：充当认识机构。综合认识、信息集散正是智囊机构所要发挥的重要功能之一。它除了利用各种已公开发表的资料以外，还要尽可能通过各种渠道、关系，从有关团体、个人收集第一手材料和各种珍贵的历史资料，向决策者提供背景情况，分析估计形势。

② 决策咨询、出谋划策：充当参谋机构。智囊团组织智囊人员做系统研究，从不同角度分析决策的科学性、合理性及其后果；分析各种可能影响决策的因素及其相互关系，寻求平衡这些因素的方法，提出若干备择方案，并说明方案的依据。这是智囊团的决策咨询功能。

③ 培训、储备、输送人才：充当人才储备机构。智囊团的作用，不仅是聚集人才，出咨询成果；而且包括教育培训输送人才，出人才产品，发挥人才的最大效益。

其二，两者各自独立，不可相互代替。智囊人员不等于秘书，而是相对于领导者的决策研究人员。所以，领导者要尊重智囊人员的劳动成果，虚心倾听他们的意见，并且对他们的意见给予认真的回答。领导者要让智囊人员相对独立地工作，切不可干预甚至左右他们的工作，或以任何形式把领导者的主观意志强加给他们；还要允许和鼓励智囊专家提出相反意见。另一方面,领导人员也不能不加分析地完全采纳智囊人员的方案和意见。在决策过程中,领导者始终占主导地位,智囊团只能帮助领导者决策,而不能代替领导者决策。

有人认为,若智囊人员的意见有三分之一被领导者采纳,说明智囊人员是有水平的;若有一半被采纳,说明智囊人员是高明的、上乘的;若完全被采纳,则说明如不是智囊人员越俎代庖,就是领导者无能。这种说法对于正确判断领导者与智囊人员各自是否称职,有一定参考价值。

十、从兰德公司否决委托方的结论说起
——谈现代智囊团的自主性

1951年,美国空军计划开支35亿美元,在国内外修建一些新的基地。这项计划通过可行性研究后已经国会批准。兰德公司接受美国空军委托的咨询任务是从经费角度选择了1956至1961年在海外部署空军基地的地点。数理逻辑专家、经济学家沃斯吉特接受这一任务后,客观分析了美国的进攻防御战略、国际关系以及技术水平等方面,特别是苏联原子弹和战略轰炸机的最新发展以及潜在威慑力量,最后得出不宜在苏联附近国家部署空军基地的结论。他认为,这些基地的危险可能不是来自空中,而是来自地面的突然袭击。他建议将美国空军的大量基地部署在国内。这一建议被采纳后,为美国空军节约了10亿美元的开支,占原计划金额的28.5%。

这一事例充分印证了兰德公司研究的自主性。作为现代智囊团的兰德公司一直保持着自主性的文化传统。兰德公司有发表研究结果又让公众获取研究结果的自由。研究人员不受委托者的影响,不被任何框框所束缚,弘扬科学精神和个性,即使与委托者或权威德意见大相径庭也无妨。花钱雇兰德的客户要准备接受这样一种可能,即:兰德的研究结果同他们的政策不相符甚至相互冲突。因此,兰德的客户应该更注重兰德公司研究的客观性和公正性,而不是要兰德告诉他们想听的东西。而恰恰有一些人,正是害怕兰德的这种自主性而不敢雇用兰德。

兰德公司的自主性典型地体现了现代智囊团的特征。

现代智囊团由多学科专家组成,组成人员素质高、阵容整齐,具有充分发挥各类专家专长,相互补充、相互促进的规模优势。

现代智囊团是一个独立的,或相对独立的研究机构,而不像古代智囊那样依附于贵族、官僚。其研究活动只尊重科学和实践,尊重客观实际,对事业负责,不仰人鼻息,不受人左右,也不受任何条条框框的约束。他们接受委托,独立研究,有时甚

至不了解委托单位的初始意见,以保证比较客观、实事求是地进行研究和咨询。大多数西方思想库都标榜中立,对研究报告要求客观、严谨、准确,对研究人员也要求具备服从科学、服从真理的品质。

现代智囊团具备自主研究的条件:

首先,智囊团的人员配备条件好。一般说来,智囊团的人员配备需要符合以下诸方面的条件:

其一,具有多门专业知识,思路开阔,是通才。作为自然科学家,又熟悉社会科学;作为社会科学家,对自然科学又懂得甚多。但同时他们又是专才,对某一方面专业知识有独到研究。

其二,具有丰富的实践经验。如美国前国务卿基辛格从政坛隐退后,创办了一家声名显赫的国际咨询公司。这家公司只有8名董事,但全是有丰富的阅历和经验的人员。其中有英国前外交大臣卡林顿勋爵、美国前总统福特和美国前总统布什的国家安全事务助理斯考克罗夫特,以及瑞典汽车大王、沃尔夫汽车公司总经理论哈马尔等。正是这些阅历不一般的人员极大提高了公司的声誉和影响力。

其三,智能水平高,组织能力强,人品好。智囊团成员的智能水平都不一般。如日本的中小企业厅规定经营诊断师必须具备以下素养:掌握经营的科学知识和理论;有说服对方的能力和口才;有较强的文字表达能力;能处理好人际关系,密切与企业的合作;具有进取心和旺盛的创造力;有解决问题的能力;有热心服务的精神;具有值得信赖的人品;通晓经济管理,有自知之明;有按科学规律办事的精神;能为企业保守秘密;不利用对方的弱点索取更多的咨询报酬;实事求是,不乱指责和轻易表态;不争夺他人的服务对象。

其四,思维活跃,具有创造性思维能力。智囊团面临的不是一般课题,而是一般研究机构解决不了的难题。这就要求智囊团成员不仅具有丰富的知识,而且需要思维敏捷,具有较高的创造力。对于他们而言,仅仅吸收知识、储存知识还不够,更需创新知识。

高素质的、综合性强的人员素质为智囊团的研究自主性奠定了坚实基础。

其次,智囊团的科学研究条件好。

现代智囊团凭借现代科学理论和先进技术手段开展研究工作,区别于古代智囊只靠个人经验进行决策的方式。智囊团的特点在于能处理多领域、跨学科的课题,且能运用最新的研究方法。

现代智囊团的服务范围是非常宽泛的,几乎囊括了人类社会各个方面的问题。而要探索一系列复杂问题,仅仅依靠单一学科的知识和方法是难以奏效的。因而现代智囊团的研究人员重视运用现代思维方法,利用电子计算机等先进技术手段,从事多种战略、政策、政治和社会问题的研究。国外一些智囊机构,都装备有反映最新科学技术水平的大型实验设备,设立信息计算中心、情报研究中心等,以借助现代科学理论进行决策研究。许多思想库通过跨学科、跨部门的研究,取得了一系列影响深远的咨询成果。这就为其自主性研究提供了切实保障。

此外,现代智囊团还注意为自主性研究提供制度上的保证。如兰德公司的自主性是有一个由20多人组成的监事会来保障实现的。监事会成员对兰德公司具有管理支配权力,他们是兰德公司真正的主人。公司内部管理上,则采取高度分权和尊重研究人员个人创造性的机制。美国布鲁金斯研究所唯恐有损于研究的自主性和客观性,规定了在经费上依赖政府的限度,控制在总经费的20%以内。研究的独立自主性,是现代智囊取得成功的必要条件。

十一、扭转被动局面的绝招
——谈领导执行力

东北一家大型国有企业因经营不善导致破产,后被一家日本财团收购,厂里的人都盼望日本人能带来先进的管理方法,但日本只派了几个人来,除了财务、管理、技术等要害部门的高管换了日本人外,其他的都没变,人没变,制度没变,设备没变。日本人只有一个要求:把制度坚定不移地执行下去。结果不到一年,企业扭亏为盈了。日本人的绝招就是执行力,无条件的、坚决的执行力。

没有执行力,任何优秀的战略和精彩的策划都是镜花水月。执行力是落实领导力的关键。世界500强企业正是凭借着优秀的执行力,才成了一般人难以望其项背的伟大企业。比尔·盖茨曾经坦言,微软在未来十年内所面临的挑战就是执行力。在日常领导和管理活动中,有些领导者尽管做出很多无疑是非常正确的决策,但是也最终难逃失败的结局。原因就在于决策虽好,但缺乏执行力。

首先,决策的提出要以能否执行为基准。

有这样一个故事:在一座古老的城堡里,生活着一群快活的老鼠。他们在这里安居乐业,过着神仙一般的无忧无虑的生活。然而,终有一天,一只猫打破了老鼠天堂般的宁静,给老鼠带来了恐惧。老鼠们集聚在一起,商量如何应对这只讨厌的猫。有一只老鼠说:"我有一个主意,只要在猫的脖子上挂一个铃铛,就万事大吉了。这样,每当猫儿走进,我们就能听到铃铛的响声,从而可从容地溜走。""这个主意太好了!"全体老鼠齐声欢呼。"可是",一只老鼠提出疑问:"怎样才能将铃铛挂到猫的脖子上呢?"刹那间,所有老鼠都闭了嘴,不知所措。

这个寓言故事告诉我们,不考虑执行的决策再好也只是纸上谈兵,毫无价值。

美国企业家 H. 格瑞斯特说过:"杰出的策略必须加上杰出的执行才能奏效。"①

很多企业、单位常常有一大箩筐的战略、战术,但总是议而不决,决而不办,流于"口号管理",导致该企业、单位患上"组织末梢神经麻痹症"。这种病症如果不治,本该腾飞的企业、单位就飞不起来,甚至昙花一现。在此,执行力就成了事业成功的关键。

以执行作为提出决策的基准,要克服几方面误区:

一是过于求全,什么都想干,四面出击,不分轻重缓急,平均使用力量。俗话说,"追二兔者不得一兔"、"贪多嚼不烂"、"不要想把整个海洋煮沸"(英国谚语)。面对复杂局势,领导者要善于抓住关键环节,集中人力、物力、财力,全力以赴地攻关,力争在关键环节上有所突破,有所建树。要舍得放弃,有所为,有所不为。

1992 年,"太阳神"迅速崛起,成为中国保健饮料行业的一面旗帜。1993 年,太阳神的销售量达到了 13 亿元。然而,也就在这一年,太阳神领导把原来的"以纵向发展为主,以横向发展为辅"的企业战略决策改为"纵向发展与横向发展齐头并进"。一年内上马了包括石油、房地产、化妆品、电脑、酒店等在内的 20 个项目,并在新疆、云南、广东和山东相继组建成立了"经济发展总公司",进行大规模的收购和投资。在实施这一决策的短短两年时间内,太阳神就为这些项目转移资金达 3.4 亿元。然而非常不幸,这些项目竟没有一个成为新的"太阳",3.4 亿元最终全部血本无归。"太阳神"的失败就在于四处出击,力量分散。

二是过于追求完美,以至脱离实际,难以落实。过分追求完美是执行力低下的一种表现。完美总是相对的,只有更好、更快、更强,没有最好、最快、最强。任何事物都是相对的。过分追求完美未必是好事。俗话说得好:"水清则无鱼。"领导的有效性和最高境界不在于求得十全十美,而恰恰体现在使组织具备自我净化、自我完善能力,在残缺中求得和谐。

其次,决策的制定要把执行作为一个内在环节。

一要把决策的目标具体分解到执行的每一个环节,在制定目标时就考虑到如何在每一个环节如何实施。二要能事先想到决策实施后可能出现的不测,对决策实施的形势有准确而公正的评价,善于把握决策目标回旋的余地,充分考虑到决策实施的环境变化,考虑到备选方案的选择,不至于一旦出现问题而不知所措。三要注意细节。有时细节能决定成败。领导者要抓大事,要成为雄韬伟略的战略家,但也不能忽视细节,也要成为精益求精的执行家。在制定决策目标时就要考虑到今

---

① 张尚国:《领导三力》,中国言实出版社,2006,第 204 页。

后实施的一些不可忽视的细节。尼克松曾说:"伟大乃处处注意细节的积累。"细节体现了一个领导者的能力、素质和精神。

每一个细节的成功才是事业的成功。德鲁克在《卓有成效的管理者》中说:企业运行的正常状态,只有通过每天、每个瞬间严格地对细节加以控制才有可能实现。通用电气总裁韦尔奇被誉为"世界经理人的经理人",但多数人对他的了解和尊重,并非因为他在管理学基础理论上做出的建树,而是他作为通用电气总裁身体力行的一些管理细节:手写"便条"并亲自封好后给基层经理人员甚至普通员工;能叫出1000多位通用电气管理人员的名字;亲自接见所有申请担任通用电气500个高级职位的人,等等。海尔公司总裁张瑞敏有一句名言:"把每一件简单的事做好就是不简单,把每一件平凡的事做好就是不平凡。"他就是凭着这种做好每一件小事的执着,从细化管理入手把一个濒临倒闭的小厂,发展成为著名的家电企业。

事实一再证实了"三分策略,七分执行"的千真万确。

第三章

用人与领导力

一、从伯乐"相马术"谈起
——谈领导"知人"智慧

伯乐是春秋时期"相马"的专家。他善于识别良马。闻名天下的千里马骥,就是伯乐途经太行山时发现的。当时,这匹马的蹄子磨坏了,膝盖磨破流着血,尾部溃烂化脓,瘦得皮包骨头,拉着沉重的盐车在山路上爬行。伯乐毅然买下它,精心调养。果然不出所料,日后证明,这是一匹天下无双的宝马。

"相马"如此,"知人"也同样。不能被表面的假象所迷惑,必须透过现象看本质。

孔子有一位叫宰予的弟子,外貌英俊,风度翩翩,说起话来娓娓动听、头头是道。最初,孔子对他印象很好,以为日后一定有出息。可是后来,宰予的恶习日渐暴露,事实证明是一个"朽木不可雕"之人。而孔子的另一位弟子子羽,因相貌丑陋,曾一度被孔子冷落。可后来他学业有成、品德高尚、办事公正,成为有名望的学者。他在江南游学时,拜他为师者达300多人,各诸侯国都传诵他的名字。孔子为此而作自我批评:"吾以言取人,失之宰予;以貌取人,失之子羽。"

知人善任,是领导用人之道的重要职责。知人,就是了解人,指对人的考察、识别、选择;善任,就是用好人,指对人的使用得当。知人和善任是互相区别又紧密联系的两个方面。知人是善任的前提,不知人就无法善任。

"知人"包括这样几层意思:

其一,对人要有全面历史的考察,一是要考察人的德、识、才、学,以及性格、爱好、健康状况等;二是历史地看人的过去和现在。

其二,对人要有辩证的认识,既看优点,也看缺点;既看成绩,也看不足;既看主流,也看支流;既不肯定一切,也不否定一切,有主有次,综合估价。

其三,对人的考察和识别,要有发展的观点,不仅要正确地了解他的历史和现状,还要能预见其发展变化,特别要能发现其潜力及发展前途。

首先,知人的根本点在于透过表面现象,看到人的本质,识别真伪。

切忌盲人摸象,误用假才。"大奸似忠,大诈似信。"现实生活中真才和假才混杂在一起,鱼目混珠的现象不少见,加之如领导者目光短浅,闭目塞听,极易导致盲人摸象,上当受骗,误用那些"金玉其外、败絮其中",善于投机钻营、谄媚奉承之徒。这些假才成事不足、败事有余,或煽风点火、挑拨离间;或见风使舵、唯唯诺诺;或颠倒是非、损功败业。

如何辨别真才与假才?古人在实践中积累了一套识人的经验,归纳为"五视",即:"居而视其所亲;富而视其所为;达而视其所举;窘而视其所为;贫而视其所取。"意为:其一,要注意观察一个人平时跟谁在一起,如与贤人相近,则可重用,若与小人为伍,则要加以防范;其二,要看他如何支配自己的财富,如果只是满足私欲、大肆挥霍、贪图享乐,则不可重用;其三,在处于显赫地位时,要观察他如何选拔部下,若任人唯贤、量才录用,自然是襟怀坦白、秉公办事的有为之才;其四,对处于困境之人,可以视其操守如何,身处困境,却不做任何苟且之事,这样的人就可以放心地委以重任;其五,看一个人贫困潦倒之时的行为,不取不义之财,甘守清贫,则品行高尚,若见钱眼开,如蝇逐臭,就万不可重用。

处理好顺从与对抗的关系是辨别真才与假才的关键。敢于反抗的人往往是有头脑、有思想、有办法的人。敢于反抗的人就是敢于直言、说真话的人。处理好这一关系,也就是要"区分人才和奴才"。经验证实:"人才有用不好用,奴才好用没有用。"顺从者(奴才)有时会在关键时刻损害你。西哈努克曾经说过:"那些你在台上时匆匆忙忙为你树立纪念碑的人,也是你倒台时赶紧出来拆毁纪念碑的人。"

其次,知人的前提是克服静止、片面人才观,确立辩证人才观。

2016年5月,习近平同志在省部级主要领导干部学习贯彻党的十八届五中全会精神专题研讨班上的讲话中提出,在识别干部时要注意"三个区分",即:"要把干部在推进改革中因缺乏经验、先行先试出现的失误和错误,同明知故犯的违纪违法行为区分开来;把上级尚无明确限制的探索性试验中的失误和错误,同上级明令禁止后依然我行我素的违纪违法行为区分开来;把为推动发展的无意过失,同为谋取私利的违纪违法行为区分开来,保护那些作风正派又敢作敢为、锐意进取的干部,最大限度调动广大干部的积极性、主动性、创造性,激励他们更好带领群众干事创业,确保如期全面建成小康社会,不断开创社会主义现代化建设新局面。"[①]这是克

---

① 《落实"三个区分"破解"洗碗效应"》,人民网—中国共产党新闻网,2016-5-13。

服静止、片面人才观,确立辩证人才观的一个很好范例。

避免看轻政绩、"但求无过"现象是确立辩证人才观的关键。

在对干部的评价上,片面追求四平八稳、人缘好、非议少,而不看其政绩、开拓精神;极易引导一些干部得过且过,但无求过的状况;在他们看来,多干多错,少干少错,以至做一天和尚撞一天钟,"占着茅坑不拉屎",只求无大错,过得去;不求成就大事业,为一方百姓谋利益,为改革开放出大力。这种只要无大错就可"稳坐钓鱼台",甚至仍可升迁的陈腐观念是与当今的时代要求背道而驰的。破除看轻政绩、"但求无过"观念的关键在于确立重政绩、重开拓创新的人才观念;同时确立正确看待人才功过的辩证观,不能以"无过"代"功";不能以"小过"盖"大功";也不能对人才求全责备,过于苛求,要重大节、重主流。

二、林肯的用人肚量值得称道
——谈广开进贤之路

"宰相肚里能撑船。"我们经常用这句话形容领导者的宽广胸怀。

美国前总统林肯称得上是一位"肚里能撑船"的胸怀宽广者,他的用人肚量很值得称道。

一位美国作家说过:"林肯在南北战争中遭到的诋毁,胜过任何总督曾有的遭遇。"但他忍辱负重,不计较个人恩怨,"一而再地证明了忍耐、克制和谅解的品德。"征服了一个个文武豪杰的心,使之心悦诚服地为其所用。

林肯与他的国防部长斯坦顿的故事是个典型。斯坦顿一直看不起出身低微、相貌丑陋的林肯,曾坦率地说:"我绝不愿和那个可恶的、愚拙的长臂猿来往。"林肯成为总统后,斯坦顿的蔑视和厌恶有增无减,称之为"痛苦的低能者",说"有一只真正的大猩猩在白宫里抓痒呢!"这些恶毒的人身侮辱,令向来谦和的林肯愤怒不已。他忍不住说:"我从来没有被像斯坦顿那样的人虐待过。"

尽管如此,1862年1月,当联邦政府需要任命一位国防部长时,林肯还是选择了他。但斯坦顿依然故我,仍然不断冲撞林肯。一次,面对总统的手令,他不仅一口拒绝,而且称林肯"是一个傻瓜"。林肯通过与斯坦顿会晤,了解了事情始末后,吸纳了斯坦顿的意见,主动收回成命。这等于在下属面前主动承认了自己的过失,这需要何等宽广的胸怀。林肯的宽宏大量终于化解了斯坦顿心头的偏见,赢得了他的尊重。1865年4月,当林肯遇刺,弥留之际,号称"铁人"的斯坦顿守在一边痛哭流涕,深情地望着这位曾经被他恶毒诋毁过的人,声音哽咽地说道:"这里躺着全世界有史以来最完美的人类领袖。"

林肯为我们确立了如何正确对待人才的典范。

所谓人才,就是指具有优秀才能的人。具体说来,人才是由德、识、才、学四个要素,拥有较多知识、能力和具有专门才干的人。

人才往往有个性、有缺陷。"人无完人。"没有十全十美的无瑕疵之人。而且,有才能、有思想的人一般不会轻易附和,不会趋炎附势,有的甚至为避阿谀之嫌,会对身居要职的领导敬而远之,有时还难免会发生人才顶撞领导的现象。因此,领导者应该有宽容大度的胸怀,有容人的海量。要容得下比自己好的人才;容得下人才小节的不足;还要容得下曾经反对过自己或同自己意见不一致的人才。尤其是对那些身怀绝技,术业有专攻的"奇才""偏才"和"怪才",更要容得下、不歧视、敢于用。

这就是领导正确对待人才的"海量容才",即有容才之量的原则。

在2016年庆祝中国共产党诞辰95周年大会的讲话中,习近平总书记连用"识才""爱才""用才""容才""聚才"等词汇,大力号召"广开进贤之路"。他说:"我们要以识才的慧眼、爱才的诚意、用才的胆识、容才的雅量、聚才的良方,广开进贤之路,把党内和党外、国内和国外等各方面优秀人才吸引过来、凝聚起来,努力形成人人渴望成才、人人努力成才、人人皆可成才、人人尽展其才的良好局面。"[①]

除了"海量容才"以外,领导者正确对待人才的原则还有:真心爱才(有爱才之心);全面识才;深入求才(有求才之渴);视能用才(有用人之胆);大胆护才(有护才之魄);积极举才(有荐才之德、育才之方)等。

所有这些对待人才原则的落地,都需要领导者的宽广胸怀。

例如,求才的热忱源于宽广胸怀。优秀人才是人民群众中的精英,他们往往淹没在"茫茫人流"中,并不是抛头露面的显赫人物。领导者为寻找人才必须放下架子,虚怀若谷,广为挖掘。我国历史上"三顾茅庐""月下追韩信"的故事,为我们提供了礼贤下士的榜样。

对人才的识别同样需要宽广胸怀。"成大功者不小苛""有大略者不问短""有厚德者不非小疵"。丢掉错误的观点,人才就站在面前了。善于发现人才,团结人才,使用人才,是领导者成熟的主要标志之一。

全面识才,对人才善于做全面辩证的分析,是正确对待人才的关键。有人喜欢用听话的顺从者,以为顺从者用起来顺手。殊不知不听话的、敢于反抗的人才是有头脑、有思想、有办法的人;才是敢于直言、说真话的人。

用人要有胆识、魄力。看准了,就不要犹豫。要敢于冒一些风险,大胆启用人

---

① 习近平:《在庆祝中国共产党成立95周年大会上的讲话》,中国网,2016-7-1。

才。二战期间,美国总统罗斯福大胆接受了敌国——德国科学家爱因斯坦的建议,研究制造原子弹。而且主持这项研究工作的也是敌国——意大利科学家费米等人。这样做是需要胆识的。因为爱因斯坦、费米等人在美国都属于"敌侨"之列,让他们主持这样涉及重要机密的研究项目是常人难以理解和不敢的。罗斯福却大胆使用这些人才,充分体现了他用人的胆识和魄力。

我们共产党的领导干部就更应有求才若渴的心胸大度。要不拘一格,善用奇才。每一位领导者都"要树立强烈的人才意识,寻觅人才求贤若渴,发现人才如获至宝,举荐人才不拘一格,使用人才各尽其能。"[1]

三、从尼克松重用基辛格谈起
——谈"五湖四海"原则

基辛格原来是洛克菲勒的得意谋士。1968年,洛克菲勒与尼克松竞选总统,基辛格为洛克菲勒的竞选出了大力。尼克松当选第37届美国总统后不久,亲自召见基辛格。他放下总统架子,摒弃基辛格曾经反对他的前嫌,虚心向基辛格请教,并正式聘请基辛格担任总统国家安全事务助理,直接掌握美国外交政策的最高决策机构。尼克松这一举措令基辛格感到意外,也令全美国震惊。然而,这正是尼克松的高明之处。事实证明,基辛格日后为尼克松的政治生涯起到了举足轻重的作用。

尼克松不计前嫌,重用基辛格的举动启示我们,在领导用人问题上,必须贯彻"五湖四海"原则。

五湖四海,是说不搞小圈子,只要是事业需要的干部,不论来自什么地方,不分党内党外,也不问亲疏远近,都应根据他的才能放在合适的岗位上。这样,才能把一切有用之才组织在一起,为共同的事业而奋斗。

搞"五湖四海",就要"宽以待人,团结为重"。

宽以待人,就要让人讲话。陈云同志指出:"做领导工作,能做到使下级敢说话、敢做事这六个字,工作效果一定会好的。"[2]人们在共同工作和相互交往中,对事物往往会有不同看法,彼此间难免发生矛盾和冲突。作为一个领导者,就要有宽阔的胸怀、忍让的精神,允许人家说话。如何才能做到让人说话呢?陈云同志提出了三点:第一,领导者的态度要好;第二,少戴大帽子;第三,当你批评人家错误的时候,要指出人家错误的根源,以及纠正错误的方法。

---

[1] 《习近平谈治国理政》,外文出版社,2014,第419-420页。
[2] 《陈云文集》第1卷,人民出版社,1984,第119页。

团结为重,就要正确对待犯过错误和反对过自己的干部。人不可能不犯错误,犯了错误,要给人家改正错误的机会。对犯错误的人,要规劝,帮助他总结经验教训,重在现实表现。领导者要全面地、历史地看待干部,不要一犯错误,就嫌弃他,不敢使用。

搞五湖四海,还包括:领导者要敢于用比自己强的人。英国有个政治家叫帕金森。他写了一本名叫《官场病》的书。其中谈到了官场上有一种通病:"自上而下奉行的是'能级递减',一流的找二流的当部属,二流的找三流的做下级,愚蠢的下手多多益善,精明的对手拒之门外"。后来,这种病就被叫作"帕金森病"。

为什么要找比自己差的人做下级呢?因为这样的下级往往有一大所谓"优点",那就是听话。你说一他决不会说二。这种病在我国也有,其表现就是"武大郎开店,比我高的都不要"。历史上袁绍杀田丰即为一例。袁绍因容不下比自己高明的谋臣田丰,而把他杀了,正是嫉贤妒能的典型。

嫉贤妒能,是抑制与扼杀人才的一种腐朽、落后的封建意识,对我们的事业危害极大。荀子说:"士有妒友,则贤交不亲;君有妒臣,则贤人不至"。就是说,一个人要是妒忌朋友,好人就不和他交往,君王如果嫉妒手下臣子,那么贤者就不愿意来辅佐他了。汉高祖刘邦之所以能打败不可一世的楚霸王项羽,一统天下,一个重要原因是重用了一些在某些方面比自己能力更强的人,表现了一个统帅最值得称道的品格和能力。

被誉为美国钢铁工业之父的美国钢铁大王卡内基说过:"你可以把我所有的工厂、设备、市场、资金全部夺去,但只要保留我的组织和人员,几年后,我将仍是钢铁大王"。卡内基死后,人们在他的墓碑上刻上了这样一首短诗:"这里安葬着一个人,他最擅长的能力是,把那些强过自己的人,组织到他服务的管理机构之中"。

搞五湖四海原则,一要做到"三个坚持,三个反对":坚持任人唯贤,反对任人唯亲;坚持五湖四海,反对搞团团伙伙;坚持公道正派,反对拉关系、徇私情。二要做到"五忌"。(1)忌心胸狭窄,"打仗亲兄弟,上阵父子兵",远近亲疏,搞"小圈子"。(2)忌求全责备,瑕疵掩瑜。常言道:"金无足赤,人无完人。"列宁曾说过:"只有什么事都不干的人才不会犯错误。"一味苛求部下完美无缺,最终势必导致列宁曾批评的"罗兰夫人的错觉"——遍地都是侏儒。只有"不以一眚掩大德",才能把最大多数贤者团结在自己周围。(3)忌信用相悖,疑心重重。"用人不疑,疑人不用",信用一致,这是用人的千古之理。信任是调动部下积极性的关键。用人而不信任人,疑神疑鬼,必然会使下级顾虑重重,诚惶诚恐,甚至远走高飞,一走了之。(4)忌赏罚不明,重罚轻赏。诸葛亮说过:"赏不可不平,罚不可不均。"只有赏罚分明,激励先进,惩罚落后,才能调动部下的积极性和创造性。(5)忌只用不养,用养脱节。西汉董仲舒说:"夫不养士而欲求贤,譬犹不琢玉而求文采也。"叶剑英为华北军政大学题词:"不教而战是谓弃之。"只注意选人用人,而忽视培养,无异于竭泽而渔,杀鸡取卵。成功的领导要有护才之胆、养才之举,注意养用结合,以最大限度地发挥人才作用。

历史实践证明,一个领导者要完成党和人民赋予的历史重任,在自己的岗位上干出一番事业来,没有一种海纳百川的博大胸怀是不行的。如果从狭隘的思想出发,搞宗派主义、圈子文化、码头文化,企图用压制比自己强的人或反对过自己的人来维护自己的"威信",保住自己的"位子",更有甚者,搞封建社会那种"封妻荫子""一人得道,鸡犬升天"的腐败之道,到头来只能是适得其反。这是历史的辩证法。

四、齐高士鲁仲连劝说孟尝君的深意
——谈"视能用才"原则

孟尝君曾任齐相多年,其下食客三千人。鲁仲连最受其器重。据《战国策·齐策三》记载,孟尝君因不喜欢某门客,拟赶走他。鲁仲连知道后,劝说孟尝君:"猿猴错木据水则不如鱼鳖;历险乘危则骐骥不如狐狸,曹沫之奋三尺之剑,一军不能当,使曹沫释其三尺之剑,而操铫鎒,与农民居垅亩之中,则不若农夫。故物舍其所长,之其所短,尧亦有所不及矣。今使人而不能,则谓之不肖;教人而不能,则谓之拙。拙则罢之,不肖则弃之。"舍其长而取其短,即使是圣王尧舜也不能把事情办好。听了鲁仲连所言,孟尝君连声称赞,留下了原来欲赶走的食客。

鲁仲连认为人各有所能,此事不能不等于那事不能,因而不能认为某人某事未干好,就认为其无能,教人的某事未做好,就认为其笨拙。这段话蕴含了"视能用才"的思想。

视能用才是领导用人的一个重要原则。"视能用才",顾名思义,即依据实际才能用人。人才用得好,领导者的工作会事半功倍。用人不当,就会浪费人才。现代领导者必须具备用人的能力,知人善任,视能用人。人各有所长,只是才能有方向之别、大小之分。要依人才的能力而恰当使用人才。

宋代政治家王安石主张用人必须"度才而授任,量能而施职"。这就是说,必须做到量才用人,职能相称。工作职位有层次、行业之分,干部才能也有层次、类型之别。现代管理科学中有一条能级原理,就是说不同的管理人员,他们的管理才能是可以分出级次的,有的能管理较大范围的工作,有的只能管理较小范围的工作,用人要同他们的能级相适应。我们在干部使用上,也要量才用人,做到职能相称,这是知人善任的一条原则。职能相称了,干部就如鱼游水中,工作起来得心应手。反之,小才大用,力不胜任,贻误工作;大材小用,才力有余,浪费人才。

德鲁克有个说法:"不称职是'不称此职'。"①意思是说,干部的称职与不称职,是人才的使用得当与否所致。不称职仅仅是用人之短造成的。只要是正确使用人才,人才总是称职的。

首先,坚持"视能用才"原则,切忌强人所难,乱点鸳鸯。"尺有所短,寸有所长",用人应像唐太宗李世民所说的那样,"君子用人如器,各取所长"。否则,就会如清人顾嗣协在《五音》中所说:"舍长以就短,智者难为谋"。强人所难,舍长避短,叫"李逵去绣花,黛玉去打仗",岂不悲哉!

其次,坚持"视能用才"原则,要任人唯贤、唯才是举。

任人唯贤,就是在选人用人问题上出以公心,以党性原则为重,以人民为重,以全局为重,真正把政治坚定,品行端正,有领导才干的"贤者"举荐到领导岗位。任人唯亲,则以个人好恶、亲疏为标准,徇私舞弊,搞宗派主义、裙带关系,结党营私,培植个人势力。我们党历来反对任人唯亲的用人路线。

梁武帝萧衍在识才、用人方面具有远见卓识。他用人的基本原则是"使法择人量功",即依法择用有实绩、真本领之人。他下诏明确规定,凡要到边关重镇任职,必先在京城附近的小郡试用一段时间,如果政绩卓著,百姓拥戴,方可委以重任,即使皇亲国戚、朝中显贵,也不例外。他当政期间,官吏的提升和废黜,大都根据实际政绩来决定。他识人不重表面现象,更不以貌取人。有一位武将,瘦小羸弱,甚至不会骑马。武帝经过多方考察,认为此人确实具有统兵打仗的非凡才华,因此不顾朝野一些大臣的反对,破格选拔其担任军队统领。果然,此人统领征战,攻城夺池,无往不胜。

再次,坚持"视能用才"原则,必须处理好德与才的关系。

任人唯贤的"贤",即德才兼备。因而,实行任人唯贤的干部路线,必须坚持德才兼备的原则。德,是指人才具备的政治觉悟和道德品质。才,就是指从事某方面工作所必须具备的实际能力和本领。坚持"视能用才"原则,就要把真正德才兼备的人才举荐出来。

管仲认为,有德有才,可堪大用;有德缺才,可资小用;有才缺德,不用或慎用;无德无才,绝不可用。宋代司马光说:"自古昔以来,国之乱臣,家之败子,才有余而德不足,以至于颠覆者多矣"。可见,古人就认为,在德与才的关系上,德是第一位的。"视能用才"之"能",不仅仅指"才",也应该涵盖"德",而且"德"更为重要。

---

① 孙钱章主编《现代领导方法与艺术》,人民出版社,1998,第634页。

任人唯贤还是任人唯亲，是两条对立的用人路线。我们必须坚持任人唯贤，反对任人唯亲。任人唯贤是我党的用人路线和我们事业兴旺发达的根本保证。

最后，坚持"视能用才"原则，必须十分重视用人择才的科学化、制度化。

坚持"视能用才"原则，最重要的，在于严格按党性原则办事，不存私心，不以个人感情代替党的政策，始终从人民利益出发。要有制度上、法律上的保障，建立健全严格的组织考察、审批和群众监督制度及有关法规，杜绝个人封官许愿。要注意克服一些领导在用人问题上的误区，诸如，有的领导者以貌取人，而不是因事择人、以需求才，不重视真才实学；有的领导者在实际工作中，重学历、讲资历、论背景、讲人情，而用了不当之才，误了大事；有的领导者用人不重实绩图虚名；有的领导者在论功行赏时，不是看实际的工作业绩，而是看谁的关系好、谁的资历高、谁"听话"、谁用起来"得心应手"……凡此种种，都是违背"视能用才"原则的。

五、赞魏文侯的用人气魄

——谈"用人不疑，疑人不用"的用人原则

在历史上，有两个说明要慎重对待流言的案例很值得我们深思。

案例一：

> 战国初年，魏文侯派将军乐羊出兵讨伐中山国。正巧乐羊之子乐舒在中山国做官。两国交战，中山国利用乐羊之子想迫使魏国退兵。为争取民心，乐羊对中山国采取了围而不攻的战略。消息传到魏国，一些官员纷纷向魏文侯告状，称乐羊之所以围而不攻，是为了保护儿子。魏文侯听后并没有动摇对乐羊的信任，反而当即决定做两件事：一是派人到前线慰问部队；二是为乐羊修建新的住宅。被围困已久的中山国君眼看无计可施，便破釜沉舟，杀死乐舒，煮成肉羹，送给乐羊。乐羊说，乐舒为昏君做事，死如粪土。随即下令攻城，中山国灭，国君自杀。乐羊得胜回朝后，沾沾自喜。魏文侯命人拿来了两只箱子，打开一看，全是揭发他围城不攻的奏章。乐羊什么都明白了。他激动地对魏文侯说："没有大王的明察和气度，不但破不了中山国，而且我早就成刀下鬼了。攻下中山国并非我的功劳，大王排除各种杂音，充分信任我，完全是大王的功劳。"

魏文侯用人不疑的气魄，足以我们各级领导效仿。

案例二：

> 战国时期，秦武王命将军甘茂攻打韩国的宜阳，甘茂在息壤对武王

说:"宜阳是大城,加上途中有若干险阻之地,距离又在千里之外,攻打并非容易。我实在担心我不在时会有人诽谤我。"他还讲了一个故事给武王听。他说:"以前有个与孔子的弟子曾参同名同姓的人杀了人,听到这个消息的人以讹传讹,就去报告曾参的母亲,曾母相信儿子的品格与德行,丝毫不为所动。但一连有三个人报告同一件事,曾母不得不相信,为了避免牵累而潜逃了。"讲完这个故事后,甘茂对武王说:"我的品行不如曾参,大王对我的信任与了解也不如曾母对她的儿子;而且,怀疑我的人也绝不止三个人。所以我确实担心大王不知不觉就听信谗言。"武王斩钉截铁地回答:"我是不听谗言的,愿和你盟誓。"

于是,甘茂放心地进军宜阳。开战后,用了五个月的时间尚未攻陷。正如甘茂所担心的,樗里子等人开始中伤甘茂。武王很快就听信了谗言,召回甘茂。甘茂对武王说:"大王忘了在息壤的承诺吗?"武王恍然大悟,随即改变态度,动员全部军队支持甘茂,最后终于攻下了宜阳。

武王很快纠正错误,还是值得称道的。试想一下,如果武王不改变态度,那么,宜阳的攻取就会落空。

用人不疑,疑人不用,是对立的统一。用人不疑,就是既用之,就要予以充分信任,放手让他在职权范围内自主地办事。如果用而不信,使干部事事掣肘,势必压抑干部的积极性、主动性和创造性,使他们的聪明才智无法发挥出来。这不仅不利于人才的健康成长,并且会给事业造成损失。然而,用人不疑又必须有疑人不用作为补充。对于还没有考察了解清楚的干部,或者已经判定为政治上不可信或能力上不胜任的干部,就不可草率地使用。疑人不用,不等于完全排斥,而是说只能放在适当的工作岗位上,在实践中继续考察、锻炼。

用人不疑,疑人不用,应该作为领导者使用人才的一条原则。《贞观政要》中记载了齐桓公与管仲的一段对话。齐桓公有志于称霸天下,向管仲请教如何防止有害于霸业的行为,管仲回答道:"不能知人,害霸也;知而不能任,害霸也;任而不能信,害霸也;既信而又使小人参与之,害霸也"。在大政治家管仲看来,对人才的使用与信任是同等重要的。一个人才,如果一方面在承担责任,另一方面又受到领导的怀疑,其心境如何、干劲怎样是可想而知的。领导者要使下级能够在其位,谋其政,敢于负责,就得要有用人不疑、敢于放手的胆识和魄力。

对人才"信而不疑",关键之处是在有人进谗言之际。古今中外,都有这种现象:因为谗言流沛,传进了领导者的耳朵,或者有人写来一纸匿名信,而动摇了对人才的信任感。在现实生活中,一些开拓型人才,往往受到这种不公正待遇,而得不到重用。

战国末期荀子在《致仕》篇中讲到选用人才的方法时提出："朋党比周之誉，君子不听，残贼加累之谮，君子不用；隐忌雍蔽之人，君子不近；货财禽犊之请，君子不许。凡流言、流说、流事、流谋、流誉、流诉，不官而衡至者，君子慎之。"意思说：结党营私之徒的相互吹捧，君子是不能听取的；陷害好人的坏话，君子不能相信，忌妒、阻塞人才的人，君子不能亲近；钱财贿赂之请，君子不能答应。凡流言蜚语、无根之谈，没有经过公开途径而传来的，君子一定慎重对待。聂荣臻同志也说过："要人家做事，又不信任人家，这不是马克思主义的态度。"

信任是人与人之间一种可贵的感情。用人要信任人，就要尊重人格；没有这种信任感，就不可能使人自尊、自重、自爱，也就不可能使人在工作中发挥积极性、主动性、创造性。一般人都有自尊心和荣誉感，当人的自尊心受到侵犯时，就会本能地产生一种离心力和强烈的情绪冲动；以致产生不良后果。只有尊重别人的人格和劳动成果，才能团结人，并受到别人的尊重。领导者首先尊重下级，才能在组织内部形成人人相互尊重，从而和睦相处、齐心协力地完成组织的共同任务。

六、卫慎公何以恍然大悟
——把握好选人用人的"长"与"短"辩证法

《中庸》的作者子思，在春秋战国时期为卫国的国君服务。有一次，他向卫国卫慎公推荐一位叫苟变的人，说他是个能攻善战的将才，可以统兵五百乘（三万七千五百人），应该加以重用。但卫慎公摇头说："我知道他可以为将，是个不可多得的人才，可您不知道，他以前当官时曾经下令老百姓每人捐两个鸡蛋给他。我不能让爱贪小利的人当大将。"

子思听后，对卫慎公说："圣人用人就像木匠用木材一样。木匠挖掉木材不良的部分，取用好的部分。即使再好的木材，多少总有腐朽的地方，一根要数人才能合抱的木材，即使稍有小孔，好的木匠也是不会轻易放弃的，因为只要把坏的部分挖掉就行了。现在是战乱之世，急需人才，您却因为两个鸡蛋的芝麻小事而放弃一个能率领千军万马的大将，实在叫人遗憾。"卫慎公闻之，恍然大悟地说："我明白了，愿意接受你的指教。"

卫慎公的错误在于不懂得用人的"长"与"短"的辩证法。

干部各有所长，各有所短。扬长避短，则无不可用之人；求全责备，则无可用之人。对任何人才，用其所长，避其所短，则是人才；用其所短，弃其所长，则成庸人。

著名管理学家德鲁克说过："谁想在一个组织中任用没有缺点的人，这个组织最多是一个平平庸庸的组织。谁想找'各方面都好'的人，只有优点没有缺点的人，结果只能找到平庸的人,要不就是无能的人。强人总有较明显的缺点。有高峰必有深谷。谁也不能样样都强。与人类现有的博大的知识、经验和能力相比,即使是最伟大的天才也是偏才。其实世界上是没有'完人'的,'完'在某个方面也很难。"①

首先,用人之长,避人之短,还要容人之短,是把握好选人用人的"长"与"短"辩证法的重要原则之一。

在用人时,要择其长而用之,恕其短者而避之。长,只能是在特定领域里的"长"。如果不顾条件和范围,随意安排,长处就可能变成短处。清代诗人顾嗣协在一首《杂兴》诗中说:"骏马能历险,力田不如牛。坚车就载重,渡河不如舟。舍长以就短,智者难为谋。生材贵适用,慎勿多苛求。"这首诗浅显易懂,清楚地说明了人才使用贵在用其长,避其短。汉朝刘向也说过,尧舜是我国古代的圣者,治理国家方面称贤能,但放羊却不及五尺童子。这说明,物各有利弊,人各有长短。一位能运筹帷幄的军事家未必能当好一位科学家;一位能吃苦耐劳的"劳模",未必就是一名上等的科学管理人才。不懂用人的长短之道,势必埋没人才。

其次,善于短中见长,是把握好选人用人的"长"与"短"辩证法的重要原则之二。

唐朝大臣韩蟥一天接待了一位别人推荐来的年轻人。此人脾气古怪,不善言谈,不懂世故,耿直不阿。韩蟥从他不通人情世故的短处,看到他铁面无私的长处,于是命他"监库门",自他上任后,库亏之事极少发生,这人确是个称职的守库官员。

清代有个叫杨时斋的将领,他认为,聋人,可以安排在左右当侍者,可以避免泄露军事秘密;哑巴,可以派他去传递密信,万一被敌人抓住也问不清情报;瘸子,宜命令他去守护炮座,可使他坚守阵地;盲人,比正常人听得既远又准,可命令他在战前伏地听敌军的动静。如此,"军中无无用之人"。

当今,善于用人之短的也大有人在。如有位厂长,让一些爱挑剔的人去当产品质量检查员;让谨小慎微的人,去当安全生产监督员;让一些喜欢"斤斤计较"的人去搞财务管理;让爱传播"小道消息"的人去当信息员;让性情急躁、争强好胜的人去当青年突击队长……结果,该厂变消极因素为积极因素,大家各尽其力,工厂效益倍增。

可见,世上无无用之物,人间无无用之人,善于用人之短,实际上就是用人时短中见长。

再次,用发展的眼光看待人才的"长"与"短",是把握好选人用人的"长"与"短"辩证法的重要原则之三。

---

① 孙钱章主编《现代领导方法与艺术》,人民出版社,1998,第622页。

发展的观点是唯物辩证法的基本观点之一。人才的"长"与"短"也并非一成不变。在一定条件下,"长"可以变成"短","短"也可以变成"长"。我们看待一切事物,都要联系一定的历史条件,随着客观事物情况的变化而变化,不能因循守旧,用"刻舟求剑"的思维模式来套用人才的长处与短处。我们在第一篇"辩证思维"一节中讲过《资治通鉴·孙权劝学》中记载的孙权劝大将军吕蒙读书的故事。鲁肃为何会惊叹:"士别三日,即更刮目相待"?缘由就是在谈吐间发现吕蒙经过发奋读书,有了很大的长进,不再是以前粗鲁的吕蒙了。这个故事告诉我们用发展眼光看待人才优缺点的重要性。

作为一位领导者,不仅要善于发扬下属的长处,用人所长,扬长避短,更要善于挖掘人才的潜能,促成"短"向"长"转化,更好地做到人尽其才,才尽其用。至于那些才华突出但由于某种原因受人歧视、打击,成为有争议的人物,领导者更要力排众议、态度鲜明,给予有力的支持。

当然,我们说避其短,不是不见其短,不问其短;对任何人的短处,作为领导者都要了解和掌握,做到心中有数,正确对待。方法是:用其所长时,要容其所短,要允许人家带着短处工作,对有些无碍正事的细枝末节,大可不必过问;在发挥其长处的同时,还要帮助他补其所短,使其尽快提高,以适应工作需要。

这是领导者选人用人的一个重要原则,称之为"扬长避短,各尽所能"。

七、李秉哲创办三星综合研修院值得称道
——谈领导的育人之方

韩国著名企业家李秉哲,被称为"财界之父"。他创建的三星企业集团,1987年被美国《幸福》杂志列为世界500强之一。三星集团的成就,与他重视人才培养分不开。为了培养企业人才,李秉哲创办了三星集团的人才培训机构——三星综合研修院。每年从集团所属企业选送人员来参加培训。集团共计12万员工,而每年在研修院受训的员工可达33万人次。每人每年平均受训2~3次。李秉哲每星期要去一次研修院。他的经验是,来集团的大学生进入公司2~3年后,大约有5%~6%的人会因各种原因辞职而去,大约有30%是优秀人才,其余的人,其成败完全取决于本人的能力与公司的指导。这批人的培养成功与否将影响到企业的前途,因而三星集团除对员工进行业务培训外,还要培养他们的企业精神与理念。他认为:"唯有将企业理念融化为大家的日常行为准则,才能充分发挥出组织的力量。"

李秉哲的育才之方值得每一位领导者学习。育才之方是领导者必须具备的基

本功。对人才,切忌"只用不养"。西汉董仲舒说:"夫不养士而欲求贤,譬犹不琢玉而求文采也。""只用不养",无异于竭泽而渔、杀鸡取卵。

育才,是开发人才的一个环节。开发人才作为领导用人之道,是为充分发挥人才的重要作用而进行的一系列活动,主要包括:人才的发现与选拔、人才的培养与锻炼、人才的使用与管理三方面。

"人才的培养与锻炼"即是"育才"。"育才"是人才开发的关键环节。被选拔的人才,一般都需要经过一定的培养和锻炼,才能成为适合各种行业要求的专门人才。培养与锻炼人才的形式有多种多样,除了在各级各类学校中进行系统教育外,主要可采用业余、脱产或半脱产的训练班、研讨会、专题论坛、挂职锻炼等方式。

"育才"不是孤立的,它与人才开发的其他两个环节是密不可分的一个整体。

首先,育才的前提是发现与选拔人才。这是人才开发的先决条件。为此,要明确选拔人才的标准。在我国,党和政府制定的选拔人才标准,主要包括政治标准、业务标准和健康标准,即德、才、体三方面。其具体含义虽然根据不同时期的不同工作重点有所变化,但其实质内涵是一致的。

当今,中国特色社会主义进入了新时代,要以新时代好干部标准选拔人才。

选拔新时代的好干部,要突出新时代的政治标准,具体说来,一要"做到信念坚定、为民服务、勤政务实、敢于担当、清正廉洁"(2019年修订发布的《党政领导干部选拔任用工作条例》提出的好干部标准)。二要做"四有"干部,即:"心中有党、心中有民、心中有责、心中有戒"。三要争当"四种人":政治的明白人、发展的开路人、群众的贴心人、班子的带头人。四要做到四个"铁一般":即培养造就一支具有铁一般信仰、铁一般信念、铁一般纪律、铁一般担当的干部队伍。

选拔新时代好干部,还要大胆启用开拓型人才。我们正处在深化改革的年代,改革需要具有开拓精神的人,即开拓型人才,也就是能打开工作新局面的领导人才。邓小平同志指出:"干革命、搞建设,都要有一批勇于思考、勇于探索、勇于创新的闯将。没有这样一大批闯将,我们就无法摆脱贫穷落后的状况,就无法赶上更谈不上超过国际先进水平。"[①]

开拓型人才最主要的特点,是具有强烈的创新精神和创新能力。他们有强烈的事业心和责任心,自尊自信,勇于进取,没有成见,敢作敢为,想象力、理解力、接受新事物、掌握新知识的能力都比较强。这些都是很宝贵的品格。有位著名科学家说过:"最重要的是会提出问题,否则将来就做不了第一流的工作。"我们的事业是崭新的事业,有了正确的路线、方针和政策,就要有开拓型人才去付诸实施,开拓

---

① 《邓小平文选》第2卷,人民出版社,1994,第143页。

工作新局面。今后我国现代化建设事业发展得快慢、好坏,在很大程度上将取决于能不能起用开拓型人才,如果有大批开拓型人才进入各级领导岗位,创造性地执行党和国家的路线、方针、政策,我们的现代化事业一定会加快进展步伐。

其次,育才的归宿在于恰当地使用与管理。要合理使用人才,做到量才使用,人尽其才,把人才安排在最合适的工作岗位上,充分发挥其聪明才智。要科学管理人才,就是根据管理科学的原理与技巧,对人才实行科学管理,为充分发挥人才的作用创造一个充满活力的环境。可以说,人才的使用与管理是育才的延伸。

育才离不开大胆护才,即有护才之魄。人才不仅要用要养,而且需要爱护。因为人才在工作中总会因各种原因而产生一些问题。对此,领导者不应求全责备,不能苛求;要敢于顶住闲言碎语,有护才之魄,并给予人才以适当的帮助,鼓励人才更大胆地工作。

"文革"中,周恩来总理保护了大量民主人士、科学家、领导干部等。他列了一份包括党外著名民主人士、党内高级干部的名单,指示有关部门参照名单划定的范围列出相应的保护名单,千方百计对被保护人员实行有效的保护措施。为后人树立了大胆护才的典范。

总之,成功的领导不仅要有爱才之心、用才之行,更要有护才之胆、养才之举,养用结合,充分关心下属,积极培养后备人才。

八、唐太宗的"四德""二十七最"考功制
——谈"官德"考核的制度化

唐太宗执政期间不仅善于发掘人才、使用人才,而且也极为重视考核人才。为及时监督百官,唐太宗建立健全了两大制度:御史台制和朝集使制。御史台是中央政府的最高监察机关。朝集使制指每年地方官来京师直接与皇帝对谈政务。这两大制度一上一下,形成对官吏的交叉考核。中央政府成立了专门的考核班子,在吏部设"考功司",并派专门主持考核官员的大臣"监考使""校考使""知考使",到各地监察与组织考功。朝廷订立了严格的考功标准:"四善""二十七最"。"四善"即"德义有闻、清慎明著、公平可称、恪勤匪懈"。意为:德高望重;清廉谨慎;处事公正、不徇私枉法;忠于职守、勤劳不懈。这是"德"。"二十七最"即二十七种官职才能。这是"才"。考功大臣根据"四善""二十七最"将每个被考核官员的结果分为若干等级。然后根据考核结果定功过奖惩。

李世民的考功制虽不能从根本上解决封建官场的痼疾,但至少在选拔人才、官吏任用上起到了一定程度"精察之,审用之"的作用。尤其值得称道的是,李世民对

"四善"的标准也进行了等级划分,对官员的"官德"做了比较精确的考察。这是值得借鉴的。

自我国古代起,行政官员道德即"官德"的问题一直引人注目。近年来,尤其是干部队伍中存在的"四风"现象和腐败问题更是把提升"官德"的重要性提到一个新的高度。因此,对官员的考核,应把对"官德"的考核放在首位,应抓好干部队伍道德考核的制度化,这关系到我们能不能切实做到"自身硬"的问题。

其一,要坚持德才兼备、任人唯贤原则,从制度上把严干部队伍道德"关口"。既把好道德品质上的正直、廉洁、严于律己、宽以待人、善于合作共事等道德一贯原则;也要把好切合不同历史时期特点的"德"的不同内涵。

其二,干部道德测评要动真格。干部测评一般把干部的德、才、勤、绩分解为若干要素,又把要素分为若干等级,多角度摄取干部状况的规律,然后进行定量分析。现在的问题是,在对领导干部的道德标准的掌握上,缺乏有针对性的硬性指标,往往标准一般化,大而化之,笼而统之,千人一面,以"政治素质高,思想品德好"等字眼一带而过,却不见区别于一般公民道德的"官德"的特殊要求,或以一般的职业道德等同于领导干部的道德,忽视了领导干部应该具有的比一般职业道德的更高的要求。因此,要加强和完善领导干部的道德考核制度,必须制定有针对性的领导干部道德标准。有必要以立法的形式对领导干部的伦理规范和行为准则做出明确规定,以此作为"官德"修炼的底线,在广大领导干部的心中筑起一道坚固的道德防线。

其三,重点加强对第一把手的监督。形成领导班子成员内部相互制约和协调的权力运行闭环系统,形成"副职分管、正职监管、集体领导、民主决策"的权力运行机制,这是对主要领导干部的权力进行制约和监督的有效方式。

其四,在各个环节充分走群众路线。只有在群众的实践中,才能更好地识别干部;也只有广大人民群众,才是干部优劣的最有资格的识别者。实践证明,选拔干部走群众路线有很多优越性:一是有利于开阔眼界,广识人才。二是有利于坚持党的任人唯贤的干部路线,纠正任人唯亲、拉帮结派等不正之风。三是有利于充分调动广大群众的积极性,加强对干部的群众监督,增强主人翁责任感。四是有利于增强干部的"公仆"观念,及对党负责与对人民负责相一致的观念。要把依靠群众加强干部队伍道德建设制度化、长效化。

重德绝非轻才,才是德的"资"(在此,可把"资"理解为"资本"),有了才,才能有效地施展德。有德无才者,难以当大任,不能为国为民多做好事,有时甚至事与愿违,干出傻事来。其德也成为空的了。我们在第一篇"辩证思维"一节中讲过的陶铸所说的邓子恢批评把饭烧煳的炊事员的故事再好不过地说明了这个问题。

因此,"官德"考核制度的制定不是孤立的,而是与"才"的考核联系在一起的。李世民的考功就是这样做的。他把"四善"与"二十七最"结合在一起对官员分出等级:一最四善(既有才能,又有四种品德)为一等;一最三善为二等;一最二善为三等;无最而有二善为四等;无最而有一善为五等;职事粗理、善最不闻者为六等;爱憎任情、处断乖理者为七等;背公向私、职务废缺者为八等;居官谄诈、贪浊有状者为九等。

总之,以标准化等量表为工具,采用领导和群众相结合、组织和本人相结合、定性分析和定量分析相结合对干部进行科学鉴定和评价,对科学选拔、测评干部极为重要。

九、对疫情防控不力者的诘问
——谈领导干部"问责制"的落地

2020年2月9日,武汉市对确诊但还未住院的新冠肺炎重症患者进行集中收治。一中央媒体记者跟踪采访发现,当晚在将患者转运至武汉同济医院中法新城院区的过程中,武昌区由于工作滞后、衔接无序、组织混乱,不仅运送车辆条件差,街道和社区工作人员也没有跟车服务,导致重症病人长时间等待而情绪失控。对这一事件,中央指导组的意见是:区政府和街道要向这些患者挨个赔礼道歉,对相关责任人根据党纪政纪严肃问责。作为区长、指挥长,必须就其所应该负的责任,向上级深刻检讨。另据中新社2月11日报道,针对武汉疫情防控工作中暴露出的突出问题,中央指导组紧急约谈武汉市副市长等三人。此次约谈释放了一个强烈信号:战"疫"当前,失职失责者,必将受到严肃问责。事实上,在2020年冬春抗击新冠肺炎疫情一个多月期间,已有数百名干部或因抗"疫"不力,或因敷衍失责而被问责、撤离领导岗位,其中不乏厅局级高级干部。

在重大考验面前,更能考察识别干部。而严格干部"问责制",是考察识别干部,确保能者上、庸者下的一把利器。

领导干部"问责制",本质上是一种责任追究机制和责任追究方式。它的宗旨在于"问公权力运行之责",问"公权力机关领导干部之责";通过对官员行使公共权力的行为进行控制与监督,让他们在自己的职责范围对自己的行为及其后果负责,向任命他们的上级和公众负责。一句话,问责制是发展民主政治的一条重要途径。如我们在第二篇"基于互联网视野的领导干部问责制"一节中所说:问责制度是国家政治制度和国家监督体系的重要组成部分,是衡量一个国家是否是成熟的法治国家的主要标志。

十八大以来,党中央紧紧抓住落实主体责任这个"牛鼻子",先后对一批在党的建设和党的事业中失职失责问题严肃问责。强化问责已成为管党治党、治国理政的鲜明特色。

中共中央政治局于2019年9月修订发布的《中国共产党问责条例》作为全面从严治党的利器,坚持贯彻党章,坚持问题导向,紧紧围绕坚持党的领导、加强党的建设、全面从严治党、维护党的纪律、推进党风廉政建设和反腐败工作开展问责。对于失职失责造成严重后果、人民群众反映强烈、损害党执政的政治基础的都要严肃追究责任,既追究主体责任、监督责任,又追究领导责任。做到有责必问、问责必严。无疑,这是发展社会主义民主政治道路上的又一重要举措。

然而,由于各方面的原因,问责制的推行,还存在不平衡现象。无论从思想认识上还是从具体措施上,问责制的实施还存在不少短板。

其一,一些领导干部实施问责制的自觉性不高,对应当承担的责任缺乏担当意识,以至在具体实施问责制时,被动问责的多,主动问责的少。一个问题出现了,有领导批示、有上级督办的就多问责、快问责;没有领导批示、没有上级督办的就少问责、慢问责。有些领导干部甚至责任意识淡薄,只想要权力,不想担责任。

其二,对各种不同领导岗位上的各级领导干部所承担的责任界限不清;一个问题出现了,应该谁负主体责任、谁负领导责任、谁负监督责任,往往分不清、辨不明。上级说不清,群众更是不知从何追究起。

其三,问责制度体系不完善。为使问责顺利进行,需要一整套机制以明确对权力责任的清晰和责任评估指标的确认;保障监督和管理所需的各种资源,以及对规避和抵制问责的各种动机和行为的有效约束机制等。而这对于实施问责制历史不长的我国正恰恰是极其缺乏的。

其四,因缺乏充分、有效的信息而导致的无法准确测量出责任主体过错行为的程度;因社会事务的错综复杂而无法准确判断责任主体的过错行为与特定的社会后果之间的因果关系而导致的难以测量过错行为的后果。

要补齐当今我们在问责制实施过程中存在的短板,首先必须提升领导干部的责任意识。要从制度导向上解决目前在相当部分干部身上不同程度地存在着的仅对上负责却不对下负责的不正常现象。从制度上保证政府权力和公共事务的运行始终在人民的监督之下,从制度上约束各级政府和企事业单位的领导干部,使他们自觉自愿对人民负责,且不敢不对人民负责;从制度上强化领导干部勇于担当的意识。其次要做到权力的"透明公开",要建立健全"问责"的制度体系。建立健全问责的制度体系,应该围绕权力的公开透明这条主线。改革和完善决策、行政管理、司法、干部人事、权力监督等五项制度和机制就是完善权力公开透明的具体内容;

而加强社会主义法制建设、改革和完善党的领导方式和执政方式,分别体现了权力公开透明的法制和政治保障。有了这一保障,问责制的实施也就有了保障。同时,必须建立和健全对重大社会事务异体问责(来自人民群众的问责)的长效机制,加强对集体腐败和渎职等不义之举的监督,以保证我们党的先进性和纯洁性,保持党与广大人民群众的密切联系。

十、"先天下之忧而忧,后天下之乐而乐"
——谈领导干部的担当意识

"先天下之忧而忧,后天下之乐而乐",是家喻户晓、人人皆知的我国古代先贤范仲淹的名句。纵观范仲淹一生,他始终坚持敢于直言的品格,从政清廉,不顾个人的荣誉得失,践行着自己在《岳阳楼记》中提出的伟大抱负,体现了他对天下百姓的强烈责任担当,在政治、文学、军事、教育等方面多有建树。为后人提供了担当意识的楷模。

"为官避事平生耻","见难而无苟免之心"。领导干部是我国改革发展大业的领导者、组织者和推动者,敢于担当、善于担当是职责所在,也是立身之本。"苟利社稷,生死以之"。只有敢于担当,不畏艰难困苦的挑战,不怕牺牲个人利益甚至宝贵的生命,才能坚定不移、矢志不渝、排除干扰、守住阵地;才能真正做到权为民所用、情为民所系、利为民所谋;才能把生机勃勃的中国特色社会主义伟大事业不断推向前进。

古人说:"大事难事看担当,顺境逆境看襟怀。"敢于担当是领导干部一项极为重要的领导素质,是领导干部激发斗志、凝心聚力,团结带领部属干事创业的基本条件。回顾我党的历史,我们的事业之所以兴旺发达,关键在于我党有一大批敢于担当的领导干部。正是他们把中国人民的解放事业和社会主义建设事业不断推向新阶段。

当今,在建成全面小康社会决胜阶段,面对矛盾和问题,习近平同志表现出敢于啃硬骨头的战略勇气。习近平同志战略勇气正是来自他的担当意识、担当精神。表现为:面对各种矛盾和挑战的"铁肩担道义"精神、"苟利国家生死以,岂因祸福避趋之"的担当意识。

担当是一种表现,一种接受任务与承担责任的彰显;担当是一种勇气,一种敢于挑战与慷慨面对的气质;担当是一种人格,一种精神承受与思想接纳的跨越。真正的担当,不是一个口号,也不是只凭说说而已,是需要落实在具体工作过程中的。

习近平总书记说,是否具有担当精神,是否能够忠诚履责、尽心尽责、勇于担责,是检验每一个领导干部身上是否真正体现了共产党人先进性和纯洁性的重要方面。

习近平同志说:"我们共产党人的忧患意识,就是忧党、忧国、忧民意识,这是一种责任,更是一种担当。"①回眸毛泽东、邓小平同志等中国共产党人的领导风范,无不体现了中国共产党人应该具有的历史担当。而我们纪念革命先人,就是要学习他们敢于担当的优秀品质。

历史实践证明:

(1) 担当精神与责任意识、奉献精神紧密相连。要勇于担当,就要强化责任意识和奉献精神。

强化责任意识,勇于担当。要把高标准履职尽责作为工作的基本要求,做到日常工作能尽责、难题面前敢负责、出现过失敢担责,而不是考虑自身得失,畏缩不前。要时刻牢记党的根本宗旨,这样才能在直面矛盾和问题时,敢试敢闯、敢抓敢管、敢于碰硬;在面对重大原则问题时,立场坚定、坚持原则、旗帜鲜明;面对歪风邪气时,敢于亮剑、敢于较真、敢于斗争。

强化奉献精神,敢于担当。要树立正确的人生观和价值观,树立崇高的理想和追求,以奉献付出为荣誉,工作中坚持原则,刚正不阿。要有无所畏惧的精神,坚信邪不压正;要有真抓实干的作风,坚信付出必有回报,在真正的担当中体现个人价值,在真正的担当中履行好领导干部职责。

(2) 以民为本是敢于担当的信心之源。当好群众路线的忠实践履者,才能当好一名勇于担当者。

领导的权威植根人民。为了人民,始终得到人民群众支持拥护,是手中权力合法性的根本。权力是责任,是义务,是奉献,绝不是谋取私利的工具。只有坚持群众路线,从群众中来,到群众中去,把人民群众的冷暖安危时刻挂在心上,满腔热忱地帮助群众解决生产生活中的突出困难,才能强化责任担当意识。担当是人民的期望,"敢于担当责任,勇于直面矛盾,善于解决问题,努力创造经得起实践、人民、历史检验的实绩"。

(3) 政治坚定、胸怀大局是敢于担当的重要条件。政治意识、大局意识是担当意识的前提。

担当意识来自坚定的政治方向和高瞻远瞩的战略眼光。只有能坚定不移地站在人民大众的立场上观察问题、思考问题和处理问题,观大局、察大势、谋大利,不为个人和小集团的狭隘私利所左右,才能敢于担当、勇于负责。面对困难和挑战,

---

① 张荣臣:《共产党人的忧患意识是责任是担当》,人民论坛网,2018-09-28。

能迎难而上而不丝毫退缩、挺身而出而不丝毫逃避、全力以赴而不丝毫懈怠。这是一种壮士断腕的决心、一股动真碰硬的狠劲。

（4）争创一流的昂扬斗志是敢于担当的内在动力。

工作创一流,是态度、思想和事业心的问题,是能力、水平和方法的问题,归根到底是责任心的问题。"看准了的事情,就要拿出政治勇气来,坚定不移干"。有了"干不到一流就是失职,争不到先进就是落后"的观念,高标准、严要求,敢为人先,不干则已、干就干成、干就干好、干就一流。这样才能强化责任意识、奉献精神,才能勇于担当,为人民用好权。

（5）立足中国、放眼世界是当今担当精神的重要特点。担当精神不只是为了实现中国梦的伟大奋斗,更是为了构建人类命运共同体,实现共赢共享。担当精神给人民以信心,给世界以希望。

"说到底,无私才能无畏,无私才敢担当。'心底无私天地宽。'担当就是责任,好干部必须有责任重于泰山的意识……'疾风识劲草,烈火见真金。'为了党和人民事业,我们的干部要敢想、敢做、敢当,做我们时代的劲草、真金。"[①]只有这样,才能"无愧于时代、无愧于人民、无愧于历史"。

---

① 《习近平谈治国理政》,外文出版社,2014,第416页。

第四章

领导者、领导作风与领导力

一、长征胜利的启示
——谈领导干部的理想信念

八十多年前,一群衣衫褴褛、饥寒交迫的红军战士,背着沉重的装备,在敌军的围追堵截下,一步一步,艰难地翻越着人迹罕至的雪山。是什么让他们承受着缺氧、严寒、饥饿,依然一往无前?是高官厚禄的许诺和丰厚的粮饷吗?当然不是!因为他们很多人都不知道自己能否活着走下雪山。那是什么呢?只能是一个词,那就是"信念"。

习近平总书记说,"长征胜利启示我们:心中有信仰,脚下有力量;没有牢不可破的理想信念,没有崇高理想信念的有力支撑,要取得长征胜利是不可想象的。"[1]就因为这份理想信念,红军踏过了雪山草地,抗联杀出了白山黑水,我们在茫茫戈壁上建起了航天城,我们把人间天路修到了青藏高原……

清代的郑板桥有一首咏竹石的题画诗,是这么写的:"咬定青山不放松,立根原在破岩中。千磨万击还坚劲,任尔东西南北风。"这首诗是借咏竹子的顽强生命力来表达一种坚定的信念。当年的红军正是"咬定青山不放松"的典范。

信念是人的志向。古人说:"志之所趋,无远勿届,穷山距海,不能限也。志之所向,无坚不入,锐兵精甲,不能御也。"意为:志存高远的人,再遥远的地方也能达到,再坚固的东西也能突破。在革命、建设、改革各个历史时期,有无数志士仁人为人民事业英勇牺牲了,支撑他们的就是"革命理想高于天"的精神力量。

有理想信念,对于领导干部极为重要。在我国,"德"是衡量领导干部的第一位标准,而理想信念则是领导干部道德即"官德"的第一要素。

---

[1] 《习近平谈治国理政》第 2 卷,外文出版社,2017,第 49 页。

领导干部的理想信念,应包括共产主义和社会主义两个层次。就目前来说,就是指要有为实现中华民族伟大复兴,建设富强民主文明和谐美丽的社会主义现代化强国的志向。

首先,全体领导干部必须永远保持全心全意为人民服务的奋斗精神,把理想信念的坚定性体现在做好本职工作的过程中,自觉为推进中国特色社会主义事业而苦干实干。在胜利时和顺境中不骄傲不自满,在困难时和逆境中不消沉不动摇,经受住各种赞誉和诱惑考验,经受住各种风险和挑战考验。永远与人民群众保持密切联系。

其次,理想信念动摇是最危险的动摇,理想信念滑坡是最危险的滑坡。全体领导干部必须把对马克思主义的信仰、对社会主义和共产主义的信念作为毕生追求,在改造客观世界的同时不断改造主观世界,解决好世界观、人生观、价值观这个"总开关"问题,不断增强政治定力,自觉成为共产主义远大理想和中国特色社会主义共同理想的坚定信仰者和忠实实践者;必须坚定对中国特色社会主义的道路自信、理论自信、制度自信、文化自信。领导干部特别是高级干部要以实际行动让党员和群众感受到理想信念的强大力量。

再次,坚定理想信念,必须加强学习。思想理论上的坚定清醒是政治上坚定的前提。全体领导干部特别是高级干部必须毫不动摇坚持马克思主义指导思想,自觉抓好学习、增强党性修养。系统掌握马克思主义基本原理,学会用马克思主义立场、观点、方法观察问题、分析问题、解决问题,特别是要聚焦现实问题,不断深化对共产党执政规律、社会主义建设规律、人类社会发展规律的认识。

习总书记多次强调:"理想信念是共产党人的精神之'钙'"[1];"要固本培元,把加强思想政治建设摆在首位"[2]。全体领导干部也必须补足理想信念之"精神之'钙'"。

理想信念不是一句空话,而必然化为具体的报国心、报国志。明末清初的思想家顾炎武曾经说过:"保天下者,匹夫之贱与有责焉耳矣。"这句话后来被梁启超精炼成"天下兴亡,匹夫有责"八个字。

有什么样的理想信念,决定着一个人人生的高度、深度、广度。对于每一位领导干部而言,有什么样的理想信念,则决定着为人民服务的高度、深度和广度。

1988年,中国的核潜艇到南海进行第一次深潜试验。深潜的当天,南海海面风平浪静,但是水底却是惊心动魄。潜艇上面哪怕扑克牌大小的一块小钢板,在潜入水下数百米之后,就要承受水的压力达1吨多。整个艇体长100多米,有任何一

---

[1] 《习近平讲故事》,人民出版社,2017,第73页。
[2] 《习近平在2016年6月28日中央政治局第三十三次集体学习时的讲话》。

小块钢板出了问题、任何一条焊缝出了问题、任何一个阀门泄漏,都可能造成艇毁人亡的结果。中国工程院院士、中国第一代核潜艇总设计师,被誉为"中国核潜艇之父"的黄旭华老人当时就在实验现场,他镇定自若地根据各个部门汇总来的信息,做出各种决策和判断。当潜水艇按照既定程序下潜到既定深度,然后又上浮到安全深度的时候,深潜试验正式宣告成功,艇上的所有人沸腾了,拥抱、握手、欢呼。事后有人问黄老:您当时不害怕吗?黄老答:怎么不怕?但作为总设计师,第一,我对它有信心;第二,就算是存在一定的风险,我也责无旁贷。正是这种责无旁贷的担当精神支撑着他一辈子隐姓埋名,默默无闻地奉献国防事业,甘当无名英雄。为了这一神圣的事业,他就此隐姓埋名三十载,毫无怨言。这就是理想信念的无畏力量。

黄老的理想信念,可以用"痴"与"乐"两个字来加以概括。所谓"痴",就是对核潜艇事业的痴心不改、一心一意的一生追求。所谓"乐",就是苦得其所,乐在其中,在工作中不怕困难、迎难而上。正像黄老的诗所言:"花甲痴翁,志探龙宫,惊涛骇浪,乐在其中。"黄老为我们全体领导干部树立了坚持理想信念的榜样。

二、陈毅元帅的"忙里偷闲,抽空学习"
——谈领导干部的知识素养

20世纪30年代陈毅带领游击队与敌人打游击时,敌人在陈毅隐蔽过的草丛里发现一个包袱,原来以为一定有大洋,但打开一看,除了几本翻旧的书本,没有其他任何东西。他们感到很惊讶,说:"赤匪苦成这样,还读书呀!"陈毅说过:"一个实际工作人员的学习方法就是忙里偷闲,抽空学习。"[1]陈毅元帅文武双全、博学多才。他勤奋好学,酷爱读书。为我们树立了学习的榜样。

领导人员应该成为熟悉自身业务、涉猎多门学问的"杂家"。懂得知识越多,心胸才能越开阔,眼光才能越远大,才能越胜任领导工作。

作为一个社会主义领导者,应具备的知识素养主要包括四方面:

1. 通晓马克思主义理论

对于马克思主义哲学、政治经济学、科学社会主义、党建理论、党史等基础理论应有比较系统的学习,并能融会贯通,指导工作。这既是革命化的要求,又是知识化的要求。

当今,尤其要学好习近平新时代中国特色社会主义思想。习近平新时代中国

---

[1] 曲连波主编《领导立体决策艺术》,中国时代经济出版社,2002,第9页。

特色社会主义思想是十八大以来中国特色社会主义伟大实践与人民群众的伟大创造的智慧结晶。十九大报告提出的8个明确和14条基本方略，是习近平新时代中国特色社会主义思想的主要内容和集中展示，无一不是来自全面深化改革、全面依法治国、全面建成小康、全面从严治党的生动实践经验的深刻总结和提升。

这一伟大思想开辟了马克思主义新境界、中国特色社会主义新境界、党治国理政新境界、管党治党新境界。是被实践证明了的科学真理，是我们进行伟大斗争、建设伟大工程、推进伟大事业、实现伟大梦想的实践指南，是中国共产党人新时代的精神支柱和力量源泉，是我们必须长期坚持的指导思想。

我们要深入领会这一思想的时代背景、历史地位、科学体系、精神实质、实践要求，深入领会贯彻其中的坚定信仰信念、鲜明人民立场、强烈历史担当、求真务实作风、勇于创新精神和科学方法论，更好用党的创新理论武装头脑、指导实践、推动工作。

2. 知识面广

领导工作的综合性、多样性要求知识的广泛性。领导者对于一般社会科学、自然科学和思维科学等各方面的知识，都要有所了解。尤其在当前，我们正面临着世界新技术革命的挑战，这就对现代领导者在文化专业方面的素养和作风提出了更高的要求。要有虚心好学的精神，要有熟练的专业知识和技能。这里所说的专业是一个广泛的概念，既指各行各业的专业，也指管理工作、思想工作、组织工作等专业。领导者除了要熟悉自己本行的专业外，各行各业的领导干部还要学好共同的业务基础知识，如法律、经济管理和领导科学等。随着新技术革命的不断深入，各门学科的信息相互渗透，现代科学出现了既高度分化、又高度综合的发展趋势。学科规模不断扩大，新的学科不断涌现。这就需要现代领导者不断拓宽知识面，并运用大科学、大经济的观点来认识和改造客观世界。

3. 熟悉现代管理知识

领导者要有较高的组织管理素养，包括：统筹全局的思考能力；深入群众、多谋兼听的探讨能力；权衡利弊的决断能力；突出重点、兼顾一般的计划能力等。这些能力皆来自现代管理知识，包括经济管理、行政管理、领导科学、人才学、思想政治工作概论等多方面的知识。

4. 了解社会生活实际知识，积累丰富的工作经验

为从理论和实际的结合上解决各类实际问题，领导者必须了解周围事物的历史和现状，熟悉社会生活，善于总结经验。

总之，领导者必须具备丰富的知识储备和良好的知识结构。好的领导者的知识储备比普通人更丰富、多样和饱满；其知识结构非常优良，其知识水平往往是一

流的。

现代社会要求现代领导者具有较高的学历、学力和学位。高程度教育素质带给领导工作以更多更大的规范性和知识性,从而促使领导工作上质量上水平。

根据美国布鲁金斯学会报告:受过高等教育的人在罗斯福政府的高级行政官员中占88%;在约翰逊政府里增加到99%。这些人中,68%的人获高级学位,17%为硕士,11%是博士。在美国军界,如今90%以上的军官达到大学文化程度。

2019年修订发布的《党政领导干部选拔任用工作条例》规定了干部提拔文化程度要求:一般应当具备大学专科以上文化程度,其中厅局级以上领导干部一般应当具有大学本科以上文化程度。

现代领导者应该成为学习的模范。首先,要善于向书本学习。高尔基说过:"每一本好书是一级小阶梯,我每爬上一级,就更脱离畜性而上升到人类,更接近美好生活的观念。"其次,要善于向他人学习。"三人行,必有我师。"人各有所长,善于吸收他人所长,才能加快提升自己的素养。爱迪生曾说:"试着关注一下别人是如何成功地运用新鲜想法的。如果你能把这些想法用来解决自己的问题,无疑也是一种创新。"再次,要善于向实践学习。毛泽东同志说过:"读书是学习,使用也是学习,而且是更重要的学习。"①领导者要善于在工作实践中增长才干。在实践中学习,尤其要注意向群众学习。社会实践是群众的实践,实践创举是群众的创举,实践经验是群众的经验。我们党在社会主义革命、建设和改革中的许多创新都是总结群众经验的成果。领导者素养的提高离不开实践途径。

党的十七届四中全会通过的《中共中央关于加强和改进新形势下党的建设若干重大问题的决定》提出,把"建设马克思主义学习型政党,提高全党思想政治水平"作为重大而紧迫的战略任务,号召全党贯彻落实。十八大更是提出要"建设学习型、服务型、创新型的马克思主义执政党,确保党始终成为中国特色社会主义事业的坚强领导核心。"②

学习型政党就是善于学习、不断创新的政党。学习指的是全面学习,不仅意味着获得理论知识,提高理论自觉,提高处理实际问题的能力,同时包括重视党性修养,进行自己的世界观、人生观和价值观的改造,全面提升党员的思想道德素质和科学文化素质。

科学理论武装是建设马克思主义学习型政党的基础工程。从中国共产党成立之日起,我党就没有停止过对马克思主义理论的学习、掌握和运用。用正确的理论

---

① 《毛泽东选集》第1卷,人民出版社,1991,第181页。
② 胡锦涛:《坚定不移沿着中国特色社会主义道路前进,为全面建成小康社会而奋斗》,人民出版社,2012,第12页。

去指导实践,应建立在对理论的认真学习和正确领悟基础上。如习近平总书记所说:"中国共产党人依靠学习走到今天,也必然要依靠学习走向未来。"①

三、华西村治村之道的启示
——谈领导的权威性与服务性

华西村从一个贫穷落后的小村庄发展为享誉海内外的"天下第一村",走出了一条以工业化致富农民、以城镇化发展农村、以产业化提升农业的华西特色发展之路,为社会主义现代化新农村建设做出了示范和表率。华西村的成功在很大程度上归功于村老支书吴仁宝的"治村之道"。吴仁宝在华西村实际上做了48年的"一把手",是一个深受群众爱戴的好带头人。他把追求"人民幸福"作为执政的最高理念,认为,社会主义就是人民幸福,就是生活富裕、精神愉快、身体健康。他把"生活富裕"界定为"在大力发展经济的前提下,大幅度提高农民收入,实现共同富裕";把"精神愉快"界定为"家庭和睦、邻里相亲、干群团结、上下齐心";把"身体健康"界定为"病有医疗保障、年老集体保养、孩子精心培养、文体活动形式多样"。他心中装着人民大众,他说:"一人富了不算富,集体富了才算富;一村富了不算富,全国富了才算富。"华西村在谋自身发展的同时将周边20个村作为直接带动对象,纳入共同发展,形成"大华西"格局。

吴仁宝治村之道的启示在于:领导的权威性与服务性是紧密相连,不可分割的。权威性以服务性为前提,离开服务性就没有权威性。

从领导活动的成败及其效果来说,权威性是领导活动的首要特征。现代社会领导的权威性来自对合法性的确认,又来自其人格等凝聚性要素的同化力。可以说,现代意义上的领导权威是一种理性权威,其特征在于它的合法性。这种合法性首先在于它的活动过程中表现的规章制度取向。法制(治)赋予了领导权威的合法性。不过,领导的权威最终还是取决于人们对权威的接受。在接受权威的过程中,领导者的能力、学识与品德等凝聚性要素起着决定作用。因此,如何按照法律赋予的权力,通过凝聚性要素的支撑,转化为人们自愿接受的权威,是一种领导艺术,更是一种领导的思想境界。

从领导的价值取向看,领导就是服务,即指通过拥有一定权力,履行一定职责权限的人为社会全体成员服务。领导活动是一种对公共使命的承担。现代社会把"权力民授"视为一个普遍法则。领导者的权力是民众赋予的。他应该是人民的公

---

① 习近平:《在中央党校建校80周年庆祝大会暨2013年春季学期开学典礼上的讲话》,人民出版社,2013,第12页。

仆,人民的勤务员。社会主义社会的领导更是强调,领导者必须全心全意为人民服务。

请听一下吴仁宝是怎么说的。他说,啥叫有权?廉洁才有权;啥叫威?懂行内行才有威。在正确权威观指引下,他确立了正确的利益观。他提倡"有福民享,有难官当",即,领导与百姓既能共患难,又能同富贵;领导既能见困难就上,又能见荣誉就让。说到底,就是干部要淡泊名利,要有奉献精神,真正做到"权为民所用,情为民所系,利为民所谋"。

吴仁宝这么说,也身体力行、以身作则。在对待物质利益问题上,他坚持始终要明富,不要暗富;明的少拿,暗的不拿。做到"三不":不拿全村最高工资、不拿全村最高奖金(上级政府奖励他的4000多万元,他分文没拿,全用于发展集体事业)、不住全村最好的房子。他说,当官没有终身制,为人民服务有终身制。华西人敬佩他的,不仅仅是他带领大家走上了富裕之路,而主要是他身上那种甘于奉献、严于律己的精神。

谦廉诚信,为"官"四宝。这是自古以来历代统治者的共识。领导者的谦虚,尤其表现为对待权力和功劳的正确态度,要淡泊名利,崇尚真理,不居功自傲。廉洁奉公,公众利益至上。这是历代领导乃至统治者所强调的。对于现代领导者来说,淡泊名利、廉洁奉公,公众利益至上更为重要。这是由现代领导活动的特点所决定的。

管理学界对领导的观念有一个变化的过程。在19世纪末以前,领导被等同于统治,在当时的企业中,企业的领导者对工人有绝对控制权。随着现代化大生产的发展和人际关系学说的应运而生,领导的观念发生了变化。领导不仅是一种权力,也是一种影响力。领导的本质被确定为一种人际关系。西方管理学家卡茨和卡恩提出,领导是"机械地服从组织的常规指令之外所增加的影响力"。就是说,领导的形成,不仅需要来自组织的已有目标、计划、组织和其他控制活动,还必须依靠个人对情况作出必要的补充;根据情况作出反应;对下属进行解释和推动等等这些追加的影响力。

现代化管理更强调人际关系。现代化的领导也不被视为领导者的个体行为,而是社会中人与人关系的一种特殊形式,即一定的人和集体通过一定的方式率领并引导另外一部分人或集体,在向共同趋向的目标前进的过程中体现出来的一种关系。从这个意义上说,领导是人民群众的意志和根本利益的集中体现,是引导和率领群众前进的向导,是建立在民主基础上的组织权威。

从这个意义上说,领导活动是领导者、被领导者、环境相互作用和相互结合以实现群体目标的过程。领导者固然在领导活动中处于最重要地位。领导活动的成功,首先依靠领导者确立正确的领导理念,依靠领导者发动、激励下属的能力与技巧,以及把群体目标内化为下属的为之奉献的力量。然而,被领导者也是领导活动不可或缺的要素。领导活动的顺利进行,依靠广大被领导者群体的积极参与,在领导者与被领导者的积极沟通过程中实现。领导者必须将被领导者群体视为唯一更扩大的资源,而不是将自身利益需求置于首要地位。

四、村支书郑九万为何受到村民拥戴
——谈领导者"影响力"的重要性

2005年10月5日凌晨,浙江省温州市永嘉县山坑乡后九降村党支书郑九万因长期操劳过度,脑血管破裂,生命垂危。这个乡地处偏远的小山村,当时人均收入仅2000多元,但乡亲们翻箱倒柜,一天之内竟凑了近7万元,用来支付手术费。村民刘良里的手头有用来给养鸡场买饲料的7160元,妻子说:"鸡死了还能再养,支书的病拖不起。"刘良里只留下60元,后来又把借来的准备交电费的100元也拿了出来。村妇代会主任陈菊蕊拿出了她积攒下的逢年过节女儿给的1300多元零花钱。患严重肝腹水的困难户刘宋云,把平时用鸡蛋、西红柿、大豆换来的300元买药钱,也托人送过来……"我们就是讨饭,也要把九万这条命救回来!"村里能够走动的人,全都自发下山,带着水和麦饼,到医院守候。第一次手术失败,社会各界慷慨解囊,郑九万终于转危为安,不久后康复了。

"爱人者,人恒爱之"。村民们之所以如此爱戴村支书郑九万,完全是郑九万"以百姓之心为心"换来的。他从担任村支书开始,一心为民,十几年如一日,把入党誓言体现在为人民服务的点滴中。村民陈菊蕊老伴得了骨质增生,急需钱治病,郑九万知道后,马上把卖了牛准备给儿子娶媳妇的2180元送到了她家里。村民刘光森开拖拉机压坏了腿,郑九万不仅为他垫付了几百元医疗费,而且帮他家收土豆、补种冬麦,还送给他50元买补品。对于经济并不宽裕的郑九万来说,这些付出可以说是倾其所有。

在时任浙江省委书记习近平同志撰写的《一切为民者,则民向往之》一文(刊载于《之江新语》一书)中,记载了这一动人的故事。文中指出,郑九万以自己的实际行动,深刻揭示了"老百姓在干部心中的分量有多重、干部在老百姓心中的分量就有多重"[①]的丰富内涵。

领导者进行领导活动,必须发挥领导力。领导力由权力、能力和影响力构成。

---

① 习近平:《之江新语》,浙江人民出版社,2013,第216页。

权力又称为职权或领导权,具有法定性质。任何领导者,当他被组织或群体正式授予某种领导职务时,就意味着他从此获得了与此职务相适应的权力。领导能力,就是领导方法、领导规律、领导艺术等的把握熟练程度,以及领导者的自身素质、实践经验、思想方法等在具体领导活动中的综合表现。领导者的影响力,指由于领导者威信对其下属所产生的影响力量,也即领导者的巨大的感召力、向心的凝聚力以及磁石般的亲和力。

"三力"的相互关系是:权力来自职务,职务来自威信(影响力),威信来自能力与修养。即:权威＝权力＋威信(影响力)。

从领导学角度看,领导者的权力必须通过影响力体现出来。领导者影响力的重要性并不次于、有时甚至还要超过权力以及能力的作用。影响力主要是由领导者个人的品质、道德、学识、才能等方面的修养,在其下属心目中所形成的形象与地位所决定的,即下属对上级领导者的信服与敬佩心理状态。

被称为领导学之父的法约尔认为,"出色的领导人"需要职务规定的权力,也需要个人权力,"个人权力是职务权力的必要补充"。所谓个人权力,即:"由于自己的智慧、博学、经验、精神、道德、指挥才能、所做的工作等等决定的权力",即由领导个人的素质和业绩带来的非职务权力。这种"个人权力",显然就是领导的影响力。

哈佛大学商学院教授约翰·P.科特也谈到过权力的来源问题,他认为权力来源于:其一,知识——知识就是权力;其二,建立在相互尊敬、了解和友谊基础上的良好工作关系;其三,良好的业绩和较高的威望;其四,运用上述三种权力来源的技能。科特在此所说的权力的来源实际上是影响力的来源。

实践证明,威信离开权力似乎影响不大,因为它已建立在人们心中;而权力离开威信未必行。一位领导者如只有权力而无威信,完全靠权力办事,那是很困难的。因为他很可能说话没人听,做事无人帮,甚至还可能遭到下属各种形式或明或暗的抵制和反对。如很有威信,便可"一呼百应",得心应手,情况就不一样了。所以在领导权威中,更重要、更关键的还是威信,即影响力。靠影响力发挥领导作用是我们做好领导工作的重要条件。而领导者的影响力主要来自人民群众的信任,能"以百姓之心为心"。

在几千年的中国历史上,凡为百姓世代称颂的都是深得百姓信任的"好官"。

"官为民役",是著名唐代文学家、哲学家柳宗元的为官"座右铭"。元和十年(公元815年),他出任柳州(今属广西)刺史。在任期间,他忧国忧民、爱国为民,为百姓办了大量实事,政绩卓著,深受百姓拥戴。为了纪念这位"官为民役"的先贤,后人在柳州修建了"柳侯祠",供世世代代瞻仰。

在河南内乡县衙三省堂前,悬挂着这样一副对联:"得一官不荣,失一官不辱,勿道一官无用,地方全靠一官;穿百姓之衣,吃百姓之饭,莫以百姓可欺,自己也是百姓。"此联为清康熙十九年(1680年)内乡知县高以永所撰写。高以永赴任内乡知县时,正值战乱之后,内乡百姓纷纷背井离乡、外出逃荒,乃至土地荒芜、经济萧条。高以永忧心忡忡,夜不能寐,自感为官一方,责任重大,便写下这副对联,表达为民的心志。高以永在任期间,大量开垦土地、打击匪盗、爱护百姓,对内乡做出极大贡献。他离任时,百姓夹道挽留,还有追送百里者。

习近平同志在一次与基层干部的座谈会上,引用了这副对联,并以此告诫大家:"用身影指挥人,而不是用声音指挥人。"[①]这里的"身影",即影响力。

历史告诉我们,只有在群众中具有广泛影响力的领导者才能深得群众拥护。

五、"民无信不立"
——谈提升诚信领导力

《论语》记,弟子问孔子如何治国,孔子说要做到三点:要"足食",有足够的粮食;"足兵",有足够的军队;"足信",还要得到百姓的信任。弟子问,如果不得已必须去掉一项,去哪一项?孔子回答:"去兵"。弟子又问,如果还必须去掉一项,去哪一项?孔子说:"去食。民无信不立。"可见,在孔子看来,得到百姓的信任比什么都重要。治国如此,其他事何尝不是如此。如果得不到别人的信任,什么事都办不成,无论大事小事都是如此。领导用权当然不能例外。

诚实守信是中华民族的传统美德。"人而无信,不知其可"。在我们传统的做人道德里,诚实守信是至高无上的准则。哲人的"人而无信,不知其可也";诗人的"三杯吐然诺,五岳倒为轻"(这是李白《侠客行》的诗句,形容承诺的分量比大山还重);民间的"一言既出,驷马难追""言必信,行必果"等流传了千百年的古话,无不形象地表达了中华民族诚实守信的品质,也都极言诚信的重要。

传统伦理道德范畴中,诚信作为基本的道德规范,是整个道德体系的基础。具体而言,"诚"是人的内在德性,包含着对自己良心的不欺,在无人监督的情况下,加强个人道德的内省,存善去恶,言行一致,表里如一。"信"是诚的外在表征,人诚于内必显于外,心有诚意,口则必有信语,对他人不存诈伪之心,不说假话,不办假事,开诚布公,取信于人。在中国传统文化中,诚与信互为表里、兼具神形。

我们要构建社会主义和谐社会,必须建设诚信社会。而提升诚信领导力对于建设诚信社会至关重要。无论是优化讲诚信的社会德治环境,构建社会主义市场

[①]《习近平讲故事》,人民出版社,2017,第68页。

经济信用基础的舆论监督机制;还是优化讲诚信的社会法治环境,构建社会主义市场经济信用基础的强有力保障;以及优化讲信用的社会经济环境,构建社会主义市场经济信用基础的监控机制;领导都是关键。德治、法治都需从领导抓起。

诚信社会首先要有诚信领导。"子帅以正,孰敢不正。"领导者的以身作则,率先垂范,本身就是一种号召力、凝聚力,也即体现为领导力的影响力。诚信社会的构建,尤其需要诚信领导力的引导。

这里所谓诚信领导力,主要指体现在领导者身上的诚实守信、言行一致、表里如一的高贵品质和优良作风。诚信领导力是一种道德力量、榜样力量、示范力量,也是一种价值取向。它通过领导者的一言一行,辐射到社会各领域,产生无可估量的影响作用。它又是一种无声的命令,起着巨大的引导作用,达到众望所归的效果。孔子曰:"上好礼,则民莫敢不敬;上好义,则民不敢不服;上好信,则民莫敢不用情。""其身正,不令而行;其身不正,虽令不行。"

曹操"割发代首"是人们熟知的三国故事。曹操身为主帅,以割发向军士表达在军令法纪面前自己与部下一律平等。曹操以自己的诚信整肃军纪,是对诚信领导力的生动注解。

"所求于下者,不务于上;所禁于民者,不行于身。"要部下做到的,自己首先做到;要禁止部下做的,自己首先不做。领导者注重身教,做出榜样,向下属证明自己对工作和事业的诚意,这就是诚信领导力。诚信领导力的实质是"取信于民"。

对于国家和政府而言,能否取信于民,是关系到国家政权能否稳定乃至兴衰存亡的大问题。在现代社会中,政府是经济活动的参与者,同时又是社会的管理者,政府的决策若朝令夕改,承诺不兑现,民对国不诚,国对民失信,民心思散,国家将难以安定,社会就谈不上和谐,更难言发展。

当今诚信问题凸显的一个重要原因在于某些领导的不诚信。可见,锻造诚信领导力至关重要。

其一,诚信领导力强调取信于民,必须贯彻从人民利益出发的、科学民主的决策理念;强调承担以遵循公民意志、服务公民为宗旨的社会责任感;倡导以公共利益、公民权利为重的"公民满意"原则。

其二,诚信领导力强调植根于民,必须强化基层领导面向基层群众的回应性,以表达对群众诉求的全新关注,锻造诚信政府,提升政府的公信力。

其三,在权力的运行和行使上,诚信领导力始终强调手中的权力需要来自公民权利的制约;强调党务公开、政务公开,自觉接受来自公众的监督;强调除了维护人民的利益之外没有任何为己谋私利的权利。

以习近平同志为核心的党中央在践履诚信领导力方面给我们树立了光辉的

典范。

党的十八大以来,党中央强化"三个协同",形成改革整体一盘棋,朝着全面深化改革总目标聚焦发力。取得显著成效,充分释放着全社会的创造活力,给这个星球上 1/5 的人口带来前所未有的获得感,极为有效地增强了"四个自信"。自信心的确立来源于诚信政府的打造,来源于党的领导的公信力的提升。

习近平同志指出,国无德不兴,人无德不立。必须加强全社会的思想道德建设,激发人们形成善良的道德意愿、道德情感,培育正确的道德判断和道德责任,提高道德实践能力尤其是自觉践行能力,引导人们向往和追求讲道德、遵道德、守道德的生活,形成向上的力量、向善的力量。而诚信观则是最基本的道德,也是提升领导力的最基本方面。

六、从狄仁杰如何对待受陷害谈起
——谈领导者心理素养

周如意元年(692 年),武则天的近臣来俊臣诬陷狄仁杰等 7 位大臣谋反,以至 7 人蒙冤入狱。狄仁杰在狱中寻机写了一封密信,由他儿子上奏武则天。查明真相后,武则天下令释放狄仁杰等 7 人。尽管来俊臣等人于心不甘、不依不饶,多次联名上奏请杀狄仁杰等 7 人,但均遭武则天否决。不过,狄仁杰也未能官复原职,被贬为彭泽令。直到 4 年后,狄才被重新起用。起用前,武则天既赞赏了他在被贬职任地方官期间的政绩,也告知他,有人说他坏话,并问:"你想不想知道是谁说你坏话"。狄回答说:"臣不愿知道。陛下如认为我有过失,我愿改正。陛下如认为我没过失,是我的幸运。至于说我坏话的,请陛下不必相告,这样大家以后还能和睦相处。"武则天对狄仁杰的宽广胸怀深表赞许。

狄仁杰能以平和的心态对待别人的诬陷,以积极的态度正确对待贬职,表现了一位领导者应有的心理素质。

领导者肩负重担,责任重大,比一般人有更大的心理压力。因此,领导者必须有较强的心理承受能力。

首先,领导者的心理素养表现为对待顺境与逆境的正确态度,即:顺境时不骄不躁,逆境时不弃不馁。

领导者面对顺境,要坚持"自省、自重、自警、自勉",正确看待已有成绩,做到不骄不躁,并能喜中思忧,具有忧患意识,始终保持清醒头脑。

领导者遇到挫折、困难时则决不能知难而退、自暴自弃,应该在逆境中把挫折当作动力,扬长避短,迎难而上,发奋图强。具体做到:一要冷静反思;二要有自信,

"天生我才必有用";三要专心致志于工作与事业;四要坚韧不拔。只有在逆境面前不低头、不气馁,才可能战胜失败、走出低谷。

为此,领导者一要有坚定的意志、顽强的毅力、勇于决断的魄力。要取得成就,就要认定目标、勇往直前、不惧艰险、不怕失败、不屈不挠、当机立断。具有刚毅有为的坚强个性是事业成功的助推器。二要能宽容、会忍耐、有韧性。领导者待人要有仁爱之心,要宽容大度。有不顺心、不合意的事情要有忍耐之心,不要对人失态、对事失度。对一时办不成的事要忍耐,对上级错误的批评指责要沉得住气,对下级无理顶撞要压得住气。宽容、忍耐,不是丧失原则,不是懦弱的表现,而是一种韧性。

从上述案例可以看到,狄仁杰是具备这样的心理素养的。

其次,领导者的心理素养表现为具备一种积极进取、充满自信的精神状态。

领导者要有干一番事业的雄心壮志,要对事业的成功充满信心,这是开创事业的奠基石。而消极、胆怯、自卑的人,往往会丧失机遇,失去成功机会。

其一,领导者的积极进取和自信必须伴之于处事稳重、态度谦虚的性格。具体表现为:积极而不盲动,进取而不蛮干,自信而不自大。心态平稳、为人谦虚、勤于思考、善于总结,不断校正事业进展和个人行为方式的误差。

其二,领导者的积极进取和自信心必须伴之于有顽强的竞争意识,但无嫉妒之心。领导者要有竞争意识,在不如意时能不甘落后,奋力追赶,做到"你能我也能,你干得好,我比你干得更好"。这种心态能催人奋进。但如果存有嫉妒心,对才能与业绩超过自己的人,心存猜忌和不满,给予打击、贬低、拆台,即"你好我偏不说你好,你行我偏不让你行"。这种心胸狭窄、目光短浅、自私落后的领导者,是不可能得到下属、特别是德才较高者的衷心拥护的。

我国历史上,蒋介石的多疑善嫉、排斥异己、不能容人是人所皆知的。无论对待同级还是部下,都是如此。他与李宗仁之间的关系最能说明问题。蒋介石早年投机革命,为了招兵买马,扩充势力,主动与拥有重兵的李宗仁换帖子,称兄道弟;而当他觉得李宗仁及其桂系已成为他独揽大权,建立蒋家王朝的障碍时,便把李宗仁视为眼中钉、肉中刺,欲彻底除之而后快。连李宗仁准备竞选副总统这一"虚职"时,蒋也感到犹如"一把匕首插在心中",很是不快,以至一再作梗、刁难。蒋介石的这种不良心态,是他最终成为孤家寡人的一个重要原因。

再次,领导者的心理素养还表现为善于控制自己情绪的良好心态。

一是能做到面对利欲不为所动。在利欲面前,领导者要做到"三要":一要管住自己,强化自身修养,培养高尚的品德,增强免疫功能,提高对利欲的抵抗力;二要强化防微杜渐、严正于初的心理品质,"不贪小利以酿大恶,不受浊财以污清名,不因律己不严授人以柄,不因操守不正而失信于人,损威于下";三要"视名利淡如水,视事业重如山",在金钱美色面前一身正气,拒腐蚀、永不沾,始终保持良好的形象。

二是能减少个人生活的不顺对工作的冲击。领导者面对恶化的家庭环境,如婚姻、父母健康、儿女问题等,要避免让焦虑、急躁、疲惫等消极心理影响工作情绪和工作情景,要正确处理好家庭与事业的关系。首先,不能因家庭环境或个人不顺而本末倒置,影响工作。其次,要正视问题和矛盾,对不顺的环境或烦恼的琐事采取回避或无视的态度也是不可取的。一个成熟的领导者,应以科学态度处理好家庭或个人不顺,及时清理"乱码",化解矛盾,摆脱沉重的心理负担,全身心投入工作。再次,领导者还要善于忧中求乐,在化解家庭矛盾或个人不顺的同时,以事业为重,在工作中忘掉忧愁,用事业成功的欢乐冲洗家事的烦恼,保持良好的心理状态。

七、搭配决定"天堂"或"地狱"
——谈领导集团的整体搭配

有一种说法:什么是天堂?就是英国人当警察,法国人当厨师,意大利人谈情说爱,而由德国人来组织一切;什么是地狱?就是法国人当警察,英国人当厨师,德国人谈情说爱,而由意大利人来组织一切。这种说法体现了一个道理,即:对于同样的元素,如果采取不同的组合方式,会产生不同的整体效果。好的整体效果取决于构成整体各种元素的合理搭配。

领导集团的整体搭配同样极为重要。拿破仑有一句名言:"一头狮子率领的一群羊能够打败一只羊率领的一群狮子。"这句话形象地说明一个组织内部结构及领导集团内部结构的重要性。

领导集团结构的合理化,有利于实施高效性领导。领导活动的效能,直接与领导集团结构的合理化程度有关。

首先是专业结构的合理化。专业结构的合理化,要求不同层次、不同类型的领导班子实行不同文化程度、不同专业知识的领导成员的合理搭配。最好做到"群体通才"——即精通不同专业知识,诸如:管理、技术、营销、社会科学等知识的人才组成的群体。"不要让一个专业的人在一桌吃饭。"班子里通才越多,对发挥作用越有利。这里的"通才",一指由不同专业人才组成的班子整体上的"通才";二指个体"通才",即:既有专攻知识或技能(竖的知识),又有适应宽广领域的知识涵盖面(横的知识)。这就是所谓"十字架型"知识。

领导班子的专业化主要不是指"硬"专业化;而是指"软"专业化。领导成员主要应精通思想政治工作、组织管理工作、经营供销工作、后勤服务工作等专业知识，而不懂管理的"硬"专家却不能算是好的领导成员。领导者应该努力成为管理专家型的人才。

著名的"曼哈顿工程"是美国在二次世界大战期间的一个"大科研"组织，它集中了15万各类学科的科学家、工程技术人员，投资20亿美元，从事原子弹研制工作。当时罗斯福总统在配备领导成员时，没有录用三个在专业上造诣很深、威望很高的诺贝尔奖奖金获得者，而是选拔了一个在物理学界名不见经传，算不上第一流，但却具有卓越的组织管理才能的物理学家奥本海默担任技术总指挥。由于他的出色领导，终于造出了第一批原子弹。这说明，领导干部专业化，不等于领导干部科技专业化。科技专家有较高的现代科技素养，这是他们学习和从事领导、管理的有利条件，应重视从他们当中选拔领导干部。然而，并不是每个科技专家都有管理才能。学术上的权威不等于领导和管理上的行家；如选拔不当，把那些专业造诣较深，留在专业岗位贡献更大，却不适宜担任领导的人员选拔上领导岗位，只能是把"内行"变成"外行"，造成新的人才浪费。

其次是智能结构的合理化。所谓智能结构，指具有不同类型智能的领导成员间的协调组合。这里所说的智能，主要指在工作中运用知识的能力和水平。

各人的智能类型是不同的。有的人创造能力超群，精于观察，善于思索，富于想象，具有思想家、战略家的才能；有的人组织能力出众，长于指挥调度，巧于组织安排，勇于随机应变，能够深思熟虑，具有组织家、指挥员的才干；有的人善于表达，具有宣传家的素养；有的人精通业务，精明干练，踏实苦干，具有实干家的品格。重视具有不同类型智能的领导成员间的协调配合是很重要的。由同一智能类型的领导成员构成的班子功能单一，不是好的领导班子；只有不同智能类型的领导成员构成的领导班子，才是智能结构较佳的领导班子。在一个领导班子中，既要有富于远见卓识，善于分析综合，有决断能力的主要领导者，又要有沉着冷静、足智多谋的智囊人物；既要有善于做深入细致的思想工作的，又要有善于做组织管理工作的；既要有具有活跃的思维品质、广泛的交往能力的活动家，又要有兢兢业业、埋头苦干的实干家等。这样的领导班子才是一个多功能、高效能的班子。

再次是性格气质结构的合理化。性格、气质都是人的重要心理特征。性格是人对现实的稳固态度或习惯了的行为方式。如坚强、勇敢、勤劳或怯懦、懒惰等。气质，也就是俗话说的脾气。它是个体对外界事物的一种稳定的、典型的心理特征。担任不同职能的领导成员应有不同的气质性格要求。例如，从事宣传、公关工作的人员，需要活泼、好动、热情等性格；从事组织、人事工作的领导成员，更需要沉着、冷静、细腻等性格；从事行政工作的领导成员，应有充沛的精力、敏捷的思维、雷厉风行的工作作风；从事技术工作的领导成员，则需要认真、细腻、踏实的作风。

对于一个领导班子，应该有合理的性格气质结构。领导班子的性格气质结构指具有不同类型性格气质的领导成员的协调组合。作为一个领导班子，应把不同气质、性格特点的人合理地组合起来，使之相互补充，扬长避短。西方一些学者在谈到人员素质互补时这样说：高瞻远瞩、有战略眼光的人可以断，思维敏锐、善于分析的人可以谋，能抛头露面、冲锋陷阵的实干家可以行。

此外，年龄结构的合理化也很重要。年龄结构指在领导集团中各个成员按年龄分布和组合的情况。一个好的领导班子，应有梯形的年龄结构，即有适当比例的不同年龄区段的干部构成的整体，而且，年龄梯次应适当拉开。

八、"N次方文件"是如何炮制出来的
——谈领导作风

《人民日报》曾刊登过一篇题为《N次方文件》的文章，文中说，某地一个强化安全生产监管方面的文件，到了乡镇竟被转发了三次，变成了《关于转发某某县关于转发某某市关于转发省关于安全生产监管工作的意见》，转发的转发的转发，转发的三次方，十足的绕口令。对这种无新意、照搬转发的文件，群众戏称为"N次方文件"。

"N次方文件"的出笼归咎于一些领导干部的不良工作作风。

领导作风，是指领导者在率领、引导和组织下属成员，为实现预定目标，采用一定的方式方法实施领导职能的过程中，所形成的具有一贯性的某些态度和行为。

领导作风对于领导工作的成败关系重大，它是一种无形的领导力量。人心所向源自何处？源自人民群众对党的理论和路线方针政策的认同理解，源自对党的执政绩效的褒扬赞誉，源自对党的工作作风的体验感佩。因此，能否保持同人民群众的血肉联系，能否使发展的成果更多更公平惠及全体人民，能否以优良的作风取信于民，事关人心向背。如陈云同志指出，执政党的党风问题是有关党的生死存亡的问题。这一点已为我党的历史经验所证明。

在长期执政条件下，我们党脱离群众的危险大大增加了，脱离群众所产生的危害也大大增加了。当前，一些党员干部特别是领导干部行为不端、作风不正的问题时有发生，人民群众对此非常反感。再加上以互联网、手机为代表的新媒体的放大效应，一些领导干部作风不正成为社会舆论热点，严重败坏了党的形象、损害了党的权威，严重影响了党同人民群众的关系。

活生生的教训一再说明,如果我们的党员和领导干部作风不正,脱离群众,不能在感情上亲近人民、在工作上服务人民、在思想上感恩人民、在行使公共权力的过程中敬畏人民,反而在工作中拒人民于千里之外、在生活中凌驾于人民之上、在内心深处惧怕人民,就非但不能成为合格的党员和干部,反而会走向群众的反面。

当今,党内脱离群众的现象集中表现在形式主义、官僚主义、享乐主义和奢靡之风这"四风"上。"N次方文件"的出笼,正是一些领导干部身上存在的形式主义、官僚主义作风的突出表现。

习近平同志摆出了"四风"的具体表现:形式主义,主要是知行不一、不求实效,文山会海、花拳绣腿、贪图虚名、弄虚作假;官僚主义,主要是脱离实际、脱离群众,高高在上、漠视现实、唯我独尊、自我膨胀;享乐主义,主要是精神懈怠、不思进取、追名逐利、贪图享受、讲究排场、玩风盛行;奢靡之风,主要是铺张浪费、挥霍无度、大兴土木、节庆泛滥、生活奢华、骄奢淫逸,甚至以权谋私、腐化堕落。

其中尤以形式主义、官僚主义最为隐蔽、危害最大。应付场面,蜻蜓点水,浅尝辄止,不求甚解的"客里空";表面上热热闹闹、忙忙碌碌,实际上"调查研究隔层纸,政策执行隔座山";贯彻党中央重大决策部署有令不行、有禁不止,或者表态多调门高、行动少落实差,脱离实际、脱离群众,造成严重后果。如上述以文件落实文件的"N次方文件",就是工作不讲实效、不下功夫解决存在的矛盾和问题的典型表现。

曾有这样一副对联,上联是:"你开会我开会大家开会";下联是:"你发文我发文大家发文";横批是:"谁来落实"。看似"不折不扣""原汁原味",实质是不结合自己实际,仅仅走形式上的与上级保持一致,做做热热闹闹、花团锦簇的表面文章。

形式主义与官僚主义是一对孪生兄弟。几年前,某市建设一座污水处理厂。开工后,有关部门多次汇报都说项目进展顺利,还专门拿来工程图给当时的市委书记看,讲得头头是道,一时间书记也信以为真。后来,他到实地暗访,发现几个月过去了,根本就没有动工,连个坑都没有挖,假话一下子戳穿。事后,这位书记感慨地说,形式主义最能应付官僚主义,官僚主义最能被形式主义所蒙蔽。

十八大以后,中央作出了"八项规定",剑指领导作风问题,赢得了人民群众的广泛赞誉,取得了初步成效。中央"八项规定"执行以来,"轻车简从""不安排群众迎送""不铺设迎宾地毯""不出席各类剪彩、奠基活动""严格控制出访随行人员"等,开启了改进党风政风的新一轮行动。

在党的十八届中央纪委二次全会上,习近平同志强调:"工作作风上的问题绝对不是小事,如果不坚决纠正不良风气,任其发展下去,就会像一堵无形的墙把我们党和人民群众隔开,我们党就会失去根基、失去血脉、失去力量。"①

只有解决好形式主义问题,为民务实的优良作风才能得到更好发扬;只有解决好官僚主义问题,党才能担当起服务人民群众的责任;只有解决好享乐主义问题,党员干部的心才能始终与人民群众的心紧紧贴在一起;只有解决好奢靡之风问题,人民群众才能从感情上向党聚拢。

作风问题具有反复性和顽固性,形成优良作风不可能一劳永逸,克服不良作风也不可能一蹴而就。重拳之下,"四风"又有了新的表现。一是隐蔽性。也就是改头换面,由地上转入地下,打起了法纪红线的"擦边球"。二是流行性。也就是说"四风"问题的新表现不是个别现象,其流行范围还比较广,带有明显的普遍性。三是污染性。"四风"问题新表现的危害很严重,其对党风、政风、民风的污染性切不可小视。四是顽固性。"四风"新表现,看似新动向,实则老问题,其由来已久、成因复杂,不是一朝一夕就能彻底解决的。

纠风之难,难在防止反弹。"由俭入奢易,由奢入俭难。"贯彻群众路线没有休止符,作风建设永无止境。因此,制度建设是领导作风建设的关键,要建立长效机制、刚性约束,以实现作风建设的制度化、规范化和常态化。

九、"恶竹应须斩万竿"
——谈领导廉政文化建设

北宋建国80年时,朝廷已是积弊丛生。许多官员贪污腐化,整个官场人浮于事,政治生态恶化。为净化政治生态,由副宰相范仲淹和枢密副使富弼领导的"庆历新政"改革运动兴起。改革从清理不合格的基层官员开始。范仲淹拿了一本基层干部的花名册,一个个审查,把不合格的勾掉。富弼在旁看着,忍不住说,"你轻轻一笔就把这些官员勾掉了。但是你这一勾,他那里一家子就要哭了。"范仲淹听了,看着富弼,很严肃地说,"一家哭跟一方老百姓哭相比,哪个更严重?"改革派抱定的宗旨是:"恶竹应须斩万竿"。可惜,由于多种原因,这场改革最终没有取得成功。然而,范仲淹除恶务尽的决心却是值得称颂的。

"恶竹应须斩万竿"体现了我国古代的廉政文化。

我国是一个有着深厚廉政文化基础的国家,形成了许多博大精深的"廉说""廉论",对中国政治社会和文化的发展产生了重要影响。到了社会主义革命、建设和改革年代,我们党更是廉政文化的积极倡导者和实践者,从毛泽东、邓小平、江泽

---

① 《习近平谈治国理政》,外文出版社,2014,第387页。

民、胡锦涛到习近平,历代党中央都把反腐倡廉作为共同的政治追求,从中国传统文化中汲取营养并形成了我们党的谦虚谨慎、艰苦奋斗的优良传统,创立、丰富和发展了一系列廉政理论,赋予廉政文化崭新的内涵。

社会主义廉政文化,以培育立党为公、执政为民的理想信念为宗旨,以倡导廉洁奉公、弘扬清风正气为主要内容,以增强党的执政能力为目的。其内涵大致包括四个方面:一是廉洁的政治文化,要求掌握公共权力的领导廉洁自律,淡泊名利,恪守宗旨,执政为民;二是廉洁的社会文化,要求在全社会营造良好的廉政氛围,让健康向上的廉政文化充实人们的精神世界,使优秀的传统廉政文化和道德风尚在全社会发扬光大;三是廉洁的职业文化,要求各职业阶层的从业人员恪尽职守,爱岗敬业,克己奉公,遵纪守法;四是廉洁的组织文化,要求国家机关、社会团体、国有企业等公共组织处事公道正派,公正透明,诚实守信,廉洁高效。

廉政文化既体现在廉洁理念的树立上,也体现在廉洁从政行为的规范上。其基本的功能是通过丰富的廉政文化建设实践,在全社会形成尊廉崇洁的价值判断和社会风尚,推动党员干部廉洁从政。

廉政文化建设是新时代党风廉政建设和反腐败斗争中的一项重大任务,也是新时代干部队伍建设的新课题。

党的十八大以来,习近平总书记从党和国家生死存亡的高度,大力推进党风廉政建设和反腐败斗争,我们的党风、政风、干部作风、社会风气都为之一变。关于反腐倡廉,习近平总书记有很多重要的论述,还大量引用过一些凝聚着古代先贤智慧的经典名句。"新松恨不高千尺,恶竹应须斩万竿"就是其一。这些论述表达了我们党正风肃纪、反腐倡廉的坚定决心,也是对人民、对历史负责任的郑重的承诺。

"国有四维,礼义廉耻","四维不张,国乃灭亡"。道德性是廉政文化的一个最重要的特征。"文化而润其内,养德以固其本。"加强领导廉政文化建设,着力点是要提高领导干部的从政道德素质,进一步促进领导干部廉洁自律。同时,把惩治与预防、自律与他律、制度与文化有机地融合在反腐倡廉工作中,积极探索综合预防腐败的途径和领域。其中,道德自律是根本。

干部的党性修养、思想觉悟、道德水平不会随着党龄的积累而自然提高,也不会随着职务的升迁而自然提高,而需要终生努力。成为好干部,就要不断改造主观世界、加强党性修养、加强品格陶冶。努力做到"心不动于微利之诱,目不眩于五色之惑",即心不为小利的诱惑所动,目不为五色之惑所晕眩。老老实实做人,踏踏实实干事,清清白白为官。

包拯是我国历史上一位非常难得的清官。"清心为治本,直道是身谋。秀干终成栋,精钢不作钩"是包拯的明志诗。这也是包拯一辈子的遵循。

包拯真正做到了慎微,不贪小便宜,从一点一滴严格要求自己。在包拯还没有考中进士的时候,他和一位姓李的同学一起在庐州的一个庙里复习功课。这个庙的附近住着一位大财主。他知道这两位年轻人学习很好,将来一定有远大前程,于是想结交他们。有一天,财主在家里备好酒席,派人去请。盛情难却,李同学准备前往。但包拯拦住了他,说,我们早晚是要做官的。我们吃了他的请,受了他的好处,如果将来我们回到老家做官,这个富人万一犯了事,求到我们头上,我们就难以坚持原则了。李同学觉得有道理,于是也谢绝了。后来,他们两人果然考中,衣锦还乡,荣任父母官。任职期间,始终秉公执法,一身正气。南宋的朱熹经常以这个故事教导他的学生,说,一个人必须克制欲望,确立远大志向,真正做到"心不动于微利之诱,目不眩于五色之惑"。

正如前文作者曾提及:在利欲面前,领导者要做到"三要":一要管住自己,强化自身修养,培养高尚的品德,增强免疫功能,提高对利欲的抵抗力;二要强化防微杜渐、严正于初的心理品质,"不贪小利以酿大恶,不受浊财以污清名,不因律己不严授人以柄,不因操守不正而失信于人,损威于下";三要"视名利淡如水,视事业重如山",在金钱美色面前一身正气,拒腐蚀、永不沾,始终保持良好的形象。在这儿,很有必要再次重审。

十、沈阳"慕马"腐败大案说明什么
——谈领导体制对领导者素质的影响

在著名的沈阳"慕马"腐败大案中,涉案人员中有17人是党政部门"一把手",且无一不来自"要害"部门:从法院到检察院,从建委、财政局、土地规划局到国资局、国税局,再到烟草专卖局、物价局等。透过厚厚的卷宗,这些"一把手"腐败的特征跃然而出:或是党政大权一把抓,财务审批一支笔;或是干部任免"一锤定音",肆无忌惮地任用亲信;或是对基建工程的招揽或干预一人定夺,用权"一路绿灯"。这些"一把手"所在单位尽管都有一整套权力制约的规章制度,但往往是"贴在墙上,说在嘴上,做做样子,搞搞形式"。

沈阳"慕马"腐败大案充分说明,没有权力制衡,必然导致腐败。纵观我国政坛上落马的高官,尽管腐败手段五花八门,但有一点却是共同的,即大权在握,一个人说了算,缺乏有力监督,没有权力制衡,也即没有一个好的领导体制。

领导体制指领导主体为保证领导活动正常进行并实现领导职能而建立的组织机构和有关规章制度系统的有机统一体。

领导体制是领导活动的载体。从领导体制的作用方式看,它实际上是一种对领导主体和领导活动都有直接影响、制约作用的具体领导环境,是一种领导活动的外在制约因素。可分为社会的宏观领导体制和企事业单位的微观领导体制。

无论宏观还是微观的领导体制,都包括组织机构和制度规范两大部分。具体说来,领导体制包括领导组织结构、领导的层次与跨度、领导机构中各部门之间的职责与权限划分和领导干部的管理制度。它是国家政治制度的组成部分。

领导体制对于领导者具有十分重要的影响作用。正如邓小平同志在《党和国家领导制度的改革》一文中所指出的:"制度好可以使坏人无法任意横行,制度不好可以使好人无法充分做好事,甚至会走向反面。即使像毛泽东同志这样伟大的人物,也受到一些不好的制度的严重影响,以至对党对国家对他个人都造成了很大的不幸。"[①]

具体说来,领导体制对领导者的影响至少可以从以下三方面加以理解:

(1) 领导体制是领导者行使领导职能的制度保证

其一,领导体制是领导活动的组织依托。领导者的一切活动只有有了一个好的领导体制为依托,才能保证领导活动朝着正确的目标前进,发挥正常的领导职能。其二,领导体制是领导者与被领导者的基本行为规范,它从根本上制约着领导者和领导集体以及被领导者的活动方式。因此,领导体制的建立及其科学性,是领导者实施有序领导,施展才能,实现领导目标的重要保证。

(2) 领导体制关系到领导者积极性的发挥

领导者的工作积极性和工作热情,由工作性质、被领导者的支持,以及领导体制是否科学等多种因素所决定。其中,领导体制的科学与否是一个十分重要的因素。如机构设置健全、各机构间职责权限划分合理、干部管理制度科学、各领导机构及其成员在整个领导体系中能各司其职、各显其能、和谐合作,就会令领导者心情舒畅,激发其积极性和热情。反之,领导体制不健全、不合理、不科学,就会导致决策迟缓、失误较多,各部门相互推诿、内耗丛生,致使领导者的聪明才智不能得到很好地发挥,从而挫伤领导者的积极性和工作热情。

(3) 领导体制关系到领导者的健康成长

一个好的领导体制,不仅可以充分调动领导者的积极性、创造性,而且也可以监督、制约领导者在领导活动中的不良倾向,从而保证领导者健康成长,不断创造良好业绩。反之,领导体制不好,如干部选拔机制不能体现公平竞争,保证能者上、庸者下,就会挫伤广大领导者的积极性和进取精神,进而将一部分人的精力引向做

---

① 《邓小平文选》第 2 卷,人民出版社,1994,第 333 页。

表面文章,跑官要官,从而导致吏治腐败;再如,领导体制如不能正确体现集权与分权的关系,权力过分集中,缺少监督的制度保证,则容易导致领导者独断专横、滥用权力。

从世界各国反腐败的情况看,任何国家的腐败现象都根源于不受制约的权力。我们曾经说过,"绝对权力,即绝对腐败","腐败条件＝垄断权＋自由裁量权－责任制"。这就是说,良好的权力制衡的体制是防范滥用权力的根本。对腐败现象,不能仅仅诉诸道德谴责,而要从治本入手。确立科学合理的工作制度,才是关键。世界上一些比较廉洁和反腐卓有成效的政府,都以建立良好的权力制衡体制为主要手段。

一旦权力监督和制衡成为"软肋",处于"弱监""虚监""空监"状态,这种缺乏权力监督和制衡的体制必然造成腐败。例如,从 1997 年至 2005 年 8 年间,我国出现 17 个交通厅厅长落马的罕见"前腐后继"不正常现象。这一现象充分说明,权力监督和制衡体系的建立健全,是发展社会主义民主政治,反腐倡廉的关键。没有科学的权力监督和制衡机制,必然导致腐败。

十一、美国福特公司几上几下的历史说明什么
——谈现代化领导体制发展趋势

老亨利·福特曾两次创办公司,但都失败了。后来,他得到专家詹姆斯·库兹恩斯担任经理辅佐,第三次办起福特汽车公司。从 1908 年起,廉价耐用的黑色 T 型汽车冲向全世界,使福特一下子成为著名的汽车大王。然而,胜利冲昏了老福特头脑,他于 1915 年辞退了他的总经理库兹恩斯,实行个人独裁。第一次世界大战后,福特汽车公司走下坡路了。老福特看到情况不妙,被迫在 1928 年改型生产 A 型汽车。但仍然无起色。老福特的家长式行政领导已造成全公司管理的极度混乱。到 1945 年,福特公司每年亏损 900 多万美元,濒临破产。老福特不得不在 1945 年让位给他的孙子亨利·福特第二。亨利·福特第二受过高等教育,他上任后立即重金聘用管理人才。新的领导集团进行了一系列制度改革,当年就见效,改变了公司面貌。公司扭亏为盈了。经过几年努力,福特公司又一跃成为美国第二汽车大公司。就在此时,孙子又犯了爷爷的毛病,1960 年,他对他的经理布里奇说:我已经毕业了,不需要你了,辞退了布里奇。与此同时,通用汽车公司却适时成立了专家智囊团,参与企业领导。公司生产经营一下子超越福特。直到 19 年以后,1979 年,迫于形势,福特公司才认识到专家智囊在领导决策中的重要性,成立了顾问团,参与决策。这时,福特总经理卡勒德威尔说:"我们要再不创新的话,就

无法活下去。"

福特汽车公司的几起几落充分说明了,随着社会化生产的发展,资本主义企业的领导和管理体制在经历了几百年演进的历史进程后,领导体制得到了空前的发展,如若固守传统保守的家长制、集权制,企业终将遭到历史的淘汰。

从 20 世纪初起,现代化领导体制呈现出如下两大趋势:

第一,从家长制领导到管理阶层的兴起。

机器大工业时代以前,由于人们活动范围狭小、社会文化及物质条件的限制,在相当长的一个历史阶段,领导活动与管理活动交融一体。企业实行家长制领导,老板说了算。18—19 世纪欧美工业革命完成以后,生产量有了巨大增长,引起对管理人员的大量需要,管理阶层迅速兴起。同时,企业规模越来越大,组织形式日益复杂。资本家即使精于管理,但就个人来说,也难以驾驭企业的发展。这种趋势客观上要求领导权和管理权相对分离。1841 年,美国东部一家铁路企业由于经营不善,被迫进行领导体制改革。企业实行资本家只拿利润,不再参与管理的制度。这是美国第一家由经理人员管理的企业,它向全世界宣告了"经理制"的正式诞生。这是领导体制的一个历史性变化,一直延续至今。

第二,从单个"硬"专家领导到"软"专家集团领导。

工业管理初期,通常是由一些生产技术高超、才能出众、具有专业知识的人担任领导和管理任务,这是所谓"硬"专家的领导体制。随着生产规模的扩大,分工越来越细,一个单位或一项较大的工程,涉及许多行业,需要多方面知识,管理的方式和手段也发生了根本变化;这样,单靠某个专家的领导就不行了,需要有专门管理知识和管理经验的"软"专家集团担任领导。同时,还要有包括各种技术专家、管理专家组成的"智囊团"参与决策领导。这种有现代智囊参与的领导体制,标志着一种"谋"与"断"分离的新的领导方式的产生。这是领导体制的又一次历史性变化,是形成现代领导体制的一个重要标志。

由上所述,老亨利·福特 20 世纪初得到专家担任经理辅佐,企业迅速崛起,使福特一下子成为著名的汽车大王,然而辞退了他的总经理,实行个人独裁后,福特汽车公司立即走下坡路了。这一事实充分验证了"从家长制领导到管理阶层的兴起"这一趋势不可违背。

受过高等教育的亨利·福特第二从上任后重金聘用管理人才,改变公司面貌,到辞退管理人才后公司重新走下坡路,这期间通用汽车公司却适时成立了专家智囊团,参与企业领导,公司生产经营一下子超越福特。这一事实充分验证了"从单个'硬'专家领导到'软'专家集团领导"这一趋势的不可阻挡。

实行经理制后,企业领导体制又经历了从集权制到集中与分散相结合的多级领导的发展趋势。经理制初期,事无巨细,都由经理负责处理。但这种集权过多的领导方式,越来越不适应市场瞬息万变的激烈竞争,各种问题纷至沓来。市场经济的发展客观上要求在必要的集中领导下,扩大分散管理的权力。

随着社会生产进一步发展,从世界范围看,特别是某些发达国家,领导活动与管理活动的分离加快了步伐。在 20 世纪 20—30 年代,一些国家开始寻求新的领导途径。美国率先提出了在大型企业中实行集中领导、分散管理的"事业部制"。其特点是:把经营决策与具体管理分开,使总经理等公司一级的高层领导可以摆脱日常事务,集中精力研究处理全局性大事;日常生产、销售等具体管理活动则由各事业部独立自主地承担。"超事业部"制的实行和推广,标志着国外某些发达国家社会生产中领导活动与管理活动的分离进入了高级阶段。

福特总经理卡勒德威尔所说的"我们要再不创新的话,就无法活下去"的呼吁正是顺应了现代领导体制的这种发展趋势。

第四篇

领导艺术与领导力

领导方法是实施领导的重要保证。毛泽东同志曾形象地指出:"我们不但要提出任务,而且要解决完成任务的方法问题。我们的任务是过河,但是没有桥或船就不能过。不解决桥或船的问题,过河就是一句空话。不解决方法问题,任务也只是瞎说一顿。"[①]领导方法是有效地完成任务的"桥"或"船"。没有这种"桥"或"船",领导行为就要落空。实践证明,领导方法与艺术得当,领导效率就高,领导力就能得以彰显;领导方法与艺术不当,领导效率就降低,领导力就难以彰显。

---

① 《毛泽东选集》第1卷,人民出版社,1991,第181页。

第一章

战略艺术与领导力

一、战略目标：领导战略决策的灵魂

纵观以习近平为总书记的党中央自十八大以来所制定的一系列治国理政方略，我们可以深切地领略到习近平同志以及新一届党中央领导集体的卓越的领导战略智慧。主要表现为：高瞻远瞩的战略目标、协调全局与重点突破相结合的战略策略，以及敢于啃硬骨头、涉险滩的战略勇气。

（一）战略目标是领导者战略决策智慧的集中体现

确定战略目标是制定领导战略的首要环节。对于领导者来说，能否确定正确的战略目标，对于领导战略的成败具有决定性意义。战略目标是领导决策的核心，是领导战略活动的依据，是激发和吸引人们为之奋斗的动力，也是评价具体行动得失的尺度、战略成败的关键。它集中体现了领导者战略智慧的高低。

战略智慧集中表现为高瞻远瞩、运筹帷幄、善于把握事物发展总体趋势和战略方向的战略视野和能力。我们说过，"高瞻"即总揽和驾驭全局；"远瞩"即立足当前、放眼未来、预测趋势，在事物发展全局和趋势的视野下确立战略目标。这是战略思维的最高智慧，因为战略的着眼点不是事物的短期发展，不是当前，而是中长期的发展，是对未来的谋划和设计。这就要求领导者要有长远眼光，要面向未来，关注长远目标和长远利益，不能只顾眼前而不顾长远。

成功的领导者不仅要有创造美好未来、争取成就大事业的雄心壮志，更需要具有远见卓识、洞察先机、把握趋势的过人之处。

20世纪90年代末，在《财富》杂志评出的"世界500强"中，名列第283位的诺基亚公司尤其引人注目。在20世纪80年代之前，诺基亚还是北欧一个名不见经传的普通公司。1992年，当时41岁的传奇人物约玛·奥利拉担任公司首席执行官。这位刚上任的首席执行官准确预测了未来电信市场的广阔前景，高瞻远瞩地提出了"未来将属于通信时代,诺基亚要成为世界性电信公司。"从此,诺基亚确立了发展移动电话的战略目标,果断地砍掉了一些其他无关业务,集中资金和人力资源,进行通信器材和多媒体技术的研究开发。经过短短7年时间的飞速发展,诺基亚由一个不知名的企业一跃成为世界500强之一。诺基亚的成功,归功于约玛·奥利拉对公司战略目标做出的超群的决策。

同样成功的例子是我们在第三篇"谈领导者风险决策能力"中介绍过的我国的春兰集团。春兰集团的前身是江苏泰州冷气设备厂。当时这家地方小企业的固定资产只有280万元,年产值不足1000万元。十几年后,春兰发展成为中国最大的空调生产基地、世界七大空调企业之一。春兰的成长与1985年走马上任的老总陶建幸卓越的经营决策能力有着密切关系。而陶建幸经营决策能力的一个重要表现即是能制定正确的、能有效提升企业竞争力的战略目标。

相反,一旦领导者错判形势,错误制定战略目标,必定失去发展机遇,给事业带来不可弥补的损失。20世纪40年代末到50年代初,美国福特汽车公司组织了一次对美国汽车市场的调研,发现中档汽车的消费需求一直保持稳步增长的趋势,于是断定,中档汽车将是50年代中期汽车消费者的宠儿。然而,公司50年代生产的中档汽车埃德塞汽车并未给公司带来好运,1959年,埃德塞汽车不得不下马。福特公司只能感叹"无可奈何花落去"。福特公司决策的失误之处在于决策者并未对国内50年代至60年代的汽车消费市场需求变化趋势作出准确预测,缺乏战略远见,导致最终在消费者的消费偏好已转向小型、经济型汽车的情况下败给了其竞争对手。

(二) 习近平同志高瞻远瞩的战略远见

以习近平同志为核心的党中央在制定新时期治国理政战略布局时,体现了善于观大局、察大势、谋大事的眼光;正确认识和积极顺应中国和世界发展大势,善于把握国际国内两个大局;精心谋篇布局,为实现民族振兴的第一个百年目标、全面建成小康社会引领航程,并为第二个百年目标奠定坚实基础的战略智慧。

从2014年12月到2015年2月,习近平总书记在短短2个月时间内,先后11次阐述了"四个全面"的战略布局问题。2015年2月2日,习总书记在省部级主要领导干部专题研讨班上的讲话中,首次集中阐述四者关系,宣示"四个全面"已成为我党治国理政的全新布局。"四个全面"在各个领域都提出了高瞻远瞩的战略目标。

首先是全面深化改革的战略目标。《中共中央关于全面深化改革若干问题的决定》指出:"全面深化改革的总目标是完善和发展中国特色社会主义制度,推进国家治理体系和治理能力现代化。"①习近平同志指出:"推进国家治理体系和治理能力现代化,必须完整理解和把握全面深化改革的总目标,这是两句话组成的一个整体。"②一是准确提出了全面深化改革的根本方向;指出了治理体系和治理能力现代化往什么方向走这一个根本性问题。"完善和发展中国特色社会主义制度"这句话规定了我们的方向就是中国特色社会主义。二是准确抓住了全面深化改革的全局和根本,规定了根本方向指引下完善和发展中国特色社会主义制度的鲜明指向。今天,摆在我们面前的一项重大历史任务,是推进中国特色社会主义制度更加成熟更加定型,为国家长治久安提供一整套更完备、更稳定、更管用的制度体系。这就需要着眼于国家治理体系和治理能力的总体效应,"推进国家治理体系和治理能力现代化",而不是零敲碎打地调整、碎片化地修补。这两个方面结合起来,就是,我们的全面深化改革是带有根本性、全局性的中国特色社会主义的国家治理体系和治理能力现代化进程。全面深化改革的战略目标高瞻远瞩,体现了中国特色社会主义建设事业的长久之计。

其次是全面依法治国的战略目标。《中共中央关于全面推进依法治国若干重大问题的决定》指出:"全面推进依法治国,总目标是建设中国特色社会主义法治体系,建设社会主义法治国家。"③社会主义法治体系涵盖了法律规范体系、法治实施体系、法治监督体系、法治保障体系和党内法规体系五方面的内容,其中,法律规范体系和党内法规体系是前提和基础,实施体系是核心和重点,监督和保障体系是支撑和保证,五大体系之间逻辑严密、协调统一,共同构成了依法治国的系统工程。社会主义法治体系这一新概念的提出标志着我们党对中国特色社会主义法治建设的认识进入全方位、系统化的新阶段,为建设社会主义法治国家、推进国家治理体系和治理能力的现代化指明了新方向。

再次是全面建成小康社会的战略目标。在我国进入全面建成小康社会的决胜阶段,党的十八届五中全会提出了全面建成小康社会新的目标要求:(1)经济保持中高速增长,在提高发展平衡性、包容性、可持续性的基础上,到二〇二〇年国内生产总值和城乡居民人均收入比二〇一〇年翻一番,产业迈向中高端水平,消费对经济增长贡献明显加大,户籍人口城镇化率加快提高;(2)农业现代化取得明显进展,人民生活水平和质量普遍提高,我国现行标准下农村贫困人口实现脱贫,贫困县全部摘帽,解决区域性整体贫困;(3)国民素质和社会文明程度显著提高;(4)生态环境质量总体改善;(5)各方面制度更加成熟更加定型,国家治理体系和治理能力现代化取

---

① 《中共中央关于全面深化改革若干重大问题的决议》,人民出版社,2013,第 3 页。
② 《习近平谈治国理政》,外文出版社,2014,第 105 页。
③ 《中共中央关于全面推进依法治国若干重大问题的决定》,《十八大以来重要文献选编(中)》,第 157 页。

得重大进展。比起以往提出的全面小康社会目标,十八届五中全面提出的全面小康社会目标站得更高、更为具体、更为刚性,与中国特色社会主义"五位一体"的总体布局联系更为密切。

全面从严治党则是在改革开放和社会主义现代化建设历史新时期,与我们党在实践中形成的中国特色社会主义事业"五位一体"的总体布局紧密相连的党的建设的新的伟大工程"五位一体"总体布局。这两个"五位一体"是相互贯通、相互依存、不可分割的。全面从严治党的战略目标也是服从于全面建成小康、全面深化改革和全面依法治国的战略目标的。其中,"五位一体"的全面从严治党是"五位一体"的中国特色社会主义事业的切实保障。

(三)成功制定战略目标的基本原则

纵观历史上成功的战略决策,无不是遵循以下各方面基本原则的范例。

一是客观性原则。战略决策的本质,在于决策者(主体)在主观与客观、理论与实践这一矛盾运动过程中所表现出来的对客观世界的认识能力以及对未来的驾驭能力。这种能力在一定程度上体现出战略决策者的意志自由。然而,这种意志自由,只是借助于对事物的认识来作出决定的那种能力。这就是说,战略决策的自由来源于对必然的认识;正确的、科学的战略决策在于主客观相符,即决策活动、过程及最终方案与客观规律相一致。这就是从实际出发方法论原则在战略决策活动中的体现。能否实现战略决策活动科学化的首要前提,就是看是否在战略决策活动中贯彻了从实际出发的原则。只有符合客观规律的战略目标才是科学的、有价值的。

二是信息原则。战略决策目标的制定、实施、调控、修正都离不开信息。真实、高质量的信息是战略决策的依据。战略决策科学性的高低与决策所需要的信息的质量和完整性成正比。信息质量越高、越真实可靠,收集的信息越全面完整,决策的基础就越坚实、决策科学性程度就越高。美国前总统卡特曾在1967年末发表的一篇讲话中说过:"信息就像我们呼吸的空气一样,同样是一种资源。精确有效的信息,就如同我们身体需要的氧气","我们整个国家,2/3的成果来自有关的信息活动。信息经常提供重要情况的火花,点燃创造和发明天才的火焰,帮助人们解决日益复杂的世界问题。"①日本之所以能够在战后迅速崛起,秘诀之一就是他们拥有灵敏高效的信息系统。这些信息系统遍布世界各地,能快速捕捉各种信息,以作为本国制定战略决策的依据。在日本,12小时之内可以知道世界最新的科技动态,大约用5秒到60秒钟即可获得全世界金融市场行情;1分钟到3分钟之内可查

---

① 孙钱章主编《现代领导方法与艺术》,人民出版社,1998,第80页。

询到世界各地进出口贸易商品品种、规格等资料;3分钟到5分钟可查出国内外1万个重点企业的当年或历年经营生产情况的数据;5分钟到10分钟可调出各国政府制定的各种法律、法令和国会纪录。日本前首相三木武夫说过,日本有三大骄傲,其中之一就是发展了信息。可见信息对于战略决策的重要。对于一个战略决策者来说,耳目不灵,不能及时获取信息;思维迟钝,不能充分利用信息,是很难做出成功的战略决策,制定出准确的战略目标的。

三是可行性原则。战略决策所制定的目标应该具有一定的挑战性,但必须高而现实,保证切实可行。如果所制定的战略目标毫无人力资源和自然资源的基础,脱离实际、无法实行,那就毫无价值。1957年,苏联领导人赫鲁晓夫为显示其执政功绩,不顾实际生产能力,盲目提出在三到四年的时间内使苏联肉类生产能力赶超美国的决策目标。结果当然是痴人说梦。我国20世纪50年代末所谓"十五年赶超英美"的口号同样如此。

四是凸显民生和社会公正的原则。任何战略的实现,都必定要具体化为战略规划。战略规划既是战略得以实现的必要条件,又是人们实施战略目标的战略举措。古语说:"凡事预则立,不预则废。"我们只有对未来的战略目标作出正确而周密的规划,才能成功地把战略目标落到实处。宏伟的战略目标必须以贯彻落实的实际举措为托底。空谈误国,实干兴邦。民生和社会公正正是治国理政战略目标得以实现的实际举措托底。

二、胆略与勇气:领导战略决策的前提

任何战略决策,从战略目标的确立、战略规划的制定到战略步骤的实施,都是具有一定风险的。领导者的高低之分,往往不在于对风险的判断力上,而在于是否具备挑战风险的勇气上。思想敏锐、洞察力强,有胆有识、当机立断,具有敢于做出别人不敢做出的决策的勇气和担当,是领导者必备的决策素质。

(一) 胆略与勇气是领导者必备的战略决策素质

众所周知,领导者的战略决策总是充满着模棱两可和难以预测的不确定性甚至一定风险。作为一位优秀的领导者,最重要的战略决策素质有两条,一是预测风险的能力;二是挑战风险的胆略和勇气。

成功的战略决策首先取决于领导者预测风险的能力。每一位成功的领导者都需要有与众不同的风险预测能力。这是他们做出高明的战略决策的基础,也是能取得成功的先决条件。然而领导者的高低之分,往往不在于其对风险的判断力上,而是反映在挑战风险的勇气上。

首先，由于大多数战略目标具有不确定性，因而大多数重要的战略决策都是有争议的。或彼此各持己见、莫衷一是；或有人犹豫不决、徘徊不前；这就需要战略决策的主持者具有非凡的胆略和果敢的勇气，能够力排众议，非如此，难以做出及时的战略决策。如《吴子·治兵》写到："用兵之害，犹豫最大；三军之灾，生于狐疑。"

其次，不仅战略目标具有不确定性，而且由于决策者面临环境的复杂性，要准确地获得决策所需的相关信息和数据也有相当的难度。要在浩瀚复杂的信息海洋中果敢地理出头绪、做出决断，没有一定敢于承担风险的胆略和勇气是不可能的。

再次，就战略决策者本人而言，则承担着万一决策失败而给本人所带来的声誉扫地、前途断送的风险。因此，每一位战略决策者，都需要有一种不沽名钓誉、不规避责任、敢于承担风险的胆略和勇气。如《孙子兵法·地形篇》所曰："进不求名，退不避罪"。

胆略和勇气，是领导者意志和担当责任意识的一种严峻考验。困难是一块试金石，将平庸者与优秀者一分为二，平庸者患得患失、知难而退，经不起风雨；优秀者有胆有识，敢于向可能性发起无限的挑战，从而紧紧扼住命运的喉咙。

正由于此，古今中外的战略思想家都把"勇"列为战略领导者的必备条件之一。《孙子兵法·计篇》写到："将者，智、信、仁、勇、严也"。此即后人所称的"将之五德"，"勇"是其中之一。《六韬·龙韬·论将》中也提出将有"五材"，即"勇、智、仁、信、忠也"，"勇"被列在首位。古代兵法之所以重视为将之勇，皆因"兵者，凶器；将者，危任也，非勇不足以果断决策"。

现代德国军事家克劳塞维茨则认为："军事活动当然是离不开危险的，而在危险中最可贵的精神力量是什么呢？是勇气"。[①] 其实，不光军事领导者如此，任何承担战略重任的领导者都是如此。这是因为，任何战略决策的做出、战略规划制定都需要冒风险、闯险滩、涉深水，从而具有一定危险性。面对具有一定危险性的战略决策，不可能不需要胆略和勇气的支持。

(二) 战略勇气是高超战略智慧的前提条件

习近平同志的战略决策智慧是以他无畏的战略勇气为前提的。习近平总书记指出："中国改革经过 30 多年，已进入深水区，可以说，容易的、皆大欢喜的改革已经完成了，好吃的肉都吃掉了，剩下的都是难啃的硬骨头。"[②]现在经过 40 年的改革之后，今天中国的改革，已进入"攻坚期"和"深水区"。前者意味着"难"，后者意味着"险"。与过去皆大欢喜的普惠式改革相比，今天的改革很难让所有人兴奋。无论简政放权，还是调节收入，改革都不可避免会触碰一些固有利益，甚至遭遇某种

---

① 曲连波主编《领导立体决策艺术》，中国时代经济出版社，1998，第 326 页。
② 《习近平谈治国理政》，外文出版社，2014，第 101 页。

"利益矩阵"。换句话说,革思想的命、削手中的权、去自己的利,不是每个部门都愿改,也不是每个群体都想改。

面对矛盾和问题,习近平同志表现出敢于啃硬骨头的战略勇气。他说:"就是改革再难也要向前推进,敢于担当,敢于啃硬骨头,敢于涉险滩。"[①]"改革开放只有进行时没有完成时。"[②]改革的深化,需要"冲破思想观念的障碍,突破利益固化的藩篱"[③],既需政治勇气、政治智慧,又需"自我革新"精神。习近平同志号召"全党要坚定改革信心,以更大的政治勇气和智慧,更有力的措施和办法推进改革。"[④]

习近平同志敢于啃硬骨头、涉险滩的战略勇气表现出他应有的领导者的战略决策素质,这是高超战略智慧的前提条件。

习近平同志的战略勇气来自他的担当意识、担当精神。表现为:面对各种矛盾和挑战的"铁肩担道义"精神、"苟利国家生死以,岂因祸福避趋之"的担当。在主持召开中央全面深化改革领导小组第一次会议时,习近平总书记指出,全面深化改革是一场持续的攻坚战,需要有勇气、有胆识,敢于吃螃蟹,敢于涉险滩,敢于破藩篱,敢于担责任。他说,只要"对党和人民事业有利的,对实现党和国家兴旺发达、长治久安有利的,该改的就要坚定不移改,这才是对历史负责、对人民负责、对国家和民族负责。"[⑤]以习近平同志为核心的中央领导集体的担当意识、担当精神不仅表现在全面深化改革的决心上,而且还表现在全面实现小康、全面依法治国和全面从严治党等一系列治国理政的战略决策中。

(三)缺乏胆略和勇气是造成决策失误的一个重要原因

造成决策失误的原因是多方面的,有决策环境和决策对象的诸多不确定因素;有决策信息不够、未能保证在整个决策过程中一以贯之地贯彻科学性;也有决策者决策能力不足、决策者固执己见、不尊重科学、容不得不同意见等主观因素;除此之外,决策者畏首畏尾、胆小怕事,因不敢承担责任而错失良机,也是决策失误的一个重要原因。

我们列举过在英国历史上曾有这样两个决策失误的例子,在今天看来似乎有些可笑,然而却发人深省。这两个例子分别记载了议会因怕承担风险而否决把电力引进千家万户和否决将煤气引进普通家庭的错误战略决策。

尽管今天世界各国早已普及了电和煤气,但当初曾经发生过的阻碍电和煤气普及的战略决策失误却是不可忘怀的。它们作为历史教训被载入英国一些大学的

[①] 《习近平谈治国理政》,外文出版社,2014,第101页。
[②] 同上书,第69页。
[③] 同上书,第87页。
[④] 同上。
[⑤] 中共中央宣传部:《习近平总书记系列重要讲话读本》,学习出版社,2014,第42页。

教科书中。教材在回顾了这段历史后写下了这么一段话:任何一个新生事物,都会出现两种可能。在任何时候,兴利除弊都是可能的。我们切不可用消极的心态对待新生事物,更不能夸大危害,把自己吓倒。这两次决策失误充分说明,胆略和勇气对于高瞻远瞩的战略决策多么重要。

德国战略家克劳塞维茨指出:"当指挥官的认识相同时,因小心怕事而坏事比因大胆而坏事要多千百次。"①这是克劳塞维茨在研究了大量战例之后得出的结论。正因为如此,领导者切忌优柔寡断的软弱性指挥风格。

事实上,因缺乏胆略和勇气而出现的决策失误,不仅在战争中,而且在各个领域都十分普遍。许多事实证明,战略决策者最需要的是胆略和勇气。这是因为,在激烈的竞争中,博弈活动的对抗性质决定,如果当事者在追求自己的目时不敢冒很大的风险,就会遇到同样大的其他风险。所以,只要从事博弈活动,不管是军事对抗还是经济竞争,胆略和勇气都是首要的;不管是军事领导者还是企业领导者,都不能设想没有冒险的胆略和勇气。

胆略和勇气来自良好的心理素质,即能承担风险的心理承受力,这种承受力则源自战略决策者的使命感和责任心。如克劳塞维茨所说:"如果要问勇气的原始意义是什么,那就是在危险中的个人牺牲精神。"②他认为这种个人牺牲精神有一个重要来源,即"积极的动机:荣誉心、爱国心或者其他各种激情"③。这就是说,战略使命感是胆略和勇气的源泉。正是对自己事业的高度责任感和强烈的事业心以及敢于自我牺牲的精神激励着领导者勇往直前。

当然,胆略和勇气要有深厚的"底气",即第一,要思想敏锐,具有对事物发展的深刻的洞察力,能精准地发现问题、抓住时机;第二,要有超前意识,能预测事物发展变化趋势;第三,要有胆有识,能当机立断,做出别人不敢做出的决策。艺高才能胆大。以深刻的洞察力和精准的判断力为基础的胆略和勇气才不至于是"鲁莽",才是我们所倡导的有价值的胆略和勇气。

习近平同志敢于啃硬骨头、涉险滩的战略勇气正是来自以习近平同志为核心的中央领导集体对世界经济发展新趋向新态势、我国经济发展新特点新要求、我国经济社会发展新目标新任务以及我们面临的新挑战新机遇的深刻把握。在"十三五"规划的制定中,中央的治国理政方针聚焦全面建成小康社会、放眼国内国际两个大局,适应经济发展新常态、开拓发展新境界,以新的发展理念转变引领发展方式转变,以发展方式转变推动发展质量和效益提升,为"十三五"时期我国经济社会

---

① 曲连波主编《领导立体决策艺术》,中国时代经济出版社,1998,第329页。
② 同上书,第328页。
③ 同上。

发展指好道、领好航。在"十四五"规划的战略目标制定中,则聚焦全面建设社会主义现代化国家的远景目标,这些都充分体现了对未来中长时期,坚持和发展中国特色社会主义的深邃思考和实践担当。

三、整体推进和重点突破:领导战略决策的谋略

完整的领导战略应是战略目标、战略规划和战略策略的统一。制定出战略目标和战略规划之后,就应该进一步研究实现战略目标的相应对策即策略。作为领导战略决策的谋略,战略策略对于领导战略的成功实施至关重要。

(一)领导战略的成功取决于战略策略的科学性

整个领导战略活动可以区分为战略制定和战略实施两个阶段。战略目标的确定、战略规划的研制和战略对策的选择都属战略制定阶段。在战略实施前,无论是战略目标,还是战略规划和对策,都是观念形态的东西,把这些观念形态的东西变成物质形态的东西的过程,就是战略实施的基本阶段。

在战略实施阶段,领导者的根本任务是按照所制定的战略目标、战略规划和战略策略的要求,充分调动和组织各种力量去实现战略目标,具体包括战略运筹;战略组织;战略指导、检查和监督诸环节。而所有这些环节的落实,都离不开相应的对策即策略。

领导战略中的策略,是指一个国家、一个地区、一个企业等,为了实现特定的领导战略目标而采取的重大措施。战略策略是领导战略的重要组成部分。领导战略的成功,不仅取决于战略目标和战略规划的可行性,还取决于战略策略的科学性。任何领导战略,如果缺少相应策略的支持和保证,都势必流于形式。因而,战略策略也是领导战略活动中的重要环节。

无论何种战略策略,都体现了现实和未来的统一、目的和手段的统一。在战略实施阶段,不仅要处理好既定领导战略与应有领导战略、观念形态领导战略和实践形态领导战略的矛盾;还要协调好战略实施中各种因素的关系,以实现战略实施过程中的主客观统一、阶段性与连续性统一、全局与局部的统一;保证战略实施的顺利进行。凡此种种,也都离不开战略策略的科学性。

(二)全面把握全局与局部辩证关系的战略策略

在实施战略过程中必须要处理好的各种关系中,全局与局部的关系占有重要地位。这是因为,作为一个战略目标,必然是一个整体、一个系统,为实现目标,必须对目标进行分解,将一个目标整体分解成若干小目标,这些小目标即是构成目标整体的有机组成部分,目标整体的实现,从这些小目标的实现开始。作为一个战略

领导者,必须处理好目标整体与部分的关系。

从大处着眼,统帅全局,是战略的质的规定性,也是战略决策的本质要求。毛泽东同志指出:"研究带全局性的战争指导规律,是战略学的任务。研究带局部性的战争指导规律,是战役学和战术学的任务。"①全局是根本性的东西,局部隶属全局,全局制约局部;只有懂得了全局性的东西,才能更好地运用局部性的东西。领导在制定战略目标时,必须着力研究、把握全局,树立全局意识、全局观念,而不能"一叶障目,不见泰山"或"只见树木,不见森林",被局部利益牵着鼻子跑。

然而,全局又由局部构成,全局的规律只能存在于各个局部之间的相互作用中,每一个局部都会对全局产生一定的影响,有些关键性的局部甚至会对全局产生决定性影响,"牵一发而动全身"。因此,着眼全局,必须研究构成全局的各局部的系统结构,兼顾各个局部之间的相互关系及全局与局部之间的关系;以此为出发点,才能实施好体现全局性的领导战略目标。

美国管理学家德鲁克在《管理实践》一书中引用了一个"三个石匠的故事":有人问一个建筑工地上的三个石匠同一个问题"你在干什么?"三个石匠作出了不同的回答。第一个石匠答:"挣钱过日子。"第二个石匠答:"我干的是全国最好的石工活。"第三个石匠答:"我在建一所大教堂。"德鲁克认为,第三个石匠是真正的"经理人"。这是因为,第一、二个石匠只看到自己手中的活,心中没有整体目标,只有第三个石匠能把自己的工作与整体目标相结合,有战略头脑。

在管理学中,有一个"佩雷特原则",即控制关键点原则。用在处理整体与部分的关系中,就是告诉我们,在实现目标整体时,必须从关键点即关键部分入手。根据"佩雷特原则",一般说来,在任何特定的整体中,重要的因子(部分)通常只占少数,因此,只要控制住(即重点突破)这"关键少数"即能控制全局。因此"佩雷特原则"也称"重要的少数与琐碎的多数原则"。

以习近平同志为核心的党中央注重整体推进和重点突破相结合的治国理政思路正是集中体现了这一全面把握全局与局部辩证关系的战略策略原则。

(三) 习近平同志注重整体推进和重点突破相结合的治国理政思路

习近平同志注重整体推进和重点突破相结合的治国理政思路体现在"四个全面"的各个方面。

一是全面深化改革中整体推进和重点突破相结合的战略策略。

全面深化改革的总体目标决定了"必须更加注重改革的系统性、整体性、协同性"。习近平同志在关于《决定》的说明中指出:"全面深化改革是关系党和国家事

---

① 《毛泽东选集》第 1 卷,人民出版社,1991,第 175 页。

业发展全局的重大战略部署,不是某个领域某个方面的单项改革。'不谋全局者,不足谋一域。'"[1]"全面深化改革需要加强顶层设计和整体谋划,加强各项改革的关联性、系统性、可行性研究。"[2]要统筹考虑、全面论证、科学决策。各领域改革紧密联系、相互交融,任何一个领域的改革都会牵动其他领域,同时也需要其他领域改革密切配合。如果各领域改革不配套,各方面改革措施相互牵扯,全面深化改革就很难推进下去,即使勉强推进,效果也会大打折扣。

然而,全面深化改革需要全局和局部相配套。一方面,全面深化改革必须协调推进,注重改革的关联性和耦合性,力争最大的综合效益。没有协调推进,改革会顾此失彼;另一方面,协调推进必须与重点突破相结合,不搞重点突破,改革难以出成效。协调推进,即增强改革的系统性、整体性、协同性;重点突破,即选择一些重点领域和关键环节作为突破口,以点带面,切忌"眉毛胡子一把抓"。重要领域"牵一发而动全身",关系到改革大局,是改革的重中之重;关键环节"一子落而满盘活",关系到改革成效,是改革的有力支点。

依据整体推进和重点突破相结合的战略策略,党的十八届三中全会《决定》不仅提出了全面改革的突破口、关键点,而且提出了每一个领域深化改革的重点,诸如:紧紧围绕使市场在资源配置中起决定性作用深化经济体制改革,紧紧围绕坚持党的领导、人民当家作主、依法治国有机统一深化政治体制改革,紧紧围绕建设社会主义核心价值体系、社会主义文化强国深化文化体制改革,紧紧围绕更好保障和改善民生、促进社会公平正义深化社会体制改革,紧紧围绕建设美丽中国深化生态文明体制改革,紧紧围绕提高科学执政、民主执政、依法执政水平深化党的建设制度改革。总之,处理好整体推进和重点突破的辩证关系,是完成全面深化改革总体目标的切实保证。

二是全面建成小康社会中目标导向与问题导向相结合的战略策略。

我们说过,全面小康是不分地域、不分群体、不分层级、不分民族的小康。其一,小康覆盖的人群是全面的,是消除贫困,人人得到改革实惠的小康。其二,小康覆盖的地域是全面的,是破除城乡二元结构,实现东西中部地区全面经济繁荣的小康。其三,小康覆盖的领域是全面的,是覆盖经济、政治、文化、民生、社会建设以及生态等各个领域的小康。党的十八届五中全会确立的全面小康新目标凸显了这个"全面"。然而,实现全面目标必须从关键问题突破。

全面建成小康社会,最艰巨的任务是脱贫攻坚,最突出的短板在于农村,2017年,农村还有7000多万贫困人口。可以说,到2020年的全面建成小康社会,关键

---

[1] 《习近平谈治国理政》,外文出版社,2014,第87-88页。
[2] 同上书,第88页。

在农村,特别是偏远少数农村地区。要让每个老百姓都能感受到他脱贫了,这才是最终的评价。只有解决了这一短板,我们要实现的小康才能成为全面小康。习近平总书记在《"十三五"规划建议的说明》中提出,在制定规划纲要时必须直面脱贫攻坚的矛盾和问题,并提出了必须把握的思路和方法。他指出:"'十三五'规划作为全面建成小康社会的收官规划,必须紧紧扭住全面建成小康社会存在的短板,在补齐短板上多用力。"[①]目标意识与问题意识相结合,正是习近平的领导战略智慧、也是协调全局和重点突破相结合战略策略的表现之一。

三是全面依法治国中的"共同推进""一体建设"和"守住公正底线"。

习近平同志指出:为实现全面依法治国的总目标,"必须坚持依法治国、依法执政、依法行政共同推进,坚持法治国家、法治政府、法治社会一体建设。"[②]同时又指出:"司法是维护社会公平正义的最后一道防线。"[③]习总书记引用英国哲学家培根的一段话"一次不公正的审判,其恶果甚至超过十次犯罪。因为犯罪虽是无视法律——好比污染了水流,而不公正的审判则毁坏法律——好比污染了水源"加以说明:"如果司法这道防线缺乏公信力,社会公正就会受到普遍质疑,社会和谐稳定就难以保障"[④],当然,依法治国也就成了一句空话。

当前,司法不公、司法公信力不高的问题十分突出,一些司法人员作风不正、办案不廉,办金钱案、关系案、人情案,"吃了原告吃被告"。凡此种种,已经严重突破了司法公正的底线,破坏了社会主义法治的严肃性、权威性。

正是鉴于此,十八届四中全会《决定》指出,公正是法治的生命线;司法公正对社会公正具有重要引领作用,司法不公对社会公正具有致命破坏作用。如习近平同志指出:"促进社会公平正义是政法工作的核心价值追求。""政法战线要肩扛公正天平、手持正义之剑,以实际行动维护社会公平正义,让人民群众切实感受到公平正义就在身边。"[⑤]

依法治国、依法执政、依法行政的共同推进,法治国家、法治政府、法治社会的一体建设,也要以各个环节中的突出问题为抓手,并非势均力敌,眉毛胡子一把抓。在《关于〈中共中央关于全面推进依法治国若干重大问题的决定〉的说明》中,习总书记在强调要明确"建设中国特色社会主义法治体系"这个全面推进依法治国的总抓手,指出"依法治国各项工作都要围绕这个总抓手来谋划、来推进"外,还一一详

[①] 习近平:《关于〈中共中央关于制定国民经济和社会发展第十三个五年规划的建议〉的说明》,《十八大以来重要文献选编(中)》,中央文献出版社,2016,第775页。
[②] 习近平:《关于〈中共中央关于全面推进依法治国若干重大问题的决定〉的说明》,《十八大以来重要文献选编》,第140-141页。
[③] 同上书,第151页。
[④] 同上。
[⑤] 《习近平谈治国理政》,外文出版社,2014,第148页。

细阐述了依法治国各个工作环节中的突出问题,诸如:健全宪法实施和监督制度问题,立法领域面临着的如立法质量不高等一些突出问题,执法领域存在着的有法不依、执法不严、违法不究甚至以权压法、权钱交易、徇私枉法等突出问题,等等。①正是针对这些突出问题,党的十八届三中全会提出了一系列改革举措,以保证社会主义法治体系的完善发展。

在全面从严治党的过程中,整体推进和重点突破相结合的思路同样重要。一方面,要"把严的要求"贯彻于治党全过程,如习近平同志所说:"管党治党,必须严字当头,把严的要求贯彻全过程,做到真管真严、敢管敢严、长管长严。"②另一方面,又要抓住主要问题、关键少数,从主要问题、关键少数入手。诸如:把坚定理想信念作为开展党内政治生活的首要任务,作为全面从严治党的治本之策;以加强和规范党内政治生活为主攻方向;增强"四个意识"特别是核心意识、看齐意识;加强党内监督,扎紧从严治党的制度笼子;抓住"关键少数",以上率下;等等。这就抓住了全面从严治党的主要抓手。

习近平同志注重整体推进和重点突破相结合的治国理政思路推进了我们党"四个全面"治国理政全新格局的全面落实,便于一个个具体问题的落细落小、"精准"落实,体现了"蹄疾而步稳"的战略步骤和"抓落实""抓到位"和"踏石留印,抓铁有痕"的工作作风。

---

① 习近平:《关于〈中共中央关于全面推进依法治国若干重大问题的决定〉的说明》,《十八大以来重要文献选编(中)》,第148-151页。
② 习近平:《在中国共产党成立95周年大会上的讲话》,《人民日报》,2016-7-2。

第二章

处事艺术与领导力

一、应对危机的领导艺术

人类的生存和发展过程中,面对着各种各样的危机。就私人领域而言,有感情危机、家庭危机等;就社会各领域而言,有政治危机、环境危机、能源危机、金融危机、人口危机、文明危机等;就国际关系而言,有外交危机、国际危机等。危机存在于社会各领域,是人类无法避免的一种现象,也是领导决策无法回避的一个重要课题。

(一) 突发事件:引发危机的重要缘由之一

危机是人们不希望出现的社会现象,然而却是人类无法躲避的现实。自从人类出现在这个世界上,由社会冲突引发的危机就一直伴随着人类。进入20世纪后,随着人类改造世界的深度和广度的提升,危及人类的各种危机也愈益频繁。在20世纪里,就爆发了两次世界大战,几乎使世界上所有国家都卷入战争之中,给各国人民带来了空前的灾难。这是两次严重威胁人类生存的危机。

第二次世界大战后,人类刚从战火中喘过一口气,又陷入超级大国争霸世界的冷战漩涡。20世纪90年代,苏联解体,冷战结束,但世界仍不安宁,不确定因素依然存在。世界又出现了新的矛盾。恐怖事件、人质危机、地区冲突、局部战争此起彼伏;宗教和民族冲突不断,金融危机、能源危机的规模不断扩大,每一个危机都可能会造成世界局势的动荡,威胁人类的安全。2001年美国遭受的"9·11"恐怖袭击,引起世界震惊。以后,一连串的恐怖事件更是表征着冷战结束、两极对抗的结束并没有给世界带来多大的安宁。

与以往的危机相比,当今危机主要表现为非传统安全危机。这里所谓"非传统"是指相对于军事安全而言的新危机,包括经济、科技、信息安全、网络安全、跨国毒品走私、国际人口走私和各种恐怖活动。其中尤其以各种恐怖活动造成的危机格外突出。

突发公共事件是引发危机的重要缘由之一。因而在危机研究中不能不忽视突发事件问题。

2007年8月30日第十届全国人民代表大会常务委员会第二十九次会议通过的《中华人民共和国突发事件应对法》把突发事件界定为"突然发生,造成或者可能造成严重社会危害,需要采取应急处置措施予以应对的自然灾害、事故灾难、公共卫生事件和社会安全事件。"[1]

自然灾害主要指由于自然灾害原因而导致的突发事件,如地震、龙卷风、冰雹、洪水、暴风雪、酷热、寒冷、干旱或昆虫侵袭等。

事故灾难主要指人为原因造成的紧急事件,包括那些由于人类活动或人类发展所导致的意料之外的事件或事故,如化学品泄漏、核泄漏、设备事故、车祸、城市火灾等。

公共卫生事件主要指由病菌病毒引起的大面积的疾病流行等事件,如霍乱、非典疫情、新冠肺炎疫情、多人食物中毒等。

社会安全事件主要指由人们主观意愿产生,并危及社会安全的突发事件,诸如:能源短缺引起的突发事件;暴乱、叛乱、游行引起的社会动荡;抢购、罢工、骚乱;重大刑事案件;恐怖事件、战争等关系到国家安全、社会稳定、人民群众生命财产安危的各类事件。[2]

中国在2006年1月8日发布的《国家突发公共事件总体应急预案》按照其性质、严重程度、可控性和影响范围等因素分为四级,即Ⅰ级(特别重大)、Ⅱ级(重大)、Ⅲ级(较大)和Ⅳ级(一般)。

突发事件必须同时具备三个条件:一是突然发生,难以预料;二是问题极端重要,关系安危,必须立即处理;三是首次发生,无章可循。一般的自然灾害不属突发事件,因为不具备第三个条件;只有特大的自然灾害,才称得上突发事件。2001年美国"9·11"事件、2003年中国"非典"事件、2008年中国"5·12"汶川大地震、2008年"3·14"拉萨打砸抢事件、2020年"全球性流行病"新冠肺炎疫情等都算得上突发事件。公共突发事件本身不是危机,但离危机只有一步之遥,如果处理不当,就会引发危机。

随着科学技术的进步、社会生产的发展,以及利益群体的多元化,社会活动的时空跨度越来越大,社会成员的构成越来越复杂,变量越来越多。因而,在当今社会活动中出现突发事件的频率也越来越高。从某种意义上说,当今的社会可称得

---

[1] 张振学:《领导者应对和处理突发事件的9种能力》,中国政公出版社,2009,第290页。
[2] 同上。

上"风险社会"。按照德国社会学家乌尔里希·贝克的"风险社会"理论,由于人类进入工业社会后改造自然能力的不断增强,被人为改造过的自然环境对人类社会的"反噬"风险亦在不断加大,且呈现出高度的不确定性[①]。如地震等自然灾害作为一种典型的生态灾难,已经成为我们这个日益发展的社会所不得不面对的"社会风险"之一。除此之外,由于社会变革速度的加快、社会利益的分化、社会成员利益诉求的提升等原因引起的公共安全风险也日益频繁。

在这种情况下,领导能否临危不乱,沉着镇定,机智果断地处置突发事件,关系到一个组织、一个地区乃至一个国家的兴衰成败的大事。

(二)突发事件的基本特征

突发事件具有如下基本特征:

一是突发性。这是突发事件的首要特征。它决定了突发事件发生的具体地点、时间、规模、态势和影响程度等均难以预料。

二是隐蔽性。无论哪种类型的突发事件,其产生的原因均极为复杂,且具有难以预知的隐蔽性。往往令人看不透、说不清、摸不准、难以界定和预测。一些人为的突发事件更是伪装严密,策划周密、组织精密,难以识破。正因为如此,人们对突发事件的发生往往缺乏必要的思想准备。

三是复杂性。突发事件的出现一般都出乎人们的意料,突破平时的常规。起因十分复杂,往往是多种因素交织在一起,综合起作用的结果,从而"剪不断、理还乱",一时难以识别。

四是危害性。突发事件必然会不同程度地给国家、社会带来不同程度的破坏,给人民的生命财产安全带来严重的威胁,是引发社会危机的主要缘由之一。

五是紧急性。突发事件因其事关安危,破坏性强,问题极端重要,因而在处理时间上具有紧迫性。突发事件往往有"裂变反应""多米诺骨牌效应",蔓延速度非常迅速,产生的危害也会发生连锁反应,如不迅速控制事态发展、有效缓解事态升级、全力防止损失扩展,后果往往不堪设想。

六是连锁性。突发事件的发生往往不是单一的、孤立的,而是同其他事件有着千丝万缕的联系。一事处理不当,往往会点燃引发其他事件的"导火索",以至产生一系列连锁性的负面效应。

七是群体性。大多数突发事件均为公共管理领域内的群体性事件,涉及多人或在较大人群范围内发生影响。即便是自然灾害类突发事件,也同样涉及公共利益和群体活动,也同样可能对社会公共秩序产生巨大影响。

---

① 贺善侃:《解读和谐社会领导力》,上海人民出版社,2009,第105页。

八是不确定性。突发事件由于事发突然、出乎意料,因此,不但其发生的时间、地点、形式、规模等不可确定,而且其发展趋势、演变速度、涉及范围、影响效应、处理结果等也同样难以确定。这种不确定性决定了对突发事件的处理办法和程序的非程序化性质。

(三) 突发事件的应对:危机决策及原则

面对公共突发事件和危机,领导危机决策至关重要。

危机决策即逆境中的决策。著名管理学家西蒙认为,面对突发事件的危机决策实质上是非程序化决策。在进行危机决策时,决策者应是在复杂多变的环境中善于站在全局、战略高度处理突发事件的艺术大师;应具备敏锐的直觉、丰富的经验、临机决断力、处置的技巧等。

诚然,危机决策虽然不同于常规决策,但面对逆境的危机处置,还是有其一般规律,需遵循一些一般原则的。

第一,社会(组织)改造原则(治本原则)。

所谓社会(组织)改造原则,就是对重要的社会(组织)机构和运作过程进行深层次的重大改革。其主要特征包括:深刻揭示危机中暴露出来的问题根源,并实行广泛干预,力求全面改革;依据新的变革性目标制定带有根本性的决策方案;以期从根本上消除危机。例如,有些社会危机的产生根源在于体制不顺、职责不明和官僚作风,危机的解决有赖于从根本上消除体制深层的问题。因而,社会改造的一个重要任务就在于突破社会运行的体制阻力,探索体制创新途径,以增强体制运转的活力;或在于从根本上改变官僚作风,扩大民主,密切联系群众,充分发挥社会(组织)力量和群众力量的作用,增强凝聚力,提高抵御风险的能力。

第二,有选择的激进主义原则(治标原则)。

所谓有选择的激进主义原则,即及时控制局势,避免扩大危机而采取的对逆境、危机产生重大影响的紧急措施。这种紧急措施的重大影响,虽然目的不在于从根本上改变社会现实,不一定能治本,但往往见效快、影响大,为解决危机所必需。这里所谓"有选择",即慎重,切忌草率;要尽量避免引起社会或组织的大震荡。

在有选择的激进主义原则支配下的重大举措,往往表现为对突发事件和危机的直接干预,有时甚至是特殊的极端形式的干预,如采取某种突击政策;或宣布紧急状态,或实行武力干预。它不同于全面的社会改造,也无需触动社会诸多方面。与渐进的、着眼于危机长远、根本解决的社会改造原则相比,有选择的激进主义原则旨在及时、迅速地控制局面,平息突发事件,以遏制危机,驾驭事态发展。

《中华人民共和国突发事件应对法》第四十八条规定:"突发事件发生后,履行统一领导职责或者组织处置突发事件的人民政府应当针对其性质、特点和危害程度,立即组织有关部门,调动应急救援队伍和社会力量,依照本章的规定和有关法律、法规、规章的规定采取应急处置措施。"

诸如:

（1）组织营救和救治受害人员,疏散、撤离并妥善安置受到威胁的人员以及采取其他救助措施;

（2）迅速控制危险源,标明危险区域,封锁危险场所,划定警戒区,实行交通管制以及其他控制措施;

（3）立即抢修被损坏的交通、通信、供水、排水、供电、供气、供热等公共设施,向受到危害的人员提供避难场所和生活必需品,实施医疗救护和卫生防疫以及其他保障措施;

（4）禁止或者限制使用有关设备、设施,关闭或者限制使用有关场所,中止人员密集的活动或者可能导致危害扩大的生产经营活动以及采取其他保护措施;

（5）启用本级人民政府设置的财政预备费和储备的应急救援物资,必要时调用其他急需物资、设备、设施、工具;

（6）组织公民参加应急救援和处置工作,要求具有特定专长的人员提供服务;

（7）保障食品、饮用水、燃料等基本生活必需品的供应;

（8）依法从严惩处囤积居奇、哄抬物价、制假售假等扰乱市场秩序的行为,稳定市场价格,维护市场秩序;

（9）依法从严惩处哄抢财物、干扰破坏应急处置工作等扰乱社会秩序的行为,维护社会治安;

（10）采取防止发生次生、衍生事件的必要措施。

社会(组织)改造原则重在从根本上消除危机产生的根源,着眼于长远,立足于治本;有选择的激进主义原则则着眼于当下的、"立竿见影"式的解决,立足于治标。一个危机的解决,需要标本兼治。一方面,突发事件非同寻常,不能按部就班,必须当机立断,迅速采取非常措施,及时采取针对突发事件的突击举措,只有这样,才能扭转和改变险恶的社会(组织)发展趋势,为今后的社会(组织)改造奠定良好基础,创造有利条件。治本之道必须以治标为基础。另一方面,也只有配合有着眼于长远的、带有根本性的社会或组织的改造原则,旨在迅速平息事件、控制局面的非常举措所取得的成果才能巩固下来,并可持续发展。治标的最终目的是治本。因而,面对突发事件和危机,两种机制都是需要的,两者具有相互关联性,一个不可少。

第三,承担风险、避免万一的原则。

由于突发事件前途扑朔迷离,难以预测,危机决策势必面临风险。有胆有识的领导者必须增强风险意识,提高风险决策能力。既要大胆奋进,敢于开拓,当机立断;又不能草率盲目、轻举妄动、主观臆断。力求尽量较少风险压力,以最有效的途径克服风险,是危机决策的一个重要原则。积极承担风险,也要避免万一。"万一"就是可能出现的最坏情况。避免万一就是减少出现这种最坏情况的概率。当然也不能因此而畏首畏尾,把本来可行的也视为万一的危险。

二、处置突发事件的谋略

处置突发事件的谋略即进行危机决策的谋略,通常包括如下三个环节:危机的预测、危机的控制和危机的消除。其中,处置突发事件的谋略集中体现在危机的控制环节。

危机的控制即事态的控制,即以果敢的态度、非常的措施维护社会稳定,把事态控制在可控范围内,避免事态扩大,把可能对社会造成的危害尽量降低到最低限度。

在控制危机和突发事件的过程中,应遵循的一些重要原则。

(一) 信息公开原则

是否敢于把事件真相及时公布于众,是社会自信与否、开放与否的标志。1976年的唐山地震发生时,当时中国政府的政策决定了不可能把事实真相公布于众。当时有关唐山地震的报道只有轻描淡写的寥寥数语:"河北唐山、丰南一带发生强烈地震,灾区人民在毛主席革命路线指引下,发扬人定胜天的革命精神抗震救灾"。关于地震带来的损失,只有这么一句:"震中地区遭到不同程度的损失。"关于灾区的具体情况,成了"国家机密",知情者不得外传,一般百姓只能私下谈论。人们只知灾情重,却不知究竟如何;只知军队开赴灾区,却不知救灾情况进展如何;只知有伤亡,有医疗队过去,却不知具体伤亡情况……

2009年的"5·12"四川地震,与之形成鲜明对照。地震发生不到10分钟,国家地震局就迅速通过新华社向社会发布消息,使公众很快知道了真相;各地地震局也尽可能在第一时间向公众发出了权威信息,有的还通过手机短信、电视、广播等多种形式向群众发布震情提示。互联网、各种媒体则滚动发布震情、伤亡人数、抗震救灾进程,以及从国家领导人到广大民众,从军队到地方的迅即反映等消息。所有这些,都对安定人心,避免谣言传播,避免社会恐慌起了极大作用。事实证明,信息的公开,对于危机的控制,极为重要。

如果信息不公开,就会给谣言可乘之机,而谣言的杀伤力是极大的。

案例:

  2008年6月28日,一场突如其来的风波真的使全世界的目光都聚焦到黔北小县瓮安。当天下午至29日凌晨,瓮安县部分群众因对一名女学生死因鉴定结果不满,聚集到县政府和县公安局,引发大规模人群聚集围堵政府部门和少数不法分子打砸抢烧突发事件,县公安局、县委和县政府大楼等多间房屋被毁,数十台车辆被焚。

6月21日下午6点多钟,瓮安县第三中学初二年级学生李树芬吃完晚饭后,与同班同学王某一起外出。当晚12时30分左右,李树芬的哥哥李树勇接到王某的电话,说李树芬在瓮安县城西门河大堰桥"被水淹了"。李树勇与亲友立即赶到出事地点。6月22日上午,李树芬父亲李秀华等人到瓮安县雍阳镇派出所询问案情,派出所告知已上交瓮安县公安局刑侦队处理。他们又赶到县公安局刑侦队询问。6月22日晚8时左右,瓮安县公安局法医对李树芬作了第一次尸检,认定李树芬为溺水死亡。李秀华对尸检结果仍表示怀疑,继续到黔南州有关部门进行反映。

6月25日下午,黔南州公安局法医到达瓮安县,对李树芬尸体进行了第二次尸检,再次认定李树芬确系溺水死亡。由于对李树芬的真实死因存在争议,李家将女儿遗体一直停放在事发地点县城西门河大堰桥边。随着前往观看的人群越来越多,各种传言开始在小县城里广泛流传。

有传言说,女学生是被"奸杀后投入河中";还有传闻说,元凶是县委书记的亲侄女,另外两个参加行凶的男生和派出所所长有亲戚关系,又说元凶是副县长的孩子;还有传言活灵活现地说,被害女生的"叔叔、爷爷、奶奶因上告被打住院抢救,妈妈被打得说话含糊,已失去理智,婶婶被剪去头发关押到派出所";更耸人听闻的传闻是,女生的叔叔在与公安人员的争执中被公安人员打死……一时群情汹涌,全城哗然。

6月28日,一个普通的周六下午,事情突然急转直下。有300多人用白布写上标语做成横幅,从停尸地点出发进城游行"喊冤"。沿途不断有人加入,追随围观的人越聚越多。至16时许,县公安局大楼门前及周边已聚集群众上万人。游行人群与警察发生对峙推搡。其间,一些社会闲杂人员闻风而来,乘机呐喊鼓噪,乱打乱砸,使冲突进一步升级。

约16时30分,公安局干警组成的人墙被人群冲开,一些人冲进办公楼,在一楼、二楼各间办公室开始打砸和焚烧办公用品。与此同时,一些人开始打砸警车,并焚烧停靠在公安局门口的警车。个别不法分子随后又冲进附近的县政府、县财政局、县委办公楼打砸,多名公安干警被打伤。

18时许,附近多辆警车被点燃,现场浓烟滚滚,一片喧嚣,聚集人群多达2万余人。由于现场警力有限,主要警力退守公安局大楼三层,死保三楼的枪械弹药库。但一楼收缴的大量管制刀具被不法分子夺走,成为他们打砸行凶的利器。

20时至23时,公安局办公楼、县政府办公楼、财政局办公楼、县委办公楼相继被不法分子点燃,熊熊大火映红了瓮安县城的夜空。县委办公楼被完全烧毁,其他办公楼的部分楼层也被烧。

6月28日20时,贵州省委书记石宗源指派省委常委、政法委书记、省公安厅厅长崔亚东赶赴瓮安,靠前指挥处置工作。6月28日22时以后,从外地赶赴瓮安县增援的武警部队陆续进入县城。6月29日凌晨1时30分,崔亚东抵达现场部署处置工作。3时许,聚集的近万名群众散去,事态暂时平息。6月29日6时起,部分不明真相的群众又向瓮安县委、县政府、县公安局方向聚集围观,高峰时有6000余人。6月29日19时,武警官兵和公安人员开始强力清场,现场人群逐渐散去,没有发生新的冲突。

据有关部门提供的材料,事件共造成瓮安县委大楼被烧毁,县政府办公大楼104间办公室被烧毁,县公安局办公大楼47间办公室、4间门面被烧毁,刑侦大楼14间办公室被砸坏,县公安局户政中心档案资料全部被毁,另外还烧毁包括22辆警车15辆摩托车在内的54辆车辆,150余人受伤。事件处置过程中,没有人员死亡。

6月30日,县城基本恢复正常秩序。

瓮安事件的教训值得记取的重要一点,就是谣言的危害不可忽视。谣言作为"没有事实根据的消息""捏造的消息",是一种社会舆论的否定形式,其社会危害性是显而易见的。谣言的社会危害性源于谣言对大众的蛊惑性。社会谣言往往是具有独特内容的虚假新闻,造谣者往往迎合大众心理,或无事生非,或歪曲、夸大事实,以激发人们的好奇心,诱惑人们去好奇地传播,好奇地倾听,并从中获得心理猎奇的满足。面对谣言,最重要的是及时公布事实真相,事实真相就是思想定力,群众了解了事实真相,才能保持清醒头脑,善于辨别风向,增强辨谣识谣能力,增强对谣言的"免疫力"和"抵抗力",从而顶住谣言。

(二) 黄金24小时原则

突发事件的处置有"黄金24小时"之说,处置得越快损失就越小,群众的安全就越有保障。在2009年6月上海闵行区"莲花河畔景苑"小区发生的在建楼房整体倒覆事件的处置过程中,当时上海市和闵行区两级党委政府的应急处理是比较迅速、及时和到位的,主要体现在以下若干方面:

第一,事故发生后,中共中央政治局委员、时任上海市委书记俞正声和时任市委副书记、市长韩正迅速作出批示,要求有关部门和专家立即组成联合调查小组,彻底查清事故原因,从规划、施工许可、招投标、资质管理、施工图审查、工程监理等各个环节逐一审查,并依法公开严肃处理。时任市长韩正和时任分管副市长沈骏第一时间赶赴现场,组织抢险和善后处置。

第二,事发当天,闵行区政府即通过居委会人员入户、高音喇叭呼号等方式,将事故楼盘附近的132户居民疏散到上海罗阳小学休息,提供食品和医疗保障。当天下午将120户居民安排到由政府提供的3个宾馆,另有12户自行解决住宿问题。28日下午,专家组正式确认罗阳七村房屋没有隐患,有关部门逐户做好居民水、电、煤安全检查工作。19时30分,住在宾馆的居民已全部回到各自家中。

第三,工程抢险方面,从6月27日(事故发生当天)起,以上海建工集团为主体的抢险施工队夜以继日进行抢险施工。上海市建设和交通委员会、市水务局和闵行区政府正全力做好事故现场相关建筑和管线的检测、堆积土方卸载、航道管理、防汛墙修复等工作。到7月3日,莲花河畔景苑抢险工作结束,导致倒楼的10米高堆土被推成平地,消除了后患。

再举一例:

> 百事可乐是饮料市场上的大腕,与可口可乐几度争抢霸主地位。但在激烈竞争过程中,一次突发事件险些使百事可乐陷入被挤出市场的危机,这就是"针头事件"。
>
> 久闻百事可乐清新爽口的威廉斯太太从超级市场买了两筒百事可乐给孩子。回家后,喝完一筒,觉得味道不错,无意中将罐筒倒扣于桌上,竟然有枚针头被倒了出来。威廉斯太太大惊失色,立即向新闻界捅出此事,可口可乐公司也趁机大肆宣传自己的产品,一时间,百事可乐难得有人问津。
>
> 百事可乐公司一得到"针头事件"的消息,立即采取了措施,一方面通过新闻界向威廉斯太太道歉,并请她讲述事件经过,感谢她对百事可乐的信任,感谢她给百事可乐把了质量关,给予威廉斯太太一笔可观的奖金以示安慰。还通过媒介向广大消费者宣布:谁若在百事可乐中再发现类似问题,必有重奖。另一方面,在公司百事可乐生产线上更加严格地进行质量检验,并请威廉斯太太参观,使威廉斯太太确信百事可乐质量可靠,并赢得了这位女士的赞扬。

饮料中居然会有针头,这是百事可乐从未遇到的,是几乎不可能的事件,并且发生得如此突然,还直接影响到公司的信誉和市场占有率及竞争力。百事可乐公司获取"针头事件"的信息后,及时、准确、迅速和果断地推出了一系列积极措施,显示出巨大的创新精神和很高的信用,灵活机动地把决策权极大限度地放到事件现场,根据现场情况变化,进行临机决策,缓解了矛盾,打消了消费者的顾虑,刺激了消费者的好奇心,不仅没有使销量下降,反而使购买百事可乐的消费者倍增。

由此可见,突发事件的紧迫性和破坏性,要求领导者必须采取积极果断的措施,运用领导艺术创造性地处理突发事件,以避免组织危机。

(三) 心理控制原则

危机的控制包括心理控制和社会(组织)控制两方面。心理控制首先要从领导者自身做起,在突发事件乃至危机面前,领导者要以"冷"对"热"、以"静"制"动",镇定自若,以自己的从容情绪影响、感染下属,影响、引导大众,为突发事件和危机的迅速及时解决奠定基础。

其次,面对参与事件的群体要灵活运用心理战术:一是要熟悉当地风土民情和周边环境,在遇到僵局时借景借情找话打开缺口,拉近和找准突破口。二是要抓住围观群众的心理变化,争取群众的支持,争取团结大多数,分化孤立极少数。争取在参与人数相对较少、心理犹豫的时候,把握有力战机,一鼓作气,速战速决。三是要不卑不亢,对广大不明真相者动之以情晓之以理,对少数顽固领头闹事者要有震慑力。四是要始终做到神定气闲,处事不惊,处激不怒,不急不躁。在具体工作上,面对当事人的激动情绪,现场队员要做到骂不还口,忍辱负重,婉言相劝。

社会(组织)控制即在心理控制基础上迅速统一社会(组织)成员思想,鼓舞社会(组织)成员情绪,稳住阵脚,避免事态扩大。

(四) 安排有序原则

在危机和突发事件的控制过程中,须针对各类突发事件的特点和情况,制定完善的预案,实施综合战略和措施。要分工明确,进退有序,不弃不离,不乱不慢,号令统一。在预案中要明确指挥处置、责任分解、法制宣传、后勤保障、现场救护等方面任务。这样才能胸中有数,有条不紊,成效显著。

总之,危机决策对领导者是一个极大的挑战。做好危机决策,不仅需要领导者有良好的领导素质,诸如当机立断的决断力、及时控制事态的魄力,以及镇定自若的心理承受力等;而且需要社会(组织)建立起良好的预警机制,包括有发达的情报机构和信息网络,以便能为领导者提供科学、正确、快速的决策依据。

三、危机与契机

突发事件和危机对领导者的领导能力是个考验。突发事件在给领导者带来困难、危机的同时,也带来挑战和机遇。有高超领导艺术的领导者,能善于从危机中抓住机遇,从挑战中赢得发展,最大限度地避免突发事件造成的危害和损失,从而提高领导效能,推动组织发展和社会进步。

(一)领导者要善于从危机中总结经验教训,捕捉和创造发展机会

《孙子》曰:"置之死地而后生,投之亡地而后存。"老子曰:"祸兮福所倚,福兮祸所伏。"危机中往往隐藏着发展的契机,包含着诸多给人启示的经验教训。领导者除应具备危机处理能力外,还应善于从危机中总结经验教训,以强化危机防范意识;应善于捕捉和创造发展的机会,促使那些久悬未决、长期得不到解决的矛盾和问题得以解决;使那些通常条件下难以达到的目的得以实现。

1. 将错就错,缺点逆用,化不利为有利,化危机为契机。

"将错就错,缺点逆用",即是在出现危机或危及组织、企业的问题时,随机应变,顺水推舟,化被动为主动,为组织赢得发展契机。

如有一次,日本一位顾客在商场买了一台洗衣机,回家一试,竟没有动静,便气呼呼地打电话到商场。商场老板接到电话,迅速驱车赶到。一进门便对这位顾客说:"恭喜你中奖了!"弄得这位顾客顿时一愣,不知何故。老板连忙解释:"我店特备了一台不良洗衣机,正是为顾客中奖预备的。祝贺你成了幸运的获奖者!现奖给你洗衣机一台,外加 30 万日元奖金。"这位顾客面对飞来横财甚是高兴,四处游说,广为宣传。这位老板化不利为有利,提升了企业形象。

又如,1988 年 4 月 27 日,一架波音 737 飞机在飞行中发生了爆炸,机前舱的顶盖炸出了一个 6 米的大洞,一位空中小姐在爆炸时被气浪抛出舱外,以身殉职。多亏驾驶员熟练操作,最终使飞机平安降落,89 名乘客无一伤亡。对于这一事故,波音公司在做了详细调查后,没有采取回避态度,不隐瞒真相,相反,却从另一角度大做文章,大肆宣传。公司通过多种渠道说明:这次事故主要是由于飞机使用时间太久,机身金属过度疲劳造成的。这架飞机飞行了 20 年,起落已超过 9 万次,大大超过了原有的保险系数,尽管飞机发生了这么大的爆炸,仍然能安全降落,乘客无一人伤亡。这足以证明波音 737 飞机质量优良,值得信赖。经过这么一番宣传,公司的形象不仅没有受损,反而提高了声誉,赢得了更大的市场。事故发生的第二个月,波音公司订购量大增,金额达 70 多亿美元。

2. 及时总结经验教训,亡羊补牢,避免或减少以后损失。

解决危机的根本在于治本,从根源上寻找原因,从而避免危机的再次发生。及时总结经验教训,亡羊补牢,不失为治本的有效举措。

例如,1923 年发生在日本关东的大地震,曾引发多处火灾,大火源于当时日本的木结构房,许多刚刚从废墟中逃出来的灾民,立即遭到烈焰浓烟的威胁。这次地震遇难人数达 14.3 万人,其中十分之九是被大火活活烧死的。事后,人们对此进

行反思,千方百计寻找治本之策,抗震建筑物由此诞生,并取得长足进步。1987年东京又遭到了一次大地震,但只造成2人死亡53人受伤,房屋受损也很少。

3. 着力建立政府与民众、企业与用户的信任关系。

对突发事件或危机的妥善处理是构建政府与民众、企业与用户的信任关系的良好机会。而这种良好关系的建立,对于事业的发展、社会的稳定关系极大。领导者必须充分认识到这点,不失时机地抓住这一契机,为更大的发展创造条件、奠定基础。"5·12"汶川大地震发生后,中国政府领导人在这方面做出表率,赢得全国乃至世界人民的赞誉。上述两个企业领导对用户的诚挚态度,也为成功构建企业与用户的良好关系奠定了基础。又如,2020年初春,当来势汹汹的新冠病毒侵袭祖国大地时,党中央与各级政府行动迅速,举全国之力,采取果断措施,对疫情做了最严厉的防控措施,在病毒肆虐全球时,国内却有效地控制住疫情,赢得了人民的赞许、信任。全国人民空前团结地取得疫情防控的阶段性胜利。

(二)领导者要居安思危,确立忧患意识,在顺境中不忘危机

有作为的领导者不仅要善于把危机转化为契机,而且要善于在顺境中不忘危机,增强危机意识。真正做到"防患于未然"。孟子曰:"生于忧患,死于安乐。"作为领导,忧患意识的确立十分重要。如果一个领导,一直沉湎于过去的辉煌,没有忧患意识和危机精神,顺境面前盲目乐观,因循守旧,不思进取,时间一长,就会被习惯性思维所控制,丧失锐气,对生存环境的变化浑然不知,从而失去竞争力,待意识到变化来临,已无力应变,最终被市场淘汰。

"多难兴邦"这句话正是从这个意义上说的。我们只有牢记灾难中的经验教训,在以后的日子里加强对灾难的防范意识,"兴邦"的目的才能达到。鉴于此,对于突发事件的预警机制和防灾体制的健全非常重要。

在建立健全防灾体制上,邻国新加坡和日本有大量的经验可资借鉴。尽管受惠于地理条件,新加坡几乎没遭受过巨灾的困扰,但该国政府仍在20世纪80年代从北欧引进了先进的国民防灾管理体系。不仅成立了由内政部管辖的专职灾难救助部队,更通过每年举办大规模的全民防卫展览提升国民的防灾意识,并将灾难自救知识全面贯彻于学校的日常教育,将防灾理念纳入政府的社会管理体系当中。而作为地质灾害多发国家的日本,更是将灾害预防奉为国策。在"灾难意识"颇重的日本,不仅所有建筑物都要优先考虑防震抗震指标,而且各地还经常举行全民参与的救灾演习。现在的日本,学校的房屋抗震性最强,一有地震,这里成了避难的场所。比之两个邻国不懈的社会防灾体系和全民防灾意识,我们的防灾意识亟须强化。

有作为的领导者要把在顺境中不忘危机,增强危机意识提升为一条管理原则。

例如,海尔的高速发展以及不断在国内外获得各种各样的荣誉,给人一种"盛世海尔"的印象。这一成果的取得,同海尔集团领导坚持不懈的忧患意识分不开。海尔集团董事长张瑞敏说:"要做一个伟大的企业,对待成就永远都要战战兢兢,如履薄冰。"顺境怡人,逆境逼人。破釜沉舟亦能先死而后生。人的进取精神常常是在没有退路的情况下被硬逼出来的;人的创造能力也常常是在大敌当前的困境中锻炼出来的。危机让人们永远"战战兢兢",永远"如履薄冰",危机酿造动力,也激发员工的执行力。有的企业为了让员工时时保持旺盛战斗力,还特意制造模拟危机或采取一些特殊政策,让员工不忘危机意识。

例如,20世纪70年代,世界上出现了石油危机,由此引发全球性经济大萧条,日本的日立公司也不例外。公司首次出现严重亏损,困难重重。为了扭转这种局面,日立公司作出了一项惊人的人事管理决策:1974年下半年,全公司2/3的员工共67.5万人暂时离厂回家待命,公司发给每个员工原工资的97%~98%作为生活费。这项决策对日立公司来说,虽然节省不了多少开支,但它却使员工产生一种危机感。次年1月,日立公司又将这项决策措施实施到4000多名管理干部头上,对他们实行了幅度更大的削减工资措施。同年4月,日立公司又将新录用的员工推迟上班20天,使新员工一进公司就产生了危机意识。公司的这些措施,促使全公司新老员工均更加奋发工作,以至公司取得十分令人满意的业绩。仅仅过了半年,它的决算利润便翻了一番,达到了300亿日元。

纵观成功企业,保持业绩经久不衰的秘籍之一就在于警钟长鸣,不忘忧患意识。如比尔·盖茨曾经说过一句话:"微软离破产只有18个月,也永远只有18个月!"波音公司在新员工入职教育时,曾播放波音公司倒闭的假想新闻,其目的是唤醒员工的危机意识。20世纪90年代初,波音公司产量大幅下降,为走出经营低谷,波音公司决定"以毒攻毒",危机面前,自曝惨状,以刺激员工,获取员工支持,达到复兴的目的。为此,公司自己摄制了一部虚拟的电视新闻片:在一个天色灰暗的日子,众多工人垂头丧气地拖着沉重的步伐,鱼贯而出,离开了工作多年的飞机制造厂;厂房上挂着一块"厂房出售"的牌子;扩音器传来"今天是波音时代的终结,波音飞机公司关闭了最后一个车间……"的郁闷报道。通过这一虚拟报道,公司告诫员工:"如果本公司不进行彻底变革,末日就是如此。"公司总裁说:"我们的根本目的是要确保10年后还能在电话簿上查到本公司。"这一计策实施后,波音公司很快从改革中尝到了甜头。员工们由于充满危机感而努力工作,节约公司每一分钱,充分利用每一分钟,极大提高了公司效益。波音公司是"居安思危"的典型,而正是危机意识创造了公司的发展契机。

在激烈的竞争面前,任何一位领导者和员工都应该有危机意识和忧患意识。

商场上可能有积极进取的常胜赢家,却没有固步自封的赢家。胸无忧患,掉以轻心,只能栽跟头。松下幸之助说过:"今天商场上的胜者,谁都不敢保证他明天还是赢家。聪明的经营者应该24小时保持谨慎的危机感,居安思危,警觉到明天可能出现的不利因素。对于此刻就能充分准备以应付竞争的任何工作,都要立刻去做,不要犹豫,须知延搁片刻工夫,就可能造成莫大的遗憾。"

危机意识创造发展契机,这是一条成功之道,已经被实践证明。

危机意识创造发展契机,意义不仅在于对危机的根本解决,更为重要的意义在于不甘落后的忧患意识是创新意识的前提,是不断创新的根本途径。古人就已经深知忧患意识对于生存、发展的重要性。正是有了忧患意识,才能激励创新。一个国家要在忧患中激励创新,促进发展。一个企业同样只能在忧患中激励创新,从而获得生存和发展的机遇。正由于此,创新文化倡导忧患意识,反对"知足常乐"的保守意识。忧患意识与创新意识同在。

四、驾驭"模糊":一种高超的领导艺术

我们在第三篇"领导者面对'模糊事件'态度不能含糊"一节中提到,领导活动不同于管理活动的一个重要区别在于,在许多情况下,领导者面对的大量事件具有模糊性,不能依靠精确的定量计算、既定的顺序和模式去加以处置。本章下面几节将对处置"模糊事件"的领导艺术做一些详细探讨。

(一)何为"模糊"?

模糊,通常是指意思含混不清、态度不明朗。作为一个专有学术用语,模糊(fuzzy)意指"界限不分明"。根据《辞海》的解释:模糊性指事物所具有的归属不完全的属性,表示事物属性量的不确定性。概言之,模糊性指事物性质和外延边界的不分明性和归属不完全性。

我们通常所说的"复杂性""不确定性""随机性"均是模糊性的具体表现。

首先,复杂性决定了大量事件的模糊性。

复杂性是当今世界的一大特征。现代化社会规模之大、领域之宽广、参变量之多、社会矛盾之复杂、发展规律之多变,是以往任何社会发展阶段所不可比拟的。以至当今所发生的大多数社会事件,其成因往往涉及方方面面,因素众多、错综复杂、难以界定,真所谓"剪不断,理还乱"。因而势必导致大量事件的模糊性。

其次,不确定性带来的模糊性。

不确定性是许多客观事物的本来面貌。在传统的形式逻辑看来,一个事物要么属于集合A,要么属于非A,不存在既是A又是非A的情况。因而,形式逻辑要

求,在不同事物之间必须有明确的区分界限。殊不知,现实世界中存在着大量没有明确界限的客观事物,亦即存在着大量既是A又是非A的现象。恩格斯曾明确指出:"辩证的思维方法同样不知道什么严格的界线,不知道什么普遍绝对有效的'非此即彼!',它使固定的形而上学的差异互相转移,除了'非此即彼!',又在适当的地方承认'亦此亦彼',并使对立通过中介相联系"①。例如,"高"和"矮"、"胖"与"瘦""长"与"短"等,就是难以精确划定界限的类别。对这种不确定的类别只能作模糊处理。

再次,事物发展的随机性也导致模糊性。

事物发展的复杂性决定了事物发展尽管有规律可循,但并不一定按预先设想的模式前进,在事物发展过程中将不断出现无法预言的新情况、新事物。事物发展的具体路径是多样的、复杂的,难免带有随机性。关于这点,现代科学的耗散结构理论可以给予很好的说明。耗散结构理论打破了经典力学的机械决定论。这种机械决定论认为事物的未来已必然包含于过去的基本关系中。提出耗散结构理论的普利高津认为,这种机械决定论观点是"经典科学缔造的神话。"他认为,事物系统在发展过程中,经过临界点后,向哪个分支跃迁,稳定在哪个分支上,是由概率决定的,具有随机性。普利高津指出:"我们到处见到的都是不断增加着复杂性和多样性的进化过程。"②因此,我们难以精确预见事物发展趋势,只能对事物发展趋势作出模糊推测。

(二) 领导者直面"模糊事件"在所难免

如我们在第三篇中所说,"模糊事件"即带有模糊性的事件。领导者面对的"模糊事件"往往有三种情况:一是事件本身具有模糊性;二是关于事件的相关信息具有模糊性;三是对事件把握、性质判定、价值衡量等方面具有不确定性,即模糊性。第一、第二点属客观模糊性;第三点属主观模糊性。

而无论是主观的还是客观的事件模糊性,都有客观存在的必然性。从这个意义上说,领导者直面模糊事件在所难免。

由上所述,客观世界的复杂性、事物的不确定性、事物发展的随机性决定了模糊事件的普遍性。因而客观模糊性的存在是必然的。

主观模糊性同样具有客观必然性。这是由人的认识的复杂性和不完备性所决定的。

唯物辩证法认为,事物的发展是无限的,人的认识也是无限的;而且,事物发展

---

① 《马克思恩格斯选集》第4卷,人民出版社,1995,第318页。
② 贺善侃:《复杂性科学视野下的思维矛盾运动原则》,《杭州师范大学学报(社会科学版)》2012年第2期,第73页。

的道路是复杂的、多样的,反映变化发展过程的任何认识都不能做到天衣无缝、精确无误。人对客观世界的任何认识都是近似的、相对的。这种近似性、相对性可视为模糊性的一种表现。

以往,经典科学认识的理想曾试图在复杂事物的背后发现一个完美的秩序,即宇宙这部机器的永恒规律。这样一种认识模式必然追求逻辑的严密性和定量测定、计算上的精确性。然而,事实越来越清楚地告诉我们,世界上从来没有绝对的精确性,精确性和模糊性都是相对的。事物的发展无不包含着有序与无序的两重性逻辑。复杂性因此与有序性和无序性的某种混合相关联。因而,复杂性科学所关注的,不仅是确定的关系,还包含着不确定性、非决定性、随机现象。复杂性在某种意义上总是与偶然性,即"不确定性、非决定性、随机现象"打交道。从这个意义上说,人的认识的复杂性决定了人的认识必然包含着不同程度的模糊性。

人的认识的模糊性还表现为人的认识的不完备性。这是由作为认识主体的人与认识对象相互关系的复杂性所决定的。在主体与对象的关系中,双方都是开放的、无限的,存在着很大的不确定性。主体对客观世界的把握也是极为复杂,存在着很大的难以弥合的空间。复杂性理论的代表人物之一埃德加·莫兰所指出:"真实复杂性的认识需要经常地意识到认识的限度和黑洞的问题。它应该知道任何注视都包含着它的盲点,任何解释原则都在它自己的解释系统中建立在不可解释的某种东西上。"[①]莫兰要求区分"合理化"和"合理性"。"合理化"即认识主体追求认识完备性的理想意图;"合理性"则是开放的、自我批评的理性的运作。它考虑到自己对当前认识对象的可能具有的缺陷,随时准备修正和发展自己的认识。这就是说,复杂性的认识必然是不完备的认识。既然如此,一个合乎逻辑的结论便是:"我们被注定具有不肯定的思想,充满疑点的思想,没有任何绝对的确定性的基础的思想。"这就是说,人对客观世界的认识永远达不到完全意义上的精确化,总具有某种程度上的模糊性。

管理学家西蒙对"完全理性决策模式"的否定正是基于人类认识的复杂性而提出的。依据完全的理性决策模式,决策者必须始终是理性的,不存在任何非理性因素。为此,决策者必须能够得到完整无缺、准确无误的所有决策信息;寻找到所有的决策方案;预测各种备选方案可能产生的后果;正确选择最有效的决策方案;并了解所有社会成员的价值取向和对该项决策的态度……显然,如此完备的精确是任何决策者所无法企及的。只要不能达到其中任何一条,就会产生一定的模糊性,何况在现实中,以上任何一条都无法实现,因此,决策中的模糊性是必然的、永恒存

---

① 莫兰:《为着走出20世纪》(法文版),Fernand Nathan 出版社,1981,第173页。

在的。程序化决策是如此,非程序化决策更是如此。

五、谈谈模糊思维艺术

模糊思维能为处理模糊事件提供必要的眼界和有效的思维方法。因而,面对模糊事件,领导者需要培育一定程度的模糊思维,掌握一定的模糊思维艺术。

(一)何为"模糊思维"?"模糊思维"有何基本特征?

所谓模糊思维,是指思维主体在思维过程中,以反映思维对象的模糊性为特征,运用模糊概念、模糊判断和模糊推理等非精确性的思维方式进行的思维。

模糊思维与精确思维相对应。所谓精确思维,顾名思义,就是以精确反映思维对象的属性为目标,运用形式化的、严谨的逻辑推理和精确化的计算方法所进行的思维。

模糊思维与精确思维的区别有以下三点。其一,就思维对象而言,精确思维是关于清晰事物或事物清晰属性或关系的理性认识;模糊思维则是关于模糊事物或事物模糊属性或关系的理性认识。其二,就思维的逻辑基础而言,精确思维建立在严密逻辑的基础上,使用尽可能精确的语言(如形式语言,即符号语言)和精确的思维形式进行的思维;模糊思维则建立在模糊逻辑的基础上,使用具有模糊性的语言和模糊的思维形式进行的思维。其三,就思维形态而言,精确思维以定量分析见长,模糊思维则以定性分析见长。

我们可以从主体与客体两方面来分析模糊思维的基本特征。

从客体方面看,模糊思维反映的是关于事物发展过程的中间环节和过渡状态,它是事物处于多因素的、系统的、动态的发展过程中的连续性和不间断性状态。

从主体方面看,模糊思维尽管以定性分析见长,但第一,它不以分析为主,而是以讲究"悟"为主要特色;第二,即使有分析,也不追求严密的逻辑顺序和推导步骤,而是力求以简明、扼要的直觉方式直达事物的本质为目的。

在人类的认识过程中,精确思维和模糊思维各有所长、相互补充、相得益彰,共同成为人们把握客观规律的有效的思维艺术。

精确思维具有逻辑严谨、概念精准、量化精确等特点,侧重于对对象做清晰的条分缕析,做精深的论点概括。而模糊思维则具有灵活简洁、形象直观、整体性强等特点,侧重于从多角度考虑问题,善于在事物之间建立起形象的联系、善于把事物的对立面作为一个整体来进行思考,尤其善于以近似的方式从总体上勾勒事物轮廓,估测事件进程。

随着现代科学的发展,人们对客观世界的认识水平越来越高。原来无法精确化的认识对象逐渐精确化起来。然而,精确化思维永远不能包揽一切,人们永远不能企求依靠严格的推理和精确化计算把客观规律揭示无遗,也不能企求仅仅依靠严格的推理和精确化计算处理一切事情。这是由客观世界的复杂性、非线性所决定的。面对复杂的客观世界,人们不仅需要精确思维,而且需要模糊思维,这样才能应对复杂世界。而人们的认识过程,就是"模糊—精确—再模糊—再精确"的循环往复、不断深化的过程。即:随着认识水平的提高,一些模糊的认识逐渐变为精确;而由于认识领域的拓展、认识层次的不断深入,人们接触到的问题会更多,原先认为已经精确的对象又会变得模糊起来,促使人们作更精确的认识。

从这个意义上说,模糊思维和精确思维的最终目的是一致的,都是为了达到思维结果的清晰性。模糊思维和精确思维是走向认识结果精确性、清晰性的两条不同而互补的途径。

在领导活动中,当领导者、决策者碰到模糊事件时,就必须运用模糊思维的艺术进行处置。

秦朝末年,当楚汉之争进入晚期时,刘邦追击项羽至垓下,从四面围攻。楚国兵将缺吃少穿、缺医少药,眼看身陷绝境,个个心灰意冷,思念家乡,厌战思逃,士气及其低落。但由于项羽骁勇善战,项羽手下战将众多,兵力雄厚。刘邦想急切取胜,也并非易事。如何才能以最快的速度、最少的损失打败楚军而结束战争呢?这是汉营决策者们绞尽脑汁、苦苦思索的一个难题。经过观察和了解,张良终于抓住了解决问题的"牛鼻子",决定在楚军将士的思乡之情上做文章。经过筹划、精心安排,让汉军士兵在楚营外围唱起楚歌。一时,四面楚歌,凄凄切切,勾动了楚军将士的思乡之情,楚国将士再也无心恋战,三五成群,纷纷离开军营,终于溃不成军。几天后,汉军一举击溃楚军,逼迫项羽自刎乌江。

面对已是强弩之末的楚军,如何才能以最快的速度、最少的损失取胜而结束战争,这是个复杂问题,也是个模糊问题。战场形势瞬息万变,决定胜负的因素众多,当时迫于军情紧急,又难以获取详细情报、细细推敲,要想在这么复杂多变的因素中抓住要害,只能依靠高屋建瓴式的视野、全息纵观式的灵活思考,凭直觉、凭经验、凭"体悟",随机应变,才能获得成效。这正是模糊思维艺术的用武之地。张良的成功决策,无疑是他成功运用模糊思维艺术的范例。

(二)"模糊思维艺术"有助于提高领导效益

处理模糊事件需要多种领导思维艺术的综合作用,其中包括战略思维艺术、柔性思维艺术、跨界思维艺术和创新思维艺术等。而所有这些领导思维艺术的运用过程中,都包含有模糊思维艺术。模糊思维艺术的功效不仅在于有助于处理一般的模糊事件,从广义上说,模糊思维艺术可以渗透到领导思维的各个层面,渗透到领导活动的各个环节,从而有助于全面提高领导活动的效益。

第一,模糊思维有助于提升战略水平。

我们在第一篇"辩证思维"一节中曾提到过明茨伯格在其著作《战略计划的兴衰》中所指出的战略制定中往往"具有幻想色彩",往往"不是程序化",往往"依赖于发散思维、直觉和潜意识的运用""不循规蹈矩,而是出其不意,特别强调直觉""经常完全颠倒稳定的模式"等特点……①

这就是说,战略的制定不完全是理性的过程,其中不乏非理性成分。模糊思维在战略的制定中也有其一席之地。一个好的决策,往往需要理性和直觉的齐头并进、数据分析和直觉性判断的综合运用。在决策过程中,数据分析和逻辑推断固然重要,但实践证明,那种单纯依赖理性分析的决策往往会在实践中碰壁,通往成功的决策道路总是离不开富于勇气的跨越,有时,丰富的感觉经验和直觉有助于对看来支离破碎的材料的深刻洞察和把握。这就是说,擅长于运用经验和直觉的模糊思维艺术在战略决策中起着重要作用。

宋朝的李允则有一次在军中举行酒宴,突然传报兵器库起火。李允则却不露声色,依然饮酒不停。没过多久,火被熄灭。李允则暗地里派人拿着他的文书到嬴州用茶叶箱子运载武器。不过10天,库里的武器又齐全了。此事也未在军中造成混乱。事后,有人弹劾李允则不救火。宋真宗说:"李允则必然有话要说,先听听他的。"李允则解释道:"兵器库防火措施十分严密。这里刚刚举行酒宴,那里就起火,十之八九是出了内奸。如果贸然离开宴会去救火,这正中了他的调虎离山计,恐怕要发生意想不到的祸事。"

兵器库起火,在起火原因未调查清楚之前,无疑是模糊事件。李允则"料事如神"的战略思维艺术多半来自其丰富的经验、敏锐的直觉。他的具有前瞻性的战略思考多半是模糊思维艺术的巧妙运用。

第二,模糊思维有助于倡导柔性管理。

有两种管理方式,一是刚性管理方式,其特点是严格遵循规章制度和科层组织,标准明确,非此即彼,该怎样不该怎样,规定得死死的。二是柔性管理方式,其特点是不拘泥于规章制度,不走非此即彼的极端,不把问题公式化,力戒对号入座、生搬硬套;而注重以人为本,力求人性化管理、个性化管理,在不违反大原则的前提下,探寻解决问题的最满意方案。在具体的领导实践活动中,往往有许多难以死扣规章制度的"两难"事件,对此,刚性的领导方式往往不管用,而柔性领导方式就显示出其优越性。这里所说的"两难"事件即模糊事件,柔性管理方式正是模糊思维

---

① 彭新武等:《管理哲学导论》,中国人民大学出版社,2006,第266页。

艺术的一种运用方式。

在我国历史上,儒家倡导的"仁爱管理"与"德主刑辅"就是典型的柔性管理。儒家的柔性管理,不仅表现在管理者的内在道德和外在形象上,也突出地表现在管理手段上。孔子在《论语·为政》中指出:"道之以政,齐之以刑,民免而无耻;道之以德,齐之以礼,有耻且格。"意为:行政与法律手段只能使人们勉强克制自己不去犯罪,而不知道什么是耻辱,不能从思想上解决问题;只有用礼义道德引导和教育百姓,才能使他们懂得做坏事可耻,从而自觉地约束自己的行为。这也正是孟子所说的:"以力服人者,非心服也,力不赡(足)也;以德服人者,中心悦而诚服也。"

儒家所强调的柔性管理从某种意义上说正是一种"模糊管理"。刑罚作为刚性管理,只能涉及违法者,而无奈于大量未触及法律者。德治的优越性则是能触及大量介于守法与违法之间的人,能挽救更多的心灵。因而这种模糊思维艺术的受益面更广。

第三,模糊思维有助于适应跨界需求。

我们前面说过,"跨界"即对界限的突破、跨越。广义的"跨界"是极为宽泛的,泛指不同元素,包括不同学科、专业、组织、行业、领域、界别和文化的交叉、跨越、重组与融合。跨界思维的核心是"跨界",即敢于、善于全面跨越各种事物界限的视野和思维能力。

跨界需要灵活应变性。而这种应变性正是模糊思维艺术的基本特征之一。

历史上的杰出领导者无不"通其变,使民不倦;神而化之,使民宜之。"意为:在日常生活中,领导者只有善于变通,才能真正做好领导工作,使领导艺术达到"神通"的境界,即"唯变所适""变通者,趣时也"(《易传·系辞下》)、"变通配四时""变而通之以尽利""通变之谓事"(《易传·系辞上》)。

《周易》在此所强调的"神通"境界,正是流畅的"跨界"能力、融汇模糊思维艺术的高超境界。

第四,模糊思维有助于促进领导创新。

我们说过,领导创新由领导思维创新、领导战略创新和领导体制创新等诸方面构成。领导思维创新是领导创新的起点,战略创新是领导创新的核心,领导体制创新是领导创新的落脚点。领导思维创新是贯穿领导创新始终的一根红线。而领导思维创新或表现为对事物发展趋势的预测;或表现为对事物现有形状的跨越;或表现为对思维对象整体形象的直观勾画。无论哪一种表现,都离不开模糊思维艺术:对事物发展趋势的预测只能是大致轮廓的预测,对事物现有形状的跨越和思维对象整体形象的直观勾画也都是一种未细化、精确化的观念。因此,模糊思维艺术的提升有助于促进领导创新。

1945年,爱因斯坦在一份回答科学家思维方式的答卷中写下这样的话:

(A) 写下来的词句或说出来的语言在我的思维机制里似乎不起任何作用。那些似乎可用来作为思维元素的心理实体,是一些能够"随意地"使之再现并且结合起来的符号和多少有点清晰的印象。……

(B) 对我来说,上述那些元素是视觉型的,也有一些是肌肉型的。只在第二阶段中,当上述联想活动充分建立起来并且能够随意再现的时候,才有必要费神地去寻求惯用的词或者其他符号。

…………

(D) 视觉的和动觉的。对我来说,在语词出现的阶段中,这些语词纯粹是听觉的,但它们只在上面已经提到的第二阶段中才参与进来。[①]

这就是说,爱因斯坦在科学研究的第一阶段,主要运用的是形象思维,抽象思维到第二阶段才介入。而作为创新思维第一阶段的形象思维实际上是一种模糊思维。可见,创新是从模糊思维走向精确的抽象思维的。模糊思维艺术在创新思维中起着重要作用。

六、模糊决策艺术探微

对模糊事件的处置离不开模糊决策。作为一种非程序性决策,模糊决策在丰富多样的领导决策中占有不可或缺的一席之地。它不仅可以作为一种独立的决策类型发挥其独特作用,而且可以渗透于其他类型的领导决策中,强化其他类型决策的作用。

(一) 模糊决策艺术的含义与特征

这里所说的模糊决策艺术,是指在决策者一定知识、经验、智慧基础上形成的非程序化的,带有很大的灵活性、随机性、应变性、创造性的,适应模糊事件或包含在决策对象之中的模糊性,综合各种决策技巧、决策手段和决策技能的决策艺术。它是领导决策者聪明才智、学识水平、胆略志向和阅历经验的综合反映,是领导决策者的素质、才能在决策方法上的体现。

模糊决策艺术具有灵活性、经验性、创造性、综合性四大特征。

一是灵活性。指模糊决策比一般决策更强调随机应变,更强调顺应事物的变化而有的放矢、对症下药。因为模糊事件无明确的界限、无确定的属性和关系,直面模糊事件的模糊决策当然也无确定的模式和规范,而要依时间、地点、条件的变

[①] 《爱因斯坦文集(增补本)》第1卷,商务印书馆,2009,第567-568页。

化而变化。因而在订规划、做安排时必须留有余地,以随时根据情况的变化采取积极有效的应变措施,随时掌握决策的主动权。

二是经验性。模糊决策艺术主要形成于决策者的知识阅历和经验,而不是按照确定的逻辑规则从理论中推导出来。决策者对在大量的决策实践活动中逐步积累起来的经验加以提炼、升华而形成了后续决策的思路。经过孕育而成熟的模糊决策具有鲜明的经验性。正由于此,模糊决策艺术往往表现出决策者本人强烈的感情色彩、气质形态和人格魅力。

三是创造性。模糊决策艺术的创造性,体现在决策者对模糊事件处置过程中表现出来的生机勃勃的创造力上。模糊事件千姿百态、变化多端、信息不清、游移不定,面对复杂多变的事件,想因循守旧、墨守成规,以"依样画葫芦"的惰性行为去解决问题,势必行不通。决策的高难度迫切要求决策者必须充分发挥主观能动作用,运用自己的聪明才智进行综合性的创造,使自己的智能、经验不断升华,从多方面积累材料,构思新的思路,创造出个个风格迥异的决策。

四是综合性。模糊决策艺术是一种综合性的决策艺术,它往往综合了各种决策技巧、决策手段和决策技能。这种综合性主要表现为:

(1) 现代决策技术与传统决策艺术的结合。现代社会发展迅猛,社会前进的步伐越来越快,新情况、新问题不断出现。经济和科学技术的发展,一方面要求决策必须越来越科学化、系统化、周密化;另一方面经济发展和科学技术的现代化为科学决策提供了优越的社会条件和科学决策的技术手段。因此,领导决策的科学方法技术必然成为领导决策方法的重要手段。

然而,在许多领域,如充斥模糊事件的领域,由于涉及内容具体复杂,变量因素极多,当前科学水平和决策者的认识能力还不能精确把握其数量关系。因此,在处理这类问题时,还须采用传统决策的方法技术和现代科学决策的方法技术相结合的方法,既汲取以往决策的经验教训,又尽量运用现代科学手段进行预测;既注意定量的分析,又要进行定性分析;既分析产生问题的原因,又要及时反馈信息,预测问题的结果。把现代决策技术与传统决策方法艺术完美地融合,才能做出相对正确的决策。

(2) 已有决策技术方法与创新决策艺术的结合。在模糊决策实践过程中,当然需要根据决策因素、决策对象的不同情况借鉴既有的、合适的决策方法;但事件的模糊性决定,模糊决策更需要根据实际需要,大胆地创造和总结出新的决策方法。这是因为,以往的决策方法和技术一般难以适应模糊事件的复杂性和不确定性,总会不可避免地表现出不足之处。在千差万别的模糊事件面前,总结决策新经验,创造决策新方法尤其显得重要。倘若我们只是固守已有的决策技术和方法,不去研究新情况、新问题,创造新的决策艺术,势必难以有效处理模糊事件。

(3) 既定决策艺术与提高决策者素质的结合。模糊决策艺术的鲜明经验性决定,从事模糊决策,不单纯是决策艺术水平的体现,同时也是决策者个体素质的体现。模糊决策对决策者的素质提出了更高的要求。诸如,应该有系统而活跃的思维和敏锐的观察力,富有战略头脑和大无畏的气魄;要掌握自然科学、工程技术和社会科学的渊博知识和运用新知识的能力;要头脑清醒,审时度势,认清形势特点和发展趋势,有较强的分析判断能力;对较高层次的决策者来说,还应有较高的统筹全局、分析综合问题和部署工作的能力;有"不唯书、不唯上、只唯实"的科学态度和丰富的实际经验,还要有敢于担风险的魄力以及贯彻到底、坚韧不拔的精神等等,这些方面都是进行模糊决策的必不可少的条件,也是具体的决策技术和方法所无法替代的。另外,由于模糊事件的多变性、不确定性,因而,模糊决策必然无确定的可操作规范,也难以传授、借鉴,只能意会,只能依靠体会、领悟,这就更取决于决策者的个体素质高低了。

(二) 模糊决策艺术的构成要素

一是风险决策的胆略。

领导者的活动总是伴随着风险和不确定性,对于模糊事件的处置更是如此。预测风险的能力和挑战风险的胆略,是每一位领导者必备的素质。这种素质在模糊决策中更为重要,是构成模糊决策艺术的第一位要素。

我们在第三篇中说到过的台湾商人,素有"经营之神"称号的王永庆先生的一段经历足以说明风险预测能力和挑战风险胆略在模糊决策中的重要性。届时,投资塑胶业能否成功获利,谁也说不准。这不仅具有极大的不确定性、模糊性,而且具有极大的风险。王永庆的成功秘籍,首先归于他的风险预测能力和挑战风险胆略,正是这种胆略在模糊性决策中起了重要作用。

二是刚柔相济的决策水平。

在领导工作中,刚柔相济是一种独具魅力的艺术。"刚"主要指领导者原则上的坚定、决策上的果断以及行动上的开拓等,"柔"主要指策略上的灵活、作风上的民主以及待人上的谦和等。决策者娴熟地掌握刚柔相济的艺术,使刚中有柔,柔中有刚,刚柔相得益彰,就一定能提高自身的领导水平和领导艺术。

对于模糊决策而言,刚柔相济更为重要。要善于把刚柔相济的领导艺术体现在模糊决策从制定到实施的全过程。

制定决策前应有"柔"功,就是要有工于谋划的匠心。谋划是决策的前提和基础,谋得全才能断得准。没有多谋,就会成为头脑简单、乱冲乱撞的鲁莽者。

制定决策时要有"刚"劲,就是要有敢于决策的魄力。"当断不断,反受其乱"。

在纷繁难测的环境中,决策者能否善于拍板、敢于拍板,不仅是对其能力的检验,更是对其魄力的考验。做决策要坚定果断,但决策的原则要有弹性。该刚则刚,当柔则柔。既不能柔不及而刚过之,也不能刚不及而柔过之。

决策实施过程中的"刚",主要应体现在坚定的原则性和勇于负责的精神上。决策实施过程中的"柔",主要体现在善于协调、灵活行事上。领导决策者要善于依据不同条件和决策环境,相应地变更领导手段,调整领导任务,协调各方力量。"具体情况具体分析",采取不同的方法解决不同的问题,处理不同的事件。但是,领导决策的应变绝不是随意地改变上级政策,更不能违背上级决策目标,危害高层次决策的大局。恰当的灵活应变才谈得上是决策艺术;丧失原则的变通决策是不可取的,也是不允许的。

三是直觉决策的眼光。

所谓直觉,是一种不经一步步逻辑推导而直接认识真理的能力。

美国战略管理学者科恩认为:"直觉是解决战略问题的所有能力中最为重要的财富。"[①]《孙子兵法》曰:"古之所谓善战者,胜于易胜者也。"所谓"胜于易胜"就是指统兵将帅发现并进而控制了最容易取得胜利的诸种条件,因而能够以最简单的方法,以成本最低的代价取得胜利。这里所说的"最简单的方法",往往不可能离开敏锐的洞察力和直觉能力。

世界上许多著名的企业家,也往往都具有这种杰出的战略直觉。台湾有位战略学者曾经这样讲过:"许多管理者在直觉地设计睿智的战略方法上,具有超乎寻常的能力。"带有神奇色彩的战略直觉,将为战略家正确地提出问题、抓住要害、建立假设提供宝贵灵感。

依靠直觉进行的决策可称作直觉决策。在以下诸种情况下最需要进行直觉决策:(1)时间十分有限,并且存在必须提出正确决策的压力;(2)存在高度的不确定性;(3)分析性数据用途不大;(4)几乎没有可以借鉴的先例;(5)"事实"资料十分有限;(6)变化难以科学地预测;(7)在备选方案中,难以最后作出抉择;(8)已经掌握的事实不足以预测事物发展趋势。

显然,直觉决策艺术对于模糊决策而言,是至关重要的。这是因为,对于不确定性、充满未知的模糊事件,常规的逻辑往往无法应付,而往往更多地依赖于"心灵性的程序",即直觉。在决策过程中,决策者应当让直觉充分、自由地发挥,不受任何限制,或会形成神奇的解决方案。

我们说过,直觉似乎是突然猜测到结论的能力,其实是决策者早先获得的知识

---

① 曲连波主编《领导立体决策艺术》,中国时代经济出版社,2002,第22页。

和技能在特定条件下的综合反映。不是谁都会产生关于解决某一问题的直觉的，只有具有一定知识储备、对问题有深邃的洞察力、思维敏锐者才会产生相关的直觉。因此，直觉决策的眼光对于模糊事件的处置极为关键。

四是"拖延""推诿"的决策策略。

在领导决策中，也不乏一种在某种特殊情况下故意模糊、折中妥协、模棱两可，以留有充分余地、较大机动性和灵活性的决策策略。"拖延""推诿"就是这样的模糊决策策略。

这里所谓"拖延"，即指对一时说不清楚或难以立即处理的问题的"冷处理"办法。例如，当领导与群众发生矛盾，特别是发生争吵，双方情绪激动之时，再有道理也往往说不清。处理此事，"拖延"就是最好的办法。古罗马哲学家西尼卡说过："拖延是平息怒气的好方法。"英国作家悉尼也认为："在事情未明朗之前，不要有妄下判断的鲁莽行为。因为我发现，只是 24 小时之差，看法就是天壤之别。"

"推诿"则是在决策者对所处理的事情情况不明，甚至一无所知的情况下所采取的一种临时应对策略。"推诿"不是推卸责任、优柔寡断，不是撒手不管、置之不理，而是或等待把事情的原委、来龙去脉搞清楚；或等待适当的时机；或等待条件成熟，从而更有利于事情处置、问题解决。

第三章

待人艺术与领导力

一、激励:领导待人之道的关键之举

领导活动的一个重要使命在于激励下属,最大限度地调动下属的积极性,团结大家一起完成组织目标。因而,激励的艺术是一种重要的领导艺术。激励部属和他人的能力是领导者必须具备的基本功,也是衡量领导效能的一个重要标准、领导待人之道的关键之举。

(一) 激发需要、满足动机:激励的根本宗旨

何谓激励? 行为科学家认为,激励是通过某种方式引发行为,并促进行为以积极状态表现出来的一种手段。激励(motivation)就是刺激需要、引发行为、满足需要、实现目标的一个动力过程。

现代行为科学认为,人的行为是个体与环境相互作用的结果,是有机体为对付环境、干涉环境,对外界刺激所做出的反应、发生的动作。

国外学者在研究人类行为时提出了三个基本概念:一是因果关系(causality),即行为是被引起的,引起行为的原因包含在外在的环境、内在的身心状况及其他内外影响力之中;二是目标导向(directedness),即行为不但是被引起的,而且是指向某种事物的,行为通过目标导向把人的活动引向一定的、为人们所需要的具体对象;三是激励(motivation),即行为是被激励的,一个人内在的力量如冲力(push)、动机(motive)、愿望(want)、需要(need)、驱力(drive)等,均是行为的基础。[①]

由此三个基本概念,形成了表述为"S-O-R"的行为模式。其中,S 是刺激(stimuIus)、O 是有机体(organism)、R 是反应(response)。

人类个体的行为模式具体表现为:当个人受到周围环境的刺激后,就感觉需

---

① 贺善侃等:《人际关系简论》,中国纺织工业出版社,1988,第 63 - 64 页。

要,产生愿望,在生理上发生紧张,有不安的感觉,促使其采取行动,以期达成愿望满足动机。由动机所促成的实际行动就是行为。行为是用来寻求目标以消除紧张的一种努力。一个行为目标的获得,通过反馈过程,又将成为下一行为发生的主要刺激物。如此循环不已。任何一个行为的主要原因总是服从于力图解除或者使有机体处于最小心理紧张、保持个体心理平衡的原则。

由此可见,激发需要、满足动机是激励的根本宗旨。领导者为了调动下属的积极性,团结大家一起完成组织目标,必须依据领导活动的目标导向,引导大家把个人的利益与组织的整体利益相结合,形成积极向上的愿景和行为动机,以拧成一股绳,齐心协力,共同完成组织目标。这是激励的根本宗旨所在。

"激励因素"不同于"保健因素"。西方心理学家德里克·赫兹伯格提出一种"激励—保健理论"(亦称双因素理论)。[①] 激励—保健理论(motivation-hygiene)认为:个人与工作的关系是一种基本关系,他对工作的态度在很大程度上将决定其成败。

赫兹伯格调查了这样一个问题:人们想从工作中得到什么。结果表明,人们对工作满意时的回答和对工作不满意时的回答大相径庭。员工倾向于把对工作满意的因素归于自己,而把不满意的因素归于外部和组织。因此,满意的对立面并不是不满意。领导者消除工作中的不满意因素并不必然带来满意。

由此可见,带来工作满意的因素和导致工作不满意的因素是不相关的,甚至截然不同的。因此,领导者和管理者努力消除带来工作不满意的因素,可能会带来平衡,却不一定有激励作用。诸如此类的措施仅仅能安抚下属,但不能激励下属。

赫兹伯格把政策、监督、人际关系、工作环境和工资这样的因素称为保健因素(hygiene factors)。当具备这些因素时,员工没有不满意,但是它们也不会带来满意。如果领导者想在工作中达到激励下属的目的,就必须强调成就、认可、工作本身、责任和晋升等激励因素。

激励的功能在于:

1. 挖掘潜力

管理学大师德鲁克说过,人是唯一可以扩大的资源。这就是说,在人的身上,隐藏着巨大的能量。激励的一个重要宗旨是把隐藏在一个人身上的潜能充分挖掘出来。

哈佛大学的威廉·詹姆斯教授研究发现,部门员工一般仅需发挥出 20%～30%的个人能力,就足以保住饭碗而不被解雇;如果受到充分激励,其工作能力能

---

① [美]斯蒂芬·P.罗宾斯:《组织行为精要》(第7版),机械工业出版社,2003,第46-47页。

发挥到80%～90%。其中50%～60%的差距是激励作用所致。这个分析研究对于激励的作用提供了充分的依据。

可见,当我们在完成任务时遭受挫折、遇到困难,首先应该做的,不是想着如何增加投入、改善设备和条件,而是如何运用激励手段鼓舞员工的士气,以充分挖掘隐藏在员工身上的潜力。

2. 提升素质

激励就像一个杠杆,它可以控制和调节人的行为趋向。恰当合适的激励可以给员工的学习、实践和进步带来巨大的动力,进而促进员工素质的不断提高。如果对精诚敬业、业务专深、贡献突出的员工进行奖励,对马虎应付、业绩差劲、不求上进的员工予以适当的惩罚,无疑可以在组织内、团队内形成弘扬正气、抑制邪气的良好氛围,以促进团队整体素质的有效提升。

3. 增强凝聚力

行为学家研究表明:对个体行为的激励会导致或消除某种群体行为的产生。这说明,激励不仅仅作用于一个人或少数个体,而且还直接、间接地会影响到周围所有的人。正确的、及时的激励有助于形成优秀的组织文化,有助于树立正气,弘扬积极向上的团队精神,营造求真务实的团队氛围,增强团队的凝聚力和战斗力。在激励的作用下,组织、团队内可以形成一种"比学敢超"的热潮,从而促成目标的实现、任务的完成。

(二) 疏导:激励的根本方针

激励的根本方针是疏导(有关"疏导",请详见第三篇第一章"谈思想工作的基本方针:疏导"一节)。

疏导方针之所以是激励的基本方针,是因为激励的实质是做人的思想工作。有效的激励必须遵循民主平等原则。领导者与群众的平等关系、民主方式,是有效地开展思想工作的重要条件。民主平等原则必须贯穿于激励过程的始终。这是因为:第一,相信群众,依靠群众是马克思主义的基本观点,思想政治工作以此为出发点,就必须贯彻民主平等的原则;第二,教育心理学认为,教育的过程是教育者的"心理需要"同教育对象接受教育的"心理需要"相互印照的过程,是他们之间"心理交流"的过程。教育者和教育对象"心理需要"相吻合,"心理交流"相沟通,就会引起彼此之间情感上的"共鸣"和"共振",收到良好的教育效果。反之,如果教育者和教育对象的"心理需要"相矛盾,"心理交流"受阻碍,那么教育对象在接受教育上往往产生对抗性,思想政治工作也就会失去效力。

坚持民主平等原则,就要做到:其一,虚怀若谷,平等待人,放下架子,向群众学习,倾听群众意见;其二,要充分相信群众,尊重群众首创精神,善于发动群众自己教育自己；其三，对于犯错误的人，不能歧视，要满腔热情地帮助他们，耐心细致地做好矛盾转化工作。

(三) 尊重人：激励的根本前提

鉴于激励的平等民主原则，尊重人是激励的根本前提。尊重人亦即信任人。激励的对象既然是人，激励的前提必然是对所激励的对象的充分信任。相信在所激励的对象身上具有充分的可以挖掘出来的潜力。

在中国古代大政治家管仲看来，对人才的使用与信任是同等重要的。一个人才，如果一方面在承担责任，另一方面又受到领导的怀疑，其心境如何、干劲怎样是可想而知的。领导者要使下级能够在其位，谋其政，敢于负责，就得要有用人不疑、敢于放手的胆识和魄力。只有基于这样的胸襟，才能有效地激励人、使用人，把激励艺术运用到极致。

激励与信任是辩证的统一。如果表面上在进行激励，内心却对激励对象不信任，其结果必然事事掣肘，难以把激励对象的积极性、主动性和创造性充分揭示出来。这不仅不利于激励艺术的施展，并且会给事业造成损失。

用人不疑，疑人不用，应该作为领导者激励人才的一条重要原则（有关"用人不疑，疑人不用"原则，详见第三篇第三章"谈'用人不疑，疑人不用'的用人原则"一节）。

要信任人，正确对待激励对象的长处和短处是关键。人才的才能和气质总是有长有短的。从才能说，没有全能的人才；从气质说，不同气质的人才，放在什么岗位上合适，也要仔细衡量。扬长避短，人才就能各得其所，各尽所能；抑长用短，则不但会浪费人才，也势必损害事业。用人之长，避人之短，是选人用人的一个重要原则，也是激励的一个重要原则（详见第三篇第三章"把握好选人用人的'长'与'短'辩证法"一节）。

二、提高激励领导艺术的策略

掌握必要的策略，对于提高领导激励艺术水平极为重要。因为，策略的选择和实施，关系到激励的成效。

(一) 灵活运用激励类型

根据组织目标的需要和激励对象的具体情况，有的放矢地灵活运用各种不同的激励类型，是提高领导激励艺术的策略之一。

第一，物质激励与精神激励相结合，是一种最传统的激励艺术。

从激励的内容与要素来看，可分为物质激励和精神激励两种类型。每个人都有自己的物质和经济利益追求。我们并不一概排斥物质激励,但要分清个人正当利益和个人主义的界限、物质激励与单纯物质刺激的界限。要寓物质激励于精神激励之中,善于把下属个人的眼前经济利益和组织的长远经济利益融为一体,只有这样,才能更好地发挥物质激励的积极作用,达到激励人们积极性的目的。

物质激励不是万能的,现已成为共识。但是,个人的正当利益如果得不到及时满足,在经济利益分配出现严重不公的情况下,个人的积极性必然会受到极大的挫伤。因此,领导者如何有效地使用物质激励,使物质资源的配置达到最大限度开发下属积极性的程度,就成为一种领导艺术。有时候,对于一个掌握丰厚物质资源的领导者来说,他对物质资源的配置却不能有效地激励下属积极的工作;但对于一个没有掌握丰厚物质资源的领导者来说,他却能够利用有限的资源,达到最大限度开发下属积极性的程度。

可见,领导活动的成功与否,有时候确实不是取决于领导者自身所掌握的物质资源的多寡,而是取决于其物质资源的分配机制能否起到激励的功能。所以,我们说这是一种领导艺术。

第二,顺向激励与逆向激励相结合,也不失为一种有效的激励艺术。

从激励的方向来看,则分为顺向激励和逆向激励两种类型。顺向激励是通过诱因以开发下属实现目标的潜力和动力,而逆向激励则是通过下属不愿接受的结果以激发他们的积极性。这两种激励的目的都在于强化人的行为。不同的是强化的方向相反。顺向激励起正强化作用,是对某种行为的肯定;逆向激励是起负强化作用,是对某种行为的否定。

目标激励是一种典型的顺向激励。西方行为科学强调通过目标的设置来激发动机,指导行为。有一种被称为"目标设定理论"的激励理论,认为意图——表现为目标——是工作动力的主要源泉。我们有足够的信心认为,明确的目标可增进工作绩效,而困难的目标一旦被接受,将比设定容易实现的目标时产生更高的工作绩效。[①]

在进行目标激励时,必须注意以下两点。其一,目标必须与需要和动机挂钩;既是鼓舞人心的奋斗方向,又是满足人们需要的目的物。心理学把其称之为"诱因"。其二,目标实现受阻时,往往会引发两种行为:一是制定更为合理的目标,二是导致非理智行为的产生,领导应该通过"连续激励"杜绝后一种行为的产生。

逆反激励(俗称"激将法")是一种常用的逆向激励。这种方法并不是直接正面鼓动人们去实现某项目标,而是向他们提示或暗示与此目标相反的另一结果,而这

---

① [美]斯蒂芬·P. 罗宾斯:《组织行为精要》(第7版),第49页。

一结果则是下属无法接受的,从而使他们义无反顾地向着既定目标前进。逆反激励是一种更具有艺术性的激励方法。

危机激励也是一种典型的逆向激励。它不是通过满足人们的什么需要来激发其积极性,而是通过危机意识的唤醒,促发人们的斗志。

> 日本著名企业家松下幸之助认为,正确运用自我否定的策略,能使企业不断获得创新的机缘。他说:"现在松下电器公司被认为是最优秀的电器公司,这种观点本身就是很危险的。"他预言:"今天的强者将成为明天的弱者。"为了确保松下电器公司今后立于不败之地,在"强化经营体制,改变企业现状"的口号下,松下曾多次自我否定,有时不惜推翻现有的工作模式与企业规划格局,进行一系列的体制改革与技术革新,并为此起用了一大批具有新思想甚至在过去反对过自己的人才。正是由于松下公司经常查找自己的不足,能做到居安思危,才使得松下公司长盛不衰。

对于任何一个组织来说,它都生活在一种压力和危机之中。如何将这压力和危机转化为积极的力量,则是对领导者领导艺术高低的考验。如果一位经营者不能向他的员工们表明危机确实存在,那么他很快就会失去信誉,因而就会失去效率和效益。

第三,根据需要交替运用外在激励与内在激励,是提高激励效益的关键之举。

从激励的方式来看,可分为外在激励与内在激励两种类型。所谓外在激励就是通过外在力量引发下属积极工作的机制,包括福利、晋升、授衔等。外在激励可能被激励对象视为与组织、团队的目标任务无直接联系的激励手段。而内在激励则是通过表扬和肯定使下属确立自信的机制,包括对新技能、责任感、光荣感、成就感的确认等,也包括追求成长、锻炼自己、提升自己等,它是与组织、团队的目标任务直接相连的激励手段。

例如,一项工作需要加班,如何看待加班,可以有三种不同的态度:一是冲着加班工资,增加个人收入而参与加班;二是认为加班可以尽快完成任务,不至于完不成任务而被批评或扣工资;三是为满足自己创新、实现自己的创意而实现自我价值的需要。前两种态度基本属于外在激励,在这种情况下,一旦取消加班工资和奖金,加班的积极性就不会存在了。第三种态度则属于内在激励。它完全是一种自觉的工作态度。

外在激励方式虽然能显著提高效果,但不易持久,更不能滥用,因为处理不好有时会降低其他人的工作情绪;而内在激励方式,虽然激励过程需时较长,但一经激励,不仅可提高效果,且能持久。

评判激励、榜样激励、许诺激励、晋升激励等是一些常用的外在激励具体方式。

这些激励方式的正确使用极为重要。

例如,评判激励是对人的某种行动作出一定的反应,或肯定的奖励、表扬,或否定的惩罚、批评,以及什么都不做的"沉默"。运用评判激励要注意求实、及时、中肯,要根据正确的标准和价值观念,以及人不同层次的需要和同一需要的不同阶段,给予不同类别的评判。

领导者的评判激励不应该滥用,古人把领导者随意的表扬称为"谬赏"。唐代著名谏臣魏徵提出的"十思"中就有一条"思所加,则思无恩喜以谬赏。"这句话的意思是说,将要施行赏赐时,就要想想是否是因一时高兴而乱赏。合理的奖赏,是激励贤能的一种手段;但如果奖赏错位,非但不能起到激励的功能,反而会产生误导,引发其他人的反感或错误的行为导向。这就是领导学必须要研究的"激励失败"。

> 有个司机,是个慢性子,开车挺认真,但就是快不起来。他所在的工厂,每天都要有几辆车拉原料,别人跑三趟,他最多跑两趟。但有一条,他的车不出事,安全性好。这在每年的生产月里,他都成为领导表扬的对象。这引起其他司机的不快。以后只要集体出车,司机们都让那个慢性子司机走在前面,他们一个个跟在后面,原来那些开快车的,现在也不紧不慢地跟着跑。以至严重影响生产进度。

这显然是"激励失败"的典型。

为提高激励的成效,领导者应尽量多用内在激励的方式,主要有:荣誉激励、感情激励,以及近期兴起的产权激励。

荣誉激励,属于典型的内在激励。因为荣誉属于一个人的社会存在价值,它在人的精神生活中占有重要地位。如拿破仑非常重视激发军人的荣誉感,他主张对军队"不用皮鞭而用荣誉来进行管理",来培养和激发官兵的荣誉感。拿破仑对于立了战功的官兵;在加官晋爵、授予勋章时,总要在全军广泛地进行通报,激发所有官兵为荣誉而勇敢战斗。

感情激励也是颇有成效的内在激励形式。任何一个组织都是由人所构成的。人是有感情的,影响其行为的心理是复杂的。人们都希望有一个和谐、融洽的工作环境,希望自己被重视。作为一个领导者就要以自己的言行去激励下属努力工作,特别是要重视感情激励的方法。领导人的重要工作之一就是让下属感觉到自己重要,这会鼓舞他们有更出色的表现,为组织的目标而作出自己的努力。

产权激励是一种近年兴起的新型激励方式。

产权激励理论的创立者——美国律师路易斯·凯尔索,是在"二元经济学"的理论基础上提出这一新型的激励类型的。① 其基本思想是：人们可以通过付出劳动和付出资本两个方面来获得收入。这一理论创造了一种新型工人——资本工人。员工持股制所依据的理论假设是：当人们为自己劳动时，他们就会更好地工作；员工为自己劳动的关键是在法律和经济两重意义上拥有所在企业的财产。

产权激励在某种程度上已经突破了"领导者—被领导者"这一两极社会结构。因为产权激励的本质在于让职工做老板。产权激励的制度化形式是员工股份制，这一制度形式实际上是一种新型的企业组织形式。在这种制度形式中，企业的产权、管理权和分配权均属于本企业全体员工拥有，由此使激励发展到一个难以超越的高度。

可见，这不同于上述的几种激励类型，因为上述几种激励类型都是以领导者为原点的，它是在"领导者—被领导者"这一二元分立的结构中，通过领导者的主动刺激和灵活激励，来激发下属的积极性。但是，产权激励在某种程度上已经突破了这一二元分立的结构。其重要作用体现为：产权多元、利润共享、参与管理；从劳资对立到命运共同体。

产权激励是企业组织中的一种新型制度形式，它所包含的产权激励显示了这样一个原理：只有当人们把组织目标转化为个人目标时，其积极性才能最大限度地发挥出来。因此，这一激励原理也可以应用到其他类型的组织中。即领导者不是把自己视为一种资源的垄断者、分配者，而是将下属吸纳到一种参与体系之中，充分发挥下属的主体性作用，使其感受到不是依附于领导者之下的被动的机器，而是能够自由发挥其智慧的主人。唯有如此，领导者与被领导者才能真正地融为一体。

（二）严格遵循激励原则

无论采用哪种激励方式，都必须遵循如下激励原则。

1. 因人而异原则

亦称"适用激励原则"。指激励必须有的放矢，符合激励对象的需求。人的需求就像人的指纹一样千差万别，不同人的需求不同，即便是同一位激励对象，在不同的时间或环境下，也会有不同的需求。所以，激励要因人而异，并且因激励对象不同时期的需要而异，以达到"你所给予和激励的正是他所最需要的"。

所以，在领导活动和管理实践中，领导者要努力避免激励"大锅饭"的做法，只有发现下属的优先需求，设计个性化的激励方案，才能最大限度地利用激励资源，并达到激励效果的最大化。

2. 公平公正原则

"不患贫而患不均"可以说是人们的一个普遍心理，所以，无论是激励政策的制

---

① 刘建军：《领导学原理——科学与艺术》，复旦大学出版社，2001，第237页。

定,还是激励措施的实施,领导人都要十分注意激励的公平和公正。诸如,取得同样成绩的员工,一定要获得相同层次的奖励;犯了同样错误的员工,也应该受到相同层次的处罚。不可亲疏有别、厚此薄彼。如果做不到这一点,宁可暂时不激励,也不能"赔了夫人又折兵"。这就要求领导者在对下属实施激励行为时,抱着一颗公平、公正的心,不带任何偏见和倾向。即使是你不太喜欢的下属,只要他们做出了成绩,就应该得到正面的激励;同理,即使是你喜欢的下属,只要他们犯了错误或完不成目标任务,你也应该公正执法,让他们得到应有的惩罚。

3. 避免谬赏原则

奖励得当,种瓜得瓜;奖励不当,种瓜得豆。领导者实施激励最忌讳的,莫过于奖励的初衷与奖励的结果存在很大差距,甚至南辕北辙。比如有的上司口口声声说鼓励大家创新思维,但是,在所谓的头脑风暴会议上,那些提出新颖观点的下属却总是得不到上司哪怕一句认可的话语,而那些顺着上司意图说话的奉承拍马之辈却总能轻松地赢得上司的表扬。有的上司可能不经意间表扬了一个下属工作总结写得漂亮,结果,所有的下属都把精力放在写总结报告上,久而久之,形式主义盛行,自我表扬泛滥,这正是这位上司的谬赏所致。

4. 及时激励原则

要在下属最需要的时候及时予以激励。错过良好的时机,激励的效果就会大打折扣。要把握好"赏不逾时"的及时性。

第四章

沟通艺术与领导力

一、团队有效沟通与良好人际关系

领导者相当多的时间是用来沟通的,对于各种事情需要通过沟通来完成。缺乏沟通,团队的任何建设,包括团队合作、凝聚力、培训、制定计划等都无法实现。要进行平等的、双向式的沟通,而不是下达命令,你说我听。只有在平等的状态下交流,双方才能感觉到愉悦,谈话才具有建设性,才能真正达到一致的观点和行动。

(一) 高效率的团队来自有效的沟通

自由沟通是汇聚团队智慧、凝聚团队力量的平台,是团队合作共赢的基础,也是构建高效率团队的关键。通过有效的沟通,可以增加团队成员之间的相互信任感,可以营造团队和谐融洽的氛围,可以改善领导者与被领导者之间的关系。

1. 团队领导者要成为无障碍沟通的表率,要经常与团队成员交换自己的看法和意见,要鼓励团队成员畅所欲言,广开言路。

诺基亚鼓励平民化的敞开沟通政策,强调开放沟通、互相尊重,使团队内每一位成员都感觉到自身在公司中的重要性。诺基亚打破组织机构上的森严等级,倡导平等的、必要时甚至可以越级的沟通,并用制度来加以保证。具体做法有:(1) 每年公司做一次员工意见调查,听取员工对自己的工作和公司发展的看法,并同上年的情况做比较,看哪些方面需要改进;(2) 每年进行两次非常正式的讨论,经理和员工之间讨论以前的表现、今后的目标;除了评估员工的表现,也是彼此沟通的途径;(3) 公司在全球设立一个网站,员工可以匿名发送任何意见,员工甚至可以直接发给大老板,下属的建议只要合理就会被采纳。这种做法使得诺基亚团队业绩不断创辉煌。

门户开放政策是沃尔玛的一项基本经营理念。所谓门户开放政策,就是员工在任何时间和地点,只要有想法或意见,都可以用口头或书面形式与管理人员乃至领导进行沟通,而且完全不必担心"穿小鞋"。这一政策的实施充分保证了员工的参与权,为沃尔玛的信息畅通打下了坚实基础。

2. 要在团队中倡导坦诚交流,敞开心扉,合作互补,营造快乐和相互尊重的氛围,实现共赢共享。

团队是一种整合力量。团队的整合力量来自成员间的合作。团队成员有了共赢的心态,学会共享共好,不仅共享进步和成功的喜悦,而且分享挫折和失败的沮丧,在合作共事中加深了解,在相互尊重中增进团结,求同存异,坦诚相见,就能拧成一股绳,形成合力,创造奇迹,产生"1+1>2"的效果。

为形成团队合力,在团队成员的交往中,要尽量减少双方的秘密区域,努力扩大双方的开放区域,尽量共同去探索未知区域,以便达到以诚相待、互通有无、共同进步的团队效果。

3. 团队的共赢需要团队成员之间的必要的妥协。

现代竞争意识涵盖了必要的妥协,这种"妥协"不是一味忍让和无原则迁就,而是对对方利益的尊重。在个人权利日趋平等的现代生活中,人与人之间的尊重是相互的。团队成员只有善于做出必要的妥协,学会互相尊重,才能创造和谐共赢的团队氛围,打造完美的团队合力。

4. 要注意建立沟通的平台,制定沟通的机制和制度。

沟通需要平台。沟通平台即沟通得以实现的途径和条件。如果说以往沟通的主要形式是人际面对面这一种形式的话,现代科技的发展和环境的改善,为自由沟通创造了更为丰富的沟通形式和有利的沟通条件。现代领导可以利用各种形式的沟通手段,诸如:电话、博客、QQ、微信,以及视频会议、头脑风暴会、午餐会、恳谈会等,与团队成员建立起多渠道联系。

经常的沟通还需要健全的制度作保证。应该对必须沟通的信息、事件、工作动态等做出规定;对沟通的渠道、手段和对象做出规定;对沟通的时间做出规定,以保证沟通的经常化、制度化。

实践证明,只有善于沟通、相互尊重的团队,才能凝聚人心,形成强有力的执行力。沟通和尊重比什么都重要。有些公司,薪金不低,但团队内部缺乏沟通,上司对下属盛气凌人,员工干出成绩,得不到鼓励;出了差错,一顿臭骂。这样的团队必然人际关系紧张,上下级之间隔阂较深,团队成员间离心离德,即使高薪也难以留住人心,员工跳槽频繁,团队合力必然不强。

2005年,中国人力资源开发网与新浪网等媒体合作开展了一项名为"2005你为什么而工作"的调查。调查显示:有75%的员工认为在企业"被人尊重"最重要。这种工作价值观占了绝对主流位置。在北京、上海、广州三地进行的一项员工调查显示,被访者中有61.8%的人明确表示自己的工作并不快乐。不难想象,一个士气低落、人心涣散的企业,很难在竞争中保持基业"常青"。这就提醒中国企业的领导者,要努力让你的雇员"工作着并快乐着"。

(二)建立良好人际关系的条件

团队成员之间的沟通可以分为人际沟通和工作沟通两大类。前者泛指团队成员之间的接触;后者专指团队成员之间的工作往来。前者是后者的基础。因而,提升领导沟通艺术的前提条件是了解和掌握建立良好人际关系的条件。

从社会心理学角度分析,要建立良好的人际关系需要具备以下条件。认识这些条件,在领导活动中努力创造这些条件,对于良好领导关系的建立,意义重大。

我们可从人际间的吸引和分离两方面分析这些条件。

1. 人际间的吸引

人际关系涵盖范围广泛,一般说来,人际间的相互交往可概括为三种情况:个人间的相互感知和理解、个人间的喜爱,以及相互影响和行为因素。在此,人与人之间的喜爱是人际关系稳定性、深度和亲密性的主要调节器。而人际间的喜爱以情感及在情感基础上的吸引力为主要内容。因此,建立人际关系的首要条件是情感。社会心理学家把人际关系中的情感分为以下两大类。(1)结合性情感,即指各种使人们相互接近、并相互结合的情感。在这种关系的场合下,对方是一个使别人愿意与其合作和共同行动的客体。(2)分离性情感,即指各种使人们分离的情感。在这种关系场合下,对方是一个使人心灰意懒的客体。这两种不同的情感决定了不同性质的人际关系。

使人际间产生好感并相互吸引的因素主要有[①]:

(1)空间的接近。地理位置接近者,容易彼此熟悉,相互吸引,产生好感,建立起自然的人际关系。心理学家曾做过实验证实了这一点。

(2)交往的频率。人际间交往的频率越高,即见面、交谈的机会越多,就越容易相互了解,产生好感而建立密切的人际关系。社会心理学家通过大量实验证实:熟悉的事物比不熟悉的事物更能引起人们对它的积极肯定和喜欢程度。但实验又表明,"熟悉引起喜欢"的作用是有限度的。见面次数过量了反而会产生厌恶情绪而减少喜欢程度。另外,"纯粹见到次数"的作用又一般限制在本质上积极的或中性的刺激性客体范围内,更多地见到反面的东西不会增加对这些客体的喜欢。

以上两点对干部密切联系群众及掌握好与群众交往频率有启发意义。

---

① 贺善侃等:《人际关系简论》,中国纺织工业出版社,1988,第79-87页。

（3）外表的魅力。在社会交往中，外表因素往往有形或无形地左右了人际关系的建立和发展。许多学者研究了外表与人际间吸引的关系，表明：一般地说，外表越有魅力，就越为人所喜爱。需要说明的是，外表的因素并不完全取决于外形的美，还包括其外表、风度是否在对方的期望之中。不过，在人际交往中，外表因素的作用必将随着时间的推移而逐渐减弱。对于长期关系而言，其他因素起着更重要的作用。这点对于领导关系也有启示。要处理好与下级的关系，领导也应注意与自己身份、所在场合相称的形象。

（4）情感的相互性（或情感的相悦性）。相互性原则在人际交往中起着重要作用。人们喜欢那些也喜欢自己的人。当然，这并不意味着喜欢的关系一定对称。但这并不能否认相互性原则在人际关系中的影响。相互性原则源于人的尊严要求。因而，一个尊严需求特别强烈的人往往更会因为他人是否喜欢他、尊重他而非常强烈地喜欢或厌恶这个人。反之，一个尊严需求已很满足的人则往往不在乎他人对自己的态度。相互性原则在此也就不太明显。这就说明了为什么领导要下属信任自己，首先自己先要信任下属，上下级之间需要情感沟通，这是以心换心的道理。尤其对于弱势群体领导更需要献出爱心。

（5）态度、背景的相似性。人们喜欢那些和自己相似的人。相似性对友谊模式的影响是广泛而重要的。这种影响可以在有着大致相同的文化和人口特点，以及大致相同的态度、信仰、兴趣和背景的人中间清晰地看到。民族、宗教、政治、阶级、教育水平、智力水平、思想觉悟以及职业等，都会影响人际关系。相似性原则的作用尤其体现在价值观的相似性上。人与人若有共同的态度或价值观，则不但容易获得对方的支持和共鸣，同时也容易预测对方的感情与反应倾向，从而建立融洽的人际关系。这说明，共同的价值观是建立良好的领导关系的扎实基础。

（6）需求的互补性。研究表明，在人际交往中，人们倾向于选择、喜欢那些能补充自己人格的人，也就是说，喜欢那些有着相反品质的人。例如，一个支配型的人宁愿选择一个服从型的人。互补性导致相互喜欢的重要条件在于互补倾向的互相满足。这是因为，所建立的人际关系能否得以持续，有赖于彼此的社会增强作用，即个体能否透过交互作用而获得动机的满足。例如，一个支配型和一个服从型的人之所以相互喜欢，是因为一个人的需要（要支配）满足了另一个人的需要（想受支配），或者相反。在好聊天和好听聊天的人之间也会因需求的互补性而相互喜欢。如果互补性倾向不能互相满足时，情景就可能不同。例如，喜欢聊天的人也许不能友好地对待一个不喜欢讨论问题的人，好活动的人也许不喜欢安静待着的人，音乐爱好者可能不喜欢讨厌音乐的人，等等。在此情况下，互补性不会导致彼此关系的强化和喜欢。互补性原则对于领导班子的组建有指导作用。

（7）个人品质和才华。在人际交往中，具备评价高的品质会提高一个人喜欢的可能性；相反，具备评价很低的品质会减少这种可能性。个人的才华在人际交往中也起着重要作用。一般来说，比较聪明的人容易受到人们的敬仰。这就说明，良好的领导关系需要以领导者的品质和才华为基础。

2. 人际间的分离[①]

以上条件的反面，如空间距离的疏远、交往次数的稀少、外表的讨嫌、情感的厌恶、态度和背景的不同、需求的不相干以及个人品质评价程度之低和才华的平庸，就是造成人际间分离的原因。造成人际间分离的另一个重要原因在于侵犯行为，即对待他人的特别消极否定态度所引起的有意或无意伤害他人的行为，如实际上的身体侵害、言辞伤人等。引起侵犯性冲动或情感的因素大致有：

其一，遭受攻击和经受挫折。由此种情况所引起的侵犯性行为，关键在于遭受挫折者或被攻击者把挫折和攻击看作是有意伤害他；就是说，认为对他的折磨和打扰是蓄意造成的。如果挫折和攻击被看作是无意的、非专断的，正当的或偶然的，或有一个合理的理由加以解释，就不会引起人们的侵犯性情感，他们也就很少可能有侵犯性行为。

其二，愤怒和烦恼。侵犯性行为的另一个原因，是愤怒和烦恼情绪的唤起。例如，吵闹的声音、过度的疲劳、疾病的痛苦、环境的嘈杂等，凡一切引起不耐烦，激起愤怒或带来烦恼的因素，都有可能产生侵犯性情感，因而酿成侵犯性行为。

在分析侵犯性行为的起因时，还必须注意"情感置换"的现象。所谓置换，即因为这样或那样的原因，当不能对引起自己产生侵犯性冲动的刺激对象表示侵犯性行为时，会在许多其他方面发泄自己的情感，对其他对象表示侵犯行为。例如，儿子要看电影，父亲不同意，儿子又不敢顶撞父亲，于是就冲别人发脾气，侵犯他人。置换的另一种情况，是发生在挫折、攻击、烦恼的来源不明，因而造成"无名之火"的情况下。例如，闪电击中某人的家，某人在公路上瘪了车胎，或经济萧条时某人失去了工作，都会使这人感到愤怒，唤起侵犯性情感，但又没有明显的发泄对象，结果就产生一种蓄意寻找一个对象发泄其侵犯性情感的倾向，无目的地表示侵犯性行为。

分析造成侵犯性行为的原因，不是一味笼统地埋怨，或以侵犯性行为对抗侵犯性行为（"以血还血""以牙还牙"），而是有的放矢地抑制、缓解对方侵犯性冲动和侵犯性行为，这是搞好人际关系的重要环节，也是建立良好领导关系的关键。

[①] 贺善侃等：《人际关系简论》，中国纺织工业出版社，1988，第87-90页。

二、建立良好人际关系的重要因素

人际关系建立于个体行为沟通过程中,个体行为并非凭空产生,而是受着内外因素的支配,个体内在的情绪、个体对认知对象的认知成分等都在人际关系中起着重要作用。从社会心理学角度分析,影响人际关系建立的因素主要包括社会知觉和自我认知两方面。

(一) 把握社会知觉

社会知觉是指对社会环境中有关个人或团体特性的知觉(印象)。人际关系的建立均以社会知觉为基础。一般地说,人们对他人的广泛印象是在很有限的信息资料基础上形成的。当两个陌生人相遇,相互短时间地观察一下对方的衣着、谈吐、风度以及其他方面容易被观察到的一切外显行为,或人们用几分钟看一下某陌生人的照片,一般就能对被观察者做出一个大致的判断,形成一个整体印象。虽然大多数人都知道在很短的时间里,根据有限的资料对一个人做出的某种判断往往会发生很大偏差,甚至会出现错误,但任何人都不可避免地会做这样的尝试。因而对人们能在很少信息资料的基础上很快形成对他人的印象这个问题必须重视。研究这个问题,注意判断他人时可能出现的偏差,以尽力提高社会知觉的准确度,是建立良好人际关系的重要基础,也是建立良好的领导关系的重要基础。

社会知觉包括以下值得注意的一些现象[①]:

1. 第一印象

对某人的肖像,或对迎面碰见的某个人随便瞥一眼,就可以产生一些关于他是什么人的想法。研究指出,初次见面时对方的仪表、风度所给的第一印象往往会成为日后交往时的一个依据。一般人往往根据第一印象而将他人加以归类,然后依此类别对此人做出判断。社会心理学家认为,第一印象虽然不是影响人际关系建立的唯一因素,却是主要因素之一,因而不能不重视。重视第一印象,对于树立好的领导者形象关系重大,也会不同程度地影响上下级关系的建立。

2. 晕轮效应(或月晕效应,光环作用等)

当人们在评价他人或赋予他人某特性时,往往会产生以偏概全、爱屋及乌的偏差。例如,我们对某一个人的印象特别好,这个印象会扩展到一些正面特性,从而导致对他的判断是长处多于短处;反之,假如对某人的印象欠佳,则往往过多看到其短处而忽略其长处。这就是晕轮效应。社会心理学家做过这样一个试验:研究

[①] 贺善侃等:《人际关系简论》,中国纺织工业出版社,1988,第 72—77 页。

者给被测试者一些人的照片,这些人表面上分别是有魅力的、无魅力的或中等的。然后,让他们分别在一些与魅力无关的特性方面进行评价。结果,在几乎所有特性方面,有魅力的人得到的评价最高,而无魅力的人得到的评价最低。这就是所谓"以貌取人"的知觉偏见。晕轮效应的结果,会造成这样一种误解:那些在某一方面品质欠佳的人,会在许多方面被消极否定的光环笼罩,会被不恰当地否定;而某一方面能力强的人,会在许多方面被积极肯定的光环笼罩,会被不恰当地拔高。

3. 逻辑错误

与晕轮效应相似,在对他人认知过程中,人们往往从某一个人的某种品质的存在,推断出它还具备一些其他品质。例如,从聪明这一点,推断出富有想象力、机敏、有活动能力、认真、深思熟虑和可信赖等。从轻率这一点,可推出容易激怒、好夸口、冷酷、虚伪等。其实,这种推论不是某一特有品质的必然结果,而只是一种或然性的假设。这种假设带有主观性、武断性。如不注意克服,将是建立良好人际关系的障碍。避免晕轮效应和逻辑错误现象,对领导者正确认识人、使用人,从而建立健康的领导关系影响极大。

4. 刻板现象

刻板现象指人们按一些刻板的人格典型类别,或按国籍、肤色、职业、籍贯等类别形成一些固定的看法,并以此作为判断人格的依据。每当见到一个不认识的人,就按其某一方面的类别,归入某个典型人格。刻板现象有利于对某一个人、某一群人做出概括性反映,但也容易成为一种先入为主的观点,阻碍人们对他人的丰富个性的认识,从而影响良好人际关系的认识。对于领导关系而言,这种现象不利于搞五湖四海原则。

5. 制约现象

在现实中,人们常常会根据某一特性的存在而联想起与此有关联的另一特性,产生相同反应。这就是所谓制约现象。例如,有人曾经对某些人形成了良好印象,后来当遇见与此人的某些人格特征(如音容笑貌等)相似的人时,也可能产生良好印象的心理制约反应。产生这种心理现象的原因在于这个人的某些人格特征形成了一个制约反应的单元,因而只要以后遇见与此类相似的人格特征都会引起相同的制约反应。平日的所谓"一见如故""一见倾心"就属于这种制约现象。

6. 假定相似性

人们在认知他人时,有一种强烈的倾向,即总是假设他人与自己是相同的;即使实际上他人的特性与自己的特性不同,也同样会如此判断。例如,一个人自己喜欢大聚会,往往会认为其他人也喜欢;自己有侵犯行为,猜测其他人也有,等等。在弗洛伊德的术语中,这被称作"投射作用",即一个人把自己的特性投射到他人身上。投射作用往往产生两种结果:第一,歪曲他人的人格使之牵强附会于自己的人格;第二,能较准确地评价与自己相类似的人。因为人们更容易理解与自己相类似的人,所以一旦碰上,就自然正确。上述两种现象在建立领导活动中的人际关系时往往具有二重性,利用得好,可以增加领导效率,如利用得不好,则容易产生副作用,如搞团团伙伙,形成不正常的非正式群体等,因而必须认真对待。

7. 情绪效应

在对他人的认识过程(尤其是初次接触)中,主体当时的情绪状态也起着重要作用。初次接触时主体方面的喜怒哀乐对于同对方关系的建立或对对方的评价,可以产生极大差异。同时,主体的情绪也可通过"情绪感染"的心理效果引起对方反应态度的变化,从而作用于人际关系。这种现象警示领导者,领导活动要增强理智思维,千万不能感情用事;要加强修养,增加心理承受能力,在个人生活工作碰到挫折时,不能把情绪带到工作中,否则将影响正常的领导关系,从而影响工作。

8. 人际知觉效应

人际知觉效应产生于认知的平衡。包括两人双方关系的建立受第三方的影响和受从众心理的影响两种情况。许多心理实验证明,人的认知的最大特点之一就是整个认知过程不断地达成认知的平衡。其代表性理论有海德的学说。他用平衡学说详细地描述人际关系。认为,人们的认知对象(包括世界上各种人、物、事及概念等)有的各自分离,有的则相互联结起来构成一体。人际知觉效应正是这种认知平衡造成的。在社会互动中,人们无不以不同方式影响那些与他们互动的人。实验资料表明,个人能被别人诱惑而不相信自己的认知;压力能迫使个人接受大多数人的判断而尽管也许这种判断实际上是错误的。人们倾向于相信大多数,认为他们的知识来源更可靠、判断更正确。人们又往往喜爱大多数人所喜爱的人,而不管此人是否真正值得自己喜爱;厌恶大多数人所厌恶的人,而不管此人的品质是否真正恶劣。这种现象作为领导者也必须认真对待,既不能置大多数人的意见于不顾;也不能盲从大多数,人云亦云;要实事求是,独立思考,力求准确做出符合原则的判断。

9. 角色知觉效应

每一个人在社会上都扮演着不同的角色,而每一种角色都有其一定的行为标准。各人对此行为标准的认识决定了他在社会上的行为及与他人之间的交往形式。这样,一旦角色因素确定以后,人际关系的性质就随之而定。例如,领导与被领导间的角色关系决定了双方之间期望的特有交往方式。对此,领导者要有清醒认识,认清自己在位与不在位时人际关系的可能区别,尤其要善于识别那些"两面派""伪君子",拍马奉迎的人。

(二) 端正自我认知

人际关系的建立,不仅受人们对他人的社会知觉的影响,而且受主体自身对外界环境和他人的认知的影响。只有主体在认识了自身的状况以后,才能更好地使自己的行为适应外界要求。自我认知在人际关系中起着重要作用。

1. 对自身所处的场合的认知

如对当地风俗习惯的认知,在人际关系的建立上关系重大。人类行为习惯,如商业、求偶、婚姻、友谊、贸易、信息交流等,在不同场合往往有千差万别。以致换一种场合,人们就会难以生存。有这样的情景,因不知道当地的风俗习惯,他们的一切活动都被视为异类,他们常常会得罪人,同时又觉得别人爱冒犯自己。因此,为了搞好人际关系,就要学会在不同的场合与他人交往,必须认真研究自身所处的每一个新的环境。这点对于身处异国他乡(尤其是少数民族地区)的领导者尤其显得重要。

2. 对自己身份和性格特征的认知

对自己身份的认知包括,自己是男性还是女性、已婚还是未婚、担任什么职务、从事什么工作等,与人交往、做事要符合自己的身份。作为一个领导者,则要处处注意自己的领导者身份,维护自己的领导者形象。对自己的性格特征也要有正确的认知,不能过高估计自己,去做自己不适合做的事情;也不能过低估计自己,不敢做本来自己可以做好的事情;否则,都有可能有损自己形象,从而影响人际关系的建立。

3. 对领导角色的正确认知

领导角色是在社会活动中的领导者(特定事件或组织的策划者、指挥者、组织者)地位所赋予的职责和行为期望。就领导与被领导者的关系而言,在一个团队中,领导者担任着由其基本职能所决定的多重角色,主要表现为以下 10 方面:

(1) 龙头与主心骨(舵手和引航人)。这一角色体现了领导者肩负重大责任的地位。

(2) 道德家和教导员。这一角色体现了领导者应有的道德人格:道德崇高、人格完美;胸怀宽广、大公无私;民主正派、办事公道;关心他人、奖惩分明。

(3) 裁判者和协调者(调拨者和指挥者)。这一角色体现了领导者应有的对是非的公正态度。

(4) 处理者和监督者。这一角色体现了对领导者处理人际关系的要求:对积极现象的弘扬;对消极现象如懒惰、渎职失职、离心离德、敷衍塞责、贪污腐败等的监督和防范。

（5）教师和辅导员。这一角色体现了作为学习型团队领导者的要求。作为学习型团队，应由领导者身体力行，积极营造组织文化或群体文化，为更好地实现组织目标或群体目标奠定一致的精神基础。

（6）身体力行者和示范者（代表和象征）。这一角色体现了对领导者自身的要求：对自己加以约束、管理和改造，按照下述的要求去做，为完成群体和组织的目标比别人付出更多的牺牲，诸如时间、精力、享受等方面的牺牲。领导者的一言一行、一举一动具有完全的示范作用并产生一定的反响。如果行为不端或言行不一，必将把被领导者引向反面，这是不良示范；如果行为端正或言行一致，则能使被领导者心服口服，把被领导者引向积极方面，这是楷模表率作用。

（7）"谋略库"和决策者。这一角色体现了领导者应是最有经验、最有智慧、最老练的活动家。他们能不断地捕捉重要的信息，并把这些信息转化为群体或组织的意志，做出战略决策和规划，并制定必要的对策和实施措施。

（8）"发动机"和推进者。领导主体处于组织的中心地位，应该站得高，看得远，摄入信息量大，研究、思考信息的能力也应比别人强，能够成为处理信息的中心，推进公共事务的"发动机"和"推进器"。

（9）责任人。领导主体承担着群体或组织乃至社会生活中的主要责任，是公共事业的责任人。

（10）"后勤部长"。这一角色体现了领导者的服务功能，要履行好服务义务，确保服务质量，即当好"后勤部长"。

确立正确的领导角色的自我认知，在领导活动中自觉扮演好各种不同角色，如既要扮演好决策者、思想工作者角色，也要扮演好传播者、宣传者、仲裁者、服务者等角色；是处理好各种复杂关系尤其是领导与被领导之间的关系，有效进行团队沟通的前提和基础。

三、团体行为基础与调适人际关系

人类生活就是团体生活。作为社会成员的个体都是具体地生活在、依附于一定的"圈子"中。因此，社会团体不能不影响着人们的生活和个体的行为方式；也不能不影响着人际间的交往。对团体行为的研究，成了人际关系理论的一个重要课题。它从团体行为基础角度明确了调适群体人际关系的因素。而对调适人际关系因素的掌握，正是提升领导沟通艺术的一条重要途径。

（一）个体与团体的交互影响

团体与一般群体不同，团体有其共同的理念或准则，这是团体成员的行为基础。依据这一行为基础,影响人员结合以形成团体的因素可从团体与构成团体的个体间的双向关系加以分析。

从个体影响团体的角度分析,影响人员结合以形成团体的因素大致有:

一是环境因素。团体的目的在于完成组织的工作,工作环境必须允许并有助于合理团体的产生。因而,作为环境因素的工作任务分配、工作地点分布、工作效率要求、人员的职责、作息的时间等,都可影响人际间的互动而形成团体。有时,工作任务或工作地点本身就需要有效的团体行为,如同舟须共济;有时工作目标的高效率要求需要人员间的紧密协作,因而也鼓励团体的形成。其他如社会环境、文化环境等也会对团体的形成起着重要作用。这是因为,个体的行为受多种因素的影响。

二是人员因素。单纯的人员聚合、互动,并不能保证形成一个有效的团体。有效团体的形成必须考虑团体成员的心理状况、人际反映特质、价值观念等。因此,影响人际关系建立的社会知觉、自我认知,建立人际关系的条件如人际间的吸引和分离等因素(如前所述)都会影响到团体的形成。

三是动力因素。所谓动力因素即致使团体形成的动力,包括团体形成及存在期间所发生的一切事情和过程。如团体的组成、团体的领导和管理方式、团体的工作效率和成效、团体达成目标及满足成员心理需求的成败即团体功能发挥的程度等。个人对团体的评价态度直接关系到团体意识和目标的巩固与否,从而影响到团体的生存。

在团体和个人的关系中,不仅个人影响团体,团体也不断影响个人,包括影响个人的思考方式、情感、认识、信仰及个人的行为方式。格式塔理论的研究表明,个人在团体中并未丧失个人的多种特性,只是由于在团体中受到其他个体的影响,往往表现出不同于个体在单独情境下的行为反应。这种反应一方面是受团体影响的结果;另一方面也是个体借以适应团体的方式。不同的团体、不同的人数和不同的团体氛围,都会对个体产生不同的影响力。即使是同属于一个团体的个体,也会因其人格特征的差异或对团体的期待不同而产生不同的适应方式。团体对个体的影响表现为:

第一,团体影响行为。许多心理实验证明了"社会促进"作用的存在。所谓"社会促进",即同样的任务,单独完成的效果比不上在别人面前完成的效果。这种情况在动物(如蚂蚁)中也存在。如几只蚂蚁一起工作比每只蚂蚁单独工作的效率高。如果说,社会促进作用存在于不沟通的人群中,那么,在有共同目标的团体中,这种作用就更明显,能获得思想上相互激励、相互启发,以致观念创新的效果。不过,实验还表明,社会促进作用不利于思考型工作;社会促进作用与掌握工作的熟练程度有关。如果是已经掌握了的熟悉动作,其他人在场会提高工作效率;反之,如是对新技术的学习,其他人在场就起到阻碍作用。这样,社会促进作用对行为者的刺激是双重的:对于简单的或熟练的行为方式起促进作用;对于复杂的不熟练的行为方式则起阻碍作用。前者称共事效应,后者称听众效应。

第二,团体影响认识。实验证明,团体中成员的认知往往倾向于多数人。在二人团体中,他人的影响几乎等于零;在三人团体中,受试者开始显示出服从的现象;在四人或多人团体中,受试者的服从程度就会增加并趋于稳定。这说明,个人的感觉和认知,常受到团体的影响,甚至一个人的自我认知,也多少会受到团体对其赞许或不赞许、酬谢或处罚、鼓励或冷淡等态度的影响。

第三,团体影响情感。良好的团体气氛能营造亲密的互动关系,有利于增强团体的凝聚力。反之,则会造成团体成员的不良情绪和心态。

总之,团体对于个人有强大的影响力。团体会创造战争的英雄;会使人们服从公众的舆论,会引起人们情绪或情感的变化;会影响人们的自我认知。团体对个人的影响是普遍的、无法抗拒的。团体对个人的影响有时明显,有时却相当微妙,往往流露于无意识间。

根据这一原理,团队领导者应该充分发挥团体对每一位团队成员的有利影响,注意抑制团体对每一位团队成员的不利影响,以最大限度激发每一位团队成员的工作积极性,完成组织目标。这是领导沟通艺术的一个重要原则。

(二) 维持团体存在和发展的诸要素

正是在团体与个人的相互作用下,形成了维持团体的存在及作为团体成员基础的诸要素:团体目标、团体意识、团体凝聚力和团体制约力。为充分发挥团体对每一位团队成员的有利影响,领导者必须掌握维持团体存在和发展的诸要素。

第一,团体目标。影响人员结合以形成团体的动力因素和团体影响个体行为的社会促进因素共同确定了团体目标的重要性。团体需有一个为其成员所共有的目标,以作为成员活动的指针或努力的目标。团体目标要通过成员的共同参与来制定,方能满足成员心理的欲望,而为全体成员所接受。而团体目标一旦确定,又将成为用来调整团体成员间关系,维持全体成员团结的准绳。目标是团体行为的重要基础。

第二,团体意识。团体意识是由团体成员的共同信仰、价值及规范所形成的。虽然团体成员各有其不同欲望,但团体意识却会使成员行为的差距为之减少。这是因为,团体意识能提出成员共同欲望的核心理念,有利于统一思想、统一行动。团体意识包括团体信仰、团体价值和团体规范。团体规范由团体信仰和团体价值而产生。团体规范规定何者是正当的,何者是非正当的;同时,也规定遵守或不遵守规则时所应得的赏罚。规范可分为两种:适用于全体成员的规范和适用于有特殊角色地位的成员的规范。团体规范所控制的行为与团体目标有直接关系。

第三,团体凝聚力。凝聚力是团体成员间所具有的相互吸引力,或团体及其活动对其成员的吸引力,亦是促使团体团结的力量。影响团体凝聚力的因素包括:(1)团体情感;(2)团体行为规范;(3)参加团体的仪式;(4)成员间的相互吸引力;(5)领导人员的威望;(6)个人欲望的满足程度。此外,团体的规模、领导形态、外力威胁及团体的成就等都与凝聚力的强弱有关。团体凝聚力来源于上述团体与成员之间相互作用的各种因素。

在上述种种因素中,团体情感是最基本的。有了共同的情感,就有成员间的相互吸引,就能履行团体规范,就能维护成员的尊严和威望。因而,可以说,团体凝聚力就是使人们集合在一个团体内的情感。这种情感不仅需要存在于团体成员个体之间,而且需要存在于成员与团体之间。

第四,团体制约力。制约力是迫使成员接受团体行为规范约束的力量。团体约束力可促使成员行为达到一致,协助团体达成目标,维持团体的稳固存在。团体约束力的功能与团体凝聚力的程度密切相关。团体制约力(或说,团体压力)与权威命令不同,它不是由上而下,明确规定,强制改变个体行为;而是多数人一致的意见影响个体的反应。团体制约力不具有强制执行的性质,但使个体在心理上形成压力、很难违抗,因而对个体行为的影响有时反而比权威命令更大。

显然,领导者只有充分发挥上述维持团体存在和发展的诸要素作用,才能增强团队沟通效益。

(三) 团队领导要善于调适团体中的人际关系

为充分发挥上述维持团体存在和发展的诸要素作用,团队领导要善于调适团体中的人际关系。

在一定程度上,团体目标、团体意识、团体凝聚力和团体制约力可视为一定的团体压力。团体压力的形成往往要经历四个阶段:一是合理辩论阶段,在这阶段,团体成员自由发表意见,每个人都认真听取不同意见,渐渐地,大家的意见归纳为两派,即少数派和多数派;二是恳恳劝诱阶段,在这阶段,大家好言相劝少数派,希望他们能够接受多数派意见;三是攻击阶段,如少数派依然坚持己见,不肯妥协,大家便开始攻其执迷不悟及对团体合作的破坏;四是心理上的隔阂阶段,如若少数派全然不顾大家的谴责,固执己见到底,那么最终便陷入与团体隔离的孤立境地。在这一发展过程中,最初,属少数派的个体虽已体会到某种压力,但团体的气氛还允许据理力争,个体还抱有让大家认定自己主张的期望。以后,多数人的态度已由听取意见转为规劝拉拢,个体感受到的团体压力越来越大,有些人就此罢休,顺从大家。到了第三、四阶段,个体受到的压力越来越大,渐觉四面楚歌,并将被团体所抛弃;除非个体本想脱离此团体,否则多半最终向团体让步,表现为从众行为。

行为科学家认为团体压力促成个体采取从众行为,有助于达成团体的目标和维护团体的存在。这是因为,当团体想达成某一目标时,必须依赖全体成员的支持和合作,团体成员行为的一致性可以提高团体活动的良好秩序与效率;反之,团体成员行动的不一致只能降低团体效率,有碍于团体目标的达成,并威胁团体的存在。

个体行为如不受团体约束,不屈从团体压力,则称之为不从众。不从众行为有反从众和独立两种。反从众行为不但不顺从团体,而且反抗团体的规范和行为,对团体怀有敌意;独立行为则只是个体行为的相对独立性。

少数派的不从众行为对团体的压力也有某种意义。首先,可以刺激团体做自我检讨,促使团体从多方面考虑问题,避免片面性;其次,可以激发创造性。有学者认为,一个团体固然需要易于从众合作的组织人员来推行任务,但也需要具有独立思想的个人来开辟新路。以上原理对团队领导的实施很有意义。

鉴于以上情况,为调适团体中的人际关系,团队领导需要努力做到:

第一,注意培育亲密、坦率、诚恳的团队气氛,如若没有这种气氛,成员间反目相待,尔虞我诈,相互猜忌,或隔阂极深,"鸡犬之声相闻,老死不相往来",那么,团队效率必受极大影响。

第二,既要考虑个人进步也要考虑团体进步。团体与个人相得益彰,不可偏废。

第三,要让团体保持活力,提高效率,并发展壮大,全体成员须受到公平待遇,团队管理要面向全体,一视同仁。当然,这并非绝对平均主义,对特殊情况应特殊处理,对个人的进步也要重视和奖励,做到一视同仁与个别照顾相结合。

第四,团队与个人相互依赖。个人的地位与成就的获得依赖于团体,团体是表现个人才能和个性的领域;另一方面,团体的成就又依赖于个人的成就。往往有这种情况,个人的成就对团队产生良好的影响,使团队也得到可观的成就。在一个有效的团队里,个人成就和团体成就都应该受到重视和鼓励。

第五,一个有效的团队,不仅重视围绕目标的核心任务,而且普遍重视个人和团队的广泛兴趣,尤其要给予个人以尽可能充裕的自由空间。这是调动成员积极性,提高团队工作效率的有效途径。

以下是在团队沟通中成功营造自由宽松的氛围,以促进团队工作效率的案例。

在汽车行业,奇瑞是后起之秀,也是目前国内汽车开发人才最集中的企业之一。奇瑞的首批研发人才主要来自汽车巨头东风汽车公司。据说,奇瑞把东风汽车设计院的20多人请到奇瑞参观,结果这20多人中除了带队的领导外,其余全都跳槽到了奇瑞公司。对于这些人的离开,在东风也没有引起什么大的反响,因为这在人才济济的东风确实算不了什么。可是,蛟龙一旦入海必定会掀起大浪。这些在东风不得志的技术人员在奇瑞获得尊重后,迅速为奇瑞开发出几款新产品,提升了奇瑞的声誉。人还是那些人,换了一个环境,就迸发了无穷的活力。

这一案例充分说明,在团队人际沟通中,营造自由宽松的氛围,给团队成员充分的自由空间,是充分挖掘团体中每一个个体的积极性,开发团队人力资源的有效途径。

四、建构组织中人际关系的原则

如何做好组织工作,也是提升领导沟通艺术的重要一环。组织也是一种群体,是比团体更高的群体。组织中的人际关系是人际关系的重要组成部分。作为组织,可以是一个实体,如学校、工厂企业、政府机构、社团、医院等;也可以是一个过程——组织工作,即把人们组合起来达到某种目标的过程。从组织工作的角度看,组织则是为达到共同目的而促使全体组织成员有效沟通、通力合作的方式。

(一) 正式组织与非正式组织

组织分为正式组织和非正式组织。认识正式组织与非正式组织的特点与效用,注意采取处理好两者关系的不同方法与原则,对于建构组织中的人际关系意义重大。

正式组织的特征在于:

第一,纵向权力体系。正式组织的目的就是企图发挥组织的力量以达到既定的目标。为此,要求组织内的各个成员必须能团结一致,放弃一部分"自我为中心"的个人行为,使自己的行为与其他人的行为达到一致。然而,任何组织内,个人之间、个人与组织之间难免不同程度地存在着追求目标的差异、认识上的差异和感情上的差异,因此,为了要维护组织的团结和稳定,就需要建立明确的纵向权力体系,将组织成员限制在权力关系中,使他们的行为受到权力的约束。只有这样,组织才能协同一致,达到预期的目的。

第二，纵向沟通系统。纵向沟通是纵向权力体系正常运转、政令统一的必要途径。但由于地位的差异、信息的不全或走样，难免出现沟通的阻力，从而导致组织沟通优势难以达到预期结果。

第三，明确的规章制度。规章制度具有协调和规范功能，可以用以协调、规范复杂的工作行为方式。

正式组织中的成员行为往往具有行为的被动性、依赖性和敬畏权力的心理。处于纵向权力体系和严密规章制度约束下的正式组织成员，很容易把被动视作最适宜的行为方式而缺乏主动进取精神；往往产生对规章制度和权力的依赖，从而把复杂的人际关系归结为简单的权力关系，并由此产生对权力的敬畏心理。于是，会产生如下副作用：或不表达个人意见，不讲真话，把什么都往上级领导身上推；或忽视个人成就，以权力地位取代个人成就，把权力地位的高低视为一个人社会价值的象征，进而造成趋炎附势，虚情假意，一味讨好上级，并不择手段地谋取个人的权力地位而置国家和人民利益于不顾。

我国是社会主义国家，我国的组织贯彻民主集中制，组织中的人际关系虽然建立在社会主义民主的基础之上，但由于组织人际关系的共性，上述组织中人员行为特征也多多少少地存在，如何克服这些弊端，搞好组织建设，改善组织中的人际关系，是我们面临的一个重要问题。

按人际关系理论，正式组织的组织系统和编制，只是显示了组织成员之间的职能关系。非正式组织才真正体现了组织成员之间相互接触、相互作用的社会关系。非正式组织即事实上存在于正式组织中的却不属于正式组织系统和编制的群体。

非正式组织具有如下特点：[1]

第一，是一种"自发性组织"。即并非形成于人们事先有意识的设计和计划，而是自然而然形成。它主要以感情和倾向无形地左右着成员的行为。在感情和逻辑之间，成员的行为更多地受感情支配，带有情绪色彩，以个人感情为基础。

第二，在非正式组织中也存在一种非正式的权力体系，不过，这种非正式权力关系是通过成员之间的相互影响来实现的，实质上是一种复杂的影响网。在这种非正式权力体系中，影响力大的成员就可能成为首领，并与其他成员构成一种无形的从属关系。但这种从属关系与正式组织的纵向权力关系并不一定完全一致，也并非相关。也就是说，在正式组织中地位高的人，在非正式组织中影响力未必就大。相反，有些时候，某些非正式组织的首领往往比正式组织的领导更具影响力，正式组织的领导为他们左右，甚至可能沦为"傀儡"。

---

[1] 贺善侃等：《人际关系简论》，中国纺织工业出版社，1988，第134-135页。

第三,共同的感情是非正式组织形成的基础,这种共同的感情往往成为非正式组织的共同价值标准、共同行为准则,以及相互之间沟通的基础。非正式组织成员间的"人情味"往往超过正式组织,其沟通内容广泛,不仅涉及工作,而且涉及个人生活的方方面面。诸如衣、食、住、行、娱乐、人生的喜怒哀乐等,正由于此,非正式组织的人际沟通往往可以解决正式组织系统沟通中无法解决的问题。

非正式组织的这些特点决定了它对组织的发展可以起不同程度、不同性质的作用,因而必然引起领导者的重视。

非正式组织的形成有许多复杂原因。亲属、种族、籍贯、年龄、性别、学历、兴趣、观点、工作和生活环境,乃至利害关系相同等都可成为形成非正式组织的因素。主要因素有:[1]

一是工作环境。处于同一工作环境的人们,由于工作性质相同,经常往来,在正式关系之外,又增添了一层关系,形成一个"圈子"。这是在正式关系基础上产生的非正式关系。

二是共同目标。共同目标不仅是正式组织得以存在的依据,也是形成非正式组织的依据。不同的是正式组织的目标是明文规定的,而非正式组织的目标则是无形的,它往往是彼此之间"利害关系的相同"而形成的。例如,在一些组织中存在着某种特殊的价值标准,如学历高的人的工作比学历低的人的工作更容易得到赏识,在组织中的地位也显得高一些。这样,那些学历低、工作得不到赏识、自感地位低的人往往由于"彼此利害关系相同"而聚集在一起,形成一个"小圈子"。争取提高在组织中的地位,无形中就成了这个小圈子成员的共同目标。又如,某些组织在职位升迁和利益分配上搞"论资排辈"。资历深的人容易得到较高地位和较好待遇。这样,那些资历浅的人,也会因为"彼此利害关系相同"而聚集在一起形成"小圈子"。

三是认同作用。所谓认同作用,即认为自己同某些人相同(知觉相同、类型相同等)的心理作用。透过"认同作用",有亲属关系、同乡关系或同学关系的人,就容易聚集在一起,形成小群体。

四是学历、兴趣、年龄相近的人,也容易结合成一个"圈子"。

(二)妥善处理正式与非正式组织的关系是重要的领导沟通艺术

在领导活动中,尤其是在组织成员沟通中,领导者尤其要处理好正式组织与非正式组织的关系。这是由于:

非正式组织对于正式组织的活动具有极大的影响力。这种影响力是双重的[2]。

---

[1] 贺善侃等:《人际关系简论》,中国纺织工业出版社,1988,第132-134页。
[2] 同上书,第136-139页。

从积极方面看,非正式组织的作用在于:

(1) 通过满足成员在正式组织中难以实现的"自我实现"的需要,确立成员的"归属感"以提高组织的民主管理水平。有利于创造一个合适的环境,让组织成员有充分的机会发展自我,表现其潜能和智慧。

(2) 扩大正式组织的交往范围,增加正式组织的信息来源,从而弥补正式组织在信息流通方面的不足。因为非正式组织的交往活动可以不受正式权力体系的约束,往往是超地区、超部门的。它可以免除正式组织中一些可能的障碍,可能把其信息网密布于整个组织中而得到广泛的延伸。有人把非正式组织中的信息交流网比作"葡萄藤"。管理者完全可以借助于"葡萄藤"来增加信息资料的来源,并作为决策参考。

从消极作用方面看:

(1) 非正式组织的目标与正式组织的目标可能一致,可能不完全一致,也可能相反。如不完全一致,会导致正式组织目标的偏离(实际朝合力方向发展);如相反,则可能产生对正式组织目标的"对抗力",阻碍正式组织活动的开展。有些非正式组织就是作为正式组织的对抗力量而形成的,他们往往有意无意地消极抵抗或干挠正式组织的活动,阻碍正式组织的政策、措施和命令的执行。在这种情况下,非正式组织的存在,非但不能强化组织成员对领导或组织的认同和服从,反而会分裂正式组织,破坏正式组织的凝聚力,削弱正式组织的力量。

(2) 可能产生组织成员消极情绪对组织的消极影响。这里有两种情况:或者非正式组织中的成员因产生意见分歧而产生不良情绪的消极影响;或者因过分依恋非正式组织而对正式组织带来的消极影响。

(3) 可能产生不良舆论的消极影响。上述"葡萄藤"一方面可以增加信息来源、加快信息传播速度,但另一方面也可能增加了意见和消息的纷乱,并可能使一些不负责任的言论、"小道消息"得以传播,给组织和领导带来许多无谓的纷扰。

由于各种复杂原因,在正式组织中形成一些非正式组织是难免的。这样,不仅非正式组织和正式组织之间会发生一些分歧或冲突,而且非正式组织之间也可能发生一些分歧或冲突。如不能正确处理这些问题,就有可能破坏组织秩序,阻碍组织活动。

鉴于非正式组织对正式组织的双重影响,领导者在组织成员沟通中应该做到:

第一,以尊重、爱护和信任的态度对待非正式组织。非正式组织的领导人物是自然形成并得到其成员公认的,在群体中具有较高威望,领导者只有给予充分尊重,并主动接近,积极沟通,才能调动非正式组织广大成员的积极性,合理利用其团队精神,促进其向正式组织目标接近,使其成为正式组织中的骨干力量。

第二,对非正式组织中存在的消极因素,要采取适当的方法进行纠正,对破坏性非正式组织,则要坚决果断地进行处理和取缔。

总之,要根据非正式组织的特点和类型,坚持因势利导和区别对待的原则,进行合理的引导和规范。只有这样,才能优化领导关系,减少领导阻力,提高领导效能。

(三) 学习型组织呼唤新型领导沟通艺术

面向21世纪,一种重视学习而富有创新性和开放性,更能适应环境快速变化的组织形式——学习型组织越来越引起众人关注。它作为一种新型企业管理理论,体现了21世纪全球企业组织和管理理论的发展新趋势。

自1980年以来,许多学者针对新的环境变化,认为组织管理要改变传统的只重结构而忽视组织原本拥有的智力以及学习能力的做法。1990年麻省理工学院斯隆管理学院彼得·圣吉(Peter M. Senge)出版了《第五项修炼》一书,认为,学习型组织是一个不断创新、不断进步的组织。在这种组织中,组织成员不断地扩展学习能力,创造真心向往的结果,且使新而开阔的思考形态得以孕育,共同愿望能够实现。

书中列举了学习型组织的七大特征,主要有:(1)组织成员拥有一个共同的愿景即共同理想;(2)组织由多个创造性个体组成;(3)善于不断学习,强调"终身学习""全员学习"和"全过程学习";(4)自主管理,在"自主管理"的过程中,团队成员能形成共同愿景,能以开放求实的心态互相切磋,不断学习新知识,不断进行创新,从而增加组织快速应变、创造未来的能力。

彼得·圣吉的《第五项修炼》一书不仅提出了企业管理的新理念,而且为领导沟通艺术的提升提供了新启示,即:组织成员之间的沟通不能仅停留在为维持组织稳定和发展,为简单地完成组织目标而服务,而要向更深层次的目标进展,包括:学习、创新、自主管理等。为此,在领导沟通上,需重视组织成员的系统思考力开发和"自我超越"。

组织成员个人的充分发展,对于组织追求卓越目标至关重要。日本京都陶瓷的创办人兼社长稻森胜夫说:"不论是研究发展、公司管理,或企业的任何方面,活力的来源是'人'。而每个人有自己的意愿、心智和思考方式。如果员工本身未被充分激励去挑战成长目标,当然不会成就组织的成长、生产力的提升,和产业技术的发展。"[1]对这段话,我们完全可以这样理解:真正的领导力存在于组织成员的心

---

[1] [美]彼得·圣吉:《第五项修炼》(第2版),上海三联书店,1998,第167页。

灵中,深层次的领导力开发必须触及人们的"潜意识""意愿""服务世界的真诚渴望"。福特认为:"依我的想法,每个人都是一个有智慧而完整的实体,都愿意为崇高的使命发挥精神力量。但我们常缺少等到结果的耐心。我们所需要的是以这股期待实践崇高使命的精神力量,来强化这样的心。"①激发组织成员的内心力量,通过组织成员间的彼此沟通、"深度对话"与"讨论",形成共识,凝聚力量,引发集体力量,是我们深层次沟通的重要目的之一。

---

① [美]彼得·圣吉:《第五项修炼》(第2版),上海三联书店,1998,第169页。

第五章

超脱艺术与领导力

一、领导超脱艺术与领导效益

一个领导者,要做的事情必然很多,如果不注意抓紧时间,势必难以实施有成效的领导活动。为此,为了提高领导效益,领导者在领导活动中,一要有效赢得时间,诸如,要有只争朝夕的精神,有紧迫感;要精心安排时间,有计划地协调时间等。二要巧妙地节省时间,杜绝时间的浪费,防止时间上的"跑、冒、滴、漏"。这些均涉及运时艺术,即领导者有效地把握时间、能动地驾驭时间、科学地运用时间的艺术。"超脱艺术"是巧妙运时的一种重要领导艺术。

(一)何为"超脱艺术"?

1. 领导活动的特点在于"超脱"

这里所谓"超脱",指超出和脱离烦琐事务的意思。领导者要掌握"超脱艺术",意为领导者要超脱具体事务,集中精力抓大事。

领导艺术是一种"超脱艺术",是由领导活动的特点所决定的。

领导活动不同于管理活动。领导的涵义一般指引导、导向、带领、率领、指挥等;管理的涵义大体有经营、处理、办理、安排等。如我们在第三篇第一章第一节所分析的:

首先,领导者的任务在于制定方针、政策、长远发展规划,为工作指引前进的方向、确定正确的目标。管理活动的任务在于对领导者制定的路线、方针的具体贯彻和落实。

其次,领导是一种统帅和协调全局工作的活动,领导者要经常协调、解决下属各部门之间的分歧和摩擦。管理则表现为局部范围或某一方面的活动,侧重于具体部门的具体工作的展开。

最后,领导活动着重分析、研究和解决一些比较重大、长期、涉及面广泛的问题,而不过多拘泥于工作细节。

2.能否"超脱"决定领导效益

现代社会,领导者的工作千头万绪、极为繁杂,如果每件事都事无巨细、事必躬亲,即使有三头六臂,也会应接不暇,难免事与愿违,所以领导者必须学会"超脱"具体事务。"超脱艺术"是提高领导效益的关键。

我们在第三篇第一章第五节中列举了两个形成鲜明对照的例子:一是西汉时期左丞相陈平出色地履行了作为丞相应该履行的职责,同时有效地发挥了各级官员的积极性、主动性。另一是与陈平大相径庭的同样身为丞相的三国时代的诸葛亮,由于事无巨细"一竿子管到底",事事亲览,以至积劳成疾,最后落得个"出师未捷身先死,长使英雄泪满襟"的悲剧下场。

以上两个案例充分说明了正确使用"超脱艺术"的意义所在:其一,有利于激发下属的工作积极性,鼓励下属参与决策,增加工作主动性和成就感;其二,有利于发挥下属潜能,增强自信心,加强和提升个人的工作水平与能力素质,更好地完成富有挑战性的工作;其三,有利于与下属建立良好的信任关系,提升团队的整体效能;其四,有利于把领导人从繁杂的事务中解脱出来,赢得更多时间从事重要的管理与领导工作,把力气花在刀口上。

(二)"超脱艺术"与执行力领导

当然,领导的"超脱"不等于领导者就可以高高在上,不闻不问,放任自流。这里所说的领导的"超脱",与我们强调的领导的执行力并不矛盾。

领导活动的一切要以执行为中心。执行是领导活动的出发点和归宿。只有从执行的角度出发,以执行为原则制定各种制度和方案,才能把领导意图变为现实,事业才会成功,企业、单位才能向前发展。

执行要从领导做起。打造执行力,关键要有一个执行力领导。各级领导者统统要有执行力。执行从领导做起是决策付诸行动的第一步。在一个组织里,领导者的行为非常重要,在一定程度上,领导者的行为是一个企业、单位的杠杆。

亲力亲为,身体力行,对自己的工作全身心地投入,是领导执行力的重要特征之一。台湾第一大民营制造企业鸿海集团的首席执行官郭台铭是一个典型的执行力领导。鸿海集团从做黑白电视配件起家,后涉及IT产业配件及铸造等,短短5年内征战全球各大洲。营业额从新台币318亿元冲上2450亿元,被美国《商业周刊》评为"亚洲之星"中的最佳企业家,连续多年登上《福布斯》全球富豪榜。郭台铭成功的秘诀之一就在于他的雷厉风行的执行力。他带人如带兵,见不得年轻人不上进,看不得做事没有效率,他可以三天三夜不睡觉赶出货来,可以直接冲到生产线,连续几个月守在机器旁。他说:"光授权未必有用,管理哪有什么诀窍,主管带头做,底下照着做,就是如此。"①

领导本人以身作则,高层有执行力,才能制定目标促使中层提高执行力,进而指导基层员工提高执行力;如若高层未能以身作则,中层在执行过程中就会阻力重重,基层也就更难了。孔子曰:"子帅以正,孰能不正""其身正,不令而行"。领导者的行为往往成为整个组织的风向标,所有组织成员都会拿它作为参照物。所以,执行力领导的身先士卒非常重要。

为此,领导者的角色观念必须改变。其一,要认识到,领导的职责不仅仅是制定策略和下达命令,更重要的是领导必须具备执行力。如果认为执行就是下达命令让下属去做,这样的角色定位就有问题。领导的执行力可以弥补策略的不足,一个再完美的策略也会死在没有执行力的领导者手中。其二,要认识到,领导需要一手抓决策,一手抓执行。两手都要抓,两手都要硬。这是因为,再好的决策也只有成功执行后才显现出其价值。策略和执行,对于成功的事业来说,缺一不可。领导不应把执行力与策略相割裂,更不能相对立,而应把两者有机地联系起来。其三,要认识到,领导是执行策略的主体。领导的职责不光是制定决策,规划蓝图,也要参与执行,只有在执行过程中才能准确及时地发现决策的实效,知道是否需要修正、调整。总之,领导者既是决策者,也是执行者,是两者的统一。

然而,执行力领导不等于庸庸碌碌的事务主义者,也不等于事必躬亲的事务包办者。领导者的执行力主要体现为以下几种能力:

(1) 领悟能力。即领悟事情的意义、含义、内容乃至具体细节的能力。以利于在规划一件事时目标明确,高屋建瓴,实施过程中收放自如。切忌对一件事还未悟透,就草率投入,到头来往往事倍功半,吃力不讨好。

(2) 谋划能力。即制定切实可行的规划的能力。有效规划的制定,需要有长远的眼光、清晰的思路、现实的头脑;要善于处理好战略与战术、长远与当今的关系;要善于厘清轻重缓急,善于统筹兼顾,善于协调各种关系。

(3) 指挥能力。即领导者和领导机关推动下属组织和个人执行自己的决定,促使他们努力完成为实现既定目标而分配的任务的能力。适当的指挥,既要考虑合适的工作内容和工作量的分配;也要正确选择指挥的方式。

(4) 协调能力。即领导者通过及时调整,使各项工作、各个部门能和谐配合,以顺利完成任务,达到既定目的的能力。协调的目的在于使各方面工作能有机配合,达到更大的整体效益。领导者的协调能力通过三条途径表现出来:①运用政策力量和组织目标的号召力进行组织活动协调;②运用组织的层级结构功能协调组

---

① 张尚国:《领导三力》,中国言实出版社,2006,第234页。

织和人员,维系整个组织领导体系的顺利运转;③通过正式和非正式沟通协调组织和人员,凝聚力量,维护安定团结。

(5) 组织能力。即领导者按照组织目标合理地设置机构、建立体制、分配权力、使用人员等的能力。如建立合理的组织编制,制定统一纪律以保证组织机构的顺利运转,选人用人等。

(6) 控制与监督能力。即从外部对执行者和执行组织的活动和运行状况进行宏观把握,对其偏离组织目标的行为或活动进行监控、校正、引导,以保证组织目标的稳定和有序,防止组织运行失控,从而高效地实现组织目标的能力。控制要通过监督(分事先、事中和事后监督即总结)得以实现。通过监督以经常检查目标任务完成情况,及时发现问题,纠正偏差,确保组织目标的实现。领导的执行力体现为有效的控制和监督,有效的控制和监督应是维护组织稳定和保持组织活力的平衡,应把领导对象的动态运行控制在一个可允许的活动范围或空间内。

(7) 创新应变能力。即有所发现、有所发明、有所创造、有所前进,适应主客观情况变化,灵活机动地变换领导方式和方法的能力。我们正处在创新的时代,领导者更要站在创新的前列,要把工作当作一个系统学习的过程,思维敏锐,想象丰富,勇于弃旧图新,在工作中不断地发现问题、研究问题、解决问题,不断开创工作的新局面。

以上七种领导者必须具备的"领导者执行力"充分说明,执行力领导以执行领导职能为原则。谋划与指挥、控制与监督、协调与创新都是一般的领导职能。领导职能的履行主要是通过领导者的影响力,从宏观上、体制上和方向上加以施展。领导者如能身体力行地履行好这些职能,就算是达到了执行力领导的基本要求。而这些体现领导者职能的执行力的履行,恰恰离不开领导的超脱艺术。我们提倡的领导超脱艺术与领导者的执行力是辩证的统一。

二、授权:超脱艺术的最佳途径

授权不仅是管理的一项职责,也是一门领导艺术。授权得当与否体现了一个领导者的领导统驭才能,正如韩非子所说"下君尽己之能,中君尽人之力,上君尽人之智"。授权是"尽人之智"之举。最高明的领导者应该擅长于"尽人之智"。敢于授权并善于授权,既是一个领导者成熟的表现,又是一个领导者取得成就的基础和条件。

(一) 何为授权? 授权意义所在

1. 何为授权?

所谓授权,指在组织内部,领导者将部分职务权力授予下级机关或职能部门,以便下级机关能在上级的监督下自主地行动和处理行政事务,从而为被授权者提供完成任务所必需的客观条件。

授权是分权的一种形式。但授权是一种特殊的分权。授权与一般的分权不同。分权是一个系统内各机构之间管理职能、权利和义务的法定分工。分权承担人所担当的权力是属于其职责范围内的权力。授权则是领导者把自己职责范围内的权力授予他人去行使,即让下属代表领导者行使权力。

2. 授权的意义

授权是领导者智慧和能力的扩展和延伸。是否善于授权,是衡量、评价领导者能力的重要标志之一。管理专家诺曼·卡涅斯认为:"如果要我来评价一位领导者的工作质量,那么,我首先感兴趣的并不是他性格方面的个性特征,甚至也不是他的职业技能,而完全是另一种东西。我想知道的只有一点,那就是他的下级人员工作得如何。倘若我亲眼看到普通工作人员在不断改进工作质量,那我就知道他们是在一位优秀的领导者手下工作的。"[1]

领导者的能力突出地表现在能否有效地发挥下级潜能这一点上。授权正是这种能力的集中表现。

正确、恰当的授权,一是完成任务,实现领导目标的需要;二是锻炼被领导者,培养被领导者需要;三是改变上下级关系,提高组织效能需要。

授权的最高境界是不授权。应该说,授权是一种临时性的任务安排,是对现有的制度与组织设计缺陷的补充和调整,是遇到新情况、新任务后,对权力的临时分配与重组,而不是组织权力关系结构的重建。所以,如果经过一段时间的授权,发现被授权者所承担的工作具有长期性、程序性、复杂性并且对组织发展意义重大的时候,就应该考虑将授权转化为正式权力。因此,授权的最高境界是将授权转化为正式权力而无须临时或应急授权。

授权还是开阔领导者眼界,获得更高层次、更加重要权力的有效途径。随着授权越来越多,范围越来越大,领导者的视野将会越来越开阔,能力将会越来越强,其责任和权力也会越来越大。领导者也将在更高的层次上行使更重要的权力。

3. 克服授权的障碍

现代领导者更新观念,努力克服一切不利于授权的思想障碍,要走出以下观念误区:

(1)"没有了权力,我还能干什么?"认为只有牢牢把握权力,才能坐稳地位;只有"事必躬亲"才能显示自己的能力和威严。

---

[1] 孙钱章主编《现代领导方法与艺术》,人民出版社,1998,第 570 页。

有些领导者已经习惯了拥有决策权和控制权,而授权需要领导者放弃一定的权力并把权力下放到下属的手中,他们担心会因此而威胁到自己的地位与作用,甚至还可能因此而失去工作。其实,作为领导者,应该亲自去做那些具有战略意义、不能完全授权的事,比如发展战略、财务、融资、激励、运营机制、创新、领导能力提升等。做好这些事情,领导者的地位非但不会受到影响,反而会更加牢固。自己才能有更多的时间和精力提升职业能力和核心竞争力。

(2)"教练下属是一件苦差事!"怕授权后办起事来太麻烦,不如自己做爽快利落。

有些领导者宁可自己辛苦一些,加班加点,也不愿意把工作交给下属去完成。一个项目经理谈了自己的想法:"教会部下怎么做,得花上好几个小时,甚至是几个星期。如果自己做的话,不到半小时或半天时间就做好了。有那个闲工夫教他们,还不如自己做更爽快些。"

诚然,作为领导者,无论是在专业上,还是在经验、阅历上,理应比下属懂得多、会得多,但我们不可能把所有的事情都自己做。尽管有些事现在亲自动手可以做得比别人好,但是如果能够教会下属,你会发现,其实别人也可以做得和你一样好,甚至更好。也许今天你要耽误几个小时来教他们,但以后他们会为你节省几十个甚至几百个小时,让你有时间做更高级、更重要的事情,以使你在更高的层次上获得更大的发展。

在自然界,老鹰会把自己的孩子逼向悬崖,以迫使胆怯的雏鹰学会飞行。领导者也应该问问自己,是不是由于自己的这种"体恤"、溺爱或担心,让公司养了一群永远也张不开翅膀的"雏鹰"?

(3)"重要的事交给下属不放心!"怕授权导致失误和偏差。

一些领导者总是抱怨下属不能正确理解自己的真正意图,甚至骂他们是"猪脑子"。其实,很多问题的产生是由于上下级之间没有很好的沟通造成的。由于职位、经历、知识、智商、情商以及信息不对称等诸多因素的影响,上下级顺畅沟通确实是一件重要而又费劲的事。在这个问题上,领导者应该担负更多的义务和责任。

请看以下一例:

刘方是上海一家通信设备制造公司的销售服务经理。有一次,刘方在外地出差,北京一个客户打电话通知他有几个问题急需解决,他就授权一名下属去处理。这名下属平时工作比较出色,技术也很精湛,所以他只是通过电话与下属沟通了两次就没怎么过问。谁知,刘方刚回到公司的那天,客户恼羞成怒地在电话中将刘方大骂了一通,说他们公司为什么这么不负责任,拖了这么长时间问题根本就没有得到解决。放下电话,刘方把那位下属叫到办公室问个究竟,这时他才发现下属并没有真正明白他的意思,以至于应该为客户解决的问题没解决,客户没有要求的事情下属却做了很多。下属也很辛苦,客户反而不满。这件事之后,刘方再也不敢轻易授权了。

这类问题其实是授权方式和方法的问题,而不是授权本身的问题。只要多沟通,这种情况完全可以避免。刘方认为下属理应知道他的意图,而刘方的下属认为自己做的正是上司要求的,结果在授权的开始已经埋下了目标理解错位的隐患。

所以,授权之前,一定要就工作任务的具体目标甚至方法步骤达成一致,并在授权的过程中,及时与下属沟通进展状况,发现有不一致的问题迅速采取措施予以解决。

要克服的观念误区还有:把领导干部的模范作用与"事必躬亲"混为一谈;把"一竿子插到底"与领导深入基层混为一谈;把"领导就是服务"与抓大事、抓全局对立起来;把科学授权与建立统一的指挥系统对立起来。

(二) 授权的基本原则

1. "权、人、事"相当原则

授权之前,必须明确授权人的职责、权力、义务和利益,做到权力、责任与利益的有机统一,并保证下属在其位、谋其政、行其权、尽其责、得其利、罚其过。同时,授权需适度,做到"权、人、事"相当。领导者要真正授予下属权力,而且授予的权力应该与下属所完成的工作任务相一致。也就是说,下属获得的权力以能够调动其完成工作所需的人、财、物、信息、技术等资源为合理限度。所授权力过小,将使下属难以完成工作任务,失去授权的意义;所授权力过大,则可能会导致下属滥用权力,造成负面影响,甚至给企业或团队带来不可挽回的损失。

2. 视能(力)授权原则

选择受权人的原则是做到人事相宜,受权人的能力必须与工作任务相吻合,量其能,授其权。

为了确保受权人的正确选择,领导者必须了解受权人。包括:他的职业目标、个人兴趣和愿望、职业能力、职业品质等。领导者应该对受权人的能力和优势以及缺点有准确和全面的认识,如果有必要,应该对他们进行临时的能力、态度训练。

具体注意事项如下所示:

(1) 选择受权人需要考虑的要素:下属的能力(知识、技能、经验)、态度、兴趣信心等;下属目前的工作量;下属目前正在从事的工作类型;评估这项工作能够发展或增强下属的哪些潜质等。

(2) 明确选择受权人的目的:或获得直接的工作绩效;或锻炼、培养下属;或评价或考验下属等。

（3）注意对受权人的甄别：任务要求与下属能力的匹配考量，人事相宜；下属的职业生涯规划目标；职业道德与品质等。

（4）掌握了解受权人的方法：诸如，沟通职业目标、兴趣、愿望；与以前的上司或其同事讨论；平时绩效观察与回顾个人的绩效档案；工作风格测试；受权人的能力训练、教练、辅导、试做、培训、训练结果反馈等。

请看以下寓言故事：

有一个国王养了一只猴子，这猴子不仅聪明伶俐，而且甚通人性，国王对它宠爱有加，甚至连自己形影不离的宝剑也让猴子拿着玩耍。阳春三月，国王来到鲜花盛开的花园游玩，为了不至于被前呼后拥的大臣侍从们搅乱了心情，他下令所有的随从都留在花园外边等候，只留下猴子给自己做伴。时至正午，国王感到有点疲倦，就对猴子说："我想在花房里睡一会儿，假如有什么人想伤害我，你要竭尽全力保护我。"说完他就睡着了。一会儿，一只蜜蜂闻到花香飞了过来，落在国王头上。猴子一看不敢怠慢，它拿着国王的宝剑把那只蜜蜂轰走了。可是，过一会儿，又有一只硕大的蜜蜂飞到国王身上，猴子这时恼羞成怒，想到国王刚才对自己说的话，就抽出宝剑照着蜜蜂砍了下去，结果国王在睡梦中去见了上帝。

这则寓言对领导者的启示是深刻的。国王的悲剧在于：一是将保护自己生命的重大权力授给了根本无法承担保护责任的猴子；二是在对猴子授权后没有进行有效的监督与约束，不仅让猴子拿了宝剑，就连尽职尽责保护自己的随从也被支开。正是这种不科学的授权，最终导致了悲剧的发生。

3. 授权不授责原则

这里所说的授权不授责并不是说在对待授权的工作上下属没有责任，而是说授权的工作下属承担上司赋予的责任，而上司则对授权的工作负最终的责任。比如说，当下属无法完成授权的任务或在工作过程中出现问题和错误，给组织和团队造成了损失和不良影响，作为上司的授权人就应该义不容辞地承担起授权失败的责任，而不能将失败的责任推卸给下属。授权只能意味着责任的加大，不仅对自己，更要对下属的工作绩效负全部责任。授权时要像日本著名企业家土光敏夫所说的那样："要告诉他，别怕什么失败，充分行使自己的职权吧！全部责任我来负。"

4. 信任支持原则

授权就是信任，没有信任的基础就不能授权，缺乏信任的授权必定失败。所以，授权之后，除正常或约定的监督检查之外，授权者要做到：第一，不要过多干预，放手让下属在授权范围内大胆工作，鼓励创新；第二，不要杞人忧天，疑心太重，甚至听信流言蜚语,要"既授之则安之";第三,不要大惊小怪,要有宽容心态,允许下属有一定的失误,并帮助其总结经验教训,改进工作。当然,在出现需要削弱乃至完全收回授出权力的特殊情况时,领导者必须削弱或收回其权力,这与信任不疑并不冲突。

5. 有效控制原则

授权与控权是矛盾的两个方面,既相互联系又相互制约。授权之后没有适当的控制和约束,就是对权力的放纵,放纵权力的代价将是巨大的。所以,领导者在充分授权的同时,必须对所授之权实施有效的控制和监督。控制权力的途径有四点:一是指明下属行使权力的范围;二是监督下属行使权力的方向;三是检查下属行使权力的结果;四是保留收回权力的权力。

6. 单一隶属原则

授权只能在直接的上下级之间进行。

7. 秉公授权原则

坚持党性,任人唯贤,秉公授权,不谋私利,不结党营私,不搞团团伙伙。根据授权事项的性质、特点等,认真选择合适的人选。

授权为现代领导所必须。这是因为,我国的社会主义现代化建设事业是一项巨大而复杂的社会系统工程,只凭个人的能力和经验势必难以胜任。领导者必须学会"授权",掌握调动大家积极性的技能,以真正做到"尽人之智"。这是现代领导活动的关键。

三、"无为而治":超脱艺术的最高境界

"超脱艺术"亦即"驭权艺术"。所谓"驭权",就是指领导者对自己所拥有的职权的驾驭或行使;相应的,"驭权艺术"就是指领导者驾驭或行使职权的艺术。领导者的驭权艺术,是领导者在熟练地掌握了驭权规律、原则、方针和丰富经验的基础上,经过实践的反复锤炼所达到的艺术化境界;是领导者驭权方法的高级形态或艺术化了的驭权方法;是领导者智谋的灵活表现。

领导者是否擅长于"驭权"关系到是否能"超脱"具体事务,从而有效赢得时间,提高领导效益。

(一)"无为而治"是"驭权"的最高境界

在中国传统文化中,有一笔宝贵的精神财富日益引起世界各国学者、管理者和领导者的关注,这就是中国传统哲学的"无为而治"的思想。如在美国,诸多管理学家在自己的著作中引用《老子》的警句名言。美国前总统里根在1987年的国情咨

文中曾引用老子的名句"治大国若烹小鲜"表达其治国理念,从而使《老子》一书在美国身价涨了百倍,成为深受美国民众青睐的著作。多家出版公司争相出版该书,其中一家出版公司竟花了13万美元买下这部著作的版权。①

提出"无为而治"思想的首推道家老庄哲学,但阐发了这一宝贵思想的并非唯独道家。儒家、法家乃至黄老学派,都有"无为而治"的深刻思想。纵观中国传统哲学各派"无为而治"的思想,尽管各有特色,思想不完全一致,但贯穿其中的一个重要思想是共同的,即:"无为而治"并非撒手不管的懒汉哲学,而是"无为"与"有为"的统一,"无为而治"用于领导、管理,都旨在寻求一种以最小的领导行为获取最大效益的高超领导艺术,以达到一种很高的境界。

要善于用人,治大不治小,治吏不治民,逸于得贤,是"无为而治"的含义之一。

儒家作为"无为而治"前提的"有为"的含义之一是"劳于得贤"。即:领导者要"无为而治",必先在"求贤"上有所作为,如刘备"三顾茅庐","劳于得贤";一旦"得贤","任官得其人",就可放权、授权于贤人,从而"安逸",即达到"大巧在所不为,大智在所不虑"的"无为"境界。

儒家的这一思想与道家的"无为"有着思想上的传承关系。老子的"无为无不为"中包含着"下属有为,主要领导无为"之意。《老子》第74章说:"夫代司杀者杀,是代大匠斫。夫代大匠斫,希有不伤其手指矣。"意为:代替主管部门去操劳具体事务,等于代替木匠去砍木头,必然有所损伤。《老子》还主张领导者"不欲见贤",即不显示自己多么有才干。这都是要求领导者要相对超脱,不要在具体事务方面与下属争有为。

法家和黄老学派更是把这一思想具体化,提出了具体的领导和管理艺术。

1."明主治吏不治民"

韩非提出了"明主治吏不治民"的管理之道。韩非认为,君主"力不敌众,智不尽物",如要躬亲治民,将陷入"揣(猜度)中则私劳,不中则任(担当)过"的两难境地,即君主遇事只靠自己主观猜测,对了,花费自己的精力;错了,要自己承担过错之责任。"与其用一人,不如用一国。"君主治国与其依靠一人的智慧和力量,不如使用一国群臣的智慧和力量。这样,就可达到"形体不劳而事治,智虑不用而奸得"的管理境界。

在中国历史上,刘邦任用贤才是应用"治吏不治民"领导艺术成功治国的范例。一次,刘邦与韩信论兵,刘邦问自己能带多少兵,韩信答不过十万而已。刘邦又问韩信能带多少,韩信答:多多益善。刘邦就问,那你为什么能服从我的领导呢?韩

---

① 葛荣晋:《中国管理哲学导论》,中国人民大学出版社,2007,第355-356页。

信说:"陛下不能将兵,而善将将,此乃信之所以为陛下擒也。"刘邦在总结自己的成功经验时说,运筹帷幄,决胜千里之外,我不如张良;镇守国家、安抚百姓,供给粮饷,我不如萧何;统帅百万大军,战必胜,攻必克,我不如韩信。这三人都是人中豪杰,而我能任用他们,这就是我成功的原因。"善将将""不善将兵",正是刘邦"治吏不治民"的具体表现。这是有为与无为的统一。

在领导学理论中,有领导分层原则,指在领导系统中建立合理的层次系列,并正确处理层次之间的相互关系。依据领导分层原则,上一级领导应当尊重层次系列,只对下一级部门行使一定的权力,而不要包办代替和越级处理问题。下级部门也不应该将自己职权范围内的问题无原则地上交,而应根据统一的行为规范,发挥自己的主动性和创造性。也就是说,领导分层原则要求:分层领导,各司其职,分权而治;不越级指挥,但可越级检查;也不允许下级越级请示,但可越级告状或提建议等。这正是"超脱艺术"的实质性内涵。

2."治大者不治小"

这是黄老学派的思想。这一思想要求领导者在小事上有所不为,而在大事上有所为。只有在小事上有所不为,才能在大事上有所为。如汉代学者刘向所说:"将治大者不治小,成大功者不小苟。"这就是说,一个领导者或高层管理者,不应拘泥于小事,要做到在小事上"无为",超脱具体事务,才能腾出时间和精力,在事关全局和长远利益的大事上有所作为,成为精明能干、智慧超群的领导者。

汉文帝丞相陈平深谙黄老学派"无为而治"思想真谛。陈平身为丞相,治大不治小,着眼长远,胸怀全局,主管群臣,协调各方,使之各尽其责(陈平案例详见第三篇第一章第五节)。这就是黄老学派的"无为而治"。

3."君无为而臣有为"

遵循"治吏不治民"原则,必将"君无为而臣有为"。黄老学派认为,君的职责是"因臣资,用众能","以天下之目视,以天下之耳听,以天下之智虑,以天下之力争",做到"总海内之智,尽众人之力",方可达到"君逸臣劳"的目的。"臣劳"是"君逸"的前提,"君逸"是"臣劳"的结果。"君逸臣劳国必兴,君劳臣逸国必衰"。战国黄老学者慎到全面论述了"君逸臣劳"的道理,认为:"臣事事(事其所事),而君无事;君逸乐,而臣任劳。臣尽智力以善其事,而君无与焉,仰成而已,故事无不治,治之正道然也。人君自任而务为善以天下,则是代下负任蒙劳也,臣反逸矣。故曰:君人者好为善以先下,则下不敢与君争为善以先君矣,皆私其所知以自覆掩,有过则臣反责君,逆乱之道也。"意为,臣各尽其责,做好其本分工作,君"无为",是"治之正道";反之,如君代劳臣的职责,臣没事干,又不敢与君争,掩盖了各自的才能,一旦君有过错,反而责怪君,这是"逆乱之道"。

这一道理完全符合现代管理原则。美国《企业管理百科全书》指出："主管之职能，首在成事，而非做事。授权是成事之有效分身术，如主管把持过甚，事无巨细，事必躬亲，必无法成事。"法国管理学家法约尔也指出：一个领导者应"去引导部下而不代替他们"。① 领导者应擅长于抽身谋大计，而不是包办代替本该下属做的事情。中国传统哲学的"无为而治"思想是很有现实意义的。

(二)"无为而治"是一种无形领导力

早在20世纪20年代末，在西方管理学界，就有人提出"无形领导"即"看不见的领导(invisible leadership)"这一概念。随着领导学理论的深入发展，这一概念越来越引起领导理论研究者的重视。在西方，"无形领导"一般包含共同的驱动目标、个体成员对目标的崇高信仰和感情投入、汇聚集体力量的人力资源、超越个人利益的意愿等方面的含义。

约翰·加德纳在《论领导力》一书中认为："卓有成效的领导者不仅会在需要的时候做出一些明显的决策，例如批准预算、宣布政策、调教下属等，还会以半隐半显的方式表达其需求和希望、理想与象征。他们起着模范作用，象征着群体的统一和特性，重复讲述着带有共享意义的故事。他们的模范效应是巨大的。对于追随者而言，领导者所关心的问题、处理关键事件的方式，他们的言行一致及其所作所为体现的民族情结，都传递着信息。"② 他以林肯为例加以说明："由林肯所代表的美国思想大抵就是风度、想象力、道德权威、令人信服的力量和坚强的意志……当我们将自己置身于那一时代时，就会意识到自己根本无法不去像林肯所想的那样去想。"③ 约翰·加德纳在此所说的"风度、想象力、道德权威、令人信服的力量和坚强的意志"以及领导者的"模范作用""模范效应"，领导者言行所传递的信息等正是本文所提及的作为影响力的"无形领导力"。这种无形领导力在提高领导活动的效应方面往往起着有形领导力所起不到的作用。

根据这一对"无形领导"的定义，我们可以把"无形领导力"视为一种"不知有之"的领导力。这种领导力并不张扬，被领导者在感觉不到被管理、被引导、被带领、被影响的情况下，领导作用却已不知不觉地施加到了自己身上。无形领导力的作用好比"磁场"的作用，无形而有力。

"无为而治"的"底气"即在于"无形领导力"的作用。这是因为以下两点。

第一，"无为而治"的实质在于依靠领导者的影响力实施领导活动。

从领导的本质方面考察，领导力是权力、能力和影响力的统一。其中，权力是

---

① 葛荣晋：《中国管理哲学导论》，中国人民大学出版社，2007，第411页。
② [美]约翰·加德纳：《论领导力》，中信出版社，2007，第34页。
③ 同上书，第35页。

领导力的有形方面,影响力是领导力的无形方面,能力介于有形领导力与无形领导力之间,具有有形与无形的双重性质。

领导者的影响力,指由于领导者威信对其下属所产生的影响力量。影响力对于大众,是巨大的感召力、向心的凝聚力和磁石般的亲和力。它和权力不同,它不是由其上级授予的领导者的职责,自然也不具有法定的性质。影响力是由领导者的威信,即领导者个人的品质、道德、学识、才能等方面的修养在其下属心目中所形成的形象与地位所决定的,是下属对上级领导者的信服与敬佩的心理状态。它是无形的、隐性的。

从实践考察:威信离开权力似乎影响不大,因为它已建立在人们心中;而权力离开威信未必行。作为一个领导者,应尽可能运用影响力,而不能光凭地位权力去推进工作。无数事实证明,领导者只有在下属心中具有影响力,才能得到下属的充分信任,才能达到"大巧在所不为,大智在所不虑"的"无为"境界。

第二,"无为而治"的载体在于领导者与被领导者的有效沟通。

由上所述,领导"无为而治"的前提在于下属的积极有为,在于改变权力独揽,在于依靠下属共同实现组织目标。另一方面,领导者的"无为"并不是"无所作为"、撒手不管,而是在与被领导者实行的有效沟通之中施展自身的影响力。这说明,"无为而治"作为一种领导力,其载体在于领导者与被领导者的有效沟通。

美国《领导力》一书的作者詹姆斯·库泽斯和巴里·波斯纳在经过7500多人的调查后发现:尽管经济、行业、专业各不相同,但是卓越的领导者都具有五项突出的特质:以身作则、共启愿景、挑战现状、共同协作和激励他人。

要真正做到"无为而治",以上特质或品格,是领导者必须具备的。可见,"无为而治"绝不是一种单纯的领导艺术,而是一种战略境界和战略素质,包含向他人解释前景的能力、通过语言和行动表明对前景的肯定的能力和把前景渗透到不同领导层面的能力等。

附录：

贺善侃关于领导力主要研究成果

（本书收录的发表于《现代领导》杂志的文章除外）

一、著作

1. 《解读和谐社会领导力》（独著），上海人民出版社2009年版。
2. 《领导科学和现代行政》（独著），上海大学出版社2001年第1版、2012年第2版。
3. 《中国共产党的执政能力与领导哲学》（合著），东方出版中心2011年版。

二、论文

1. 时代呼唤和谐领导观，《探索与争鸣》，2007年第3期（中国人民大学复印报刊资料《管理科学》2007年第6期全文转载）。
2. 提高构建和谐社会的领导力，《光明日报》，2007-07-07。
3. 突发事件中的危机决策艺术，《中国浦东干部学院学报》，2008年第4期。
4. 领导理念和领导方式转化的逻辑进程，《探索与争鸣》，2008年第8期。
5. "无形领导力"：对领导力的一种新认识，《上海师范大学学报（哲社版）》，2008年第4期。
6. 从领导力的实质看和谐社会领导力，《领导科学》，2009年3月中。
7. 文化领导力：领导力的核心和灵魂，《中国浦东干部学院学报》，2009年第4期。
8. 强化权力监督机制探微，《中国井冈山干部学院学报》，2009年第6期（中国人民大学复印报刊资料《中国共产党》2010年第3期全文转载）。
9. 党的领导体制改革：党内民主带动人民民主的关键，《领导科学》，2010年3月（中）。
10. 强化柔性领导力：构建和谐领导力的有效途径，《领导科学》，2011年1月（中）。
11. 从简约领导力看我国政府领导体制改革，《黑龙江社会科学》，2011年第3期。

12. 中国共产党执政理念的更新和领导价值取向的转换,《中国浦东干部学院学报》,2011年第3期。

13. 构建政府的柔性领导力,《党政论坛》,2011年6月(上)。

14. 发展协商民主与发展党内民主,《理论探讨》,2011年第3期(中国人民大学复印报刊资料《中国共产党》2011年第6期全文转载)。

15. 柔性领导力视野下的服务型政府权力构建,《领导科学》,2011年9月中。

16. 低碳领导观与低碳领导力,《世博后与城市领导力创新》,上海人民出版社,2011年11月版。

17. 坚定信仰:提升"官德"的前提,《中国浦东干部学院学报》,2012年第1期。

18. 论统战文化力,《重庆社会主义学院学报》,2012年第3期(中国人民大学复印报刊资料《中国政治》2012年第7期全文转载)。

19. 从柔性领导力开发谈提高政府公信力,《理论探讨》,2012年第3期(中国人民大学复印报刊资料《管理科学》2012年第8期全文转载)。

20. 论柔性领导力的文化支撑,《学习与实践》,2012年第2期。

21. 论社会管理创新的领导力支撑,《领导科学》,2012年4月(中)。

22. 文化统战与统战文化领导力,《上海社会主义学院学报》,2012年第4期。

23. 从领导文化的构成看我党领导文化的内涵建设,《中国浦东干部学院学报》,2012年第6期。

24. 论柔性领导力开发的内涵与实质,《领导科学》,2013年1月(中)(中国人民大学复印报刊资料《管理科学》2013年第5期全文转载)。

25. 论服务型领导方式的基本特征和运用原则,《领导科学》,2013年8月(上)。

26. 在社区管理创新中加强服务型党组织建设,《理论探讨》,2013年第3期。

27. 提升柔性战略决策力,《决策》,2013年第10期。

28. 人性化领导力,《决策》,2013年第12期。

29. 从现代领导力的柔性化趋势看女性领导力开发,《中国浦东干部学院学报》,2013年第4期。

30. 社区治理创新呼唤柔性领导力,《中国浦东干部学院学报》,2014年第1期。

31. 大兴学习之风:确立理论自信的根本途径,《上海社会主义学院学报》,2014年第2期。

32. 统战工作服务型功能研究,《重庆社会主义学院学报》,2014年第2期。

33. 跨界领导力,《决策》,2014年第2-3期。

34. 提升政府公信力迫在眉睫,《现代领导》,2014 年第 6 期。

35. 论党的群众路线的新发展,《思想理论教育》,2014 年第 6 期(上)。

36. 全面深化改革与习近平领导思维,《中国浦东干部学院学报》,2015 年第 1 期。

37. 充分发挥统一战线在"全面深化改革"战略布局中的作用,《上海市社会主义学院学报》,2015 年第 2 期。

38. 如何开发"隐形领导力",《决策》,2015 年第 5 期。

39. 法治中国建设与实现"善治",《中国井冈山干部学院学报》,2015 年第 3 期。

40. "四个全面"战略布局宣示我党治国理政全新格局,《发展中国特色社会主义新布局新境界》,上海人民出版社 2015 年 12 月版。此文获上海市"学习习总书记系列重要讲话精神与推进'四个全面'战略布局理论研讨征文优秀论文奖"。

41. "四个全面"战略布局呼唤领导力提升,《领导科学》,2015 年 10 月(上)。

42. 最大公约数:统一战线的实质与功能,《重庆社会主义学院学报》,2015 年第 5 期(中国人民大学复印报刊资料《中国政治》2015 年第 12 期全文转载)。

43. 全面从严治党离不开加强民主党派的民主监督,《重庆社会主义学院学报》,2016 年第 3 期。

44. 坚持初心就是坚持民心,《文汇报》,载 2016-07-15。

45. 论中国共产党发展理念升华与马克思主义新境界,《治国理政与马克思主义新境界》,上海人民出版社,2016 年 10 月版。

46. "互联网+"催生跨界领导力,《中国井冈山干部学院学报》,2016 年第 5 期。

47. 论增强统战文化自信,《重庆社会主义学院学报》,2016 年第 6 期。

48. 论习近平同志的领导战略智慧,《上海市社会主义学院学报》,2016 年第 5 期。收入中共上海市委宣传部编:《治国理政新境界新局面》,上海人民出版社 2016 年 11 月版。此文获上海市"学习习总书记治国理政新理念新思想新战略与全面建成小康社会理论研讨征文优秀论文奖"。中国人民大学复印报刊资料《中国特色社会主义理论》2017 年第 1 期全文转载。

49. 全面深化改革:增强中国特色社会主义道路自信的关键之举,《中国井岗山干部学院学报》2017 年第 6 期(中国人民大学复印报刊资料《中国特色社会主义》2018 年第 4 期全文转载)。

50. 人类命运共同体:新时代国际统一战线的宗旨、价值与载体,《统一战线学研究》2018 年第 1 期。

51. 中国共产党领导力之魂,《中国领导科学》,2018 年第 5 期。

52. 新时代社会主义协商民主理论的新发展,《统一战线学研究》,2018年第4期。

53. 理论自信源于对马克思主义真理的坚定信仰,《中国井冈山干部学院学报》,2018年第5期。

54. 论习近平新时代中国特色社会主义思想形成机制——兼论习近平总书记关于加强和改进统一战线工作的重要思想,《上海社会主义学院学报》2020年第2期。

后　记

2012年仲夏，笔者接受了《现代领导》杂志的学术专访。2012年9月，一篇题为《和谐：呼唤柔性领导力》的专家访谈刊载在杂志上。随后，因杂志社倪安和总编的盛邀，笔者开始为杂志撰写有关领导力的系列文章。

系列之一是"柔性领导力系列研究"，连载于2012年第12期至2013年第2期，共三篇。

系列之二是"跨界领导力系列研究"，共四篇，分别刊载于2014年第7期、第10、第11期以及2015年第1期。

系列之三是"领导方法与艺术系列谈"，共十五篇，从2015年第2期开始连载至2016年第4期，每月一篇。

系列之四是"基于互联网视野下的领导工作系列研究"，共八篇，从2016年第5期连载至当年第12期，每月一篇。

系列之五是"习近平战略智慧系列研究"，共三篇。刊载于2017年第4、第5、第6三期。

系列之六是"党的政治领导本领系列研究"，共五篇，分别刊载于2017年第10、第11、第12期以及2018年第1、第2期。

系列之七是"经典领导案例探微系列"，从2018年第11期至今，每月一篇，至2020年12月，已经连载24篇，还在继续。

八年来，陆陆续续写成的这五十多篇文章，聚焦领导力理论与实践，凝聚了笔者的心血。面对这些研究成果，产生了把它们汇编成册，形成一个拳头产品的想法，这就是摆在读者面前的这本《领导力大观》。此书是在这些系列文章的基础上，吸纳其他有关研究成果编纂而成。宗旨在于较全面、系统地多角度展现领导力研究成果。

当然，由于笔者研究水平有限，难免挂一漏万。希望读者批评指正。

在本书出版过程中，得到东华大学出版社的大力协助。在此表示衷心感谢！

贺善侃
2020年12月